谨 以 此 书 献 给 矢 志 登 攀 金 融 高 峰 的 奋 斗 者 !

中国式现代化湖北实践的
金融观察与创新方略

FINANCIAL
OBSERVATION
AND
INNOVATIVE
STRATEGIES
FOR HUBEI'S
PRACTICE OF
CHINESE
MODERNIZATION

许传华 等 著

东北财经大学出版社
Dongbei University of Finance & Economics Press
大连

图书在版编目（CIP）数据

中国式现代化湖北实践的金融观察与创新方略 / 许传华等著．—大连：东北财经大学出版社，2025.5．—ISBN 978-7-5654-5611-4

Ⅰ．D676.3；F127.63

中国国家版本馆CIP数据核字第2025602C98号

中国式现代化湖北实践的金融观察与创新方略

ZHONGGUOSHI XIANDAIHUA HUBEI SHIJIAN DE JINRONG GUANCHA YU CHUANGXIN FANGLÜE

东北财经大学出版社出版

（大连市黑石礁尖山街217号　邮政编码　116025）

网　　　址：http://www.dufep.cn

读者信箱：dufep@dufe.edu.cn

大连图腾彩色印刷有限公司印刷　　东北财经大学出版社发行

幅面尺寸：185mm×260mm　字数：375千字　印张：24.75　插页：1

2025年5月第1版　　　　　　　　2025年5月第1次印刷

责任编辑：时　博　赵　楠　王芃南　　　责任校对：何　群

封面设计：潘　凯　　　　　　　　　　　版式设计：原　皓

书号：ISBN 978-7-5654-5611-4　　　　　定价：99.00元

前言

2024年是湖北发展历程上具有里程碑意义的一年。11月4日至6日，习近平总书记考察湖北，发表重要讲话、作出重要指示，为新时代新征程湖北改革发展把脉定向、指路领航。11月28日，中国共产党湖北省第十二届委员会第八次全体会议审议通过了《中共湖北省委关于深入学习贯彻习近平总书记考察湖北重要讲话精神、奋力谱写中国式现代化湖北篇章的决定》，进一步明确了新征程"建设什么样的湖北、怎样建设湖北"的战略指向。

2025年政府工作任务中比较突出的就是改革，这和落实党的二十届三中全会的部署有密切关系。党的二十届三中全会在结构上最大的特点之一，是"以经济体制改革为牵引"的导向。实体经济是金融的根基，服务实体经济是金融的天职。要继续以改革为牵引，建立健全金融服务实体经济的激励约束机制，打通金融服务实体经济的堵点难点，把金融资源真正集聚到高质量发展的战略方向上来，聚焦到服务新质生产力发展需要上来。

湖北在推进科技创新和产业创新以及因地制宜发展新质生产力方面，必须发挥区域协调发展战略、区域重大战略、主体功能区战略的叠加效应，积极培育新的增长极；必须统筹推进新型城镇化和乡村全面振兴，因地制宜推动兴业、强县、富民一体发展，促进城乡融合发展；必须发展现代化都市圈，以三大都市圈建设引领区域协调发展，提升经济发展优势区域的创新能力和辐射带动作用；必须坚持传统产业转型升级和新兴产业培育壮大、未来产业齐头并进，构建体现湖北优势的现代化产业体系；必须推动实体经济和数字经济深度融合发展，做好科技金融、绿色金融、普惠金融、养老金融、数字金融"五篇大文章"。

本书主要基于中国式现代化湖北实践的金融观察，重点从以下方面进行了现状分析与对策研究：

（1）湖北创投基金发展的政策环境。湖北创投基金业发展提速，潜力很大，但整体发展水平不高，与经济总量地位不相匹配，创投机构整体经营实绩偏低，政策获得感不高。通过观察发现，湖北创投基金发展存在的主要问题在于对创投基金认识落后，创投基金资源整合不足，政府引导基金机制不灵活，经营环境和文化氛围沉闷，市场化机构各项业务发展不畅。加快湖北创投基金业发展，应重点在产业、资金、机构和环境等方面实施改革寻求突破。

（2）湖北绿色发展的金融支持体系。由于绿色金融发展存在正外部性难以内生化，绿色金融项目投资回报期长、绿色信息不对称等问题，因此金融机构开展绿色金融业务的积极性不足，矫正市场失灵需要政府建立完善的绿色金融政策支持体系。在总结湖北绿色发展金融支持现状的基础上，通过搜集和分析湖北绿色发展的金融支持典型案例，从实证的角度对湖北绿色发展的金融政策的效应进行评估，从而提出了湖北绿色发展的金融支持政策建议。

（3）湖北碳金融风险的防控对策。碳金融交易极其复杂，交易时间往往跨度很大，交易结果无法预知，具有高度依赖管制的特征。我国碳金融市场起步较晚，尚缺乏系统、可操作的解决方案，尤其缺乏对地方碳金融风险防控问题的研究。需要立足湖北碳交易市场，分析湖北碳金融的风险及其度量，并结合发达国家的经验，提出湖北防控碳金融风险的对策建议，这不仅有利于推动湖北碳金融市场健康发展，使其更好地服务实体经济，而且有利于加快推动全国统一碳排放权交易市场的发展。

（4）武汉区域金融中心建设的创新路径。湖北省、武汉市政府相继出台了《武汉区域金融中心建设总体规划（2014—2030）》《武汉市打造区域金融中心实施方案（2021—2025）》等规划和实施方案，在各级主管部门的支持与引导下，武汉金融机构日益聚集，金融市场日趋繁荣，金融业态创新踊跃，金融辐射力和影响力日益增强。需要进一步围绕影响武汉区域金融中心建设的主要因素展开分析，建立武汉区域金融中心建设的创新路径：积极推动数字经济建设、加强科创金融中心的建设、打造以工业互联网为特色的金融科技中心、打造全国领先的碳金融中心。

（5）加快金融科技创新，做好江汉区数字金融大文章。金融业是江汉区的支柱产业，拥有全省唯一的千亿级别金融产业集群，全区现有各类金融机构600多家，形成以银行、证券、保险为主体的金融发展体系。为了进一步提升金融业竞争力，实现从"金融大区"迈向"金融强区"，江汉区深挖区域优势，重视金融业转型发展。围绕加快金融科技创新，推动数字金融发展主题，完善金融科技政策体系，促进金融科技的基础技术研发和孵化，不断探索数字金融的创新应用场景，推动辖区金融机构的数字化转型，提升金融服务的便利性和竞争力。

（6）夯实供应链平台底座，推动仙桃优势产业转型升级。仙桃在全国县域经济百强中居第56位，连续3年居全省首位。仙桃利用毗邻武汉的区位优势、四通八达的交通优势、开放活跃的经济优势，围绕"奋进新千亿、建设示范区"目标，聚焦供应链平台建设新兴产业，促进产业间的融合与协同，加快从传统产业向高技术、高附加值产业的转变，实现经济结构的升级，提高产品质量和服务水平，增强产业整体的市场竞争力，持续推进供应链创新与应用迈上新台阶。

（7）加强松滋与宜都产业融合，推动县域经济发展。推进产业融合发展，必须用好湖北支持县域经济社会发展一揽子政策，加快构建宏观上跨市域对口合作与微观上县域协同联动的区域协调发展新机制，找准区域产业融合发展的切入点和突破口，着力破解发展中面临的政策、机制、资源、空间、人才等诸多障碍，迅速从"一指用力"过渡到"聚指成拳"，从"单兵作战"过渡到"协同作战"，联手打造"宜荆荆"都市圈协同发展的示范极、先行区。

（8）金融有效支持黄石实体经济高质量发展。黄石市融资担保集团作为湖北省首批政府性融资担保机构，积极发挥"增信""分险""降费"作用，促进普惠金融实现"量增""面扩""价降"，在服务实体经济，缓解小微企业融资难、融资贵方面取得一定成效。针对现阶段绩效考核机制尚需优化、平台系统建设亟待完善、不良债权清收较为艰难、银行业务合作意愿下降、专业人才培养有待加强等方面的问题，需要充分发挥融资担保集团作用，进一步有效支持实体经济高质量发展。

（9）湖北三峡库区对口支援工作面临的挑战与对策。对口支援工作的积极开展，有力地促进了湖北三峡库区经济社会的可持续发展。近年来，湖北三峡库区社会经济发展面临诸多挑战：库区社会经济发展不充分不平衡，库区生态环境脆弱问题依然突出，库区公共服务能力建设存在短板，库区创新创业实际效果有待提升。未来援受双方要在深化对口支援认识的基础上，以长江经济带发展为契机，以绿色创新为抓手，以高质量发展为目标，以互利共赢为依托，以民生改善为根本，努力开创湖北三峡库区对口支援合作的新局面。

本书是许传华教授获批2018年度"湖北名师工作室"主持人以来，聚焦中国式现代化湖北实践主题，带领团队成员在湖北区域协同发展、湖北县域经济高质量发展、湖北优势产业超常规发展、乡村振兴投融资机制、金融服务实体经济等领域所完成的系列研究成果。其阶段性成果和决策咨询报告得到了湖北省省长、湖北省委副书记等省部级领导批示，为推动湖北省社会经济发展作出了积极贡献。

许传华

湖北经济学院党委常委

"湖北名师工作室"主持人

数字金融创新湖北省重点实验室主任

2025年3月

目录

第一章　湖北创投基金发展的政策环境^①

2022年3月召开的国务院金融稳定发展委员会专题会议强调"发展是党执政兴国的第一要务",号召全社会凝心聚力搞建设、一心一意谋发展,会议要求"保持经济运行在合理区间,保持资本市场平稳运行",特别要求金融机构必须从大局出发,坚定支持实体经济发展。私募股权（PE）和创业投资（VC）基金主要投资于未上市企业股权,是金融支持实体经济的重要着力点。近年来,VC和PE不断向交叉融合的方向发展,两者的投资分界越来越不明显,本章把主要投资于非上市企业股权的天使投资基金、创业投资基金、产业基金和并购基金统称为创投基金。

创业投资对全国和地方经济发展发挥了重要作用,近年来中央和地方政府非常重视创业投资的发展,2022年的《政府工作报告》中强调"促进创业投资发展,创新科技金融产品和服务"。2022年6月,中国共产党湖北省第十二次代表大会指出:湖北深入实施创新驱动发展战略,武汉具有全国影响力的科技创新中心建设加快推进,高新技术企业数量、科技型中小企业数量、高新技术产业增加值实现"三个过万","51020"现代产业集群加快构建。作为创新驱动战略实施的重要一环,创投基金为这些成果的取得贡献了重要力量。《王蒙徽在中国共产党湖北省第十二次代表大会上的报告》要求"大力推进科技创新,加快建设现代产业体系,不断增强产业链供应链韧性和竞争力""充分发挥国资产业母基金和创业母基金引领撬动作用",前者为湖北新时期创投基金业的发展设定了新目标,后者则指明了创投基金功能充分发挥的具体路径。

---

① 2021年湖北省人民政府智力成果采购项目;其阶段性研究成果在2022年得到了湖北省省长批示;方洁、周文、潘娜、陈义国、万鹏博、严鹏参与了研究。

近年来，创投基金业发展态势转好，湖北的情况怎样？主要问题是什么？怎么做才能推动湖北创投业加速发展？为回答这些问题，本章在搜集、整理相关统计数据的基础上，针对湖北创投基金企业进行了问卷调查。通过现状分析，提出了若干政策建议，以期为新时期湖北创投基金业服务创新驱动战略作出贡献。

一、湖北创投基金发展的环境比较

为了进一步分析湖北创业投资市场的政策环境与投资行为，这里选取了北京、上海、深圳、江苏、浙江、青岛、广东、福建等全国创业投资活跃的重点省份与湖北进行了对比分析。结果表明，相对于其他重点地区而言，湖北更注重政府引导基金的管理，但在创投产业的顶层设计、创投扶持政策和创新政策方面比较零散，湖北创业投资的政策环境落后于创业投资市场现实发展的迫切需求。

2016年9月，国务院正式颁布《国务院关于促进创业投资持续健康发展的若干意见》，即"国十条"，成为了推动新时代创业投资发展的顶层设计。随后各地陆续出台覆盖税收优惠、营商环境优化、监管环境优化、信用环境优化、人才和机构引进等一系列扶持激励政策。此后，政府通过成立引导基金，引导投资资金流向，提出给天使投资减免税收，对创业投资基金作出新的制度安排，围绕支持创业投资的新政频频出台。

（一）创业投资政策分析

2021年以来，在募资方面，聚焦于保险资金、银行理财、QFLP等为市场带来源头活水的政策；在投资方面，"碳达峰、碳中和""科技创新、硬科技"开始在创投圈崭露头角；机构服务方面，创新性的"增值赋能""价值共创"等服务模式进入创投人的视野；退出方面，北交所落地，专精特新中小企业迎来上市新机遇，此外，S基金先后在北京、上海落地，均为创业投资资金的退出提供了新渠道。相较于其他地区的创投基金政策主题而言，湖北的创投基金政策更侧重于引导基金。

1.行业发展政策对比——湖北聚焦战略新兴产业

在支持创业投资行业发展上，湖北以武汉为例，从2013年《武汉市战略性新兴产业发展引导基金设立方案》出台以来，硚口、江岸、经开、江夏、武昌、蔡甸、新洲、青山、黄陂等多个区政府纷纷出台了相应的实施细则文件，可见湖北创投政策重点之一就是强化创投资金对战略性新兴产业的支持，引导社会资本重点支持各区战略性新兴产业发展和传统产业转型升级。从广东、北京、上海、浙江、江苏、青岛等出台的相关政策来看，其呈现出多面开花的态势，与市场需求紧密结合，聚集于创业投资基金培育、发展、退出等多个方面。

2.QFLP——上海领先，16地跟进，湖北缺席

QFLP，即合格境外有限合伙人，指境外投资者通过资格审批和外汇资金的监管，将境外资本兑换为人民币资金，投资于境内投资基金。2021年，有关QFLP政策的发布或更新频率明显加快，为区域性金融对外开放增添了浓墨重彩的一笔。截至2021年底，上海、北京、天津、重庆、深圳、青岛、贵州、平潭、珠海、广州、厦门、苏州、海南、南宁、宁波、雄安、南京、杭州、无锡出台了QFLP政策。

总体来看，我国QFLP试点工作正平稳有序运行，截至2020年，上海已有75家机构参与试点，累计投资项目达431批次，投资金额折合人民币约390亿元，深圳市有155家外商投资股权投资管理企业、37家外商投资股权投资企业（基金）取得试点资格。湖北缺席QFLP试点，一定程度上影响了具有国际影响力的股权投资机构聚集。

3.S基金——北京领先，上海跟进，湖北仍在探索中

2021年6月，《关于推进股权投资和创业投资份额转让试点工作的指导意见》（以下简称"指导意见"）发布，标志着北京成为国内首家基金份额转让落地的试点城市。2021年11月30日，中国证监会批复同意在上海区域性股权市场开展私募股权和创业投资份额转让试点，这意味着上海成为了继北京之后，第二个拥有国内S基金公开交易平台的城市。除北京、上海外，国内许多城市包括三亚、苏州、青岛、广州等也开始进行二级市场交易的研究和探索。

4.专精特新新政——北京、上海引领，山东专精特新企业数量第一

政策层面，北京、上海已分别于2021年4月、7月陆续开展专精特新中小企业自荐和企业推荐申报工作。8月，山东开展专精特新"小巨人"推荐和专精特新中小企业培育认定工作。湖北省尚未有具体指引政策出台。根据清科研究的公开统计资料显示，截至2021年底，专精特新企业数量TOP 10的省份依次为：山东、上海、北京、河北、辽宁、浙江、广东、江苏、湖北、湖南。山东、上海、北京三地的专精特新企业均超千家。

5.先进制造——依托长三角一体化发展纲要打造先进制造聚集区

在中央"十四五"规划中对先进制造业进行明确部署规划，通过推动京津冀协同发展、长江经济带发展、粤港澳大湾区建设、长三角一体化发展等区域战略实施，打造重要先进制造业基地。2021年，工信部公示的25个先进制造业集群中有12个集中在长三角，其中湖北主要围绕电子信息、汽车、现代化工、生物医药、大健康和人工智能产业集群发展。从各配套扶持政策来看，湖北并未出台相应的政策或发展规划，仅依托《长江三角洲区域一体化发展规划纲要》，提出要通过G60科创走廊等平台，围绕电子信息、生物医药、航空航天、高端装备、新材料等十大领域，共同推动制造业高质量发展，打造全国先进制造业集聚区。相比之下，2021年8月《北京市"新智造100"工程实施方案（2021—2025年）》提出，推动制造业智能化转型升级，提升智能制造供给能力以及打造智能制造万亿级产业集群。到2025年，基本实现规模以上制造业企业智能化转型升级全覆盖，全市智能制造产业集群规模突破1万亿元；《中国（上海）自由贸易试验区临港新片区集成电路产业专项规划（2021-2025）》提出打造具有全球影响力的"东方芯港"；《粤港澳大

湾区发展规划纲要》提出推动制造业智能化发展，以珠海、佛山为龙头建设珠江西岸先进装备制造产业带，以深圳、东莞为核心在珠江东岸打造电子信息等世界级先进制造业集群。

6.碳达峰——武汉成立百亿级碳达峰基金

2020年9月，第七十五届联合国大会一般性辩论上，我国首次提出要在2030年实现碳达峰，2060年实现碳中和的目标与承诺。2021年7月，武汉市人民政府、武昌区人民政府与各大参会金融机构、产业资本共同宣布，将共同成立总规模为100亿元的武汉碳达峰基金。这是目前国内首只由市级政府牵头组建的百亿级碳达峰基金。该基金将引导金融机构及股权投资机构加强与绿色类企业项目的对接，加大对符合相关条件的绿色类企业的资金支持力度，通过发展绿色金融推动产业发展。

（二）政府引导基金管理办法的比较

从存量上来看，湖北省政府引导基金数量和规模均偏低，目前省市区三级政府引导基金的数量为77只。各政府引导基金主要的问题在于政府出资审批流程复杂，出资比例较低，返投比例较高，缺乏完善的激励机制。

2020年底，国内已设立政府引导基金注册地数量最高的地区主要集中在东南沿海地区，江苏、浙江、广东、山东、安徽五地注册引导基金数量均已达到百只以上，其中江苏注册数量摘得全国桂冠，高达206只；浙江、广东注册数量也达到162只、160只；山东、安徽两地注册数量分别达到145只、124只。北京注册基金数量位居直辖市首位，达到90只，因多数国家级引导金的注册总目标规模高达2.61万亿元人民币，位居全国首位，已到位资金规模1.64万亿元。上海、重庆、天津注册数量分别达到36只、31只、20只。中西部地区基金注册数量大多不足百只，其中，四川、湖北、江西、河南、河北注册基金数量相对较多，分别达到81只、73只、71只、65只、63只。

续表

湖北省	基金名称	出资比例	返投比例
安　徽	安徽省科技成果转化引导基金	30%	子基金投资省内项目和资金应不低于80%，且投资省科技成果库入库项目资金应不低于省引导基金出资额的2倍

1.作出政府引导基金出资流程

政府引导基金的出资流程需保证市场化运作，才能引导社会资本的进入，但大部分引导基金并未对于申请机构（子基金管理机构）应具备的条件以及子基金应具备的条件予以规范，未形成公开化、市场化的申请机制。通过调研发现，湖北目前大部分政府引导基金出资子基金采取"一事一议"，需要政府层层审批，且审批周期较长，并未市场化。可以通过设置每年的申报指南，明确申请引导基金出资的要求，以市场化的方式吸引优秀的基金管理机构落户。

目前，上海市创业投资引导基金和武汉光谷合伙人投资引导基金每年更新一次申报指南，根据申报指南提供材料，合格的子基金即可获得引导基金出资。如《武汉光谷合伙人投资引导基金申报指南》，合伙人基金优先选择知名度高、产业背景强、行业资源丰富的投资机构或龙头企业共同设立子基金。同等条件下，合伙人基金优先考虑重点投资于初创期科技型企业的子基金的申请。

此外，青岛市新旧动能转换引导基金在公司组建完成后，相应取消基金工作小组和理事会，基金设立环节不再设立政府审批流程，由公司按照市场化方式设立和运作基金，极大简化了出资流程。

湖北省省级股权引导基金决策委员会由省政府领导任主任，省财政厅、省经信委、省发展改革委、省国资委等相关部门负责同志为成员，负责确定引导基金的资金筹集、支持方向，对选定引导基金受托管理机构、参股设立子基金进行决策，协调解决引导基金管理中的重大事项。决策委员会办公室设在省财政厅，主要负责决策委员会日常事务。出资审批流程较为复杂，且需要在一批积累多个子基金同时出资审批，需要进一步简化流程。

2.政府引导基金出资比例

"募资难"已成为近年来一级市场的代名词，政府引导基金的一项主要职能是带动社会投资，实现财政资金放大效应，是基金管理人的重要募资渠道。湖北大部分引导基金在子基金实缴资金到位后出资速度较慢，被投机构多数为国资背景，且湖北省、武汉市和下辖各区三级对于一般子基金的共同出资比例最高为40%，仍需要优化政策，进一步提高共同出资比例，让利于民，并根据产业情况细分出资比例。

各地区政府引导基金参股子基金出资比例从25%至50%不等，一般要求不能成为第一大出资人。出资比例的区别来源于两个方面，一方面是针对投资阶段不同的基金出资比例不同，如武汉市科技创业投资引导基金和武汉市战略性新兴产业发展引导基金参股天使基金、种子基金时可将出资比例提升至50%；另一方面针对不同产业的基金的出资比例不同，如青岛市新旧动能转换引导基金对主投农业领域的母（子）基金，引导基金出资比例可提升至50%。

一般在子基金实缴出资总额到位后，引导基金才开始出资，且周期较长，后续资金补充较慢，影响了资金使用效率和募资能力。武汉光谷合伙人投资引导基金表示只要募资金额达到出资总额的40%时，引导基金即可开始出资。

3.政府引导基金返投要求

政府引导基金投资往往因受返投比例限制影响投资进程，近年来，各地区有多只引导基金先后修订了管理办法，放宽了投资子基金的要求，拓宽了认定标准，扩大了返投比例，旨在吸引优秀管理机构，加快引导基金投资进度。通过调研发现，相对于其他地区，湖北的返投要求更难以完成，大部分政府引导基金要求的返投比例为出资金额的2倍以上，可以进一步拓宽认定标准，降低返投比例要求，或者采取灵活多变的政策以达到降低返投比例的目的。

对于返投的认定标准，引导基金通常会结合实际落地的投资金额、税收、就业等多重因素综合认定。常见情形包括返投主体投资的本地企业，投资的外地企业将其注册地、重要生产经营地、主要产品研发地、子公司或分公司设立或迁入本地（但在子基金存续期内不得迁出）。近年来，不少引导基金进一步扩大了返投的认定范围，如返投主体投资的外地企业以股权投资方式投资于本地已有企业，投资的外地企业被本地企业收购，投资本地企业在外地控股的子公司以及返投主体虽未直接投资但推荐到本地落地的外地企业。青岛市新旧动能转换引导基金将投资到本地企业在外地控股子公司作为返投认定，进一步拓宽了返投认定标准。

政府引导基金要求子基金投资固定金额到本地属于最为常见的返投要求，固定金额可以是子基金规模的一定比例，也可以是引导基金出资额的一定倍数。就前者而言，子基金规模存在子基金的认缴出资总额、实缴出资总额、总资产、全部投资额、可投资实缴资金、可实现投资总额等多种形式，常见的比例为50%、60%甚至70%。通过调研发现，湖北省省级股权引导基金出资比例设置为不低于25%，但部分创投基金所获取的出资比例可能低至10%，而返投比例仍要求为60%，实际为引导基金出资额的6倍。因此，采用子基金规模比例作为返投要求，条件更为苛刻。

相对于子基金规模的要求，基于引导基金出资额的返投要求更为合理。早期的政府引导基金通常要求返投金额不少于引导基金出资额的2倍，近年来多地引导基金将该标准降至引导基金出资额的1.5倍或更少的倍数，如青岛市新旧动能转换引导基金将该标准降至引导资金出资额的1.1倍，深圳前海深港现代服务业合作区产业投资引导基金对直投基金要求返投比例为出资额的1倍。此外，有一类特殊的引导基金对返投金额不进行具体要求，如上海市创业投资引导基金只要求子基金对上海地区的投资金额在全国省级行政区域中的投资总额中占比最高。相较于有固定金额的返投要求，此类返投要求更为灵活。

返投要求除了地域限制外，部分引导基金也对投资领域进行了限制。如江苏省政府投资基金投资于主投领域的比例不得低于子基金募集规模的60%。此类返投要求虽然更为严苛，但对产业发展存在更好的促进作用，也可适当发展当地的强势产业。

为了鼓励某一类型的返投，实现一定的政策目的，部分引导基金采取了加成认定的方式计算返投完成金额，如武汉光谷合伙人投资引导基金明确返投完成金额的计算公式为各企业实际投资金额乘以返投认定倍数，返投认定倍数根据非人才企业/人才企业/初创期科技型人才企业/子基金推荐或引进且享受高新区人才"一事一议"政策的人才企业，分别适用1.0/1.2/1.5/2.5的认定倍数。这种加成认定方式一方面可以吸引重点投资于初创期科技型企业、高科技人才企业的优秀子基金，另一方面可以促进初创科技型企业、人才企业在东湖高新区的落地与发展。东湖高新区的返投要求有效与人才政策相结合，既降低了返投比例（人才企业可低至0.8倍），又给予了人才奖励补贴。

4.政府引导基金的激励机制

为了鼓励子基金完成返投，部分引导基金将返投与政策目标相结合，根据返投完成的金额、速度制定灵活的激励机制。通过调研发现，湖北大部分引导基金未设置激励机制，甚至让子基金的社会出资人采用回购协议进行明股实债的放贷行为，并未起到撬动民间资本的作用。

具体而言，有的引导基金为了强调返投目标的达成，直接将让利与返投挂钩，比如武汉光谷合伙人投资引导基金超额收益让渡政策。超额收益是指归属合伙人基金的除实缴金额及以中国人民银行公布的同期人民币存款基准利率（高于2%时，按2%计算）的年化单利计算收益之和以外的全部收益，让利的最高额度为全部超额收益。子基金存续期满5年后，若子基金满足2倍（含）返投要求，则合伙人基金将符合返投要求的项目产生的除投资本金以外的超额收益（以最高额度为限）让渡给子基金管理人及其他社会出资人；若子基金达到2.5倍（含）返投要求，合伙人基金将按照最高额度，对子基金整体超额收益进行让渡。上述超额收益让渡的分配时点为合伙人基金持有的子基金出资份额全部转让或子基金完成清算时。

有的引导基金则将让利与返投完成速度挂钩，如青岛市新旧动能转换引导基金首先对于子基金在工商注册一年内投资的青岛市内项目，引导基金让渡全部收益，其中不少于50%用于奖励基金管理人。其次基金工商注册两年内，投资进度超过认缴规模50%的，最高奖励100万元，投资进度超过认缴规模70%的，最高奖励200万元。最后明确对投资青岛市产业发展战略具有重大产业支撑作用的项目和本市初创期、早中期科技型创新性企业的让利幅度，即对投资青岛市市级以上重点项目的基金，清算退出时整体年化收益率超出清算年度一年期银行贷款基准利率（单利）的，引导基金对其投资青岛市市级以上重点项目的相应额度超额收益的60%让渡基金管理人和其他社会出资方，对主投青岛市初创期、早中期科技型创新性企业的基金，上述收益让渡比例可提高至70%。

5.政府引导基金的绩效考核

各地政府引导基金管理办法一般会明确要求对引导基金的投资情况进行绩效评价，要将引导基金纳入公共财政考核评价体系。引导基金的绩效考核多采用自评与他评相结合的方式，自评的实施方一般为引导基金或其受托管理机构，而他评的实施方一般为上级主管部门委托的第三方专业绩效评价机构。通过调研发现，湖北省内政府引导基金的绩效评价工作尚没有一个具体的操作规范指引，为建立科学、合理的湖北省政府创投引导基金绩效评价管理体系，防范引导基金投资风险，确保湖北省政府引导基金政策目标实现，有必要由湖北省财政厅牵头会同有关部门研究制定"湖北省政府引导基金绩效评价管理办法"。

地方政府在出台政府引导基金管理办法的过程中，公开引导基金绩效考核实施细则的例子并不多，而能出台具体的政府引导基金绩效考核管理办法的地方政府更是鲜见。目前，仅有山东、北京及四川等极少数地方政府出台了具体的引导基金绩效考核管理办法。

《山东省省级股权投资引导基金绩效评价管理暂行办法》（鲁财预〔2015〕57号）是我国第一个针对引导基金绩效评价工作而制定的规范性文件，该办法的制定对山东省政府引导基金的评价监管的主体部门、具体绩效评价体系及考核指标进行了规范性说明，引导基金的绩效评价结果按照政府信息公开规定在一定范围内公开。

《北京市财政局关于印发〈北京市市级政府投资基金绩效评价管理暂行办法〉的通知》（京财绩效〔2019〕717号）明确市财政部门要按照基金执行周期实施阶段性财政评价，行业主管部门要按照经营年度对基金实施绩效自评价，必要时，可以引入第三方机构参与基金绩效评价工作。

《四川省财政厅 四川省科学技术厅关于印发〈四川省科技计划项目专项资金管理办法〉的通知》（川财规〔2019〕8号）构建了一套系统且完整的绩效评价体系，从政策目标、投资管理、基金效益、基础管理等方面提出了明确、具体的考核指标；规范了组织实施程序，明确了绩效评价工作中的各方责任，确保绩效考核的公平、公正；建立了以绩效考核结果为依据的激励奖惩机制，引导基金进一步加强管理、发挥效用。

（三）基金小镇政策的比较

除了上述各省份发布的关于创业投资基金、政府引导基金的政策外，各地以基金小镇、金融小镇、新区、产业园的形式给予创业投资基金额外的税收优惠、投资奖励、落户奖励、专项扶持政策，促进当地创业投资基金的发展，吸引更多的创业投资基金管理人落户。据不完全统计，截至2020年，全国已公布的基金小镇（含类似功能的新金融集聚区）超过80个，覆盖了21个省份，遍布于从东南沿海至西北腹地的广大地区。公开资料显示，已披露入驻机构数量的47个基金小镇，合计入驻了超过3万家的基金、基金管理机构和相关金融机构；已披露资金管理规模的37个基金小镇，各类资金管理规模合计约8.7万亿元人民币，成为助推地方经济发展的重要一环。

通过选取各省具有代表性的5个区域进行政策对比：武汉基金产业基地，深圳前海基金小镇，苏州市吴中区，宁波鄞州四明金融小镇，珠海横琴新区。北京房山园区基金小镇和上海虹桥基金小镇已经形成了较为成熟的创业投资氛围，遵循省市级的创业投资政策，目前时间段无额外税费优惠、投资出资奖励、落户奖励政策，不纳入比较范围。

1.税收优惠政策

通过对国内基金小镇的研究可以发现，税收环境对私募股权基金最终收益影响重大，因此大部分基金小镇应该考虑如何为目标金融机构创造一个合理的税收环境。湖北地区税款的地方留存比例较低，基金小镇在税收优惠方面竞争力较弱，可将基金小镇和免税区联合建设，提高税收返还额。

税收优惠政策包含企业所得税、个人所得税、增值税，大多数区域对企业所得税和个人所得税都有税收优惠政策。宁波地区所得税除上缴中央财政60%以外，剩余40%全部留在地方；增值税上缴中央财政50%，剩余50%全部留在地方。因此，宁波鄞州四明金融小镇能给予最高税收补贴——企业所得税和个人所得税实际返还全额的32%和增值税返还全额的30%~40%。武汉汉阳区仅剩余约15%留在地方，90%给予奖励，实际返还全额的13.5%，武汉基金产业基地奖励政策的核心并不是税收优惠。

2.投资和落户奖励

对于有兴趣入驻基金小镇的各类金融机构来说，企业落户政策往往是最直接并容易兑现的优惠政策，具有强烈的吸引力，且基金小镇的企业落户奖励政策各有特点。作为湖北具有代表性的基金小镇，武汉基金产业基地在投资和落户奖励上具有较强的竞争力，弥补了税收优惠的不足，不仅可以促进本地创业投资机构发展壮大，也可以引进更多优秀的管理机构，促进武汉创投环境的发展。

投资奖励政策的获取要求均为创业投资基金需入驻投资所在地市范围内的企业，其中投资奖励政策最好的是武汉基金产业基地，最低可以得到实际投资1%的奖励，投资企业上市后可获得3%的奖励。此外，针对初创企业还有投资风险补偿政策，按其对单个投资项目的实际投资损失金额10%给予补偿。

武汉基金产业基地和深圳前海基金小镇的落户奖励政策力度最大，注册资本超30亿元可拿到1 500万元的奖励。不同的是武汉基金产业基地奖励门槛更低，达到2亿元即可拿到20万元的奖励，且后续增资后，实际到位资金达到高一级别金额的，可补足奖励差额部分，此政策可以吸引小规模基金管理机构落户，通过本土孵化使规模逐步扩大。

（四）营商环境的比较

湖北创业投资市场准入条件较高，需要地方金融局的前置审批，除在基金小镇注册外，其余地区审批较为谨慎，效率较低。应建立创业投资行业发展备案和监管备案互联互通机制，为创业投资企业备案提供便利，放宽创业投资企业的市场准入标准。

2015年，中国证券投资基金业协会公布的《私募基金登记备案相关问题解答（七）》中规定了私募管理人的名称中应当包含"基金管理""投资管理""资产管理""股权投资""创业投资"等相关字样才能在协会进行备案。

2021年，《关于做好私募基金管理人经营范围登记工作的通知》指出，为便利企业登记经营范围，相关私募基金管理人在办理经营范围登记时，统一使用两种表述办理经营范围登记：一是私募证券投资基金管理服务（须在中国证券投资基金业协会完成登记备案后方可从事经营活动）；二是私募股权投资基金管理、创业投资基金管理服务（须在中国证券投资基金业协会完成登记备案后方可从事经营活动）。

在注册完公司后，私募基金管理人应当向基金业协会履行基金管理人登记手续并申请成为基金业协会会员，当申请材料完备时，基金业协会应当自收齐登记材料之日起20个工作日内，通过网站公示私募基金管理人基本情况的方式，为私募基金管理人办结登记手续。

然而，国内的注册情况是部分地区不能注册金融投资类公司，或需要获取金融局的前置审批，本地注册不了只能去外地注册的情况逐渐增加。目前，各地的金融投资类公司注册逐步缩减至各地基金小镇。

二、湖北创投基金发展的总体态势

（一）湖北创投基金发展提速，潜力很大

1. 湖北创投基金业发展速度明显加快

中国证券投资基金业协会的数据显示，湖北的私募基金中，私募股权、创业投资占绝对主力，多年来，其他类型的私募基金管理人数量约为100家，并且一直保持稳定，管理基金规模不足100亿元。2019年，湖北创投基金（含PE和VC）管理人数量为263家，全国占比1.77%，2020年为273家，全国占比1.82%，2021年为288家，全国占比1.92%；从管理基金规模来看，2019年为1 307.64亿元，2020年为1 666.98亿元，2021年为1 962.18亿元，三年全国占比依次为1.28%、1.43%和1.49%，由此可见，湖北创投基金管理人数量和管理基金规模均不足全国的2%，基础较薄弱，但近几年呈追赶态势。

2. 湖北创投基金发展政策环境不断优化

近年来，湖北省创投基金发展政策环境不断转好，2016年3月，《省人民政府关于加快股权投资基金业发展的意见》发布，明确了到2020年的发展目标，加大了股权投资基金政策支持力度。2018年3月，《省人民政府关于促进创业投资持续健康发展的实施意见》发布，明确了多个方面的任务并指定了责任部门。2021年年底，《湖北省金融业发展"十四五"规划》发布，明确提出要加快发展私募股权基金，要求私募股权投资基金管理规模由2020年的1 752亿元增长到2025年的3 700亿元。

除了政策支持外，湖北在创投基金资金投入方面的大动作也引起了广泛关注。2021年5月，湖北科技创新发展基金设立，目标规模达100亿元；2021年6月，湖北高质量发展产业投资基金在武汉经开区成立，首期规模150亿元；2021年11

月，总规模1 000亿元的湖北省铁路发展基金设立，省级出资300亿元；2021年12月，武汉市出台《进一步推进大健康和生物技术产业发展政策措施》，提出将设立总规模300亿元的武汉大健康和生物技术产业投资基金；2022年3月，武汉光谷创投引导基金扩容至100亿元，重点扶持科技型初创企业。2022年3月下旬，长江产业集团统筹原股权投资引导基金、创投引导基金等设立长江创投母基金，规模100亿元，主要培育孵化高新技术领域中小企业；在原长江经济带产业基金基础上更名设立长江产投母基金，规模400亿元，主要承担省级战略性重大产业项目招引和龙头企业发展壮大任务。

（二）湖北创投基金整体水平不高，与经济总量地位不相匹配

1.湖北创投基金业整体水平不高

近年来，湖北创投基金发展取得了一定的进展，但与先发地区相比，差距还很明显。如表1-2所示，截至2021年年末，全国私募股权、创业投资基金管理人共有15 012家，湖北288家，占比约1.92%；全国管理基金数量45 522只，湖北526只，占比1.16%；全国管理基金规模131 627.15亿元，湖北省1 962.18亿元，占比约1.49%。

表1-2　　　私募股权、创业投资基金管理人按注册地分布情况（部分）

辖区	管理人数量（家）	占比	管理基金数量（只）	占比	管理基金规模（亿元）	占比
北京市	2 790	18.59%	8 874	19.49%	32 603.88	24.77%
深圳市	2 316	15.43%	6 958	15.28%	15 233.14	11.57%
上海市	2 234	14.88%	7 761	17.05%	21 320.31	16.20%
浙江省（不含宁波）	1 246	8.30%	3 829	8.41%	5 883.94	4.47%
广东省（不含深圳）	995	6.63%	3 385	7.44%	8 484.11	6.45%
江苏省	949	6.32%	2 985	6.56%	8 861.22	6.73%
宁波市	563	3.75%	1 677	3.68%	3 895.45	2.96%

辖区	管理人数量（家）	占比	管理基金数量（只）	占比	管理基金规模（亿元）	占比
天津市	351	2.34%	1 240	2.72%	6 443.81	4.90%
四川省	335	2.23%	675	1.48%	2 032.36	1.54%
湖北省	288	1.92%	526	1.16%	1 962.18	1.49%
山东省（不含青岛）	285	1.90%	657	1.44%	1 543.55	1.17%
青岛市	236	1.57%	624	1.37%	1 338.69	1.02%
厦门市	235	1.57%	598	1.31%	1 205.03	0.92%
全国总计	15 012		45 522		131 627.15	

资料来源：中国证券投资基金业协会。

2.相对于湖北经济体量，湖北创投基金业发展水平滞后

近年来，湖北经济发展保持良好的势头。如表1-2所示，除2020年受疫情影响，湖北地区生产总值略低于福建外，2017—2021年，湖北地区生产总值稳居全国第7位；在排名前8的省份中，湖北地区生产总值增速均高于广东、江苏、山东、浙江等省份，与四川和福建两省不相上下。

表1-2和表1-3对比观察不难发现：第一，经济强省也是基金强省，如广东、江苏、山东、浙江等省份，地区生产总值处于第一方阵，私募股权、创业投资基金管理人数量、管理基金规模也处于第一方阵。第二，与四川这样地区生产总值大致相近的省份相比，湖北的管理人数量、管理基金数量和管理基金规模均小幅落后。

表1-3　　　　部分省份地区生产总值与增速（2017—2021）　　　　单位：亿元，%

年份 省市	2021年		2020年		2019年		2018年		2017年	
	总值	增速	总值	增速	总值	增速	总值	增速	总值	增速
广东	124 369.7	8.0	110 760.9	2.3	107 986.9	6.2	99 945.2	6.8	91 648.7	7.5
江苏	116 364.2	8.6	102 719	3.7	98 656.8	5.9	93 207.6	6.7	85 869.8	7.2

续表

年份 省市	2021年		2020年		2019年		2018年		2017年	
	总值	增速	总值	增速	总值	增速	总值	增速	总值	增速
山东	83 095.9	8.3	73 129	3.6	70 540.5	5.3	66 648.9	6.3	63 012.1	7.3
浙江	73 515.8	8.5	64 613.3	3.6	62 462	6.8	58 002.8	7.1	52 403.1	7.8
河南	58 887.4	6.3	54 997.1	1.3	53 717.8	6.8	49 935.9	7.6	44 824.9	7.8
四川	53 850.8	8.2	48 598.8	3.8	46 363.8	7.4	42 902.1	8.0	37 905.1	8.1
湖北	50 012.9	12.9	43 443.5	-5.0	45 429	7.3	42 022	7.8	37 235	7.8
福建	48 810.4	8.0	43 903.9	3.3	42 326.6	7.5	38 687.8	8.3	33 842.4	8.1

资料来源：国家统计局。

　　湖北创投基金发展的直观表现如下：第一，机构少，管理人数量少；第二，业务量小，不论是管理基金数量还是管理基金规模，与先发地区差距都很明显；第三，与湖北经济发展在全国的排名极不相称，近年来湖北地区生产总值稳定在全国第7位左右，2021年，全省地区生产总值突破5万亿元大关，但私募股权、创业投资基金的业务规模和排序甚至难以和沿海部分地区相比。

（三）湖北创投基金整体经营实绩偏低，政策获得感不高

　　为全面、深入了解湖北创投基金企业"募、投、管、退"业务开展情况，我们针对创投基金企业设计并主要通过湖北省证券投资基金业协会定向发放了调查问卷。截至2022年2月20日，共回收了32家机构填写的调查问卷。32家机构中，有31家管理机构注册在湖北，其中28家同时有子基金注册在湖北。虽然填写问卷的机构偏少，但至少覆盖了湖北10%的私募基金、创投基金管理人，问卷反映的情况具有一定的代表性。

　　填写问卷的32家机构具有以下特点：第一，政府出资是湖北省创投基金的重要资金来源。32家机构中，20家具有政府出资背景，另有1家同时有政府和境外资金背景。第二，湖北省内主要活跃的创投机构经营年数相对较长，近几年注册的机

构并不多。32家机构中，有16家经营年数在6~10年，有8家经营年数超过10年。第三，湖北创投机构管理基金规模偏小。1/2以上的机构管理基金不超过5亿元，约3/4的机构管理基金不超过10亿元。第四，创投机构规模偏小。1/2的机构员工人数在10人以下，超过3/4的机构员工人数不超过20人。

1.募资渠道少，资金不到位现象比较普遍

约80%的受调研机构募集资金完成时间在半年以上，主要集中在7~18个月，近1/2的机构在接下来1~3年主要关注资金募集业务，约44%的机构认为最近两年资金募集难度大幅增加，由此可见，募资越来越难以成为湖北创投基金业的共识。

2018年以来，34.38%的受调研机构没有募集资金，仅有28.13%的受调研机构资金全部到位，募集资金不到位的主体主要是各类引导基金（28.13%）、市场化母基金（15.63%）和民营企业资金（15.63%）。产业投资引导基金、国企/央企、创业投资引导基金、民营上市企业和市场化母基金是募资成功率较高的LP，金融机构如信托公司、证券公司、保险公司参与创投基金的热情不高，社保基金/养老金、主权财富基金、家庭财富办公室等几乎不参与创投基金。

2.投资规模小，主要集中于高新技术产业

约有10%的创投机构在湖北还没有实际投资，超过一半的机构在湖北投资规模在3亿元以下。在考察潜在投资项目时，最看重的几个方面如下：细分领域的领军或垄断地位、产品和技术的创新性、潜在的市场规模、优秀的创始人团队；在投向方面，最关注的行业依次是半导体和集成线路、智能制造、人工智能、电子信息、新能源汽车、物联网和智能硬件，这表明湖北创投基金非常看好新产业机会。

事后评估中，56%的机构认为湖北对潜在投资项目的估值基本准确，40%的机构认为准确度一般，这从一定程度上反映出省内创投机构的项目评估能力还有较大的提升空间。

3.投后管理人员占比高，管理内容丰富

在受调研机构中，约44%的机构投后管理人员在1~3人，38%的机构在4~6人。各机构的投后管理内容十分丰富，除了持续跟踪、定期沟通外，采集企业信息、提供多样化的增值服务、派出高管人员、对项目企业进行风险监测都是大多数机构的常规投后管理工作。

4.退出渠道少，投资收益率低

各机构在湖北累计退出的项目个数并不多，近20%的机构还没有项目退出，超过30%的机构只有1~2个项目退出，仅约1/4以上的机构有10个以上的项目退出，这表明湖北创投项目大多还没有进入收获期。

2019—2021年，约1/3的机构年化内部收益率（IRR）不超过10%，另有约1/3的机构年化IRR在10%~20%，没有机构的年化IRR超过40%。与收益率不高相对应的是，各机构在湖北投资失败情形（退出金额低于投资本金）也不多，一半的机构没有失败的情形，另有1/3的机构虽然有失败的项目，但个数不多，且损失比例不超过20%。

在退出路径方面，主要路径包括协议转让（62.5%）、境内IPO（53.13%）和企业回购（50%）。对于通过二级市场转让方式退出，约40%的机构不考虑，另有37.5%的机构有计划却未启动，表明这一退出方式尚未得到市场认可。

三、湖北创投基金发展的主要问题

近年来，湖北创投基金业呈现出较好的发展态势，以武汉为代表，光谷、经开区和汉阳多个创投基金聚集区日渐形成规模，基金注册地方前置审批流程极大简化，以湖北高质量发展产业投资基金为代表的较大体量、市场化的产业投资基金先后成立，省级引导基金和国有创投基金股权也已初步整合到长江产业投资集团，但

与全国先发地区相比，湖北创投基金在稳步发展的同时也存在诸多不足。

（一）各级政府对创投基金业认识不清

1.创投基金发展愿景不明，目标不高

全国各地对创投基金业的重视程度日益提升，部分地区提出了新的发展愿景，比如山东青岛，提出要打造"全球创投风投中心"，并出台了一系列支持政策，不断强化支持力度。湖北自2016年3月发布《省人民政府关于加快股权投资基金业发展的意见》以来，尚未明确湖北创投基金发展愿景，虽然各类文件中也提了一些想要努力实现的目标，但依然集中在基金机构数量、基金人才引进、基金聚集区建设等常规指标，尚未沉淀到龙头企业数目、基金投资的新增上市公司数量、重要产业链在国内的竞争力等发展内涵指标上来。

2.看待创投基金业的观念落后

从制定的关于创投基金的各项政策以及对创投基金业的管理观察，湖北各级地方政府要么认为创投基金业只是金融领域的一个细分行业，政府部门的主要职能是相关业务监管；要么认为创投基金可以部分起到招商引资的功能，于是纷纷在政府引导基金的返投比例方面提要求，通过返投扩大地方投资规模。但从当前先发地区的政策取向和业务实践来看，创投基金如果切实起到了培育、引进龙头企业和关键产业链的作用，它就是地方产业结构转型升级、实现重要产业集群发展的主要发力点。

3.创投基金业管理缺乏整合

在湖北创投基金开展业务过程中，地方金融管理部门只承担一部分管理职能，政府引导基金主要接受财政部门和国资部门管理，产业发展则受经信委和发改委指导，税收专项优惠政策和财政补贴接受税务部门管理，各职能部门各管一块，难以统一协调、步调一致地出台政策。

（二）政府引导基金机制不灵活

1.政府引导基金定位不准

政府引导基金的主要着力点在于发挥杠杆作用，吸引更多社会资本在湖北投资，这种招商功能不应成为政府引导基金的主要功能。应进一步深刻意识到引导基金不仅要撬动资金，还要通过培育、引进、对接龙头企业和重要产业链，显著发挥带动作用，实现多个产业集群快速发展。

2.政府引导基金运营市场化程度不高，经营效果不佳

省、市、区各级引导资金出资配比低、条件门槛高，导致与市场化创投基金的合作并不顺畅。目前引导基金出资大多有返投比例、退出承诺、最后出资等要求，如湖北省内引导基金的返投比例是2~3倍，这与先发地区1.1~2倍的返投比例区间差距过于明显；再如为保障引导基金保值增值要求，湖北省内部分引导基金出资时与管理机构或项目公司签订固定利率回购协议，使基金具备"明股实债"特征；又如各级引导基金坚持充当最后出资人。这些要求越高，创投机构越不敢接洽各级引导基金，反而增大了引导基金的逆向选择风险。与此同时，由于政府引导基金的资金来源于财政资金，严监管要求下，政府引导基金投资和退出审批流程较长，政府引导基金较短的存续期与创投企业所需的成长期不匹配。

3.政府引导基金机制僵化，决策效率偏低

以引导基金管理人考核为例，当前省内绝大部分政府引导基金的管理人考核采取"逐项考核"方式，要求每个项目都保值增值，这与创投基金的市场运行规律严重冲突，每个项目都不失手，最好的办法就是少投甚至不投，或者以"明股实债"的方式投。此外，由于相关配套制度不完善，省内各级引导基金在投资项目立项上采取"一事一议"的方式，规则不明晰，存在签字风险大、审批流程长、决策效率低等弊端。

4.政府引导基金体系庞乱

省、市、区各级政府引导基金受各级政府制约，由多个管理机构代为管理，专注的领域各异，主要目的是撬动资金，未能共同聚焦于湖北重点发展的战略性新兴产业和处于现代化转型阶段的传统优势产业，不能形成合力，龙头企业和产业链关键企业的培育和引进效率较低，财政资金使用效率不高，产业引导、产业落地的功能未能得到充分发挥。

（三）经营环境和文化氛围沉闷，进取意识不足

1.激励政策传统单一

问卷调查显示，省内创投基金普遍认为湖北在税收优惠、激励措施、风险补偿等方面与国内部分地区相比缺乏竞争力。湖北部分基金小镇、基金聚集区在税收优惠、出资奖励、落户奖励等方面形式相对单一，力度相对保守。同时，这些激励政策对头部机构的大规模投资而言，几乎没有什么吸引力，这些机构更在意产业和资金的配套，现行的各种激励政策难以对接。

2.政府创投行政服务欠缺

湖北尚未出台湖北创投基金业发展总体规划。创投基金设立地方前置审批要求大大降低，对创投机构、具有股权融资需求的企业以及创投中介机构的培训工作推动乏力。省外各地纷纷在引入险资、合格境外有限合伙人（QFLP）、专精特新、创投股权转让（S基金）方面进行有益探索。

3.本地企业家创投意识和能力缺乏

湖北企业家客观上开拓进取意识稍显欠缺，倾向于通过自然积累逐渐发展，不敢通过创投基金投资实现企业资源装配式发展，这种意识与能力方面的欠缺是湖北产业结构转型升级较慢、新旧动能切换较慢、龙头企业较少、产业链优势不明显的

底层原因。

(四) 市场化机构业务发展不畅，国际化程度不高

1.募资渠道有限

湖北创投基金显示出"小而散"的特征。个人投资者数量多但出资规模小；企业投资者虽然是创投基金的主要出资人，但计划出资与实际出资之间存在较大的不确定性；政府引导基金是创投基金最青睐的LP出资者，但出资不能按期到位是常态。2021年，《建设高标准市场体系行动方案》提出，要稳步推进银行理财子公司和保险资产管理公司与创投基金合作。在湖北，银行、信托、证券、保险等金融机构资金参与创投的意愿较低。

2.新兴产业基础薄弱

近年来，不论是投资案例数，还是投资金额，北京、长三角、珠三角和粤港澳大湾区各项指标都遥遥领先于其他省份，一个重要的原因在于这些地区新兴产业发达，资本和产业之间良性互动关系已经形成，创投基金在半导体领域、医疗健康、高端装备、信息化和IT技术等领域的投资倾向非常突出。湖北在这些行业优势并不明显，历年通过IPO上市的企业数量落后于全国平均水平，没有一家本土上市公司市值持续超过500亿元，产业链带动作用不明显。

3.退出渠道不畅

根据历年的《中国私募证券投资基金行业发展报告》可以看出，近年来全国层面对退出环境持乐观态度的创投机构占比不断上升，退出方式以协议转让和境内上市为主，企业回购和被投企业分红、挂牌新三板为辅，各行业退出账面回报整体明显提升。退出项目和金额主要集中在京津冀、长三角、珠三角区域。随着2020年S基金（私募股权二级市场）的快速发展，使得私募股权二级投资日益成为提供市场流动性的重要来源和基金的重要退出渠道之一。湖北创投基金退出渠道依然传统，

协议转让和企业回购是主要退出方式，通过IPO上市退出案例占比不高，二级市场流动尚处于探索阶段。

4.国际化程度不高

湖北创投基金在募资渠道上仅仅面向国内投资者，尚没有参与到国际市场，目前尚未获得合格境外有限合伙人（QFLP）的试点资格。2010年，上海首先推出QFLP试点，截至2021年，全国QFLP试点地区达19个，以北京、深圳为代表的早期试点城市以及粤港澳大湾区等多地相继放宽对QFLP的诸多限制性要求，积极参与修订完善试点政策。部分省份试点QDIE，允许境内创投机构出境投资。以深圳为例，截至2021年年底，该市共吸引外资企业设立QFLP管理企业171家，发起QFLP基金53家，基金规模75.5亿美元（单家企业最大规模为14亿美元），允许其投资境内实体产业股权投资项目以及定向增发、协议转让、债券等一级半市场投资；试点同意QDIE管理企业69家，已出境投资总额度19.9亿美元，投资范围包括境外企业股权及境外二级证券市场，双Q（QFLP、QDIE）整体规模远超大部分试点地区。

四、湖北创投基金发展的对策建议

湖北产业体系相对完备，但具有国际竞争力的龙头企业和产业链还比较欠缺，这从某个角度而言又是一种潜力——创投基金业正好可以在湖北大显身手，在国内国际汇集资金和产业资源，走资源装配式发展道路，促进湖北优势产业迅速做大做强。建议在产业、资金、机构、环境四个方面发力，分别解决"重点关注哪些产业""资金从何而来""机构如何运营""环境如何优化"等关键问题。

(一) 聚焦湖北重要产业

1.聚焦"51020"现代产业集群

积极响应湖北十二次党代会"加快建设现代产业体系"的精神,针对湖北省委提出的"51020"现代产业体系中各产业,梳理市场化创投基金和"51020"产业的匹配程度较高的情况,由重点行业母基金与对应市场化基金初步组成工作团队,针对该产业谋划创投工作计划,重点明确产业链发展现状、产业链中的国内龙头企业与关键企业、湖北重点企业在该产业链的位置、湖北在该产业链需要"扬长"、"补强"和"补短"的具体环节,稳步推进产业链创业投资。

2.抓住数字经济战略机遇

积极响应湖北十二次党代会"打造全国数字经济发展高地"的精神,加大数字领域的投资。第一,加大数字技术产业的投资,抢先布局软件和人工智能、大数据、区块链、云计算、5G通信、元宇宙等新兴数字产业;第二,加大数字内容产业的投资,促进数字技术与文化创意高度融合,如数字游戏、互动娱乐、影视动漫、立体影像、数字学习、数字出版、数字典藏、数字表演、网络服务、内容软件等;第三,加大传统产业数字化转型的投资,不断推进新型数字技术在湖北优势传统产业的应用,让传统产业焕发新活力。

3.培育龙头企业和具有发展潜力的初创型企业

培育本地重点产业龙头企业和产业链关键企业,下力气引进具有成长为龙头企业和产业链关键企业潜力的外地企业。加强配套产业的培育与引进,切实降低龙头和关键企业经营成本,提高其经营效率。对于战略性新兴产业内处于种子期、初创期的企业,政府引导基金和国有股权创投基金联合天使投资基金、风险投资基金早期介入,扶持这些企业向专精特新"小巨人""银种子""金种子"发展,扩大优质企业基数。

（二）用好政府社会资金

1.加大财政投入

积极响应湖北十二次党代会"国有资本向创新链关键环节、产业链核心节点和价值链高端领域集中"的精神，通过财政注资和国有资本出资等方式充实政府引导基金和国有创投基金管理人资本金，支持国有创投基金管理人通过发行创投债、预期分红资产证券化等方式提升融资能力。

2.充分发挥引导基金作用

在省一级引导基金已经初步整合进长江产业投资集团的基础上，鼓励各市、区引导基金整合存量，优化布局，探索长江产业投资集团与各市、区引导基金整合，鼓励重要产业母基金往区县下沉，针对当地优势产业和当地资本共同发起设立区县优势产业发展基金。

3.拓展创投基金资金来源

积极探索地方社保基金参与创业投资的制度安排，联系国家和地方社保基金、各保险公司，争取险资参股两个层次的母基金。依照2018年4月发布的资管新规，私募产品可以投资未上市企业股权（含债转股），因此，即便穿透到底层资产，信托、证券公司的私募产品完全可以投向创投基金或具体的基金项目。探索信托、证券机构与创投机构深度合作，以及银行私募产品参与创投基金的新路径。对标《商业银行理财子公司管理办法》，鼓励湖北银行、汉口银行申请设立商业银行理财子公司，尝试省内银行私募产品与创投母基金和子基金对接；积极争取国内已经成立的商业银行理财子公司来湖北与创投母基金或子基金合作开展业务。

4.创新发展联合投资模式

推动发展投贷联动、投保联动、投贷保联动、投债联动等业务模式，减小创投基金的募资压力，形成合力，满足项目企业的资金需求。在各种业务开展过程中，针对银行、担保、债权人的收益、风险难以匹配的问题，尝试带触发机制的浮动利率投资创新机制，针对股权和债权投资期限难以统一的问题，尝试合作机构债权额度由创投基金承接、转换成股权投资的市场化退出机制。

（三）完善机构运营体系

1.整合设立两层创投母基金

长江产业投资集团联合央企、国内重要金融机构设立湖北创投总母基金。湖北创投总母基金再联合国内与湖北重点产业相契合的产业资本集团设立各重点产业母基金。两层创投母基金坚持市场化主体属性，财政出资方依法行使股东权利。

2.提高两层母基金出资效率

两层母基金均应公开遴选业绩优良、口碑良好的基金管理机构按市场化原则进行管理，参照深圳、上海、青岛等地的做法，探索行政审批改革，尽可能减少或取消行政审批环节，努力建立社会化评审、按合同履约的出资流程。由各重点产业母基金根据项目实际投资情况差别化设定出资比例，最高比例可提高到40%~50%。明确产业母基金股权投资LP的市场身份，全方位降低出资要求，将返投比例压到1.5倍左右，根据投资领域适当上下浮动；坚持产业母基金的股权投资属性，坚决禁止"明股实债"性质的操作；尝试"产业母基金按比例存入监管账户"制度，按照其他资金募集进度，按比例将产业母基金存入"出资托管账户"，一旦其他资金募集完成，存放银行立即按协议条款完成出资程序。

3.完善两层母基金管理人的约束和激励机制

只要符合基金投资的行业和区域投向，按基金管理行业的市场规律办事。鼓励两个层次母基金按照风险共担、利益共享原则，依法合规探索员工持股和股权跟投办法，创新制度安排，股权投资取得超高收益的，持股或跟投员工除获得相应的红利回报外，还可从财政或国有股权红利回报中获得部分红利让渡。允许两层母基金从参股的基金中分阶段让利退出，并根据绩效目标完成情况差异化设定超额收益让渡给基金管理人和其他社会出资方的比例，尝试"同向激励"，即投资效益越好，让渡比例越高，投资效益越差，让渡比例越低，投资财务效益和社会效益极佳的，可以尝试政府引导基金原值退出。

4.优化引导基金考核机制

按市场化规则设计两个层次母基金管理的容错机制，实行长周期综合化考核、允许一定比例的投资失败。彻底取消违背市场规律的"按项目逐一考核"的方式，改成"综合考核为主，分项目考核为辅"的方式，即对两个层次母基金的管理人，所有项目定期综合评价其收益绩效和引导绩效，再分项目进行考核，分项目考核的目的是考察管理人忠实勤勉履职情况，重点考核程序规范，考核的结果不作为经济利益分配的依据。

5.积累社会化出资风险补偿基金

按年度从总母基金的投资收益中提取一定比例（如10%），作为湖北创投社会化出资的风险补偿基金，该部分资金专款专用，对于湖北创投基金的社会化出资方，特别是在"51020"产业集群领域内投早、投小、投成长的社会化出资方出现投资失败的，给予一定比例的亏损补偿，根据投资的产业领域、投资企业所处的不同阶段确定补偿标准。

（四）优化政策环境氛围

1.简化激励项目突出重点

重新梳理现行创投激励政策，简化激励项目，强调激励匹配。具体而言，将激励项目集中于税收优惠、投资奖励和引导基金收益转让三项重点内容上来，其他激励作用不明显的激励措施可逐步清理；投资奖励强调在湖北的实际投资，管理机构和子基金是否在湖北注册不应该作为前置条件；研究制定《湖北省创业投资绩效评估管理办法》，依绩效评估结果确定激励力度，各项激励向"农民型"和"引凤型"投资倾斜，回避"猎手型"投资；激励措施应该向重点产业和长期在湖北耕耘的"白名单"机构倾斜，根据投资规模差异化制定各项激励标准，让头部机构在重点产业的大规模投资获得更大的激励。明确各项优惠政策享受资格认定条件，减少优惠政策审批环节，加快政策兑现、确保政策落地。落实对创投基金和天使投资个人投资种子期、初创期科技型企业按规定抵扣应纳税所得额的税收优惠政策，建议管理机构所得税优惠从实际应缴纳所得税的年度开始起算，避免出现"有优惠时没盈利，有盈利时没优惠"的情况；探索创投基金清算损失税前抵扣新机制，允许创投基金清算后、破产前进行投资损失所得税前抵扣。

2.积极推动创投基金业开放创新

针对湖北创投基金开放性不够的问题，积极落实合格境外有限合伙人（QFLP），推进外商独资股权投资企业（WFOE）试点，探索外商独资投资机构资金公募的制度安排，引入国际知名投资机构集聚，吸引外资扩大在湖北创业投资规模；积极引进境外机构，在中国境内设立独资（WFOE PFM）和合资私募股权基金管理机构，开展私募股权投资基金管理业务；探索QFLP和WFOE资金参与两层母基金、WFOE PFM参与两层母基金管理的创新路径；争取合格境内投资者境外投资试点（QDIE），鼓励本土创投企业沿本地优势产业链尝试境外投资。

3.建设湖北云端基金特区

借鉴国内先发地区云端基金小镇建设的成功经验，起步建设湖北云端基金特区，将新技术、新思路、新政策结合起来，跳出行政区位，弱化物理聚集，在云端形成创投基金发展新模式，全力打造"湖北省股权投资综合服务创新平台"。按照"先基本、后延伸"的思路逐步完善湖北云端基金特区的功能布局。广泛邀请国内外投资主体、专业服务机构、咨询研究机构入驻云端特区，鼓励其在湖北开展业务。

第二章　湖北绿色发展的金融支持体系[①]

　　湖北作为中部崛起、长江经济带开放开发等多重国家战略叠加的省份，面临着加快发展与转型升级的双重任务。湖北经济高速增长的同时伴随着长期粗放式的增长方式，给环境带来了严重污染。党的十八大以来，习近平总书记站在中华民族永续发展的全局高度，以对子孙后代负责的历史担当，亲自谋划、亲自部署、亲自推动长江经济带高质量发展，明确提出"共抓大保护，不搞大开发"，坚持以生态优先、绿色发展为导向，实现科学发展、有序发展、高质量发展。党的十八大以来，党中央高度重视绿色发展，多次强调要"利用绿色信贷、绿色债券、绿色股票指数和相关产品、绿色发展基金、绿色保险、碳金融等金融工具和相关政策为绿色发展服务"。因此，绿色发展离不开金融支持，金融在经济绿色转型和绿色发展过程中有着举足轻重的作用。

一、湖北绿色发展的金融支持现状

　　近年来，以《长江经济带发展规划纲要》带来的政策红利为契机，湖北主要金融监管部门、金融机构等积极采取多种举措，制定发展规划、组织实施方案、创新融资模式、配套保障机制、监测相关信息、宣传绿色理念，积极发展符合湖北长江经济带绿色发展需要的绿色金融体系，着力发展绿色信贷、绿色证券、绿色保险和碳金融四大类产品，积极探索绿色信贷产品和服务创新，积极探索绿色基金、绿色

　　① 2019年产业升级与区域金融湖北省协同创新中心重点项目；其阶段性研究成果在2019年得到了湖北省政协副主席批示；张攀红、罗鹏、王婧参与了研究。

PPP等新兴领域，在绿色金融规模、产品创新、服务创新等方面取得了明显的成效。

（一）绿色信贷稳步增长

湖北省政府及银行业进一步加大支持湖北重点国家战略、科技创新、新型城镇化、轨道交通、高速公路、生态环保等领域重大项目建设，加快退出"两高一剩"（高能耗、高污染、产能过剩）行业，支持湖北优质企业"走出去"。积极推动银行金融机构将客户环保信息作为授信调查、审查、审批的基本内容，建立环境和社会风险"一票否决制"。进一步加强对钢铁、水泥、平板玻璃、煤化工、多晶硅、风电设备、电解铝、船舶等"两高一剩"行业的限额管控。增强对湖北循环经济、低碳经济、节能减排、新能源、新材料等高技术项目和高科技企业创新项目等方面的金融支持，绿色信贷稳步增长，信贷结构不断优化。

在绿色信贷支持下，2018年湖北新兴行业实现加速发展，装备制造业增加值增长12%，高于全部规模以上工业4.2个百分点，占比达到29.8%；高技术制造业增加值增长14.1%，主要高新产品产量保持快速增长，工业机器人、光缆、集成电路、印制电路板等产量分别增长16.5%、20.3%、21%、96.1%。与此相对应，随着银行信贷资金持续推出"两高一剩"产业，湖北六大高耗能行业增加值仅增长2.9%，同比回落5.5个百分点；重点去产能产品产量增速下降，水泥产量下降0.5%，粗钢下降1.7%，降幅同比扩大4.5%、3.9%，生铁增长1.4%，增速同比下降0.5%。

2018年年末，银行业绿色信贷余额3 571.19亿元，比年初增长783.06亿元，增幅达到28%，高于其他各项贷款增速。其中，垃圾处理及污染防治项目的贷款164.81亿元，比年初增长71.33亿元，增幅达76.31%；自然保护、生态修复及灾害防控项目的贷款达到161.49亿元，比年初增长67.96亿元，增幅达72.66%，较2016年年末大幅增长367.5%；资源循环利用项目贷款余额增长49.5%，节能环保服务贷款余额增长77.6%；绿色交通运输项目贷款1 938.43亿元，相比2017年增长28.8%。

（二）绿色证券历史新高

2018年年末，湖北绿色证券发行规模突破140亿元，其中发行绿色债券及中期票据94.3亿元，绿色股权融资规模达51.74亿元。绿色债券及中期票据的发行含绿色债券41.3亿元、绿色中期票据53亿元，主要用于支持绿色交通、绿色旅游等项目，具体包括：武汉地铁集团2018年第一期绿色债券，发行总额20亿元；武汉地铁集团2018年第二期绿色债券，发行总额21.3亿元；鄂旅投发行的全国首单旅游企业绿色中期票据，总额8亿元；武汉地铁集团2018年第一期绿色中期票据，发行总额15亿元；宜昌高新投资开发公司2018年长江大保护专项绿色债券，发行总额30亿元。在绿色股权的直接融资方面，主要是支持锐科激光、长飞光纤、天风证券等5家绿色企业成功上市，共募集资金51.74亿元。

（三）绿色保险增长提速

作为我国首批开展环境污染责任保险试点的省份之一，自2008年来，湖北积极实施绿色保险政策，将企业是否投保环境污染责任保险情况作为获得绿色信贷等金融服务的重要参考指标，以绿色保险保障地区绿色产业体系安全发展，不断健全环境污染责任保险制度。

省内一些保险公司如人保财险和平安保险等也纷纷推出环境污染责任险等绿色险种。《荆门市生态环境保护条例》（以下简称《条例》）于2018年实施。该《条例》的发布，标志着荆门环境污染责任保险在全国非省会地市级城市率先立法。湖北碳排放权交易中心与平安湖北合作，在全国率先开发了"碳保险"业务，旨在为企业在减排中因意外情况而未能完成减排目标提供保障。2016年11月，华新水泥集团与平安保险签署全国首个碳保险产品意向认购协议，全国首单"碳保险"落地湖北。2018年，湖北环境污染责任险保费收入超1 000万元，相比2008—2017年总计4 421.54万元的保费收入有了大幅提升。2018年，湖北环境污染责任保险为279家（次）企业提供19.28亿元风险保障，累计赔付70万元，服务企业的家（次）数达到2008—2017年累计总数的22%，风险保障额达到2008—2017年总额的33%。

（四）绿色基金发展加快

绿色基金是绿色金融体系中资金来源最广的融资方式，包括但不限于绿色产业基金、担保基金、碳基金、气候基金等。湖北已设立基于中国核证自愿减排量（CCER）项目的股权投资基金，金额为10亿元，并设有省内和全国性CCER交易两个品种。该基金可为碳排放交易市场建设筹备资金，推进碳交易活动，对投资者也具有较大吸引力。

2016年5月，总规模为50亿元的黄冈大别山绿色发展股权投资基金正式成立，这也是湖北首个绿色主题产业基金。2016年6月，湖北宜昌市设立绿色发展投资基金，投资规模200亿元，将在基金旗下设立宜昌绿色发展并购重组子基金，用于推动宜昌市重点企业在去库存、去产能、去杠杆、降成本、补短板上实现新的突破和发展。同时设立其他子基金，着力推进宜昌相关产业项目，包括节能环保及新材料、新能源等新兴产业，对宜昌城市基础设施建设、现代物流、文化旅游等项目提供融资。2018年1月，由中国华融资产管理股份有限公司发起设立的"华融凯迪绿色产业基金管理有限公司"在湖北省武汉市正式揭牌开业。

（五）碳金融发展全国领先

湖北作为最早开展碳排放权交易试点的七个省份之一，在该领域发展迅猛，已经确立全国领先地位。2018年，湖北省碳排放权交易市场累计成交总量达3.3亿吨，市场占比达到全国的42.04%，成交额累计达74.81亿元，市场占比达全国的66.51%。此外，湖北碳排放权交易中心还在全国率先开发了碳排放权质押贷款、碳资产托管协议、碳众筹、碳保险、碳排放权现货远期交易等产品，并将牵头承建全国碳排放权注册登记系统。同时，湖北省辖内兴业银行根据湖北碳市场发展情况及相关制度安排，创新开发了碳配额质押融资产品，将企业碳配额作为一种全新的担保资源，帮助企业有效盘活碳配额资产。同时，兴业银行武汉分行联合省发改委、碳排放权交易中心等机构梳理和设计了碳配额质押相关操作流程，独家创设了碳配额资产风险管理和价值评估模型。

（六）绿色金融服务不断创新

在创新绿色金融产品的同时，积极探索运营模式、服务平台、客户关系管理作为绿色金融的切入点，推动银行业为绿色信贷客户量身定制综合金融服务方案。如辖内工行运用"顾问式客户关系管理"新模式，积极为武汉地铁项目建设提供"表内+表外""直接融资+间接融资"的综合化融资服务。

同时，推动银行业积极借助第三方力量支持绿色信贷，扶持中小企业发展壮大。如浦发银行、兴业银行等创造性地引入贷款本金损失分担机制；汉口银行与风投机构合作，推出贷投联动作业金融产品：投融通，提供融（PE融资支持、企业融资支持）、投（PE投资支持）、管（PE管理支持）、退（PE退出支持）、保（PE托管支持）、智（财务顾问）等一体化的综合金融服务，突破银行对成长初期科技企业融资支持的瓶颈，实现信贷资金介入期的前移；兴业银行推出节能减排融资服务、排放权金融服务、个人低碳金融服务3大类绿色金融业务，形成包括10项通用产品、7大特色产品、5类融资模式及7种解决方案的绿色金融产品服务体系；浦发银行推出《绿创未来——绿色金融综合服务方案2.0》，形成了覆盖低碳产业链上下游的绿色金融产品和服务体系，涉及能效融资、清洁能源融资、环保金融等方面。同时，部分符合条件的银行业金融机构积极开展绿色金融直接融资业务，扩大绿色信贷融资来源。

二、湖北金融支持绿色发展面临的困难

尽管湖北的金融支持绿色发展取得了一定的成效，但在这一过程中也存在绿色金融政策体系不健全、外部激励约束机制薄弱、金融机构内生动力不足、绿色金融产品创新不足等问题。

（一）绿色金融政策体系不健全

2007年以来，我国政府高度重视绿色金融的发展。相关部门出台多项促进绿色信贷、绿色证券、绿色保险发展的绿色金融政策文件。但通过对湖北绿色金融政策的梳理，可以发现湖北的绿色金融政策数量相对较少，且从文件政策力度、政策措施、政策目标、政策反馈四个维度来看绿色金融政策效力不高（见表2-1）。这表明，首先，湖北对发展绿色金融的认识和重视程度还不够，政府还没有设立专门的绿色金融领导机构，金融主管部门还没有专门管理绿色金融的机构和人员；政策制定缺乏战略规则，主管部门的政策目标还停留在限制"两高一剩"行业的信贷投放等短期目标上，而对绿色金融的长远发展缺少完整的战略安排和配套政策。其次，政府与金融机构对发展绿色金融已有一定的热情，但多数金融机构还是停留在某些绿色金融具体经营层面，缺乏应有的长远规划、制度安排、组织保障和企业文化等战略准备，而且绿色金融业务往往与绩效考核、经济利益相冲突，导致政府与金融机构对发展绿色金融的动力不足。

表2-1　　　　　　　　　　　　　湖北地区绿色金融政策

发布时间	文件名称	发布机关	主要内容
2010年9月	《进一步完善绿色信贷信息共享机制的通知》	湖北环保局 人行武汉分行	充分认识建立完善绿色信贷信息共享机制的意义，建立完善信息交换共享工作机制
2013年1月	《金融推进湖北省环境保护工作战略合作协议》	湖北省环保厅 兴业银行武汉分行	在全省开展绿色信贷、通过推行排污权抵押、重点减排项目融资等绿色金融支持环保政策
2017年7月	《黄石市创建绿色金融改革创新试验区工作方案》	黄石市人民政府	做大绿色融资规模，做大绿色经济产业，提出具体实施步骤和主要措施

续表

发布时间	文件名称	发布机关	主要内容
2017年5月	《关于加快发展绿色金融促进绿色襄阳建设的指导意见》	人行襄阳市支行	优化金融供给结构，大力发展绿色信贷；创新绿色金融产品和业务模式，提升服务水平
2017年6月	《宜昌市生态建设与环境保护"十三五"专项规划》	宜昌市人民政府	推进生态文明建设，构建绿色低碳循环城市；推进节能环保产业发展，强化绿色科技创新引领；建立健全绿色政策体系
2019年11月	《生态文明·十堰宣言》	十堰市人民政府	加大生态系统保护力度，改革完善生态文明体制制度，打好污染防治攻坚战，营造良好社会氛围

资料来源：根据湖北省政府、金融监管部门文件整理所得。

（二）外部激励约束机制薄弱

近年来，湖北省政府逐渐重视绿色金融发展，各级政府出台多个重要文件，从财政优惠、税收减免等多个角度推动绿色金融发展。一些地方政府如黄石、宜昌市政府还在文件中落实了各政府部门的工作任务、保障措施，并提出了绿色金融发展的具体目标，地市级政府已经逐渐成为绿色金融发展的重要推动力。

然而，政府部门对金融机构的外部激励和约束机制还是有些薄弱。政府部门还没有建立起对金融机构发展绿色金融的激励机制，我国企业和个人"绿色消费"意愿还不够强烈。绿色发展具有较强的外部性，需要政府通过税收、直接补贴、贴息、搭建市场平台等政策予以扶持。当前这方面的投入相对有限，有关政策主要是针对绿色环保企业或项目，缺乏针对金融机构的财政贴息、税收优惠，风险分担和补偿等配套政策。《地方绿色金融发展指数与评估报告（2018）》显示，湖北"绿色金融政策推动措施"这一项在全国排名第23位，在长江经济带11个省市中排倒数第2位，仅高于云南，政策推动项得分不足浙江的1/7。在日常经营中，金融机构的环保和社会责任意识很容易被繁重的考核压力和诱人的经济效益冲淡。政府还没有建立起对金融机构发展绿色金融的激励机制，企业和个人"绿色消费"意愿不强，对金融机构的监督普遍不严。

（三）金融机构内生动力不足

目前，绿色金融的发展更多依靠政府和金融监管部门的外力推动，金融机构缺少开展业务的内部驱动力。绿色金融存在绿色投融资期限错配、信息不对称、产品和分析工具缺失等问题，金融机构需要承担的风险远高于普通项目，导致传统金融机构开展绿色金融业务的积极性不高。金融机构内部在公司治理方面还没有建立起与绿色金融配套的制度，也缺乏符合绿色金融发展需要的约束激励机制。

而且，一些地方长期以来习惯于"高耗能、高利润"的传统发展模式，各方面对节能减排的认识还没有适应新形势新任务的要求，对传统发展路径的依赖尤为明显，有的地方认为节能减排是对经济发展"做减法"，对淘汰落后产能决心不大，有的甚至还在上一些高消耗、高排放和产能过剩项目，在这种背景下，金融机构对绿色金融理念下蕴涵的巨大的经济和社会价值还缺乏深刻认识。

同时，一些进入实践阶段的金融机构大多停留在某些绿色金融具体经营层面，缺乏相应的长远规划、制度安排、组织保障和企业文化等战略准备。金融机构对绿色金融的学习、研究和宣传不足，不少管理者与员工的绿色金融意识不强，自身环保责任很容易被现实的考核压力和经济利益弱化。加之当前绿色金融的短期经济效益还不尽如人意，致使不少金融机构开展绿色金融业务的动力不足。

（四）绿色金融产品创新不足

绿色金融产品创新是金融机构为实现绿色产业和生态文明的可持续发展而进行的金融创新，是推动绿色金融发展的重要因素。湖北当前的绿色金融产品和服务创新滞后于金融市场的发展，表现为可交易的绿色金融产品和服务相对单一、绿色金融市场机制建设依然滞后。绿色金融产品和服务方面，湖北一些金融机构虽然进行了部分绿色金融产品创新，但与目前市场对于绿色资金的巨大需求和差异性需求仍存在较大错配。

"赤道原则"是全球绿色信贷标准接受程度较高的准则，接受赤道原则的银行称之为"赤道银行"。目前，全球共有来自37个国家和地区的94家金融机构接受了赤道原则成为赤道银行，而我国目前仅有兴业银行和江苏银行是这94家金融机构的其中两员，由此可见商业银行在国际上与绿色金融机构接轨仍有差距。表2-2梳理了国际上绿色金融产品种类，可以看到，国外在绿色金融产品和服务的范围上更加广泛，而国内绿色金融主要还是传统间接融资为主要特点的绿色信贷，其他直接融资类绿色金融产品仍处于起步与探索阶段。目前，湖北在应对气候变化、绿色低碳领域的融资工具还稍显单一，主要是以绿色信贷、绿色债券以及项目融资PPP为主。未来在绿色发展基金、绿色融资担保、绿色消费信贷、绿色资产证券化和碳排放权资产管理等领域还要进一步突破创新。

表2-2　　　　　　　　　　　国际上绿色金融产品种类

碳金融业务	银行实施情况
绿色信贷业务	美国银行、汇丰银行等在践行"赤道原则"的基础上开展绿色项目融资业务 花旗银行、荷兰银行创新性地开发出节能和房屋抵押贷款等信贷业务
低碳中间业务	美国银行推出了与碳信用挂钩的资金托管和结算业务；荷兰银行针对碳交易的客户提供了专业的技术咨询、法律顾问及代理服务等业务；光州银行引"碳银行制"，将家庭主动减少的碳排放量折算成可抵消日常生活花销的积分
碳金融理财产品业务	渣打银行开发出了与纽交所新能源股票挂钩的理财产品；汇丰银行开发出了与气候变化环保指数挂钩的理财产品
碳金融衍生品业务	德累斯顿银行和荷兰银行合作推出了与欧盟碳排放权挂钩的期货产品
碳基金业务	渣打银行、花旗银行等国际"老牌"的商业银行均成立了专项碳基金，其中较为典型的是法国兴业银行与汇丰银行共同投资设立了碳排放交易专项基金

其次，从绿色金融产品和服务的对象来看，湖北的绿色信贷和绿色债券主要针对企业或项目的需求，而很少直接针对个人消费者。除兴业银行发行国内首张低碳信用卡以外，其他银行几乎没有针对个人客户的绿色金融产品与服务创新。

同样，从绿色金融市场交易机制建设来看，尽管2014年湖北开始碳市场建设及碳排放权交易的试点工作，但市场影响力还有待进一步扩大。尽管2018年湖北碳排放权交易市场累计成交总量达3.3亿吨，成交额累计达74.81亿元，二者均居于7个试点省份前列，但与欧盟、美国芝加哥等碳排放权交易市场相比还是有着较大的差距。

（五）部门间的协调机制不完善

虽然2007年国家环保总局和中国人民银行发布了共享企业环保信息文件，但目前不仅绿色（环保）信息披露不充分，而且各部门之间绿色（环保）信息难以实现共享，开展绿色金融的征信成本较高。金融机构与监管部门（包括环境监管部门和金融监管部门）之间缺乏有效的信息联通机制和共享平台；银行业之间关于绿色信贷的信息披露和共享机制也不健全，尤其是缺乏一致、清晰的口径，导致彼此之间提供的数据缺乏可比性。上市公司关于主要污染物排放情况、治理措施及效果等重要信息的披露仅针对IPO环节，信息公开严重不足。排放权市场上，监测、报告和核证体系尚未建立，市场体制尚不完善，排放权交易制度的设计能力尚不足。如何在金融监管部门之间、金融监管部门与政府行政管理部门之间建立有效的跨部门协调机制，使绿色金融理念在政府部门和金融机构间被广泛认识和推行成为急需解决的问题。

（六）绿色金融专业人才缺乏

绿色金融业属于新兴交叉性行业，集经济、金融、环境、化工、法律、信息、建筑、工程等于一体，具有很高的实践性和技能性。与传统行业相比，绿色金融方面的人才标准呈现高素质、复合型特征。中国绿色金融起步较晚，从事绿色金融的专项技术人才并不能满足当前市场需求。专业人才十分稀缺，使得金融机构欠缺对专业领域的技术识别能力。目前，湖北很多金融机构从业人员对绿色金融了解不深入，专业知识不熟悉，缺乏开展绿色金融业务的实践经验。

三、湖北绿色发展的金融支持政策效应评估

绿色金融能够引导社会资本进入环保、节能、清洁能源、绿色交通、绿色建筑等领域，构建绿色金融体系已经成为我国绿色经济转型的必要条件（中国工商银行绿色金融课题组，2017）。绿色金融政策通过构建绿色金融体系，能够引导社会资本投入绿色产业，形成降污减排和绿色转型的长效机制。

2007年以来，中央政府开始认识到绿色金融在环境保护中的重要作用，出台多项推动绿色金融发展的政策性文件（许传华等，2018）。2007年7月，《关于落实环保政策法规防范信贷风险的意见》出台，文件规定对不符合环境保护规定的项目，金融机构不得提供任何形式的授信支持，由此2007年也被业内认为是中国绿色金融发展的元年。随着政府部门对绿色金融功能认识的不断加强，所发布的绿色金融政策数量和质量日益提升，政策发布主体为国务院办公厅等部门，对绿色金融发展产生指导性、引领性的作用。为了响应中央文件精神，地方政府开始重视绿色金融发展，部分省市级人民政府、环保厅（局）联合当地金融监管部门，发布了措施更具体、目标更明确的绿色金融政策，一些地方政府还将绿色金融发展目标列入地区"十二五""十三五"规划，或将绿色金融写入政府工作报告并明确相关责任部门。通过梳理绿色金融政策性文件，我们发现绿色金融政策无论从发布的数量、频率和内容等方面都存在着较大差异，甚至有部分省市级政府无政策发布，表明地方政府对绿色金融发展的重视程度不一，这可能会对绿色金融发展以及环境治理产生差异性影响，也为研究绿色金融的环境治理效应提供了准自然实验环境。图2-1通过测算2007—2018年工业污染排放强度年均增长率，以及将各地区发布的绿色金融政策数量乘以发布频度设定为绿色金融政策强度，经验观察政策强度与工业污染排

放增长率，发现两者呈大致的负向关系。本研究通过构建绿色金融政策强度指数，探讨绿色金融政策强度对工业污染排放的影响，以及绿色金融政策强度与环境规制的环境协同治理效应，并就如何更好地发挥绿色金融的环境治理效果提出相关政策建议。

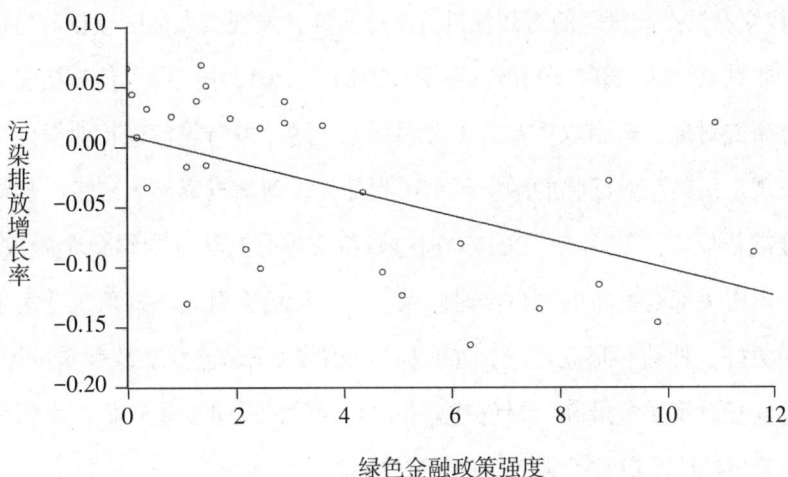

图2-1 绿色金融政策强度与污染排放增长率

数据来源：绿色金融政策从政府网站搜集，污染排放数据来自《中国环境统计年鉴》。

（一）文献综述

绿色金融政策是指政府部门对于金融机构、企业制定的有关融资条件、融资流程以及激励举措的一系列制度安排（陈凯，2017）。绿色金融存在着正外部性难以内生化，绿色金融项目投资回报期长，绿色信息不对称等问题，导致金融机构开展绿色金融业务的积极性不足，矫正市场失灵需要政府建立完善的绿色金融政策支持体系（蔡玉平和张元鹏，2014）。作用机制方面，绿色金融政策主要通过提高绿色项目的投资回报率、强化企业绿色环保意识（马骏，2015），完善信息沟通机制、健全银企合作机制、建立绿色信贷激励约束机制等措施（胡梅梅等，2014），降低绿色企业投资风险（Allet 和 Hudon，2015），从而建立有利于绿色金融发展的正向激励机制（刘金石，2017）。绿色金融不仅为政府和企业的绿色投资提供融资，还为政府规制政策实施及绿色金融机构运行提供资金支持（Berensmann and Lindenberg，2016），实现投资的"绿色"导向转变，即从高能耗高排放投资主导模式向绿色环保投资主导模式转变（Volz，2018）。基于绿色金融政策对环境治理与绿色发展的重要作用，学者们对绿色金融政策效力展开了研究。杜莉和郑立纯（2019）运用双重差分法对"碳排放权交易试点政策"的有效性进行实证研究，发现试点地区碳排放量增长趋势明显低于非试点地区。苏冬蔚和连莉莉（2018）以2012年《绿色信贷指引》的发布作为事件研究对象，运用双重差分法考察绿色金融政策对重污染行业投融资行为的影响，发现重污染企业面临的融资约束得到加强，新增投资显著减少，从而形成较好的节能减排效应。邹锦吉（2017）通过政策文本分析法建立绿色金融政策指数，发现相较于中央部委发布的绿色金融政策，地方绿色金融政策降低工业污染排放强度的效果更好。杜莉和郑立纯（2020）通过归纳28项绿色金融政策质量评价指标，发现绿色信贷政策质量最高，绿色基金和绿色保险的政策质量较低，表明绿色金融政策存在着短板从而降低了绿色金融政策效率。

长期以来环境规制是中国环境治理的主要手段。环境规制是为了纠正环境污染的负外部性，社会公共机构对微观经济主体实施直接的或间接的环境约束、干预手段，通过改变市场资源配置以及企业和消费者的供需决策来内化环境成本，从而实现环境保护的制度安排（赵敏，2013）。通过环保税征收、对重污染企业"关停并转"及向民众公开环境信息等方式，构建污染企业的环境技术创新、污染向"污染天堂"转移和公众环境监督等机制，最终实现污染排放的有效降低（Langpap and Shimshack，2010）。但环境规制在约束企业污染排放行为的同时，还存在着经济增长的数量抑制效应，这可能使得环境规制降低污染排放强度的影响有限（黄清煌和高明，2016）。中国的环保行政部门还存在着人员不足、强制力不够，难以保证现场检查、关停排污企业等问题，导致环境规制的执行能力较弱，绿色金融能够利用市场机制补充政府执行力的短板，能够对传统的环境规制形成有效补充（王瑶等，2016）。

通过梳理现有文献可以发现，当前学者们多从绿色金融推动产业升级、绿色创新等角度进行研究，对绿色金融的环境治理效果研究有待开展，并对绿色金融与环境规制的环境治理是否存在协同效应缺乏关注。绿色金融政策通过绿色信息平台建设、财税激励、公众绿色素养教育等市场化方式推动绿色金融发展。环境规制主要采用环保税征收、对重污染企业"关停并转"等手段实现环境治理目的，但这会产生GDP抑制效应，同时伴随着高污染产业的资本溢出与失业增加。如果将绿色金融和环境规制共同作用于环境治理，除了两者各自的环境治理效果外，绿色金融体系能够引导污染产业的溢出资本"转化"为绿色产业投资，形成环境治理效果的进一步提升，因此绿色金融与环境规制间可能存在环境治理的协同效应（如图2-2所示）。因此，本研究可能的创新如下：（1）建立绿色金融和环境规制协同降低环境污染的理论模型。（2）实证检验绿色金融政策降低工业污染排放强度的效果，以及绿色金融政策和环境规制降低污染排放强度的协同效应。（3）探讨传统金融是否有助于绿色金融的环境治理，从环境治理视角为绿色金融发展的路径选择提供依据，以期为绿色金融政策制定及政府节能减排措施的路径优化提供新的视角。

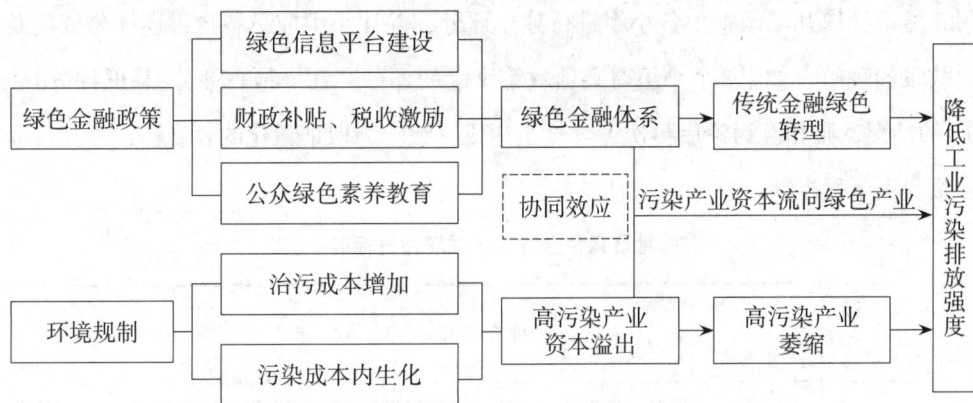

图2-2　绿色金融降低工业污染排放强度的影响机制

（二）绿色金融政策强调指标构建

本研究以绿色金融、绿色信贷、绿色基金、绿色保险和碳金融等作为关键词，广泛检索国务院各部委、各省级人民政府门户网站，北大法宝、万方数据库和各类绿色金融出版物，获得与绿色金融有关的政策性文件874项，形式包括通知、意见、指引、公告、纲要、规划、政府工作报告等。随后由绿色金融课题组3名来自商业银行绿色信贷业务部门的专家以及3名高校绿色金融研究员，相互组合形成3个研究小组。研究小组通过研读上述政策性文件，从文件标题、发文机关和文件内容等角度确定地方政府发布的政策性文件263项，借鉴彭纪生等（2008）的做法从政策力度、政策措施、政策目标三个维度进行评分。与已有文献对政策维度赋值的方法不同，考虑到绿色金融政策是由行政法规、地方性法规和部门规章等构成，政策文本具有行文严谨和语言精练的特点，对绿色金融的表述多寡、措辞强弱、目标和责任明确性都能够反映政府对绿色金融的重视程度，进而对绿色金融发展产生影响。因此，本研究根据政策性文件对绿色金融产品、绿色金融发展相关语句的表述频率和措辞强度进行打分（评分标准见表2-3），由此测算地区绿色金融政策强度指数。

为避免量化中的主观性造成数据失真，研究小组先进行一段时间的评分规则学习，随机抽取几项政策由各小组进行独立评分，并让小组成员各自讲述评分依据及对政策的理解。如果3个小组对某项政策维度的评分存在（最高评分-最低评分）≥0.3的情况，则相互讨论后再次评分直至达成一致。为保证量化的客观性，评分过程由负责人全程控制。

表2-3 地区绿色金融政策强度评价标准

赋值维度	赋值	地方政府政策赋值标准
政策力度（PD）	5~6	国务院办公厅或中央部委发布的鼓励区域性绿色金融发展的实施方案或指导意见。国务院办公厅发布的为6；中央部委发布的从5开始计分，部委每增加1则分数+0.1
	4~5	省人民政府或省委办公厅发布，省政府办公厅和省委办公厅联合发布的则分数+0.5

续表

赋值维度	赋值	地方政府政策赋值标准
政策力度（PD）	3~4	环保部门与地方金融监管机构、政府部门联合发布，地方金融监管机构每增加1则分数+0.2、政府部门每增加1则分数+0.1
	2~3	地方金融监管机构单独或联合发布，监管机构每增加1则分数+0.2
	1~2	地方政府部门（非金融监管机构）发布，机构每增加1则分数+0.1
政策措施（PM）	5~6	利用财政、金融、税收发展绿色金融的全面性激励措施，有明确的目标责任单位，有监督和反馈机制。措施每增加1则分数+0.1，每项措施有责任单位的则分数+0.1，每项措施有监督反馈机制的则分数+0.1
	4~5	利用财政、金融、税收等措施促进绿色金融发展，有明确的责任单位和部门考核机制。措施每增加1则分数+0.2，每项措施有责任单位或考核的则分数+0.1
	3~4	大力推进绿色金融产品；严控对污染行业融资等表述；建立环境信息沟通、披露制度、绿色清单支持制度等，表述每增加1则分数+0.1
	2~3	带有鼓励、支持绿色金融服务环保和低碳产业；限制、控制金融对污染行业融资等相关表述，表述每增加1则分数+0.1
	1~2	仅提及要发展绿色金融，无具体的支持措施，表述每增加1则分数+0.1
政策目标（PE）	5~6	在4~5分值区内容的基础上，有"绿色信贷年均增长X%；'两高一剩'行业信贷年均下降Y%"等类似表述，表述每增加1则分数+0.1
	4~5	在3~4分值区内容基础上，有具体的政府机关或部门领导进行分工负责，政府机关或领导部门每增加1则分数+0.1
	3~4	绿色金融人才的政策支持；加强绿色金融创新，完善绿色金融基础设施的具体目标，表述每增加1则分数+0.2
	2~3	提出绿色信贷、保险、证券等子市场建设目标，子市场目标每增加1则分数+0.1，要求建立金融机构绿色金融事业部则分数+0.2
	1~2	仅提出要支持绿色金融发展但缺乏具体目标，表述每增加1则分数+0.1

注：当年11月和12月发布的政策计入下年度（当年度不计）。

式（1）为绿色金融政策强度 *GE* 的构建方法：

$$GE_{it} = \sum_{j=1}^{N}(m_{ijt} + b_{ijt})p_{ijt} + \sum_{l=1}^{N}LGE_{ilt} \tag{1}$$

其中，m_{ijt}、b_{ijt}分别为政策措施、政策目标，p_{ijt}为政策力度，i为除西藏外的30个省级地区，j为绿色金融政策，t的区间为2007—2018年。GE_{it}为地区i第t年发布的绿色金融政策强度。考虑到湖北黄石、浙江湖州等地级市发布了多项绿色金融政策，我们按照表2-3方法对地级市绿色金融政策打分，并按该地级市工业增加值占全省工业增加值的比重进行加权后纳入GE中，即地级市绿色金融政策的加权强度LGE=地级市绿色金融政策得分×（地级市工业增加值/全省工业增加值），其中LGE_{ilt}为i省第t年所辖地级市发布的第L项政策的强度。

表2-4为2007—2018年各地区绿色金融政策数量与平均强度得分，可以看到贵州、浙江、新疆等五个绿色金融改革创新试验区的绿色金融政策强度处于前列，广东、北京等非试验区也具有较大的绿色金融政策强度，但广西、云南等地区在政策数量和强度方面表现较弱，表明还需要进一步加强绿色金融体系建设。

表2-4　　　　　　　　　　地区绿色金融政策数量与强度评价

地区	政策数量	平均得分	得分排名	地区	政策数量	平均得分	得分排名
贵州	18	45.90	1	宁夏	17	15.44	16
浙江	14	36.96	2	山东	4	14.46	17
新疆	8	31.91	3	安徽	3	14.31	18
江西	7	31.46	4	湖南	13	13.73	19
广东	7	28.77	5	天津	7	13.08	20
北京	14	27.81	6	陕西	4	12.85	21
青海	2	27.63	7	重庆	16	12.30	22
福建	15	26.15	8	上海	4	11.72	23
甘肃	8	24.80	9	湖北	9	11.18	24
辽宁	16	23.00	10	山西	14	9.65	25
海南	8	19.15	11	黑龙江	14	6.43	26

续表

地区	政策数量	平均得分	得分排名	地区	政策数量	平均得分	得分排名
四川	4	17.17	12	吉林	5	4.67	27
内蒙古	16	16.27	13	河南	1	4.19	28
河北	9	16.13	14	云南	2	3.20	29
江苏	4	15.97	15	广西	0	0.00	30

（三）理论分析与模型设定

1. 理论分析

假定企业使用资本（K）、劳动（L）和环境资源（E）生产某种产品，企业为节约环境资源成本而持续提升环境技术的行为具有清洁性，这会带来正外部性，但企业使用水、空气和土地等环境资源又不可避免地带来污染排放并产生负外部性。污染治理主要有绿色金融与环境规制两种手段。其中，政府通过绿色金融政策构建绿色金融体系，实现企业正外部性内生化；或利用环境规制手段对污染排放征收环保税，推动排污行为负外部性的内生化。

（1）企业的生产行为

借鉴童健等（2016）的做法，将企业的生产函数设定为：

$$Y_t = \Phi_t A_t K_t^{\alpha} L_t^{\beta} E_t^{\gamma} \tag{2}$$

其中，Φ_t 为环境技术水平，A_t 为全要素生产率，K、L 和 E 分别为 t 期企业投入的资本、劳动和环境资源，假定企业的规模报酬不变，即（$\alpha+\beta+\gamma$）=1。环境资源的使用会产生污染排放，企业的污染排放方程为：

$$PE_t = \Psi(E, \Phi) = E_t^{\rho}/\Phi_t \tag{3}$$

其中，ρ 为排污系数且 $0 < \rho < 1$，即边际排放递减；$\Psi'_E(E, \Phi) > 0$，表明相同的环境技术水平下，环境资源的使用与污染排放成正比；$\Psi'_\Phi(E, \Phi) < 0$，表明在相同的环境资源使用下，环境技术水平与污染排放成反比。

（2）生产资源的分配

绿色金融政策能够推动金融资本脱离污染行业。设定金融市场提供的融资为 Fin，环保机构对企业污染程度的评价为 φ，绿色金融政策强度为 GE，则该企业能够获得的信贷资源为（$1-\varphi GEt$）Fin，即企业污染程度越大，能够获得的信贷越少，且绿色金融政策 GE 能够强化上述效应。同时，企业还需要为污染排放缴纳环保税，环保税率 $v = (v_0 + v_1 Reg)$，表明环境规制强度 Reg 越高，企业承担的环境税收负担越大。企业的利润函数表示为：

$$\pi_t = pY_t - (rk_t + \omega L_t + \kappa E_t) - vPE_t \tag{4}$$

其中，p 为产品价格，r、ω 和 κ 分别为资本、劳动力和环境资源的使用价格，企业的资本投入依靠金融市场融资，则企业 t 期的资本投入 $k_t = (1 - \varphi GE_t)Fin$，形成的资本存量为 $K_t = k_t + K_{t-1}$，其中 K_{t-1} 为期初资本。

由式（4）中环境资源和政策强度的一阶条件，可得企业的生产决策：

$$PE = (\gamma pY - \kappa)/\rho vReg \tag{5}$$

$$\alpha pY = r(1 - \varphi GE)Fin \tag{6}$$

设定企业的污染强度为 PI，将式（5）和式（6）代入：

$$PI = \frac{PE}{Y} = \frac{p}{\rho vReg}(\gamma + \frac{\alpha \kappa}{r*Fin*(\varphi GE - 1)}) \tag{7}$$

考虑到经济体系中工业污染排放强度 PI 恒为正值，因此本研究先验性设定式（7）中 $[\gamma + \alpha \kappa/r*Fin*(\varphi GE - 1)] > 0$，分别对式（7）的 Reg 和 GE 求导：

$$\frac{\partial PI}{\partial Reg} = -\frac{p}{\rho vReg^2}(\gamma + \frac{\alpha \kappa}{r*Fin*(\varphi GE - 1)})$$

$$\frac{\partial PI}{\partial GE} = -\frac{\varphi \alpha \kappa p}{\rho vrReg*Fin(\varphi GE - 1)^2}$$

可知 $\partial PI/\partial Reg < 0$ 和 $\partial PI/\partial GE < 0$，表明环境规制强度 Reg 和绿色金融 GE 都与工业污染排放强度 PI 为负向关系，且提升环境规制强度能够放大绿色金融 GE 对工业污染排放强度 PI 的影响，形成两者间的环境协同治理效应；金融发展 Fin 作为外生变量，发达的金融市场有助于放大绿色金融 GE 对工业污染排放强度 PI 的影响。

因此本研究提出两项假说：

假说1：绿色金融政策有助于降低污染强度，且在金融发展较好地区的效果更好。

假说2：绿色金融政策和环境规制间存在着环境协同治理效应，且协同效应在金融发展较好地区的效果更好。

2.模型设定

为了检验本研究提出的假说，参考陆铭和冯皓（2014）的模型构建，设定以下动态面板回归模型：

$$\ln PI_{it} = \beta_0 + \beta_1 \ln PI_{it-1} + \beta_2 GE_{it} + \beta_3 Reg_{it} + Contr_{it} + \varepsilon_{it} \tag{8}$$

$$\ln PI_{it} = \beta_0 + \beta_1 \ln PI_{it-1} + \beta_2 GE_{it} + \beta_3 Reg_{it} + \beta_4 GE_{it}*Reg_{it} + Contr_{it} + \varepsilon_{it} \tag{9}$$

模型中PI代表工业污染排放强度，GE为绿色金融政策强度，Reg为环境规制强度。控制变量包括工业产业集聚IA、外商直接投资FDI、金融发展Fin、经济发展水平Ag、产业结构$Indu$。i和t为地区与时间，ε为随机误差项。

考虑到工业污染排放强度可能具有较强的时间惯性，t时期的排放强度受到$t-1$期的影响，将因变量PI的滞后一期作为解释变量。PI滞后期作为解释变量会与扰动项ε高度相关从而产生内生性问题，内生性会带来系数估计的偏误，本研究采用Arellano和Bover（1995）的二阶系统广义矩估计方法（2Sys-GMM），通过在模型中引入差分方程和水平方程，将因变量的差分滞后项和水平外生变量作为工具变量，从而获得偏差更小的估计结果。GMM估计的一致性取决于工具变量选取的有效性，通过Sargan检验判断是否存在"过度识别"，零假设为工具变量选取有效，并运用Arellano-Bond序列自相关检验判断残差的二阶序列相关问题（Bond，2002）。

3.变量设定

工业污染排放强度为被解释变量，并根据研究需要选取绿色金融政策和环境规制强度作为核心解释变量,参考现有文献的做法,将工业产业集聚、外商直接投资、金融发展、经济发展水平、产业结构作为控制变量。

(1)工业污染排放强度(PI)。工业污染排放主要由废水、废气、粉尘和固体废物构成,借鉴王杰和刘斌(2014)的做法,采用工业二氧化硫排放(吨/亿元)、工业烟尘排放(吨/亿元)、工业化学需氧量(COD)排放(吨/千万元)、废水排放(万吨/亿元)、工业固体废物(万吨/亿元)5个指标综合衡量工业污染排放强度,具体的计算步骤如下:

① 计算污染排放强度,即:$UE_{ijt} = E_{ijt}/O_{ijt}$,其中$E_{ijt}$和$O_{ijt}$分别为$t$时期$i$地区的$j$污染物排放强度及工业增加值。

② UE_{ijt}线性标准化:$UE_{ijt}^{s} = [UE_{ijt} - \min(UE_{jt})]/[\max(UE_{jt}) - \min(UE_{jt})]$。其中$\max(UE_{jt})$和$\min(UE_{jt})$分别为$t$时期$j$污染物排放强度最大和最小的地区值。

③ 将计算得到的污染强度等权平均,即$PI_{it} = \sum_{j=1}^{n} UE_{it}^{s}/n$,最后得到工业污染排放强度$PI$。

(2)绿色金融政策强度(GE)。绿色金融政策强度GE是通过搜集2007—2018年地方政府颁布的绿色金融政策,从政策力度、政策措施和政策目标维度进行文本量化得到。

(3)环境规制强度(Reg)。现有研究对环境规制强度的衡量方法差异性较大,主要采用污染治理投资、环境行政规章数、环境行政处罚案件数等指标衡量环境规制强度。考虑到本研究中研究对象为工业污染排放强度,采用工业领域环境规制手段更为合适,借鉴尤济红和王鹏(2016)的做法,用工业污染投资完成额占工业增加值的比重衡量环境规制强度。

(4)控制变量($Contr$)。本研究选取以下指标作为控制变量:①工业产业集聚(IA):采用区位熵测度工业产业集聚,表达式为:$IA = (X_{ij}/\sum X_{ij})(\sum X_{ij}/\sum\sum X_{ij})$,其中,$i$代表产业($i$=1,2,3),$j$代表地区,$X_{ij}$表示$i$产业在$j$地区的产值。②外商直接投资($FDI$):采用人民币计价的$FDI$占GDP比重衡量。$FDI$通过在东道国执行更严格的环境标准以及带来更先进的生产技术都有助于改善环境污染。③金融发展（*Fin*）：采用年末存贷款余额与GDP的比值衡量金融发展水平。④经济发展水平（*Ag*）：以人均GDP取对数衡量。Bergstrom 等（1990）认为环境污染程度由人们的清洁环境支付意愿决定，高收入地区居民对清洁环境的支付意愿较强，而且高收入地区居民能够接触到更多有关环境污染与危害的信息，从而加强人们对清洁环境的需求。⑤产业结构（*Indu*）：用第二产业占GDP的比重衡量产业结构，第二产业较高的地区往往拥有更多的化工、水泥、冶炼等基础性工业企业，这会加重工业污染排放强度。

4.数据来源

本研究的主要数据来源于《中国统计年鉴》、《中国环境统计年鉴》和《中国科技统计年鉴》，其中绿色金融政策强度通过各级政府网站、北大法宝、万方数据库检索获取并进行量化，最终形成30个省级地区2007—2018年的面板数据（剔除西藏），表2-5为各变量的描述性统计。

表2-5　　　　　　　　　　　　变量的描述性统计

	$\ln(PI)$	GE	Reg	IA	FDI	Fin	$\ln(Ag)$	$Indu$
均　值	-2.182	10.011	0.0037	1.047	0.025	2.494	1.295	0.465
中位值	-2.154	4.191	0.0024	1.098	0.019	3.856	1.315	0.477
标准差	1.004	20.853	0.0043	0.176	0.018	0.899	0.548	0.083
最小值	-5.284	0	0.0015	0.461	0.0007	0.732	2.476	0.188
最大值	-0.311	143.96	0.0233	1.294	0.103	7.302	2.369	0.615
样本数	360	360	360	360	360	360	360	360

（四）实证结果与分析

1.绿色金融政策影响污染排放强度的实证检验

本研究采用*GMM*模型实证检验所提出的假说，考虑到多个变量间的相关性可能带来多重共线性问题，用方差膨胀因子 *VIF* 检验多重共线性，各 *VIF* 值处于 [2.12，7.61]，表明模型不存在严重的多重共线性。表2-6的模型（1）至模型（3）分别采用随机效应 *RE*、固定效应 *FE* 和 *GMM* 回归模型，各模型政策强度 *GE* 的回归系数均显著为负，模型（3）*GMM* 回归中 Sargan 值显示工具变量设定合理，*AR*（2）检验表明不存在残差二阶序列相关，表明采用 *GMM* 回归是合理的，因此本研究以 *GMM* 回归结果作为基准进行分析，政策强度 *GE* 回归系数为–0.014且通过1%显著性检验，表明政策强度能够降低污染排放强度，这与邹锦吉（2017）的研究结论相同，本研究提出的假说1得到验证。模型（4）中环境规制强度 *Reg* 对污染排放强度的影响显著为负，这与 Laplante 和 Rilstone（1996）的研究结论一致。模型（5）将政策强度 *GE* 与环境规制强度 *Reg* 的交互项纳入 *GMM* 回归模型，交互项的回归系数显著为负，说明政策强度与环境规制强度能够产生环境协同治理效应，原因在于环境规制会对高污染产业形成资本溢出效应，绿色金融政策有助于将高污染产业溢出的资本引导至绿色产业，从而形成环境协同治理效应，本研究提出的假说2得到验证。模型（6）将政策强度 *GE* 和环境规制强度，以及两者的交互项同时纳入模型，各变量的回归系数均为负。模型（4）至模型（6）的 Sargan 检验和 Arellano-Bond 序列自相关检验全部通过。

表2-6　　　　　　　　　各变量对地区工业污染排放强度的影响差异

	(1) RE	(2) FE	(3) GMM	(4) GMM	(5) GMM	(6) GMM
L.ln（*PI*）			0.712*** (12.794)	0.784*** (8.052)	0.696*** (6.320)	0.704*** (11.015)
GE	−0.029** (−2.068)	−0.022*** (−2.704)	−0.014*** (−3.235)		−0.012** (−2.439)	−0.011* (−1.746)
Reg				−0.249*** (−7.634)		−0.209*** (−7.102)

	(1) RE	(2) FE	(3) GMM	(4) GMM	(5) GMM	(6) GMM
GE*Reg					−0.418** (−2.167)	−0.316*** (−2.762)
IA	−0.351** (−2.255)	−0.057*** (−3.838)	−0.055 (−0.930)	−0.093** (−2.477)	−0.239 (−0.694)	−0.007** (−2.691)
FDI	−1.044** (−2.448)	−0.808*** (−2.741)	−0.732*** (−3.146)	−1.775*** (−6.964)	−0.366*** (−3.868)	−0.567*** (−2.864)
Fin	−0.065*** (−8.689)	−0.048 (−1.508)	−0.062** (−2.437)	−0.018* (−1.881)	−0.008*** (2.816)	−0.012** (−1.985)
ln (Ag)	−0.016 (−0.862)	−0.055* (−1.692)	−0.036* (−1.751)	−0.066** (−2.266)	−0.059** (−2.303)	−0.036 (−0.746)
Indu	0.914 (0.793)	0.271*** (2.997)	0.402 (1.06)	0.355** (2.373)	0.270* (1.920)	0.202** (2.199)
常数	0.359*** (3.589)	0.528*** (5.262)	0.198*** (7.997)	0.284*** (8.051)	0.226*** (8.014)	0.236*** (7.868)
R^2	0.62	0.741				
AR (1)			0.078	0.041	0.024	0.035
AR (2)			0.323	0.276	0.282	0.381
Sargan			0.651	0.608	0.922	1

注：***、**和*分别代表1%、5%和10%的水平下显著，括号内为t值。

2.绿色金融政策强度的地区差异性影响检验

绿色金融政策引导金融资本向绿色产业配置，因此绿色金融发展需要以发达的金融市场为依托，为探讨不同金融发展程度地区的绿色金融政策对污染排放强度的差异性影响，借鉴苏冬蔚和连莉莉（2018）的做法，先测算2007—2018年各地区金融发展的均值，并根据污染强度的中位数将样本划分为金融发达地区和金融欠发达地区，分组回归结果见表2-7。

表2-7 各变量对工业污染排放强度影响的地区差异

	（1） 欠发达	（2） 欠发达	（3） 欠发达	（4） 发达	（5） 发达	（6） 发达
$L.\ln（PI）$	0.847*** (4.580)	0.837*** (5.175)	0.835*** (3.755)	0.749*** (3.923)	0.775*** (2.846)	0.754*** (4.957)
GE	-0.012** (-2.354)		-0.016** (-2.032)	-0.027*** (-2.753)		-0.023*** (-3.319)
Reg		-0.194** (-2.194)	-0.286* (-1.798)		-0.185*** (-4.978)	-0.187* (-1.788)
$GE*Reg$			-0.148 (-0.944)			-0.417** (-2.572)
IA	-0.028* (-1.946)	-0.006** (-2.261)	-0.077** (-2.085)	-0.016 (-0.651)	-0.074* (-1.726)	-0.015 (-0.574)
FDI	-0.594** (-2.114)	-0.578** (-2.556)	-0.654*** (-3.537)	-0.421*** (-3.318)	-0.954*** (-3.563)	-0.418*** (-3.331)
Fin	-0.031*** (-5.051)	-0.012** (-1.924)	-0.029*** (-4.038)	-0.009* (-1.665)	-0.029*** (-4.031)	-0.004 (-0.792)
$\ln（Ag）$	-0.022 (-1.339)	-0.035 (-1.322)	-0.032* (-1.692)	-0.036*** (-4.542)	-0.032** (-2.529)	-0.036*** (-4.574)
$Indu$	0.129** (1.989)	0.198* (2.318)	0.091 (1.259)	0.115*** (2.924)	0.098 (1.361)	0.116** (2.319)
常数	0.293* (1.951)	0.232* (1.629)	0.348** (2.447)	0.176** (2.365)	0.349*** (10.432)	0.176*** (7.504)
$AR（1）$	0.032	0.067	0.026	0.041	0.057	0.082
$AR（2）$	0.648	0.219	0.596	0.383	0.232	0.462
$Sargan$	1	0.749	1	0.656	1	1

注：***、**和*分别代表1%、5%和10%的水平下显著，括号内为t值。

表2-7中的模型（1）至模型（3）为金融欠发达地区绿色金融政策强度 GE 对污染排放的影响，政策强度 GE 的回归系数均显著为负，但模型（3）中政策强度与环境规制交互项的回归系数不显著，说明金融欠发达地区绿色金融政策与环境规制

的环境协同治理不成立，原因可能在于金融市场欠发达时金融市场的资本引导功能不完善，使得环境规制下高污染产业的溢出资本难以转化为绿色投资。模型（4）至模型（6）中金融发达地区政策强度GE、政策强度GE与环境规制Reg交互项对污染排放强度的影响均显著为负。本研究以模型（3）与模型（6）的回归结果为基准，发现金融发达地区政策强度的回归系数绝对值、政策强度与环境规制交互项的回归系数绝对值均高于金融欠发达地区的回归系数绝对值，表明金融发达地区绿色金融政策降低污染排放的效果更好，这是因为绿色金融政策能够引导金融资本向绿色产业配置，发达的金融市场能够形成更多的绿色投资项目，从而实现更好的环境污染治理效果；同时，金融发达地区的金融市场能够更好地承接环境规制下高污染产业的溢出资本，使得金融发达地区绿色金融政策与环境规制的环境协同治理效果更为显著。

（五）稳健性检验

由于GMM回归只能消除因变量滞后项作为自变量所产生的内生性，对于污染排放强度较为严重的地区，政府有更强的动机发布绿色金融政策和提升政策强度，从而形成政策强度GE与污染排放强度PI双向因果关系下的内生性。本研究将政策强度滞后项$L.GE$代替当期值纳入模型进行稳健性回归，因变量PI对自变量滞后项不会产生影响，因此能够较好地控制双向因果关系产生的内生性，所得到的回归结果见表2-8。

表2-8 各变量对地区工业污染排放强度影响差异的稳健性检验

	（1）RE	（2）FE	（3）GMM	（4）GMM	（5）GMM	（6）GMM
$L.\ln（PI）$			0.821*** (11.096)	0.696*** (8.982)	0.814*** (6.981)	0.742*** (3.795)
$L.GE$	−0.037 (−1.418)	−0.017* (1.926)	−0.015*** (−2.631)		−0.012 (−1.607)	−0.011** (−2.316)

续表

	(1) RE	(2) FE	(3) GMM	(4) GMM	(5) GMM	(6) GMM
Reg				−0.037** (−2.443)		−0.044*** (−3.132)
L.GE*Reg					−0.112* (−1.716)	−0.263* (−1.674)
IA	−0.089* (−1.705)	−0.186*** (−3.171)	−0.315*** (−5.405)	−0.263*** (−4.856)	−0.312*** (−5.318)	−0.281*** (−4.877)
FDI	−0.061* (−1.906)	−0.157 (−0.509)	−0.674*** (−2.676)	−0.558** (−2.392)	−0.679*** (−2.703)	−0.553** (−2.443)
Fin	−0.019*** (−4.169)	−0.028*** (−3.822)	−0.003 (−0.447)	−0.008* (−1.684)	−0.003 (0.523)	−0.004** (−2.306)
ln（Ag）	−0.018* (−1.731)	−0.064*** (−3.332)	−0.054*** (−3.813)	−0.064** (−2.371)	−0.052 (−0.654)	−0.059*** (−4.095)
Indu	0.152 (0.823)	0.466*** (4.477)	0.538** (2.251)	0.518 (1.416)	0.528* (1.948)	0.543*** (5.361)
常数	0.172*** (8.182)	0.037*** (4.825)	0.084*** (3.479)	0.028*** (4.117)	0.087*** (3.539)	0.043*** (5.632)
R^2	0.854	0.913				
AR（1）			0.121	0.066	0.047	0.059
AR（2）			0.337	0.264	0.148	0.159
Sargan			0.651	0.608	0.922	0.742

注：***、**和*分别代表1%、5%和10%的水平下显著，括号内为t值。

表2-8将政策强度滞后一期值$L.GE$代替当期值进行回归，其中模型（1）和模型（2）分别采用随机效应和固定效应，检验政策强度降低工业污染排放强度结论的可靠性，回归结果中GE滞后项的回归系数为负。模型（3）至模型（6）采用GMM回归并分别加入政策强度$L.GE$、环境规制强度Reg以及政策强度$L.GE$和环境规制Reg的交互项，回归系数依然为负。本研究以模型（6）作为基准进行稳健性说明，政策

强度 *L.GE* 对污染排放强度的影响显著为负，政策强度 *L.GE* 与环境污染 *Reg* 交互项的回归系数为−0.263并通过1%显著性检验，这些检验结果进一步为本研究的假说提供了经验支持，即政策强度能够有效降低污染排放强度，且政策强度与环境规制强度间能够形成环境治理协同效应。各变量对工业污染排放强度影响的地区差异稳健性检验见表2-9。

表2-9　　　　各变量对工业污染排放强度影响的地区差异稳健性检验

	（1） 欠发达	（2） 欠发达	（3） 欠发达	（4） 发达	（5） 发达	（6） 发达
L.ln（*PI*）	0.847*** (4.580)	0.837*** (5.175)	0.835*** (3.755)	0.749*** (3.924)	0.775*** (2.846)	0.754*** (4.958)
L.GE	−0.127 (−1.354)		−0.085* (−2.032)	−0.302*** (−2.753)		−0.116*** (−3.319)
Reg		−0.224** (−2.194)	−0.376 (−1.198)		−0.075*** (−4.978)	−0.323*** (−6.244)
*L.GE *Reg*			−0.142* (−1.944)			−0.161** (−2.552)
IA	−0.041* (−1.708)	−0.013 (−1.176)	−0.155*** (−2.846)	−0.188** (−2.397)	−0.046 (−0.829)	−0.092** (−2.430)
FDI	−0.685* (−1.728)	−0.061 (−0.644)	−0.079 (−0.753)	−0.55** (−2.365)	−0.652* (−1.878)	−0.019*** (−3.827)
Fin	−0.043** (−2.236)	−0.013*** (−2.653)	−0.038*** (−5.542)	−0.006 (−0.906)	−0.043** (−2.215)	−0.002 (−0.881)
ln（*Ag*）	−0.095** (−1.983)	−0.027*** (−3.379)	−0.074* (−1.915)	−0.064*** (−4.320)	−0.093* (−1.945)	−0.014** (−2.411)
Indu	0.849 (0.759)	0.151** (2.317)	0.481* (1.615)	0.561*** (5.482)	0.831*** (3.636)	0.223*** (4.359)
常数	0.278* (1.929)	0.121*** (6.133)	0.029** (2.206)	0.036*** (6.693)	0.047*** (4.472)	0.029*** (3.323)

	（1） 欠发达	（2） 欠发达	（3） 欠发达	（4） 发达	（5） 发达	（6） 发达
AR（1）	0.032	0.067	0.026	0.041	0.057	0.082
AR（2）	0.296	0.872	0.215	0.749	0.387	0.648
Sargan	0.749	0.58	0.656	1	0.861	1

注：***、**和*分别代表1%、5%和10%的水平下显著，括号内为*t*值。

表2-9中的模型（1）至模型（3）为金融欠发达地区政策强度滞后项*L.GE*、环境规制强度及两者的交互项对污染排放强度的影响，以模型（3）的回归结果为基准，政策强度*L.GE*的回归系数为-0.085且通过1%显著性检验，政策强度与环境规制强度交互项*L.GE*Reg*的回归系数为-0.142。模型（4）至模型（6）为金融发达地区政策强度滞后项*L.GE*、环境规制强度*Reg*及两者交互项对污染排放强度的影响，各变量的回归系数均显著为负。以模型（4）和模型（6）的回归结果为基准，模型（6）中*L.GE*的回归系数绝对值0.116大于模型（3）中*L.GE*的回归系数绝对值0.085，模型（6）中交互项的系数绝对值0.161大于模型（3）的系数绝对值0.142，稳健性检验为本研究假说提供了进一步支持。

（六）实证结论

绿色金融政策有助于绿色产业外部性的内生化，实现绿色金融的持续发展，进而达到降低污染排放和推动绿色发展的目标。为探讨绿色金融政策体系能否实现上述目标，本研究构建了绿色金融与环境规制协同降低污染排放的理论模型，并采用GMM模型予以实证检验。通过搜集263项省市级绿色金融政策性文件，使用文本分析法从政策力度、政策措施、政策目标维度构建绿色金融政策强度指数，探讨绿色金融政策强度与环境规制强度对工业污染排放强度的影响。研究发现：（1）较高的绿色金融政策强度表明地方政府更加重视绿色金融发展，从而有助于降低工业污染排放强度。（2）绿色金融政策能够引导环境规制溢出的高污染产业资本流向绿色产业，形成绿色金融和环境规制的环境协同治理效应。（3）金融发达地区的绿色金融政策强度降低环境污染的效果更好，且绿色金融和环境规制的环境协同治理效应也更强。

四、湖北绿色发展的金融支持对策建议

基于理论和实证分析，从绿色政策强度提升、强化激励约束机制、推进绿色金融机构体系建设、加强绿色产品创新、强化合作交流、加强信息共享、人才培养等方面，提出进一步完善湖北绿色发展的金融支持政策建议：

（一）提升绿色金融政策强度，加强政策协同治理

1.建立绿色金融发展长效机制

在绿色金融发展的初期阶段，绿色项目普遍存在正外部性难以内生化、绿色信息不对称等问题，导致金融机构发展绿色金融业务的积极性不高，因此政府应该大力完善绿色金融体系，积极利用财税激励、绿色信息平台建设和公众绿色金融素养教育等手段，引导社会资本进入节能环保、清洁能源等绿色产业，从而建立绿色金融发展的长效机制。在政策制定方面，地方绿色金融政策要注重落实责任单位、明确考核机制和强化激励等政策措施，建议在政府工作报告中将发展绿色金融成果作为报告内容和考核指标，以此更好地发挥绿色金融政策作用；同时将绿色金融政策的制定权限下沉，大力推动地方金融监管部门、环保部门和金融机构间合作式的政策制定与施行。

2.依托传统金融市场发展绿色金融

研究表明传统金融发展较好地区的绿色金融体系能够更好地实现环境治理，表明绿色金融发展需要以传统金融市场发展为依托，原因在于传统金融发展较好地区的金融资本转化为绿色金融的潜力更大，环境治理的效果更好。建议绿色金

融发展应该依托传统金融市场，通过建设区域金融中心形成金融机构、金融资本的集聚，进而推动传统金融机构和金融资本向绿色金融业务转型，鼓励金融机构在传统金融产品中增加绿色金融属性，积极尝试绿色资产证券化、碳金融等绿色金融创新，提升传统金融人才的绿色金融业务素质，实现传统金融市场向绿色金融的转型。

3.推动绿色金融与环境规制强度的环境协同治理

近年来，环保力度的大幅提升改善了生态环境，但严格的环境保护执法也造成大量的企业关停，形成GDP增长的拖累效应，构建更加合理的环境治理体系具有较强的紧迫性。本研究发现绿色金融和环境规制强度间存在着环境协同治理效应，环境规制通过征收环保税等方式将污染产业的负外部性内生化，形成污染产业资本的"溢出效应"；绿色金融通过财税补贴等形式将绿色产业的正外部性内生化，注重将社会资本转化为绿色产业投资。因此，应该发挥绿色金融和环境规制强度的环境协同治理，实现环境规制强度对污染产业资本"脱污效应"和绿色金融对社会资本"向绿效应"的结合；建立环境规制税费收入转化为对绿色金融的定向补贴制度，实现污染产业负外部性和绿色产业正外部性的"零和效应"，最终达到环境经济领域的社会福利最大化。

（二）加大外部激励力度，强化约束机制

1.通过税收政策的优惠激励金融机构加大对绿色产业和项目的信贷支持力度

对开展绿色信贷业务的金融机构给予一定的税收优惠，适当降低金融机构在绿色金融项目中的营业税税率以及相关的所得税税率，允许相关贷款拨备税前列支，出台绿色项目的认证规则、机制，为金融机构介入绿色环保项目提供支持和指导。对新设备和新技术开发贷款、中小企业部分绿色信贷项目等风险较高的贷款，给予一定的税收优惠，可建立绿色金融贴息项目清单，合理确定贴息率、贴息期限和贴息规模，简化审批流程。委托政策性银行、商业银行的绿色金融事业部试点开展绿

色贷款贴息管理。对发展绿色信贷成效显著的银行，银行监管部门应在新设机构、产品创新、兼并重组等方面，予以必要的政策支持。

2.建立绿色金融风险补偿基金，专项用于金融机构支持绿色企业的信贷风险补偿

对支持绿色循环经济成效显著的银行，给予必要的政策激励。对由绿色环保项目引起的贷款损失进行补偿，可对银行因绿色贷款风险产生的净损失扣除担保或其他资产渠道补偿后实际发生的本金损失按比例给予补偿。

3.强化约束机制，加强对金融机构开展绿色金融项目的监管和跟踪

推动完善绿色信贷指引和行业标准，确定绿色金融服务群体范围，包括明确绿色金融业务的认定标准、认定流程等，提供必需的监管政策和监管制度依据。建立可量化、可核实、可报告的绿色信贷统计制度，要求定期报送绿色企业客户、授信规模、"两高一剩"企业和授信额、重大社会环境风险事件等数据。梳理现有绿色环保产业的政策文件，编制形成"湖北省绿色金融专项统计制度"，搭建地方性绿色金融统计指标体系，为湖北绿色金融发展提供统一、量化监测统计体系。研究制定绿色信贷关键表现指标，为科学评估绿色信贷成效提供依据，其指标设定应尽可能全面反映各金融机构绿色信贷落实情况。

（三）强化绿色考核，推进绿色金融体系建设

1.将绿色信贷纳入宏观审慎评估框架，建立银行绿色评价机制，形成绿色金融业务激励机制

《湖北省绿色发展指标体系》和《湖北省生态文明建设考核目标体系》，从资源利用、环境质量、增长质量、绿色生活、公众满意程度等7个方面，引导地方重"绿"亲"绿"。2018年1月，首次考核排名启动，排名靠前的20个城市获得专项奖补。在武汉，生态考核与干部绩效挂了钩。2018年1月，武汉公布长江武汉段13

个跨区断面水质检测结果，通过预警核算、上下游对比，实施对水质改善的奖励和对水质下降的处罚，并与干部绩效挂钩。同时，环保采取"一票否决制"，自然资源纳入离任审计，一份终身追责的"负债表"督促领导干部管理好"绿色资产"。在鄂州，一场针对长江大保护的自然资源资产审计风暴刮起，问责几十位相关责任人。在考核的基础上，监管部门应对银行业金融机构从高管人员履职评价、业务发展等方面进行约束和激励。

2.推进绿色银行体系建设

首先，制订绿色信贷发展计划，在业务开展中树立绿色信贷理念，以差异化的融资成本实现向绿色、低碳、环保的信贷投放倾斜，建立"两高一剩"信贷风险管控制度等。其次，鼓励全省银行业金融机构积极实施绿色企业营销"四单管理"：单独设置机构、单独配备人员、单列信贷计划、单独信贷审批，鼓励大中型银行设立绿色金融事业部、专营机构，为绿色企业提供标准化、流程化、批量化服务，提升绿色金融服务水平。大力发展新型一体化的金融综合服务，积极向绿色企业提供开户、结算、融资、理财、咨询、现金管理、资金监管、国际业务等一站式、系统化的金融服务。地方法人银行要继续下沉网点和服务，增加绿色企业有效供给；单独配备人员，打造专业化绿色金融营销、管理团队；单设授信条件，适当降低绿色企业信贷门槛；单列信贷规模，积极向上争取绿色信贷专项规模。再次，可以选择有条件的金融机构，建立绿色金融服务专属支行或网点，在辖内形成一定的示范效应。如可选取农发行、工行、建行、交行、中行、兴业银行、湖北银行、汉口银行、地方农商行等为绿色金融示范行，以点带面，重点推动绿色金融创新。此外，探索建立政府部门与各金融机构总部或省级分支机构进行绿色金融战略合作的有效途径，对条件成熟的机构率先签订战略合作协议，力争在机构设置、项目合作、专项融资规模等方面给予政策倾斜和资源支持。

3.推进绿色保险体系建设

鼓励以绿色保险为主的保险机构在湖北设立分支机构，鼓励在湖北的保险机构设立绿色保险营销团队，鼓励引入专门的环境污染损害鉴定评估机构。支持保险代理、保险经纪等中介机构发展，为绿色保险消费者提供增值服务，促进绿色保险业务的推广。

4.推进绿色资本体系建设

积极培育和引进各类股权投资基金、创业投资基金、天使基金以及私募基金参与绿色投资。鼓励在湖北的银行、证券公司加强合作，推动绿色贷款证券化。

（四）推进绿色金融产品创新，加强服务创新

1.突出绿色信贷支持重点

坚持"有保有控、绿色优先"原则，实行绿色信贷"五个一批"：一是做大做强一批。对已与银行发生信贷关系的新能源、新材料、生态农业、服务业等环境友好型企业要加强信贷投入，支持其做大做强。二是跟进突破一批。对暂未与银行发生信贷关系，符合信贷条件且环境友好企业，要迅速跟进信贷营销和金融服务。三是增信支持一批。对贷款资质不够但环境友好企业要通过绿色产业基金、担保基金等措施，帮助满足银行贷款条件。四是支持转型一批。对"两高一剩"但环评达标企业，要支持其技术升级、转型发展。五是退出淘汰一批。对环评不达标企业要坚决收回贷款。

2.突出绿色信贷机制创新

建立绿色信贷"三优二重一否决"机制：绿色信贷享受"优先受理、优先审批、优先放贷"、"资金重点保障、考核重点倾斜"以及信贷管理全流程"环保一票否决"制，实现银行绿色信贷管理流程再造，缩短受理时间、减少审批环节，提升

绿色信贷管理水平。

3.突出绿色信贷产品及模式创新

金融机构应加大对绿色产业和项目的信贷投入，紧密跟踪市场动向和客户需求变化，不断开发设计新的产品和服务品种，积极探索运用主要污染物排污权、绿色工程、项目收费权和收益权等作为有效抵（质）押的融资新模式，推广排污权质押贷款、清洁发展机制（CDM）应收账款保理融资、碳资产及污染物减排收益权质押贷款等信贷产品。在防范风险的前提下，推动符合绿色企业特点的信贷产品及模式创新。探索能效融资业务；鼓励银行将拥有碳配额企业的可交易碳资产作为质押或补充担保物；鼓励银行接受特许经营权作为质押，为绿色交通、集中供热、垃圾处理等市政环境基础设施项目提供融资；拓宽抵押担保范围，创新担保方式，研究推动应收账款、收费权质押以及包括专有知识技术、许可专利及版权在内的无形资产质押等贷款业务产品，特别是针对新兴中小企业的科技创新成果、自主知识产权、产品商标、商誉等无形资产进行专业评估并作为贷款的抵押担保依据，解决其有形资产不足的问题，加大轻资产科技型企业信贷投入；继续推进农地经营权抵押贷款试点，拓展农村抵质押物范围，提高新型农业经营主体金融服务水平。加强绿色金融人员培训，引进有关专业人才，提高绿色信贷人员的业务素养。商业银行应增加绿色信贷产品的研发投入，同时，适应新兴产业各个阶段的不同特点，改变传统的信贷管理方法，改善评估、评审和管理办法，创新对新兴企业和项目的贷款形式，积极探索灵活多样的金融支持形式。

4.突出绿色支付结算创新

推动"绿色支付无障碍区"建设，不断加大乡镇地区ATM机、POS机、转账电话等现代机具布放，促进绿色支付应用。发展无纸化结算支付方式，推广网上银行、自助银行、手机银行、金融IC卡多行业运用。

5.突出绿色投融资模式创新

支持在道路交通、排水排污、节能减排等基础设施项目中引入PPP模式，进一步放宽市场准入、土地政策支持等政策，构建绿色社会资源与金融资源对接新机制。

6.突出绿色保险服务创新

选择符合条件的保险机构，尝试在环境高风险行业实行"环境污染强制责任险"。优化绿色保险产品设计，完善环境污染强制责任保险制度，将投保情况与企业信用评级、信贷资质、上市核查等相结合，促进高污染企业转型。推广林木火灾险、巨灾险等环保险种，降低潜在环境风险。拓宽保险资金运用渠道，利用寿险资金期限较长的特点，积极引导保险资金投资绿色环保项目。鼓励保险公司创新生态环境责任类保险产品，探索开展绿色企业贷款保证保险。

7.积极探索发展其他支持绿色产业的金融产品

如大力推动互联网金融发展，积极培育和引进各类股权投资基金、创业投资基金以及私募基金，推动其参与绿色投资。支持和鼓励融资租赁公司、小额贷款公司、担保公司、典当行等为绿色产业、企业、项目提供多样化金融服务。灵活利用金融工具，满足绿色产业的多样性融资需求。

（五）加强多方合作，完善信息沟通共享机制

（1）打破行政壁垒，加强各地政府间的信息互通，促进人才、机构、资金等绿色金融要素的流动，实现优势互补，推动跨区域、跨领域、多层次的绿色金融一体化合作。

（2）加强湖北省内金融监管部门与环境保护、安全生产、工业和信息化等主管部门和保险协会等社会组织之间的合作，探索将绿色企业评级、企业环保、安

全生产、节能减排、参保情况等信息纳入企业征信系统等信用平台的途径。监管部门、媒体、公共舆论应及时共享绿色企业责任事件等重大信息，建立健全监管机构、环保部门等与银行之间的信息共享机制以便银行做好信贷备忘录，及时做好风险保全措施。政府环保部门和商业银行应构建可以共同使用的信息平台，实现信息资源共享。依据各级环保部门建立的企业环保信息系统，各银行可获取企业公开透明的环保信息，为信贷决策提供参考依据。

（3）商业银行在办理绿色信贷业务过程中，发现企业存在的问题，也可反馈给环保部门，以使其掌握的企业信息更加全面。同时，各银行可在监管部门的指导下，将所了解的企业环保信息录入相关系统，例如征信系统等，作为企业信用等级评定和授信审查的重要参考。央行征信系统应尽快把资源节约、环保方面的信息纳入企业征信档案，使商业银行在确定贷款决策时有所遵循。环保部门与银行之间还可建立相互派员学习环境保护、银行信贷相关知识的机制。

（六）加强国内外交流，强化绿色金融能力建设

1.加强与国内外绿色金融发展成熟的地区之间交流

一方面，要与国内外绿色金融发展走在前列的国家和地区广泛开展沟通与合作，交流绿色金融建设心得与经验；另一方面，也要与省内其他区域及时分享经验教训，引导和鼓励其他区域达成绿色金融发展共识，为湖北全面推进绿色金融发展奠定基础。

2.充分利用省内高校科研院所优质教育资源，组织开展全省绿色金融专题研究讨论，邀请银政企各方人士、知名专家学者开展绿色金融研究

组织绿色金融培训，针对银行、企业发行绿色金融债、绿色企业债开展专题培训。加强绿色金融人才培养，组织形式多样的绿色金融培训，同时广泛开展绿色金融宣传，扩大绿色金融概念在湖北的影响力。

3.推动金融机构将绿色金融纳入培训计划，增强绿色金融服务能力

主要包括加强金融人才建设和落实工作责任等。一方面，通过编制《湖北省金融人才发展规划》，引进高端金融人才，鼓励地方政府和金融机构进行双向交流，提高地方干部金融意识和领导金融工作能力。另一方面，地方政府、省内各金融机构要切实承担工作责任，加强沟通协作，不断提高绿色金融服务能力。

主要参考文献

［1］SALAZAR J．Environmental finance：Linking two world［Z］．Presented at a Workshop on Financial Innovations for Biodiversity Bratislava，1998（1）：2-18．

［2］COWAN E．Topical issues in environmental finance［J］．Eepsea Special & Technical Paper，1998，43（3）．

［3］LABATT S，WHITE R R．Environmental finance：A guide to environmental risk assessment and financial products［J］．Transplantation，2003，66（8）：405-9．

［4］JEUCKEN M．Sustainable finance andbanking［M］．USA：The Earthscan Publication，2006．

［5］SCHOLTENS B.Finance as a driver of corporate social responsibility［J］．Journal of Business Ethics，2006，68（1）：19-33．

［6］TANG A，CHIARA，N，TAYLOR J E.Financing renewable energy infrastructure：Formulation，pricing and impact of a carbon revenue bond［J］．Energy Policy，2012，45（11）：691-703．

［7］SCHOLTENS B，DAM L．Banking on the equator．Are banks that adopted the equator principles different from non-adopters？［J］．World Development，2007，35（8）：1307-1328．

［8］WRIGHT C. Global banks, the environment, and human rights: The impact of the equator principles on lending policies and practices ［J］. Global Environmental Politics, 2012, 12 (1): 56-77.

［9］高建良."绿色金融"与金融可持续发展 ［J］. 金融理论与教学, 1998 (4): 20-22.

［10］乔海曙. 树立金融生态观 ［J］. 生态经济（中文版）, 1999 (5): 18-19.

［11］汤伯虹. 我国发展绿色金融存在的问题及对策分析 ［J］. 长春大学学报, 2009, 19 (9): 1-4.

［12］文同爱, 倪宇霞. 绿色金融制度的兴起与我国的因应之策 ［J］. 公民与法: 法学版, 2010 (1): 35-38.

［13］李志林. 国际绿色金融产品创新的实践与经验借鉴 ［J］. 中国经贸, 2010 (14): 1-2.

［14］张峰, 董志, 杨念. 绿色金融发展的理论基础及各国实践比较 ［J］. 商业时代, 2014 (7): 69-70.

［15］代玉簪, 郭红玉. 商业银行绿色金融: 国际实践与经验借鉴 ［J］. 金融与经济, 2015 (1): 45-49.

［16］王军华. 论金融业的"绿色革命"［J］. 生态经济（中文版）, 2000 (10): 45-48.

［17］安伟. 绿色金融的内涵、机理和实践初探 ［J］. 经济经纬, 2008 (5): 156-158.

［18］林欣月. 我国绿色金融的内涵、现状和发展对策 ［J］. 现代经济信息, 2016 (7).

［19］天大研究院课题组. 构建中国绿色金融体系的重要意义 ［J］. 经济研究参考, 2012 (6): 16-17.

［20］李仁杰. 绿色金融可持续之路越走越宽 ［J］. 中国金融, 2013 (20): 30-32.

[21] 马骏. 论构建中国绿色金融体系 [J]. 金融论坛, 2015 (5): 18-27.

[22] 林啸. 低碳经济背景下我国绿色金融发展研究 [D]. 广州: 暨南大学, 2011.

[23] 宁伟, 佘金花. 绿色金融与宏观经济增长动态关系实证研究 [J]. 求索, 2014 (8): 62-66.

第三章　湖北碳金融风险的防控对策[①]

目前，我国先后在北京市、天津市、上海市、重庆市、深圳市、广东省、湖北省等七省份设立了碳交易所开展碳排放权交易。湖北肩负中部崛起战略"建成支点，走在前列"的重任，2012年9月，湖北碳排放权交易中心正式成立。作为第六个启动运行的碳交易试点，湖北碳排放权交易市场虽运行较晚，但取得的成绩格外瞩目，湖北配额交易量与交易额在七大试点中稳居首位，碳金融创新的数量、种类和规模也遥遥领先。2017年12月19日，备受关注的全国统一碳排放权交易市场建设正式启动，湖北获批牵头承建全国碳交易注册登记系统。然而，在面临巨大发展机遇的同时，湖北碳排放权交易市场也面临巨大的挑战。湖北碳排放权交易开市以来，碳排放价格不断波动，碳金融产品的不断创新亦给市场带来了潜在的风险，市场套期保值和风险规避功能也未能充分发挥，湖北碳金融市场迅速发展过程中暴露的风险问题不容忽视。

一、湖北碳金融发展现状

自2014年4月2日开市以来，湖北碳排放权交易中心共有236家控排企业、90个机构、6 306名个人以及合格境外投资者参与，形成了多元主体参与的市场体系。纳入交易的企业主体是湖北省行政区域内年综合能源消费量6万吨标煤及以上的工业企业。试点尽管纳入门槛较高，企业数量较少，但覆盖的碳排放比重较大，且注

---

① 2017年湖北省技术创新专项（软科学研究类）项目；其阶段性研究成果在2018年得到了武汉市副市长批示；张攀红、戴静、程凯、苏帆参与了研究。

重配额分配灵活可控，初始配额分配整体偏紧，采用"一年一分配，一年一清算"制度，对未经交易的配额采取收回注销的方式。

作为第六个启动运行的碳交易试点，湖北碳排放权交易市场虽运行较晚，但取得的成绩格外瞩目。自2014年启动后，湖北碳排放权交易市场便迅速跻身成为继欧洲、中国广东之后的全球第三大碳交易市场。2016年5月16日，湖北碳市场累计成交量突破亿吨大关，率先跻身"亿吨俱乐部"，配额交易量与交易额继续稳居全国首位，碳金融创新的数量、种类和规模也遥遥领先。

作为碳排放权交易试点省份，2017年7月是湖北碳交易第三个履约期。履约工作是对碳排放交易制度的综合检验，履约工作的成败影响到湖北碳交易工作的良好势头能否得以持续。湖北第三次圆满完成履约工作，履约率100%，纳入企业总碳排放量同比下降2.59%，碳市场促进碳减排效果进一步显现，这也为湖北建成全国碳交易中心和碳金融中心打下了坚实的基础。

（一）累计成交量及成交额

截至2018年2月28日，全国碳市场由于受到春节的影响交易下滑，大部分试点配额成交量萎缩，当日无成交的情况依然存在。湖北碳市场交易情况具体如下：湖北碳市场配额共成交3.13亿吨，成交总额72.36亿元。

除一级市场（配额拍卖）外，湖北二级市场累计成交3.11亿吨，占全国68%（如图3-1所示）；成交额71.96亿元，占全国75%，居于试点榜首（如图3-2所示）。

其中，现货市场线上公开交易累计成交5 246.9万吨，占全国26.80%；成交额10.1亿元，占全国29.10%。

（二）日均成交量和日均成交金额

湖北碳市场2018年2月配额日均成交6 832吨，开市以来累计日均成交32.74万吨，占全国的68.68%（见表3-1）。

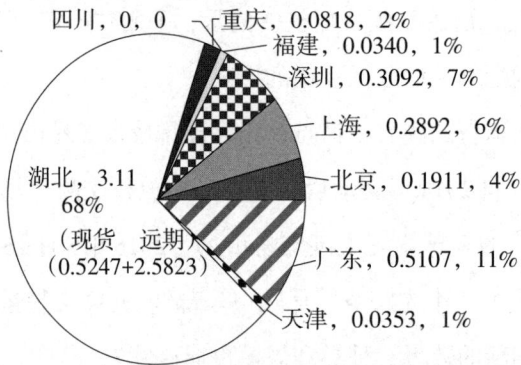

图3-1 全国碳市场交易总量（亿吨）

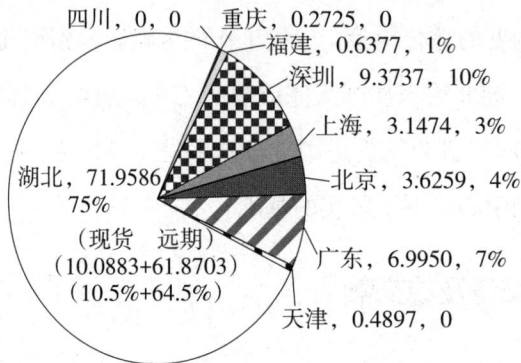

图3-2 全国碳市场交易总额（亿元）

注：图3-1和图3-2中给出了7个试点以及四川、福建2个非试点地区的碳市场交易总量和交易总额，数据来源于湖北碳排放权交易中心。

表3-1 　　　　　　　　　　2018年2月二级市场日均成交量 　　　　　　　数量单位：吨

指标 地区	日均成交量	占比	累计日均成交量	占比
湖北	6 832	3.39%	327 399	68.68%
深圳	24 490	12.15%	26 562	5.57%
上海	4 013	1.99%	27 864	5.84%
北京	25 687	12.74%	18 300	3.84%
广东	134 291	66.62%	52 219	10.95%

续表

指标 地区	日均成交量	占比	累计日均成交量	占比
天津	0	0	3 524	0.74%
重庆	0	0	9 054	1.90%
四川	4 802	2.38%	0	0
福建	1 463	0.73%	11 802	2.48%
总计	201 578	100.00%	476 724	100.00%

注：表3-1给出了7个试点以及四川、福建2个非试点地区的数据，数据来源于湖北碳排放权交易中心。

湖北碳市场2018年2月配额日均成交10.10万元，开市以来累计日均成交758.26万元，占全国的75.42%（见表3-2）。

表3-2　　　　　　　　2018年2月二级市场日均成金额　　　　　　　金额单位：元

指标 地区	日均成交金额	占比	累计日均成交金额	占比
湖北	101 029.75	4.72%	7 582 575.10	75.42%
深圳	556 704.02	26.00%	805 301.05	8.01%
上海	135 685.63	6.34%	303 220.79	3.02%
北京	36 877.88	1.72%	347 311.88	3.45%
广东	1 284 190.79	59.98%	715 236.57	7.11%
天津	0	0	48 821.26	0.49%
重庆	0	0	30 174.74	0.30%
四川	0	0	0	0
福建	26 424.77	1.23%	221 428.31	2.20%
总计	2 140 912.84	100.00%	10 054 069.70	100.00%

注：表3-2给出了7个试点以及四川、福建2个非试点地区的数据，数据来源于湖北碳排放权交易中心。

（三）成交价格

图3-3给出了2014年4月2日—2018年2月28日湖北碳市场碳成交量价表，可以看到，自2014年湖北碳市场启动至2018年2月底，湖北碳成交价格最高为29.25元，最低为10.07元，波幅达到19.18。

单位：元　　　　　　　　　　　　　　　　　　　　　　　　成交量（吨）

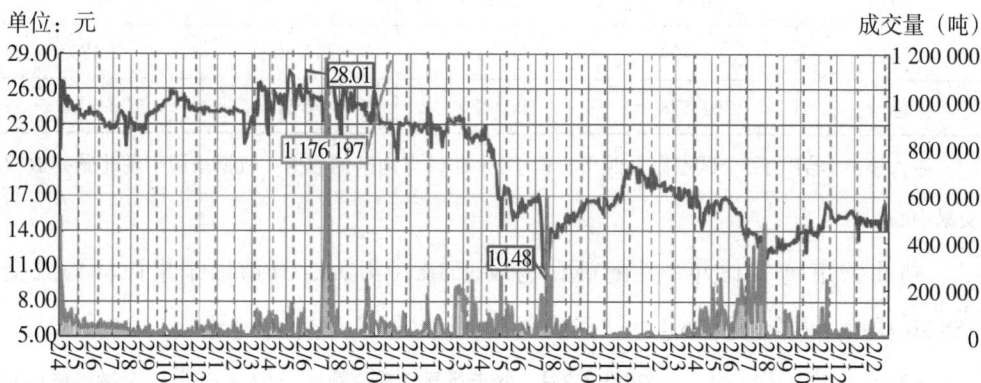

图3-3　2014年4月2日—2018年2月28日湖北碳市场碳成交量价表

数据来源：湖北碳排放权交易中心。

2018年2月，湖北碳市场配额日成交均价企稳，月末轻微震荡。当月成交均价14.79元/吨，较上月（14.41元/吨）上涨了0.03%。

（四）碳金融产品创新

碳金融创新方面，湖北处于全国试点领先水平。中国低碳工业网的统计数据显示，2014年起，北京、上海、广州、深圳、湖北5个试点市场共推出了近20种碳金融创新产品（见表3-3）。

湖北碳排放权交易中心2016年6月的相关统计数据显示，湖北碳市场推出的碳金融创新产品的种类很多，且很多都是湖北特有的产品类型。2016年4月27日，全国首个碳排放权现货交易产品在武汉推出，当日成交量达680余万吨，成交额1.5亿元。从产品规模来看，碳债券、碳配额质押等产品的规模远大于其他拥有同类产品的碳市场，湖北碳市场的创新优势可见一斑。

表3-3　　　　　　　　　　　　五大试点碳金融产品创新概况

碳市场	种类	碳金融产品创新品种
湖 北	8	碳债券、碳配额质押、引入境外投资者、碳基金、碳配额托管、基于CCER碳众筹、碳排放权现货远期、碳金融授信
深 圳	7	碳债券、碳配额质押、引入境外投资者、碳基金、碳配额托管、绿色结构性存款、跨境碳资产回购
广 州	5	碳配额托管、碳配额回购、碳配额抵押融资、碳排放远期交易、碳交易法人账户透支
上 海	5	碳基金、CCER质押贷款、碳排放信托、借碳、碳配额卖出回购
北 京	4	碳配额质押、碳配额回购、碳配额场外掉期、担保型CCER碳远期合约

注：表中资料为截至2016年6月的不完全统计，根据中国低碳工业网相关信息整理。

　　2017年12月19日，备受关注的全国统一碳排放权交易市场建设正式启动，湖北获批牵头承建全国碳交易注册登记系统。全国碳交易注册登记系统对接交易系统，是资金、配额、数据的汇聚点，也是碳交易市场管理枢纽。大量的金融资本和产业资本将通过注册登记系统汇聚湖北，有利于湖北发展碳金融及其衍生品，是实现湖北"十三五"规划提出的打造"全国碳交易中心和碳金融中心"战略目标的重要保障。这意味着，湖北首次获得具有金融功能的全国性功能平台，对湖北加快建成中部地区崛起重要战略支点，并在转变经济发展方式上走在全国前列具有极为重要的意义。

二、湖北碳金融风险的主要表现

　　湖北作为碳排放权交易试点省份，自2014年启动以来，碳排放交易市场迅速跻身成为继欧洲、广东之后的全球第三大碳交易市场。湖北碳排放权交易市场在面临巨大发展机遇的同时，其迅速发展过程中所暴露的风险问题也不容忽视。

(一) 碳金融政策与法律风险

碳金融政策与法律风险指的是由于政策与法律因素给从事碳金融业务的当事人带来损失的风险。按照政策制定的主体和内容来分，碳金融政策与法律风险至少包含三个方面：其一，从本质上看，碳排放指标的交易买卖是基于政策和法律的人造市场，因而，与碳排放相关的政策变动对该市场的影响巨大。依据《京都议定书》，此框架下的相关规定包括三个减排机制在内的内容的有效时间只会持续到2012年，到时如果人们对气候变化不再认可，或者不再坚持温室气体减排，那么整个碳金融将会不存在，碳金融资产也会一文不值。其二，当前的政策安排（如是否允许跨期储存碳排放指标）也会引发碳金融交易风险。其三，减排认证的相关规定也可能引发交易风险。原因在于减排单位是由监管部门根据一定的标准对其进行认证。因为技术发展存在不确定性以及宏观碳金融政策可能发生变化，关于认证的程序及标准也会发生变化。而且，由于碳减排项目交易会牵涉到不同国家，必然会受到相关国家政策和法律的约束。所以，碳金融交易市场的发展将面临着巨大的政策风险和法律风险。

(二) 碳金融市场风险

市场风险是指由于汇率、利率、物价、股指等市场因子的变化而引起损失的风险，主要包含汇率风险、利率风险和股权资产波动的风险。在碳金融市场上，这些影响因子依然存在。第一，碳金融交易的全球性会使交易双方面临较高的汇率风险，我国主要通过开展项目出售的形式参与碳金融业务，在向需要购买碳排放权的买家出售碳排放权时必然会涉及外汇的结算业务，因此汇率风险是商业银行开展碳金融业务所要面临的主要风险。第二，碳金融交易具有跨期性，碳金融项目一般周期都很长，如 CDM 项目从开发到审批，再到最终交易往往需要几个月甚至几年的时间，其间的利率波动也会引起风险，影响贷款人的收益。第三，碳排放权的价格波动对碳金融活动产生的风险，一方面当市场上出现碳排放权供过于求的情况，碳交易价格必然下降，使得卖方亏损；另一方面当市场上出现供不应求的情况，碳交易价格肯定高于原定价格，使得买方出现亏损。这种现象在第一承诺期向第二承诺期过渡的变化中最为明显。以欧盟排放交易体系（EUETS）为例，2007年第一阶段期即将结束时，由于减排配额分配过量，EU-ETS交易额和价格大幅波动，EUA价格从每吨10欧元左右下降到不足1欧元，这种剧烈的价格波动使碳金融市场面临着极大的风险。

（三）碳金融流动性风险

流动性风险指的是在不增加成本或不发生资产价值损失的条件下，不能使客户的流动性需求及时得到满足，进而引起损失的可能性。它包含大量交易的能力、及时交易的能力以及不变价格交易的能力三个方面。在碳金融交易业务中，市场由于缺乏流动性而使交易难以完成，这就能够给整个市场带来额外的交易成本，即为流动性成本。流动性成本的存在加上其不可预知的变动给投资者带来了潜在损失，使得碳金融市场存在一定的流动性风险。碳金融流动性风险分为资产流动性风险及负债流动性风险。如果碳金融资产到期不可以如期足额收回、不能到期偿还负债、无法满足新的合理贷款要求及其他融资需求等，进而引起损失的可能性，即为资产流动性风险。负债流动性风险指金融主体从事碳金融业务筹集的资金，因为内生或外生因素发生变化，或者受到外部冲击而导致损失的可能性。

（四）碳金融信用风险

信用风险定义是交易对手不能够及时完成交易义务或者是信用质量产生变化，使金融工具的价值受到影响，从而给当事人带来损失的风险。我国在从事碳金融业务时，也必然会产生信用风险，例如，CDM项目借款人发生信用违约，或是在从事与碳排放权相关的衍生品交易时，对手不履行交易义务的风险等。

碳金融信用风险具有一般信用风险的特征，但由于碳金融业务的复杂性和特殊性，它还表现出两面不同的特征。第一方面，碳金融信用风险收益和风险分布的不对称性特征更加突出。一般来讲，信用风险的概率分布不是正态分布，其分布也不具有对称性，而对碳金融信用风险来讲，这种特征将更加突出。例如，对于 CDM 项目来讲，它要受到政策因素、项目复杂的审批程序以及 CERs 价格变动等因素的影响，从而导致它的概率分布更加向左倾斜（向左倾斜是因为损失将会没有下限，而一般来说，收益上限却是固定的）。而对于碳减排权的衍生品交易来说，交易对手违约的可能性将更大，这种不对称性也将更加明显。第二方面，在碳金融信用风险中，信息不对称现象更加显著。由于碳金融交易业务存在着很大风险，当从事碳金融交易业务时，交易双方由于信息不对称，很容易发生"逆向选择"以及"道德风险"。如在 CDM 项目信贷中，由于信息不对称，对商业银行最不利的借款者却容易获得资金，这时就出现了"逆向选择"，当出现 CDM 项目的不利因素时，使"道德风险"增加。如2009—2011年，欧盟排放交易体系发生了多起事故，包括涉及核证减排量重复交易的安全事故以及黑客攻击登记系统盗取账户中至少300吨的 EUAs 以非法牟利，最后迫使欧盟委员会只能暂时将碳金融交易的登记系统关闭。这些事件暴露出了碳金融电子交易系统存在的漏洞，也反映出碳金融市场时时刻刻都存在着道德缺失所带来的风险。

（五）碳金融操作风险

一般认为，操作风险与操作程序不当、员工工作失误以及外部突发事件密切相关。操作风险一般包括人员风险、流程风险、系统风险和外部事件风险四部分。

同一般的金融业务相比，我国在从事碳金融业务时，更容易发生操作风险。由于碳金融在我国是新生事物，参与者对碳金融项目的开发程序、交易规则以及操作模式等都不是很熟练。另外，碳排放权作为一种虚拟商品，销售对象更牵涉到境外客户，其合同期限很长，这样，操作风险的外生因素干扰很强。在碳金融交易领域，我国不仅缺乏相关的专业人员，也没有建立起合理的内部控制程序和系统，外部的"风吹草动"，都会引起风险。同时，碳金融操作风险与一般的金融业务操作风险一样也具有内生性的特点，而我国商业银行只能对操作风险的内生风险进行管理和防控，并且这种管理并没有消除操作风险，因此，碳金融操作风险是很大的。

（六）碳金融项目风险

《京都议定书》下主要有清洁发展机制（CDM）、联合履约（JI）以及排放贸易（ET）三种减排机制。下面以CDM项目为例，介绍碳金融交易的项目风险，图3-4给出了CDM项目的开发流程图：

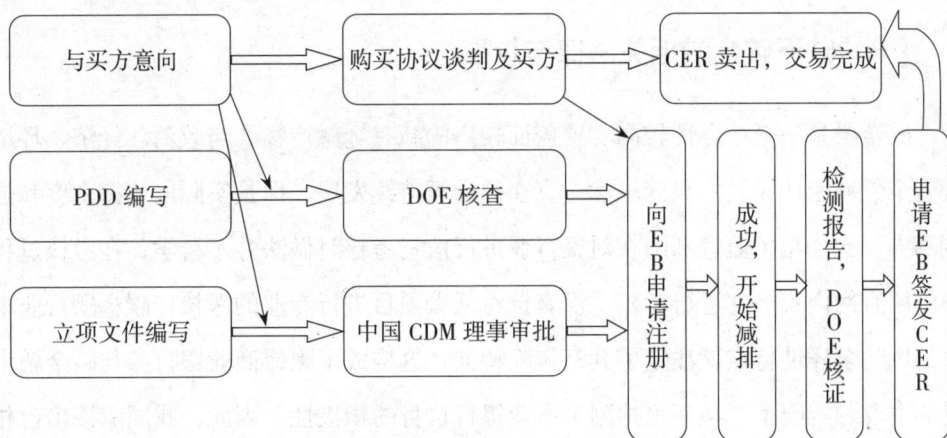

图3-4　CDM 项目的开发流程图

注：PDD：项目设计文件，DOE：联合国CDM指定经营实体，EB：联合国CDM执行理事会。

一个典型的项目从开始准备到最终获得需要经过项目识别、项目设计、国家发改委的批准、项目审定、项目注册、项目实施监测与报告、减排量的核查与核证的签发八个阶段，时间最少一年。在此漫长的过程中每一个环节都可能成为影响项目成功实施的风险因素。由于项目的周期长，众多的风险因素必将带来额外的交易成本。项目的主要风险存在于整个项目投资期，主要包括项目开发周期风险、项目国内审批风险、项目方法学审批风险、核实风险、注册风险、国际气候谈判风险、可抗力风险等。

三、湖北碳金融风险的基本成因

由于碳金融交易极其复杂，交易时间往往跨度很大，交易结果无法预知，种类繁多的衍生品和结构性产品蕴含着巨大的市场风险和产品风险，其交易风险往往比其他金融风险更加难以掌控，并会引起碳金融市场价格的剧烈波动。

（一）缺乏碳金融相关法律与政策

碳金融是一个综合性较高、覆盖面较广的新兴金融产物，与政治、经济、环境等多个领域密切相关。我国虽然一直在倡导可持续发展，但是实际的支持力度和强度不大。比如相关监管部门在对银行业进行信贷考核时做法并不科学，在考核过程中将所有的内容一并进行考核，没有针对低碳项目进行专业的考核，碳金融行业本身的风险多样性特点就注定了其高风险特征，这构成了阻碍商业银行参与碳金融市场的主要影响因素，从而也抑制了商业银行自身的积极性。因此，我国应该出台相应的激励政策和优惠措施，给予商业银行等参与主体一定的补偿，才能使其在承担较高的业务风险与获得预期收益之间达成平衡。但是目前诸如此类的激励机制和措施还不到位，根本不能弥补这些参与主体开展碳金融活动的高风险，外部激励明显不足，削弱其开展碳金融业务的动力。

（二）碳金融市场不健全

我国本身碳金融发展较晚，相关政策措施还不健全、不完善，也缺乏成熟的碳交易平台和碳交易制度，更没有诸如碳期货、碳期权、碳证券等与碳金融相关的衍生品，因此我国的商业银行在碳金融业务上很难与国外的商业银行进行抗衡。我国在国际碳交易市场中的地位还有待提高，目前处于整个价值链的最底层，这造成了我国在碳交易市场中议价权的缺失，交易活动中只能被迫接受国外金融机构制定的廉价的交易价格进行产品交付，发达国家的金融机构将该产品包装加工之后，以更高的价格再与其他国家进行交易，在此过程中，我国的金融机构只能望而却步。不仅如此，其他发达国家的金融机构也以各种优惠措施拼尽全力吸引我国金融机构积极参与到其建立的国际碳交易市场中，以期获得我国的资本利润，赚取"剪刀差"的收益。因此，我国应该快速建立一个初步的、相对成熟的碳金融交易市场，充分发挥碳资源大国的优势，开发出与本国市场相适应的碳金融衍生品，促进我国碳金融市场的良好发展。

（三）缺乏成熟的中介市场环境

我国是世界上项目发展空间和发展前景最大的国家之一，而中介市场是实施交易机制的关键，只有通过中介市场的相关服务才能将实施项目销售到其他国家去，从而获得相应的资金。但是这一过程是一个无比烦琐、交易规则极其严格的过程，加之项目的销售合同涉及国内外所有客户，合同期限比一般普通合同要长，因此为了节约交易成本，国际上所有的销售与购买都是通过专业的中介服务机构来完成，买卖双方不一定亲自接触整个过程。但是我国现有的许多中介服务机构碳金融知识储备不完备、经验不丰富，使得碳排放权的买方很难直观、清晰地了解我国的项目，这种双方信息的不对称性严重制约了我国碳排放业务的开展，使得我国这个最大的碳排放权出售方不能有效地进行碳交易。国外专业的中介机构不仅可以帮助买卖双方实现碳交易，还可以提供专业的咨询分析体系、项目评估过程，用以规避碳金融风险。因此，我国的金融机构以及中介服务组织可以选择与国外先进服务机构进行密切的合作沟通，不断提升与加强我国与碳交易有关的中介组织建设，不断提升我国在碳市场上的议价权，为我国在碳市场上进行碳权交易提供保障。

（四）专业认知程度不够

碳金融业务在我国起步较晚，属新生事物，各个社会主体和广大公众对碳金融的认知程度也各不相同，而诸如商业银行等金融机构对碳金融的认识也不是很全面，大多数都只停留在碳金融的表面内容上。比如说商业银行自身对碳金融的利润空间、风险管理、运作模式以及社会效益等方面认识不足，对碳期货等碳金融衍生品的不熟悉等都构成了碳金融风险的成因。因此，我国商业银行开展碳金融的积极性和活跃程度也不如国外商业银行。同时，商业银行对开展碳金融业务的作用缺乏统一的、正确的认识和理解，也直接影响了碳金融业务的开展。大多数银行选择开展此业务主要是基于提升社会形象、履行社会责任的一种象征性方式，并非真正实践了碳金融。目前我国大多数的商业银行都处于被动的观望状态，只有少数的诸如兴业银行、中国工商银行等开展了与碳金融相关的具体业务。

（五）缺乏专业的服务机构和综合性人才

碳金融业务相对于银行传统业务来说，具有知识密集型高、综合程度高以及流程复杂化等特点，因此商业银行要开展碳金融业务就必须吸纳更多既掌握核心的碳交易技能，又具备金融、法律、外语以及项目管理等多方面知识的综合型人才，形成企业内部综合性的人才储备和多元化的知识结构，以灵活自如地应对碳金融业务的多样性所带来的风险。同时商业银行若想有效地开展碳金融业务，获得预期的收益，还应该建立健全与碳金融业务有关的机构和部门，进行与碳金融业务有关的产品研究与设计，碳金融业务流程的合理制定，目的是实现银行内部碳金融业务的体系化、专业化运营。然而目前绝大多数银行都没有成立专业化的运作部门以及进行相关人才的引进与培养工作，甚至没有此方面的意识。碳金融专业人才与专业服务组织机构的缺乏是碳金融业务迟迟不能得以快速发展的瓶颈。

四、碳金融风险防控的国际经验

碳金融市场作为一种特殊的新兴市场，兼具环保市场、能源市场和金融市场的特点，这些特点导致各国政府需要对该市场进行严格防控，以防范各类风险滋生，保障温室气体减排行为和市场行为健康发展。

(一) 欧盟碳金融风险防控机制

欧盟排放交易体系是目前世界上覆盖最广、包括行业最多的温室气体排放交易体系，详细规定了管理主体、管制对象、审核流程和配额分配等，并不断完善制度立法，将碳金融交易列入金融市场相关立法、能源市场相关立法等法律管制框架之下，有效增强了市场监管，建立了一套有效的风险防控机制。

1.碳金融风险监管法律

欧盟是世界上最早倡导低碳经济的地区，一直以积极的态度和实践应对气候变化，当前其排放交易体系也已经成为世界上最成熟的碳金融交易体系。欧盟从立法层面对碳金融交易进行了约束，建立了以法律法规制度为保障的风险监管机制。如促进可再生能源的《2001/77/EC指令》《2003/87/EC指令》等，为碳金融交易监管制定了具体目标，使监管更加具体化。其中，《2003/87/EC指令》对碳排放的监测、汇报、审查等更是进行了严格的规定。欧盟除了制定较为一体化的温室气体控制相关法律，还主要通过碳交易相关指令的立法、拍卖规定的立法、能源市场的立法对碳金融市场及其市场行为进行监管。

总体来看，一级市场的监管者主要对排放权取得、交易许可、排放登记以及碳抵消信息的创造和核证进行监管，减排信用的有效性由严格的管理机构和第三方核证机构具体负责。二级市场上衍生品市场的监管直接被纳入金融监管的范畴之内，但是监管机构对碳现货交易并未作出相应的规制措施，成为监管的"空白地带"。2009—2011年欧盟排放交易体系连续发生了多起黑客攻击和指标被盗的事件，均发生在二级现货市场上，暴露出其安全性不足，监管体系不到位。因此，2011年年底，欧盟新制定的《透明度指令》(TD)、《金融工具市场指令Ⅱ》(MIFID Ⅱ)中的部分内容正是同欧盟碳金融交易市场的监管目标和监管制度密切联系且息息相关的，所以欧盟将碳排放权现货交易纳入金融工具监管体系引起了碳金融市场参与方的密切关注和热烈讨论。

2.碳金融风险监管机构

EUETS发展至今，其成员国在排放交易体系中采用集中和分权和谐统一的方式，各自拥有相当大的自主决策权。欧盟制定统一减排目标，并通过"国家分配计划"分配给各个成员国，再由各国政府分配给国内企业，这种集中和层层分散相平衡的体系凸显了欧盟的分权治理体制，即欧盟碳金融市场监管机构颁布相关指令，由成员国的相应监管机构对排放配额的分配、交易行为的规制、双方权利的限定等相关问题进行监督和管理。2010年，欧盟委员会（European Commission，EC）颁布了《加强欧盟碳交易计划市场监管的框架》，规定了欧盟碳金融市场的监管机构有以下几种类型：

（1）欧盟委员会

作为欧盟政治体系的执行机构，欧盟委员会每年向欧盟理事会和欧洲议会提交碳金融交易市场年度监管报告并贯彻其决策，报告内容包括拍卖的具体情况、交易的规模、碳交易的流向等一系列具体事务。欧盟于2003年通过了《建立欧盟温室气体排放配额交易体系指令》（Directive2003/87/EC指令，以下简称ETS指令），授权欧盟委员会提出ETS方案，制定碳交易市场监管的法律与政策，监督市场运作，以防止欺诈、内幕交易和价格操纵行为，形成有效的价格机制。ETS指令还规定由EC设立欧盟中央管理处，对具体的交易行为进行规制，协调欧盟内各国交易事宜，对各国提交的报告进行审核。一旦发现碳金融市场的运作异常，中央管理机构要立即向欧洲议会和理事会报告，并提出具体的监管措施和建议，甚至可以通知成员国政府禁止其碳排放权的交易。

（2）成员国的监管机构

欧盟对于其成员国赋予了较大的自主决策权，特别是监管方面，欧盟并没有直接对成员国的监管机构进行指定，而是仅仅规定了监管机构的职责，要求其执行并实施欧盟指令、条例，总体上承担监督、促进实施的责任，而成员国可以在执行层次上，根据其具体情况灵活地设计其监管机制。成员国的碳金融市场监管工作通常由其环保、金融或能源管制机构负责。

（3）欧盟登记系统与交易日志

欧盟登记系统和交易日志是欧盟碳金融交易体系的核心。欧盟登记系统是一个标准化、安全化、高效率的数据库，用以记录排放单位的产生、交易和提交使用情况，是促进碳金融交易市场有效发挥经济功能的基础。2010年和2011年欧盟通过了新登记系统管理规定（Commission Regulation No.910/2010），该规定决定建立一个新的统一欧盟登记系统（European Union Registry）取代原来的分散体系，用欧盟交易日志（European Union Transaction Log，EUTL）代替原来的CITL，同时欧盟也在不断提高登记系统的监管等级。2012年4月27日，欧盟委员会宣布欧盟登记系统正式全面激活。这些改革可以全面减少欧盟登记系统的风险。

欧盟交易日志是2005年1月随着EUETS的运行而正式建立起来的。EUTL这个电子系统将欧盟成员国设立的注册平台链接起来，是法定的碳交易的中央注册系统，是欧盟碳排放权交易制度取得成功的平台。EUTL用来记录排放配额的发放、国际转让和清除指标，同时记录各成员国国内、国与国之间的每笔交易，以确保没有违规行为。2008年它与联合国国际交易日志（Independent Transaction Log，ITL）实现了链接，ITL对所有欧盟和非欧盟各减排机制指标的交易情况进行核查，当该交易涉及EUETS时，ITL会向EUTL提供相关信息，使之能够在EUETS下进行补充核查。

3.碳金融风险监视机制

风险监视是指跟踪监测碳金融风险的发展变化并调整应对策略。由于碳金融风险的不确定性，在交易过程中随着环境因素的变化它们或放大或消减或转变成新的风险。通过风险监视机制，欧盟可以提前识别风险、消除风险和转移风险。目前，欧盟在碳金融风险监视上主要有EUTL、碳排放量监测制度、碳信息披露项目（CDP）等。

（1）EUTL

EUTL 与银行操作模式类似，可以对配额交易进行实时管理和跟踪监控，但无法监测资金所有权与资金流向。为确保系统的运行成效，EUTL 需定期接受专业技术公司的系统评估和更新。针对每个配额交易过程，EUTL 都会进行初步核查和深入核查两道程序，只有通过 EUTL 验证无误后交易才能生效。

通过 EUTL，欧盟中央管理处可以对碳排放额进行交易管理、监控配额流向、统计交易总量等，自动清除违规交易，提前防范制度风险、操作风险、市场风险等的发生。

（2）碳排放量监测制度

获得真实的碳排放量数据，是开展碳金融交易的前提基础，一套科学有效的监测制度对碳排放交易体系的发展至关重要。按照《2003/87/EC 指令》要求，欧盟详细制定了碳排放量监测的标准，明确了具体监测原则、监测方法及监测计划内容等，以确保监测数据的准确有效。

碳排放量监测计划的具体内容主要包括以下方面：①企业对所处行业和生产经营活动的描述，排放检测和报告的责任信息，排放源清单。②企业选用检测方法的描述。如果选择计算方法，要求描述温室气体排放的类型名单以及相关重要排放量参数；选择测量方法，要求描述采用的测量系统以及每种排放源的测量位置、测量工具等。③提供排放源活动数据及参数不确定的依据。④描述每种排放气体的排放参数燃料源的抽样方法及参数预期来源或分析方法。⑤描述被否定的试验和分析过程，包括数据收集的方法。⑥采用《2007/589/EC 指令》的所谓"后备方法"，对特殊排放源进行方法描述和不确定性分析。⑦描述检测排放源的连续检测系统、数据采集程序、处理方法和控制活动。⑧描述与欧盟环境管理系统的联系，重点说明气体排放监测的关联信息。

严谨的碳排放量监测制度，能有效提高碳排放数据的准确性。通过碳排放量监测制度，能帮助管理层跟踪企业多年来连续的生产经营及碳排放等情况，从客观条件上起到碳金融操作风险、信用风险和项目风险的防范作用。

（3）碳信息披露项目（CDP）

CDP是一个独立的非营利性组织，拥有世界上最大的企业气候变化信息数据库，于2000年由机构投资者自发形成，位于英国伦敦。CDP代表管理资产达71万亿美元的551家机构投资者、采购组织以及政府机构向全球企业发送碳信息披露请求。目前，全球共有4 800多家公司每年通过CDP披露其温室气体排放和气候变化所带来的风险和机遇。自成立以来，CDP已成为碳信息披露方法论和步骤的黄金法则，在全球提供基本的气候变化数据，且其在线数据库是目前世界最大的企业温室气体排放和气候变化战略注册数据库。

CDP主要对低碳战略、碳减排核算、碳减排管理、全球气候治理四个方面进行问卷调查，以完整反映被调查公司在应对气候变化方面的信息（如图3-5所示）。

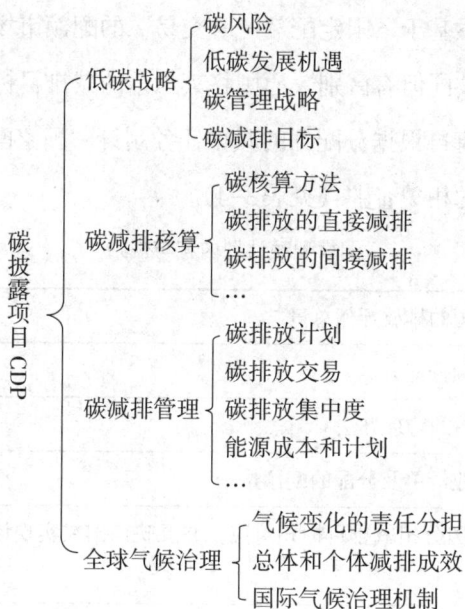

碳披露项目CDP

低碳战略
- 碳风险
- 低碳发展机遇
- 碳管理战略
- 碳减排目标

碳减排核算
- 碳核算方法
- 碳排放的直接减排
- 碳排放的间接减排
- …

碳减排管理
- 碳排放计划
- 碳排放交易
- 碳排放集中度
- 能源成本和计划
- …

全球气候治理
- 气候变化的责任分担
- 总体和个体减排成效
- 国际气候治理机制

图3-5　碳信息披露项目（CDP）主要内容

独立验证是CDP的关键战略目标之一，且逐步成为全球各大公司整体碳排放报告的一部分，通过独立验证帮助用户对报告数据的置信等级进行评定，这对组织投资和其他决策的制定都至关重要。CDP虽与欧盟排放交易体系（EUETS）相互独立，却早已成为欧盟碳金融市场体系中不可或缺的一部分，它为欧盟以及全球碳金融交易提供了低碳战略、碳核算、碳风险等信息，为企业利益相关者提供一个相对完善的碳信息披露平台，提高了碳信息的透明度，也为防范市场风险和信用风险提供了有力支持。

4.碳金融风险控制机制

风险伴随着碳金融交易的整个过程，风险的出现会直接损害市场参与者的利益，影响碳金融市场正常运转，为此欧盟出台了许多有利于碳金融发展的风险控制措施。本书将从欧盟的国家配额计划（NAP）、碳排放核查制度和碳金融体系构建等方面进行分析。

（1）国家配额计划

欧盟排放交易体系基于"限定配额——交易"的配额市场，其核心在于国家配额计划。欧盟按照"共同但有区别"原则将其承诺的减排目标进行分解，制订减排分担计划。成员国政府再根据分配到的减排任务制订"国家配额计划"（NAP），将配额划分给各自国内的相关企业（见表3-4）。

表3-4 国家配额计划内容与规则

NAP内容	阶段内各成员国的排放配额总量
	各国内企业配额分配方法
	新企业纳入ETS的管理办法
	提供管制下企业清单及分配的配额量
NAP规则	必须与各成员国分担减排目标相对应，并反映该国在实现该目标时实际和预期的进展情况
	在给具体的企业分配排放额度时，必须考察其每一项生产活动，确定其减排潜力，分配排放额度不能高于该企业所需要的额度
	当某成员国打算通过另外两个京都机制协助实现其国家排放目标，为其国内企业提供更大的排放空间时，其相关计划必须足够细化和具体

碳排放配额是实现碳排放权交易的基石，其初始分配关系到整个碳金融市场的

运行效率和效果。通过国家配额计划（NAP），可以相对公平地确定各国、各行业及各企业的初始排放配额，提前防范由分配不均、配额过剩等引起的政治风险、市场风险、操作风险等。

（2）碳排放核查制度

虚拟的碳排放权商品要实现公开、公平的市场交易，首要条件就是保证碳排放量的准确性和可核查性。欧盟委会员在规范企业碳排放量监测制度的基础上，出台了详细的碳排放核查制度，要求企业每年出具的温室气体排放报告需经过独立的核证机构核查并公开，如果报告没有核准合格，该企业的排放配额将被限制交易。

核查主要流程如下：企业向核查机构提交包含气体排放报告和经审核的排放监测计划在内的相关信息；核查机构根据《2007/589/EC指令》的规定，按照策略分析、风险分析、核查、内部核查报告和核查报告等流程，对排放报告的真实性、合规性进行核查，出具核查结果。

碳排放核查制度是对碳排放监测制度的补充，避免了监测过程中存在的数据偏失，有效保障了排放数值的准确性，防范了风险。

（3）碳金融体系构建

为促进碳金融的健康发展，欧盟积极推进碳金融体系建设，引入了金融手段来分散碳金融交易风险。目前，金融机构如商业银行、碳基金、保险公司等已经成为了欧盟碳金融市场的重要主体，同时发挥着市场媒介、资金融资、项目担保等多项功能，为欧盟碳金融市场的发展提供了巨大的内生动力。在碳金融交易中，通过商业银行、碳基金等媒介可以降低交易成本，并为碳减排项目提供资金支持，缓减项目风险和市场风险；通过保险公司以及国际担保机构等，可以转移、分散由碳价格波动引起的市场风险、流动性、项目风险等。可见，金融机构在推动碳金融市场活动的同时也为市场参与者提供了化解风险的途径和管理风险的手段。通过构建完善的碳金融体系，发挥金融机构的媒介作用以及其产品创新、风险管理等优势，能够起到转移风险、防控损失的作用。

在构建碳金融体系过程中，欧盟还出台了系列措施，以加强对碳金融市场的保障与监管。主要包括责令金融监管当局建立完善的碳金融风险信息监测系统及相应的评估机制，出台相关的碳金融交易风险控制指导标准；增强对企业环保守法情况审查，为金融机构开展碳金融业务提供参考依据；责令金融机构及时披露碳金融业务信息，严惩违规操作等。

5.碳金融风险应对机制

在确定市场存在的风险后，市场决策主体会根据风险成因、风险危害及自身风险承受能力等出台相应防范对策来进行应对，以防范二次风险发生和损失的放大。面对当前欧盟碳金融市场中存在的网络钓鱼欺诈、内部交易与市场操纵、增值税舞弊、碳价失衡等风险，欧盟出台了共同注册制度、滥用市场规章、碳身份证明制度、反向征收增值税、现货场外市场交易和价格柔性机制等应对措施。

（1）共同注册制度

在2011年年初网络黑客重创欧洲碳排放交易市场盗走价值近5 000万欧元的碳排放权之后，欧盟制定了共同注册制度以应对钓鱼欺诈风险。共同注册制度于2012年起开始实施，它改变了原来欧盟排放交易体系中成员国各自管理国内登记注册账户的制度，要求欧盟区域内实行统一的注册标准，并由欧盟委员会进行集中管理。按照这一制度，欧盟碳金融市场中原来分散在各成员国间的注册风险会全都汇集到欧盟委员会身上，有利于风险的集中防范管理，而针对可疑的碳交易行为，欧盟委会员有权延迟24小时进行交割。同时新制度添加了"信任账户"功能，当与信任账户名单以外账户进行交易时，要得到额外批准后才能进行。

（2）滥用市场规则

为应对碳金融市场中出现的内幕交易和市场操纵的风险，欧盟委员会将竞争法中的"滥用市场支配地位"规章延伸到了碳金融市场中来，适用到包括碳期货、碳期权等在内的衍生品身上。其中，由于碳排放权没有被正式定义为金融工具，滥用市场规则并不适用于欧盟碳排放权交易的现货市场，存在着一定的监管漏洞。欧盟委员会将进一步研究金融市场监管框架，讨论碳金融监管对策，保护碳权交易远离内幕交易与市场操纵的黑手。

（3）碳身份证明制度

在分析增值税欺诈行为的诱因时，人们将问题归结于碳身份证明制度的乏力。为了应对碳金融市场中冒出的增值税欺诈等侵权行为，欧盟部分国家推行了强制的碳身份证明制度，要求在其国内进行碳交易的主体必须具备碳身份证明。碳身份证明包含碳交易者的实体信息，是排放企业在碳金融市场的实体象征，通过查看碳身份证明可以掌握交易对手的真实社会信息，能够有效防范欺诈风险的发生。目前，欧盟金融市场中尚未形成统一的碳身份证明制度，各成员国由于管理体制的独立，实行的碳身份证明制度也是松紧不一，有待进一步完善。前述注册制度的统一，也为欧盟后续建立统一严密的碳身份证明制度营造了条件。

（4）反向征收增值税

为了从终端上解决增值税舞弊的漏洞，在推行碳身份证明制度的背景下，欧盟实施了"反向征收"增值税的机制。新的机制下，购买碳信用的不是供应者而是消费者，原来由供应者支付的碳增值税，也随着碳信用的转移而转移到消费者身上来。目前部分成员国已经在国内实行了反向征收碳税的机制，通过控制税源来应对增值税舞弊的问题。与碳身份证明制度一样，由于各国监管制度不同，反向征收碳税的机制并没有得到普遍应用，这也引起了人们对有效遏制增值税舞弊行为的质疑。

（5）现货场外市场交易

出于对欧盟配额失窃案及成员国间碳排放权所有权问题的担忧，大众对现货场外市场兴趣重燃。在现货市场的场外交易中，交易对手清晰可见，可以有效防范交易对手的信用风险，同时可以避免被牵连进增值税欺诈中，然而碳权衍生品市场的场外市场却不如人意，问题丛生。经过多年的发展，目前衍生品市场的场外市场已初具规模，不能轻易放弃，欧盟委员会将通过"将标准的OTC（场外交易）衍生合约通过集中交易对手进行清算"的手段对此进行管理。

（6）价格柔性机制

欧盟排放交易体系是建立在欧盟承诺减排目标的基础上的，由于减排目标的固定而决定了碳排放权供给的刚性，并容易引发市场机制失灵、碳权价格失衡的现象。为了应对碳排放交易市场供给刚性的问题，欧盟建立了价格柔性机制，通过链接联合履约机制（JI）和清洁发展机制（CDM）、引入核证减排指标等替代商品等方式来增加排放配额的供给弹性。然而，由于核证减排指标对应于排放配额的单向替代关系，当配额供给旺盛、需求低迷时，替代关系消失，价格柔性机制也会失效。在EUETS第二阶段中，欧盟又推出了配额存储机制，允许上一年度剩余的排放配额延续到下一年度使用，各成员国可以自行决定是否允许跨阶段的配额存储。通过配额存储机制的实施，碳权价值得到了延伸，在一定程度上缓冲了供给刚性的问题，但同时也滋生了因配额过度存储致使供给过剩而引发碳权价格波动的潜在风险。

（二）美国碳金融风险防控机制

1.碳金融风险监管法律

美国碳金融市场的监管法律由联邦层面、区域和各州的监管法律法规构成。目前，世界上的国际排放权交易市场并未实现统一，而是以区域化的态势不断发展，其中EUETS是全球最大、最完善的碳交易市场，但这种利用市场机制为导向的制度却起源于美国。自20世纪美国利用排放权交易制度进行二氧化硫减排，从而控制酸雨，到1990年美国修改《清洁空气法》，实现了排放权交易的制度化，造就了全国范围内以市场为导向的排放权交易制度。虽然美国退出了《京都议定书》，也并未形成全国统一的排放权交易体系，但是，作为世界上最大的温室气体排放国，美国的碳金融市场迅速发展，而且已经形成了区域层面的碳金融交易体系，一跃成为全球第二大碳金融交易市场。近年来，美国对待碳排放权交易制度的态度不断发生变化，从最初倡导国际社会共同努力解决温室减排问题，到后来的小布什政府退出《京都议定书》，再到美国在国内各界的压力下重新展开应对气候变化的行动，最后到奥巴马政府积极推行绿色新政，积极与欧盟争夺国际气候政治领导权，并通过各种法律制度和监管机制改革保障碳金融交易的发展，取得了巨大的进步。不同于欧盟，美国的碳金融监管体系是一种"自下而上"的松散体系，即民间推动政府引导，自下而上形成市场的碳交易监管模式。

（1）联邦层面

美国并没有专门针对碳金融市场监管的立法支持，而是出台了应对气候变化的一系列法案。目前主要发挥作用的法案有《能源政策法》《清洁空气法》《清洁能源与安全法案》《2010美国能源法》，前两部法案主要涉及确定减排手段、减少能源消耗以改善空气质量并实现减少温室气体排放的目的。后三部法案由于涉及具体的碳金融交易市场体系，所以更为关键。《清洁能源与安全法案》设定了温室气体排放上限，确定了采用配额交易的模式以及配额的具体分配和对碳市场的监管等方面的内容，并授权美国联邦能源管理委员会和美国商品期货交易委员会分别对碳现货市场和碳衍生品市场进行监管；《2010美国能源法》设定了2013年建立"碳市场"的目标，即建立起排放限额和排放许可交易制度。次贷危机后，美国又制定了与碳金融密切相关的法律，均对金融产品和金融活动作了大量的规定，进行更为严格的监管。以上这些联邦层面上的立法促进了碳金融交易市场监管体制的建立并奠定了碳金融交易监管的法律基础。

（2）区域层面

美国碳金融市场最显著的特点就是区域性气候行动如火如荼，美国各州积极倡导和开展碳交易政策的制定和执行。其中美国区域排放交易体系和西部气候倡议（WCI）最为典型。美国区域排放交易体系是由美国东北部及大西洋沿岸中部的10个州组成，是美国第一个强制性的区域性应对气候变化合作体系。RGGI仅限于电力行业，设定了强制性的减排目标，详细规定了各项指标，建立了碳排放配额检测系统，检测各州碳减排的实施情况，要求相关部门严格执行，加强了政府的有效监管。西部气候倡议是由美国西部的亚利桑那州等5个州发起设立，提出了独立的区域性排放交易系统的方案，设定了到2020年的减排计划，对不同的地区根据其具体情况设定更加苛刻的减排目标。

（3）地方政府

美国地方政府通过单独设立监管法律，以实现碳金融交易风险的降低。2006

年，加州政府制定了《全球温室效应治理法案》，提出加州温室气体减排到2020年要减少25%的强制义务，到2050年在此基础上减少80%，而且设立了专门的监管机构，制定了温室气体排放强制报告制度等。

2.碳金融风险监管机构

美国的碳金融监管是"机构性监管"和"功能性监管"的结合，即其监管机构由各个层面上设置的不同监管机构以及第三方监管机构构成。

（1）联邦层面的监管机构

美国至今没有建立一个专门全权负责的强有力碳金融交易市场监管机构，基本上是利用美国金融监管机构进行统一监管。如美国联邦储备系统（FED）、货币监管署（OCC）、联邦存款保险公司（FDIC）、储蓄机构监管署（OTS）、美国全国信用社管理局（NCUA）共同对银行业进行监管；美国财政部、证券交易委员会（SEC）、商品期货交易委员会（CFTC）与美国证券投资者保护公司（SIPC）等共同对证券和期货市场进行监管；美国保险监督官协会（NAIC）等负责对保险业进行监管。此外，美国金融业监管局（The Financial Industry Regulatory Authority, FINRA）还曾经与CCX签订协议，约定由其协助交易所对会员进行监管，防范欺诈和市场操纵行为。随着碳金融交易市场的发展，美国很有可能会创建一个碳金融市场的混合规制体系及监管机构。

（2）州层面的监管机构

美国由于没有形成联邦层面上的全境统一的监管机构，而是采取谁审批、谁监管的原则，所以美国碳交易实际上是由各州的环境保护行政机构及能源监管机构负责具体监管，各州通过制定"模范规则"进行交易的监管。例如加州，环保署负责制定本州对碳交易的监管法规、分配本州内的排放配额、对碳金融交易市场进行监管和规制等，《全球温室效应治理法案》通过之后，加州建立了统一专门的碳金融交易监管机构即加州环保局，负责具体监管。

（3）区域性的监管机构

由于美国联邦宪法的约束，各州的外交权由联邦统一行使，各州之间无权缔结任何形式的条约，美国联邦宪法也不允许一个超越各州之上的对全国性碳交易进行监管的机构存在。为了加强和协调对联邦内各州的碳金融交易市场的监管，美国东北部各州以"倡议"的形式规避了宪法的约束，成立了一个非营利性的机构RGGI，为签署州提供实施碳减排相关的管理和技术服务支持。但是由于宪法的约束，RGGI并没有执法权，一旦发现碳交易主体存在违规行为，会向各签署州环保机构或能源监管机构提出监管建议，所以RGGI实际上将强制性减排的监管权交给各签署州自行行使。

（4）第三方监管机构

美国碳金融市场中，虽然各州拥有碳金融交易的监管权和执行权，但是实际监管工作是由第三方监管机构发挥重要的作用。如RGGI将碳金融交易市场的监管权授权给Potomac Economics，由该公司对拍卖活动是否有违规行为以及是否符合程序进行监督，保证拍卖结果的公平竞争性。此外，该公司还负责监测二级市场，避免出现价格操纵及串谋的现象。此外，Potomac Economics还对世界能源拍卖管理行为进行评估核查，对违反公平竞争原则的违规行为进行调查，调查结果报告给RGGI签署州。

（三）英国碳金融风险防控机制

英国是世界上首先提出"低碳"概念的国家，为了发展低碳经济，同时也是为了保障碳金融交易顺利发展，英国政府出台了很多利于碳金融发展的政策措施，这些措施在碳金融交易发展和风险防控方面作出了很多有益的尝试。

碳金融交易是一个人造的金融市场，是低碳经济的产物，能让这个人造的金融市场不停地运转，靠的是不断发展，而发展低碳经济，除了需要公民自觉的意识之外，更需要政府政策的保障，英国政府在这方面的努力可以概括为战略导向指引、具体措施保障、金融手段支持几个方面，其中战略导向指引方面的法律可以概括为表3-5：

表3-5 英国低碳经济政策及法律

名称	出台年份	内容
《家庭能源节约法》	1995	涉及家庭节约能源的相关法律规定
《可再生能源义务令》	2002	强化可再生能源的使用，避免浪费
《气候变化法案》草案	2007	到2020年，承诺温室气体排放削减26%~32%，2050年努力实现温室气体的排量降低60%；提议成立气候变化委员会，主要负责此国在碳减排领域的政策机制、投入等问题
《气候变化战略框架》	2007	对全球低碳经济远景进行设想
《英国低碳转换计划》	2009	内容包括工业、交通、能源、住房多个方面，标志着英国向低碳经济转型正式启动

除了进行宏观的低碳指导以外，英国政府还出台了具体的政策措施保障低碳经济发展，包括能源效率承诺、热电联产、运输10年计划、卖方文件等。这些措施不仅促进了低碳经济发展，也带动了碳金融服务、碳金融交易的发展。

为了规范碳金融交易和促进碳金融发展，英国政府还尝试利用金融手段对碳金融服务予以指导（见表3-6）：

表3-6 英国促进低碳经济的碳金融政策安排

序号	名称	内容	作用
1	气体排放贸易	在全球范围内，率先启动该机制，即对一组企业设定总的减排目标值，继而规定各企业的排放额度，各企业可通过碳减排或排放指标交易完成规定	气候税的征收，促进了低碳经济的发展；政府出面建立了碳交易市场，理顺了碳金融机制，规范了碳金融交易秩序，也有效防范了碳金融交易风险的发生；碳基金等碳金融产品推进了碳金融交易发展的同时，也为尽快探索如期货、期权、保险等套期保值的金融工具，进而合理分散碳交易风险奠定了基础
2	碳信托基金	创设了一家国有公司，其目的是帮助企业和公共部门减少碳排放、增强能源利用效率、开发投资低碳技术和加强碳管理等	
3	气候变化税	实质是一种能源使用税，依据电量、煤炭、天然气的使用数量进行纳税，利用可再生能源、热电联产则可减免收税	

（四）日本碳金融风险防控机制

日本是新能源开发领先的国家，日本在发展低碳经济方面的政策措施见表3-7：

表3-7　　　　　　　　　　　　日本低碳经济政策

低碳战略	1979年《节约能源法》
	2006年《新国家能源战略》
	2009年《绿色经济与社会变革》
发展低碳经济	在家电领域普及现有节能技术
	促进办公大楼和住宅的低碳化
	促进交通领域低碳化
	促进可再生能源的开发普及
	建立绿色金融体系
节能，税收优惠	补助金制度
	税制改革
	特别会计制度
推进节能技术	低碳技术路线图
	鼓励私有资本投入技术创新
	建立官产学国家研发体系

注：其中，补助金制度、税制改革、特别会计制度吸引了大量的民间资本投入低碳领域。

在碳金融风险防控方面，除了积极建立碳金融交易相关的服务体制机制之外，日本政府还鼓励碳金融实践之前进行学术研究，并予以资金支持；鼓励相关机构跨国合作，转移风险；出台相关政策，责令相关部门研究交易风险、建立交易风险预测机制。

（五）国际金融组织碳金融风险防控机制

总体来说，银行是碳金融的主要参与者，这既包括世界著名的金融组织，也包括国际知名的商业银行，除此之外，还有其他的一些金融主体，如基金公司、财务公司，其在碳金融交易风险方面的防控经验也值得借鉴。

1.世界银行

世界银行的碳金融部门（CFU）使用类似商业交易的模式以合同的方式进行减排量的交易，而不向低碳项目贷款、赠款。同时，将定期核实这些交易，并让第三方审计。具体的做法是CFU注册一个碳基金作为出资方，在CDM或者ET框架内，向发展中国家购买排放权。这种模式提高了项目融通资金的能力，还使纯粹商业贷款或赠款所带来的风险降低了。另外，为了能让一些发展中国家也可以参与低碳经济，世界银行制订了"碳金融援助计划"，即通过提供碳金融服务，使其也能从事低碳经济建设，并分享可持续发展的成果。另外，世界银行制定并实施的"清洁能源投资框架"、"气候变化和发展战略框架"以及实施的"碳伙伴关系基金"也通过提供碳金融服务，引领了世界低碳经济增长。

2.国际金融公司

国际金融公司（International Finance Corporation）也积极致力于开发低碳市场，发展碳金融。这些努力包括至少五个方面：第一，IFC设立了专门的碳金融机构，即可持续金融市场部（Sustainable Financial Markets Facility），以此来帮助发展中国家发展碳金融，并对发展中国家的企业在融资渠道和控制碳金融交易风险中提供协助。具体做法如下：IFC通过400多个金融中介，为企业开发可再生能源的项目制定相应的金融和信贷额度，从而帮助其积极投资于清洁生产技术。另外，其还把可持续性发展标准纳入资金的供应链，并提高对公司的治理标准，从而防范和控制公司的碳金融风险。第二，IFC还专门设立了碳交易机构，这个机构既可以为合格的买卖双方提供碳融资服务，又能支持和指导私营部门参与碳市场交易。第三，为了丰富碳金融交易体系，IFC 还创设了多种碳金融产品和服务，如碳交付保险、碳信用额度的现金流安排以及通过与政府和气候中介机构合作，利用各种资本手段促进碳信用实现等。第四，IFC 为了减少发展中国家在从事碳金融业务时的损失，与商业银行签订损失分担协议，承诺为其提供 50% 的损失分担，这样做不仅对碳金融项目进行了信用增级，还达到了分散风险的目的。第五，IFC 还为商业银行提供碳金融相关技术援助，协助其进行相关技术认定以及项目节能效益的测算等。

3.国际商业银行

初期，商业银行开展碳金融业务主要是为了提供交易中介服务，包括技术指导、资金结算等，后来，伴随着碳金融业务的迅速兴起，商业银行开始进军碳金融零售产品、发放碳信贷以及直接进行碳金融交易等领域。目前，商业银行尤其是国际性的商业银行凭借其独特的专业优势、客户资源和信息优势，已经成为碳金融业务的主要参与者。例如，荷兰银行在碳金融领域，起初主要是为欧盟碳排放指标需求方和亚洲南美洲等指标供给方之间进行牵线搭桥，从而获得中间业务收入。之后，它直接参与碳金融交易，即通过选择 EUAs 进行投资、设立碳基金进行买卖或者直接在发展中国家购买 CERs 并出售等多种形式，赚取了不菲的收入。目前，在碳金融领域，由于荷兰银行广泛的客户基础和不断创新的碳金融交易方式，它已经成为世界排名前十的交易商。除此之外，荷兰银行还设计出了水资源指数和气候指数，即选择那些开展环保低碳业务的公司作为样本股（每年都会对该样本股进行重新筛选），在此基础上，开发了相应的气候和水资源理财产品，并将理财资金投入该样本股股票，实施之后发现该理财产品获得了比股市综合指数更高的收益。

目前，金融机构（主要是国际领先的商业银行）已是碳交易市场的主要参与者，它们不仅提供低碳融资服务、项目服务，甚至还直接参与碳金融的交易、开发碳金融交易产品，总体来看，商业银行给碳金融带来繁荣发展的同时，也在碳金融交易与风险防控上带来了管理经验。

4.其他金融主体

碳交易的二级市场不受国际法约束，主要是来源于大量碳投资基金的投资活动。20世纪70年代自创立第一个社会责任投资基金之后，与碳金融交易相关的金融主体和工具也不断创新。例如，世界银行1999年推出的"原型碳基金"、社区发展碳基金、生物碳基金、框架碳基金、伞形碳基金；国家层面的碳基金，如荷兰清洁发展机制基金、意大利碳基金、西班牙碳基金、丹麦碳基金、欧洲碳基金；商业银行方面的碳基金，如瑞士信托银行的排放交易基金；其他层面的碳排放基金，如私募碳基金复兴碳基金、美国碳基金组织等。大量出现和运作的投资基金在带动碳交易市场繁荣的同时，也加大了虚拟经济过度炒作而可能引发的巨大风险，给碳金融风险防控带来了很大考验。

五、湖北碳金融风险防控的对策建议

作为一个新兴的、发展尚未成熟的市场，我国碳金融市场必然存在诸多交易上和产品设计上的缺陷，导致碳金融交易风险的产生。碳金融交易极其复杂，交易时间往往跨度很大，交易结果无法预知。另外，碳金融市场具有高度依赖管制的特征，其交易风险往往比其他金融风险更加难以掌控，并会引起碳金融市场价格的剧烈波动。因此，通过对当前湖北碳金融市场发展现状进行分析，能够总结湖北开展碳金融业务面临的主要风险及其成因，并对湖北碳金融市场风险进行实证检验，结合国际上主要国家和机构碳金融风险防控实践及经验，提出湖北碳金融风险防控的对策建议。

（一）完善和出台碳金融相关的法律与政策

作为新兴的碳金融市场，种类繁多的衍生品和结构性产品蕴含着巨大的市场风险和产品风险，需要建立法律制度体系、加强政策监管。

第一，国家应制定和完善碳交易法律法规，在进一步完善交易规则的基础上制定国家《碳减排交易法》，以确保碳交易市场正常运作，在法治的框架下，全面实现中国政府的经济转型和减碳发展的目标。同时，建立健全市场准入与激励惩罚机制，完善企业与金融业参与碳交易的标准、细则与操作办法，不断增强碳交易监管与风险防控能力。要及时根据碳交易市场发展情况，调整交易系统覆盖范围，有效弥补供需失衡等市场机制漏洞。

第二，政府应加大对绿色投资的支持力度，鼓励银行等金融机构深入开展碳金融相关业务，政府可以出台相应的激励政策和优惠措施，给予商业银行等参与主体一定的补偿，使其在承担较高的业务风险与获得预期收益之间达成平衡，增强其开展碳金融业务的动力。同时，积极引导社会资本参与绿色投资，通过低碳项目税收优惠、碳信贷担保等政策支持，增加资本投入低碳经济建设，从而推动绿色资金规模扩大，继而形成支持低碳经济发展的产业、财政、货币与税收政策合力。

第三，政府应积极参与国际合作。一是继续推进全国性碳交易市场建设，为履行好《巴黎协定》中的气候承诺奠定坚实基础，增强国际气候谈判乃至国际"碳权"角力中的竞争力；二是以共建"一带一路"为平台开展与周边地区和第三世界国家之间的合作，并在国际取得认证体系、减排标准和产品服务等方面认可，形成较强的参与能力，逐步实现中国碳金融交易的国际化；三是密切关注国际政策的变动，与欧盟、美国等发达地区和国家进行深入交流，吸取其碳交易市场建设的经验与教训。

（二）健全国内碳金融市场

我国应该快速建立一个初步的、相对成熟的碳金融交易市场，才能充分发挥碳资源大国的优势，开发出与本国市场相适应的碳金融衍生品，促进我国碳金融市场的良好发展。

第一，构建中国特色的统一碳金融交易市场和风险可控的碳排放权交易体系。

2017 年，中国已经初步建立了全国统一的碳金融市场，应不断发展和完善全国统一的碳金融市场，通过真实透明的价格信号来引导碳资源配置。全国统一的碳交易市场会集中各地金融市场的规模，并且具有统一的交易制度、规则、配额分配方式等，便于国家监管，杜绝地方政府出于狭隘的地区利益设置交易壁垒。此外，通过对监管、定价和配额等对碳交易所进行统一管理，也能保证国内碳成交价格的正常波动，确保对碳金融市场风险的有效监测和防范，促进碳金融市场的有序、健康和稳定发展。

第二，发展多层次碳金融市场，活跃碳金融场外交易市场，加强场内场外交易市场联动。碳金融场外交易市场指相关的碳金融证券在交易所外进行交易的市场，碳金融场外交易市场能够有效降低交易成本和市场准入门槛，使交易种类更加丰富多样，进而能够活跃碳金融交易。目前欧盟的碳金融交易中场外交易占比达 3/4 以上，交易品种包括碳现货远期、碳期权以及碳互换等碳金融衍生品，也有少量的碳期货参与场外市场交易，其各个场外衍生品各具特色，能够满足不同碳金融参与者的交易需求。同时为了控制场外交易的风险，欧盟超过一半的场外交易是通过交易所进行结算，欧盟碳金融的这种结构和机制设计极大地促进了碳金融发展。因此，可以在发展场内市场的同时有序推动场外市场，鼓励省内金融企业开展碳金融柜台交易，推动多层次碳金融市场体系的形成；开发碳期货、碳期权等碳金融衍生品的模拟交易环境，鼓励金融企业和社会公众参与模拟交易，为将来推出的碳金融衍生品交易积累足够的经验和数据；也可以实行"场外交易、场内清算"的市场一线监管原则，确保合规交易和充分的信息披露，有效管控场外碳金融衍生品的交易风险。

第三，建立健全风险防控体系和监管体系。中央和地方政府应在权责分明的前提下加强对碳金融市场的共同监管。一是严格碳金融市场准入门槛，对参与碳金融的主体进行资格审核，确保其运行的规范、合理、自律和风险控制。对传统金融机构还要着重监管其碳金融业务与其他金融业务间是否存在有效的风险"防火墙"；对具有金融衍生性质的碳金融产品或互联网类碳金融产品，要实行更为审慎的监管措施。二是可以构建起以金融体系基本要素运行平稳度和抵抗巨大冲击能力两个维度为基础的金融稳定性指数，从而形成完善有效的碳金融体系风险预警机制，提高风险预警能力。三是加强内部和外部监管，形成"监管部门—行业协会—市场主体"的多层次监管体系，同时提高自律管理的自觉性及行业自律的重要性和权威性，减少、纠正、避免违规现象，维护市场秩序。四是建立完善的信息披露平台，严格市场监管，及时掌握碳金融业务相关风险状况。

（三）打造成熟的中介服务市场

碳金融市场具有较高的专业门槛，第三方核证、碳信用评级、碳交易的会计核算以及相关的法律服务等都需要专业性的中介服务机构。

第一，继续加大对碳金融中介服务机构的扶持，推动其与国外先进的中介机构进行密切的合作沟通，吸收其在碳金融项目风险评估、碳权认证等方面的先进经验，不断提升自身的专业水平。

第二，重视对碳金融咨询和培训机构的培育。目前很多国际知名的咨询培训机构，如瑞士南极碳资产管理有限公司等已在中国开展业务，作为国际碳市场的最大参与国，中国也应拥有自己的专业咨询培训机构。因此，湖北可以通过财政、税收等方面的支持，鼓励相关培训机构进入碳金融领域，使其能为企业和投资者提供更好更专业的服务。

第三，建立碳信用评级市场和评级体系。碳信用评级机构是防范风险的重要屏障，可揭示市场参与主体的信用状况，使市场参与者拥有更透明的市场环境，规避交易风险。因此，应充分发挥碳信用评级在碳金融监管中的作用，客观有效地评价碳金融主体的信用情况、碳金融参与机构的业绩，从而形成良性竞争机制，维护碳金融市场的正常运行，规避潜在市场风险。

（四）加强相关主体的市场参与度

碳金融业务离不开各个参与主体的积极参与。

第一，企业参与是碳金融市场发展的重要依靠力量。目前湖北拥有全国最大的碳金融授信额，国内首个碳资产质押贷款、首只碳基金、首笔碳配额托管、首笔海峡两岸自愿碳交易以及首个碳众筹项目都出自湖北，湖北碳金融创新已经远远走在全国七个碳交易试点城市的前列。随着碳现货远期、碳保险和碳保理、碳融资与碳资产证券化、碳期货等碳金融创新产品的开发，必将给湖北碳金融市场带来巨大的发展机遇。企业应当抓住机遇，积极参与到碳金融市场中，构建低碳核心竞争力，实现高质量的，环境、气候友好的绿色转型。

第二，金融参与是资金保障。在碳交易市场发展的初级阶段，银行等金融机构应响应政府号召，抓住机遇，积极开展碳金融业务。金融企业参与是碳交易市场发展的资金保障，可实现金融企业的良性循环互惠发展，这一点已在欧盟碳排放权交易体系以及各大跨国银行的实践中得到印证。如近年来渣打银行、摩根士丹利、瑞士再保险公司等金融机构提供直接投融资、风险投资等资金融通服务、碳中介服务、清洁发展机制保险等其他相关服务，实现了碳交易量与银行绩效的双双提升。此外，市场经济新兴国家奋起直追，如韩国光州银行推出"碳银行"计划，因此，湖北的金融机构可以吸取国际先进经验，保障碳金融市场发展所需的资金供给。

第三，进一步加强社会公众对碳金融的参与度。目前阿里巴巴的"蚂蚁森林"和湖北碳交易所开发的"碳宝包"在社会公众中引起了广泛的关注，吸引了公众积极参与，取得了良好的社会宣传效果。在未来可以进一步加强社会公众对碳金融的参与度，如通过电视、报刊、互联网等多种渠道进行碳金融专题宣传，组织形式多样的碳金融活动，也可以开发出相应的App，使公众更为便捷地参与到碳金融活动中。

(五) 培养专业的综合性人才

与传统金融业务相比，开展碳金融业务对从业人员的综合业务能力要求更高，其不仅要掌握核心的碳交易技能，还要具备金融、法律、环境科学、外语以及项目管理等多方面知识，尽管目前湖北已建成"1+1+N"的能力建设服务体系，即1个实体培训中心、1个互联网培训中心和覆盖N个行业企业培训基地,然而碳金融相关人才的培养和储备还不足以满足市场需求,限制了碳金融业务的顺利开展。因此,应该加强对碳金融综合性人才的培养,形成综合性的人才储备和多元化的知识结构,以灵活自如地应对碳金融业务的多样性所带来的风险。

第一,从思想上高度重视碳金融市场建设,积极做好人才、资源等战略储备,引进专业的金融风险管理人才,对市场的碳交易价格、成交量等进行实时监控,根据市场交易数据建立合适的模型,设定风险警戒值与碳价浮动区间,当价格发生剧烈波动时可利用储备配额进行公开市场操作,提前对碳金融风险进行预警和防范。

第二,积极开展碳金融专业知识培训与工作经验交流活动,并将专业能力考核纳入行业人才管理,提高相关人员的专业水平。同时,借鉴国外成熟碳金融市场的先进理念和方法,培养具有国际视野的高素质碳金融人才团队,同时推动形成碳金融机构和人才的集聚区,并逐步将其打造成湖北的核心产业和新的利润增长点。

第三,建立配套服务机构,培育专业人才队伍,可以推动成立全国碳金融行业协会,充分利用湖北高校的科研优势积极探讨推出碳金融从业资格证书等行业证书。

主要参考文献

[1] CHAN W H, MAHEU J M. Conditional jump dynamics in stock market returns [J]. Journal of Business & Economic Statistics,2002,20(3):377-389.

[2] CHEVALLIER J, SÉVI B. On the stochastic properties of carbon futures prices [J]. Environmental & Resource Economics,2014,58(1):127-153.

[3] DASKALAKIS G, PSYCHOYIOS D, MARKELLOS R N. Modeling CO_2, emission allowance prices and derivatives:Evidence from the European trading scheme

[J]. Social Science Electronic Publishing, 2009, 33 (7): 1230-1241.

[4] DECROUEZ G. Jump-Diffusion modeling in emission markets [J]. Stochastic Models, 2011, 27 (1): 50-76.

[5] MARC GRONWALD, JANINA KETTERER. What moves the European carbon market? Insights from conditional jump models [J]. CESifo Working Paper Series, 2012: 3795.

[6] MANSANET-BATALLER M, PARDO A. Impacts of regulatory announcements on CO_2 prices [J]. Journal of the Acarological Society of Japan, 2009, 2 (2).

[7] SANIN M E, VIOLANTE F, MANSANET-BATALLER M. Understanding volatility dynamics in the EU-ETS market [J]. Energy Policy, 2015, 82 (1): 321-331.

[8] TODOROV V, TAUCHEN G. Activity signature functions for high-frequency data analysis [J]. Social Science Electronic Publishing, 2010, 154 (2): 125-138.

[9] TODOROV V, TAUCHEN G. Volatility Jumps [J]. Journal of Business & Economic Statistics, 2011, 29 (3): 356-371.

[10] 杜莉, 孙兆东, 汪蓉. 中国区域碳金融交易价格及市场风险分析 [J]. 武汉大学学报 (哲学社会科学版), 2015, 68 (2): 86-93.

[11] 杜莉, 王利, 张云. 碳金融交易风险: 度量与防控 [J]. 经济管理, 2014 (4): 106-116.

[12] 蒋晶晶, 叶斌, 马晓明. 基于GARCH-EVT-VaR模型的碳市场风险计量实证研究 [J]. 北京大学学报 (自然科学版), 2015, 51 (3): 511-517.

[13] 林立. 低碳经济背景下国际碳金融市场发展及风险研究 [J]. 当代财经, 2012 (2): 51-58.

[14] 刘志成. 我国发展碳金融面临的风险和对策 [J]. 武汉金融, 2012 (6): 31-33.

[15] 邱谦，郭守前. 我国区域碳金融交易市场的风险研究 [J]. 资源开发与市场，2017（2）：188-193.

[16] 苏亮瑜，谢晓闻. 全球碳排放权市场的风险防控及对我国的启示 [J]. 南方金融，2017（4）：66-73.

[17] 王婷婷，张亚利，王淼晗. 中国碳金融市场风险度量研究 [J]. 金融论坛，2016（9）：57-68.

[18] 王遥，王文涛. 碳金融市场的风险识别和监管体系设计 [J]. 中国人口·资源与环境，2014，24（3）：25-31.

第四章　武汉区域金融中心建设的创新路径[1]

武汉市作为中国中部地区的中心城市，湖北的省会、特大城市，是同时具备金融市场、金融机构、金融产品三要素的城市之一，也是全国重要的工业基地、科教基地和综合交通枢纽。随着"中部崛起"、湖北自贸区等重大战略的推进，作为长江经济带中部节点城市武汉，其金融发展对中部地区产业转型、经济高质量发展至关重要，逐渐成为国家重大政策和战略的聚焦之地。特别是迈入"十四五"时期后，为建设现代化大武汉，武汉加快了打造区域金融中心的步伐，提出建设"五个中心"的目标规划，其中一个"中心"就是打造"区域金融中心"。

一、积极推动数字经济建设

2022年5月，武汉市人民政府印发了《武汉市数字经济发展规划（2022—2026年）》（以下简称《规划》），明确了武汉市最近五年发展数字经济的总体思路、发展目标、重点任务以及保障措施。《规划》提出，到2026年，武汉市数字经济核心产业增加值占GDP比重超过14%。力争到2035年，建成国内重要的数字经济技术策源地、数字产业集聚地，建成数字经济一线城市。以推进数字化建设为总体目标，《规划》提出基础设施、数字产业、数字融合、数字治理、数据资源5大重点任务，数字核心技术攻关、数字应用场景开放、数字安全防护构筑、数字创新人才培养、数字区域特色发展等5大工程。

---

[1] 2021年武汉研究院开放性课题重点项目；其课题研究报告在2023年被鉴定为优秀；于敏、罗鹏、王怡、许超、何云、肖华东、王琼、尚越、余昊参与了研究。

数字新基建方面。一是提升骨干网服务能力。持续推动骨干网、城域网扩容提速，部署城域骨干网200G/400G高速率、大容量的传输系统，提升骨干传输网络综合承载能力。二是加快高质量5G网络建设。深化"双千兆城市"建设，全面建成高质量、高速率、广覆盖、大连接的5G网络。推动5G独立组网规模商用，优化产业园区、港口等场景5G覆盖，推广5G行业虚拟专网建设。三是推动千兆光网规模部署。推动全光接入网进一步向用户终端延伸。基本实现家庭千兆光纤网络全覆盖，重点区域、工业园区"双千兆"网络深度覆盖。四是推进物联网和IPv6规模应用。全面推动物联网在城市和重点行业的覆盖，深化治安防控、交通治理、城市管理、智慧市政、生态环保、应急管理等领域物联感知节点建设。五是统筹布局算力基础设施。支持武汉人工智能计算中心建成投运及二期扩容，推动武汉超算中心落地建设。《规划》提出，到2026年，每万人拥有5G基站数达到33个，500Mbps及以上用户占比达到90%，数据中心算力规模超过1 500PFLops。

数字产业化方面，重点发展电子信息制造业、软件和信息技术服务业及特色优势产业。《规划》指出，以国家信息技术应用创新发展为抓手，着力突破操作系统、数据库、工业设计软件等"卡脖子"领域，研发自主可控的基础软件产品及解决方案，强化武汉市在信创领域的核心竞争力。力争到2026年，软件产业规模达到4 500亿元，电子信息制造业规模达到5 500亿元。

产业数字化方面，《规划》提出发挥"互联网+"的流量驱动效应、"大数据+"的数据驱动效应、"AI+"的算法驱动效应、"5G+"的效率驱动效应、"区块链+"的可信驱动效应，推动数字技术与一二三产业在更高水平、更大范围、更深程度融合。一是推进制造业数字化改造。推动武汉全市龙头企业基本实现智能化，规模以上工业企业普及数字化，中小企业"上云用数赋智"全覆盖。开展智能工厂示范、工业互联网平台培育、园区数字化升级等行动。二是推进建筑业数字化赋能。以数字化创新带动建筑行业技术创新、管理创新和模式创新。形成自主可控的"武汉建造"能力。推广应用国产自主可控建筑信息模型（BIM）软件，建设基于自主可控BIM的产业互联网平台，加大基于BIM三维空间模型的数字建造的应用力度，推动基于BIM的数字孪生交付，实现"BIM+设计、施工、运维"的全生命周期建设模式。三是推进服务业数字化提升。积极发展数字技术贸易、数字产品贸易、数字服务贸易和数据贸易。高水平建设服务外包示范城市、跨境电商综合试验区，申报创建国家数字服务出口基地。四是推进农业数字化转型。大力实施"互联网+"农产品出村进城工程。打造一批数字蔬菜基地、数字渔场和数字畜禽养殖场。《规划》提出，到2026年，工业互联网平台应用普及率达到55%，线上经济交易额达到30 000亿元。

在数字化治理方面，聚焦社会治理的各个领域，高水平运行数字政府，进一步推动实现治理体系和治理能力现代化。通过数字化手段，围绕民生各个方面，不断提升各类社会服务能力。《规划》提出，到2026年，公共信息资源社会开放率、城市事件联动指挥及处置覆盖率、城市管理事项及指标数据汇聚率，均达到90%，智慧城市典型应用场景达到100个。

在强化政策激励方面，为进一步强化数字经济领域政策激励，形成系统的数字经济政策体系，武汉市同步推出《武汉市支持数字经济加快发展的若干政策》（以下简称《政策》），涉及夯实数字新型基础设施、推动数字产业化升级、促进产业数字化转型、提升数字化治理能力、强化数字经济要素支撑方面，共计23条具体政策保障措施，进而为全面加快数字经济发展提供坚实支撑。针对武汉市数字经济公共服务平台不够完善、软件产业发展不够充分、数字经济集聚区建设亟须加快等短板弱项，《政策》提出了加快数字经济公共服务平台建设、支持举办数字经济领域重要活动、支持软件企业发展、培育数字经济园区等激励措施。具体支持政策包括鼓励举办各类5G、工业互联网、人工智能、元宇宙等国际国内有影响的重要活动或创新大赛；对经市级以上主管部门认定的数字经济基础环节和前沿领域公共服务平台、开源平台或社区，按照软硬件投资额的30%给予最高500万元一次性补助，积极支持国家级的数字经济平台项目在武汉落地；支持软件企业发展，对符合条件的软件企业给予最高100万元的研发投入补助、成长性奖励；开展数字经济园区星级评定，对星级园区和获评中国软件名园的园区给予奖励等。同时，《政策》

提出了深化"双千兆"城市建设、保障数字基础设施建设空间、支持打造工业互联网生态、降低数字基础设施运营成本等措施。其中，在支持打造工业互联网生态方面提出了多项有力度的支持政策，如择优对工业互联网标识解析二级节点、行业工业互联网平台、第三方工业互联网安全服务机构分别给予200万元、200万元和不超过100万元的一次性奖励，对国家级"双跨"工业互联网平台给予500万元一次性奖励等。

在提升数字化治理能力方面，《政策》提出支持建立共享责任清单及跨区域共享机制，推动建立数字资产评估交易中心，推出数据利用规范化和数据采集标准化等举措，并从加强数字经济基金引导、加大数字经济人才支持、加强数字经济供需对接等方面强化数字经济要素支撑。前期，武汉市已印发《全市数字经济2022年工作要点》和相关工作清单，明确了全市数字经济核心产业增加值占GDP的比重达到9%、新引入20个数字经济重点项目、全市软件和信息服务业营业收入增长30%以上、全市电信业务总量增长30%以上、建设5个以上市级数字经济产业园、征集发布数字经济应用场景200项等年度目标，并分解为夯实数字新基建、推动数字产业快速发展、推动产业数字化融合、提升数字化治理能力、推动数据价值化、强化工作机制、营造良好发展环境7个大项，54个小项任务清单。

在数字化建设实践方面，目前武汉大学建设的移动开放"云"实验室是一个典型案例。为构建数字化学习环境，武汉大学与噢易云全面合作，将学生实训实验环境逐步迁移至云端，以云桌面服务的模式为多个学院提供数字化学习环境，目前已覆盖了国家网络安全学院、计算机学院、数学与统计学院、外语学院和健康学院，能够同时提供1 700余套云桌面环境，高效稳定地保障了全校师生日常教学、实训实验、科研、创新创业等需求，推动教学IT资源数字化，学习环境访问模式在线化，学习空间开放化，学习过程数据可视化，助力学校实训实验教学支撑平台数字化转型，加快技术技能类人才的培养和输出。未来，教育数字化转型将助力推动实现整个社会的数字化转型发展，提升国家的竞争优势，加快数字化建设。

根据《规划》，武汉未来数字化建设的路径十分清晰，力争实现以下主要目标：

1. 数字基础设施实现新效能

全域实现 5G 和千兆光网高质量覆盖，每万人拥有 5G 基站数达到 33 个，500Mbps 及以上用户占比达到 90%。数据中心平均上架率提升 70% 左右，数据中心算力规模算力（Computational Power，CP）是数据中心的服务器通过对数据进行处理后实现结果输出的一种能力，根据工信部《新型数据中心发展三年行动计划（2021—2023年）》，算力常用的计量单位是每秒执行的浮点运算次数（FLOPS，PFLOPS=10^15 FLOPS）。算力分为通用算力和计算密集型任务的高性能算力。建成覆盖全市重点产业、辐射全省乃至国家中部地区的工业互联网标识解析节点体系。

2. 数字核心产业形成新优势

数字经济核心产业规模不断提升，到 2026 年核心产业增加值占 GDP 的比重达到 14%。"光芯屏端网"产业集群竞争优势不断提升，高水平建设中国"软件名城"，电子信息制造业与软件和信息技术服务业规模实现"双倍增"。培育一批数字经济龙头企业和领军企业。

3. 数字深度融合注入新动能

建成由若干"灯塔工厂"、10 家标杆链主工厂、100 家示范智能工厂组成的未来工厂梯队，制造业数字化转型加速推进。建设一批新型信息消费场景和典型企业，全市服务业数字化转型深入推进。全市深化"数字+农业"进程，建设一批农业数字化基地，带动乡村振兴。

4. 数字治理模式探索新路径

高水平运行数字政府，实现政务服务掌上办、自助办事项数超过 800 项，政务办公移动端覆盖率达到 90% 以上。城市运行管理平台实现全覆盖，城市事件联动指挥及处置覆盖率达到 90%，城市管理事项及指标数据汇聚比率达到 90%。全场景数字化民生服务体系完成构建。

二、加强科创金融中心的建设

(一) 科创金融中心的性质与功能

科创金融中心作为一种特殊的科技中心，或一种特殊的金融中心，既不简单等同于一般的科技中心，也不简单等同于一般的金融中心，它具有以下几点明确的性质：科技资源与金融资源的复合性、空间或地理的接近性、科技集聚与金融集聚的系统性、参与者的专业性以及结构的层次性。

1.科技资源与金融资源的复合性

不同于一般的科技中心或金融中心，科创金融中心更强调科技资源与金融资源的复合性。随着科技创新的深入，金融创新的加强，区域内的科创金融随之出现复合性的特征和趋势。一方面，随着科技资源集聚的加强，区域内科技创新与创业企业的不断发展，企业之间的市场竞争需要符合不同发展程度、不同发展阶段、多样化的科创金融产品，科创金融产品进而满足科技创新与创业企业发展需要，促进了区域科技资源的发展；另一方面，金融资源集聚也在不断强化，区域内不断创新、不断发展、相互竞争的科创金融机构衍生出大量的科创金融创新产品或者新的投融资方式，新产品或新的投融资方式的出现又进一步促进了科技创新与创业的繁荣，进而推动区域金融资源的发展。科技资源与金融资源在供需两端的相互刺激下循环累积发展，最终形成了科创金融中心独特的科技资源与金融资源复合性的特征。

2.空间或地理的接近性

科创金融中心内的科技资源与金融资源具有空间或地理的接近性特征。空间或地理接近性反映了科创金融中心的区域属性和空间特征。一方面，科创金融中心内的科创金融机构通过地理或者空间的接近，能够保证其产品和服务顺利为科技创新或创业企业服务，保证其更好地进行生产和创新活动。另一方面，科创金融中心内的科技企业通过空间或地理接近，在科创金融机构获取科创金融服务的效率提高，成本降低，有利于科技创新的开展与创业企业的发展。同时，科创金融中心内的科技企业与科创金融机构由于地理接近，具有了共享知识以及信息资源的外部性，打造出良好的商业生态环境，促进科技企业与科创金融机构在竞争合作中实现成长。

3.科技集聚与金融集聚的系统性

科创金融中心是科技集聚与金融集聚在空间上的双重集聚，是科技企业、科技人才、科技政策、金融机构、金融产品、金融人才和金融资本汇集的城市或区域。基于系统科学理论，科创金融中心就是一个由科技系统和金融系统全部要素组合而成的动态系统，和其他经济系统一样，都包括市场参与主体（如供给和需求）、监管主体（如政府）和市场环境，这一系统具有自组织能力和自适应能力，发展具有自身的规律性。

4.参与者的专业性

科创金融中心内参与市场运行的主体包括科技人才、创新企业、科创金融人才与科创金融机构，参与者具有专业性特征。一方面，科技产业技术含量高，技术更新快，企业间差异大，同时涉及知识产权等问题，科技企业需要具有冒险精神的创新人才，具备明显的专业性特征；另一方面，科技企业对科创金融服务的复杂性也高于一般金融行业，这主要体现在科创金融产品创新以及附加服务方面，这就需要科创金融机构的从业者需要更强的专业能力。

5.结构的层次性

从全球经济活动的空间结构看，由于自然资源的分布情况、经济发展的水平、交通便利的程度在地域上呈现出显著的不均衡性，因此，从空间经济学看来，区域经济是"块状经济"。科创金融作为科技创新系统与金融系统的特殊产物，也必然会出现显著的非均衡发展情况，这就会导致科创金融中心在结构上呈现出层次性的特点。根据辐射带动周边科创金融发展的影响范围和影响能力划分，科创金融中心可分为国际科创金融中心、国内科创金融中心和区域科创金融中心三个层次。国际科创金融中心的辐射带动能力最强，能够推动国际科技创新与高科技产业发展；国内科创金融中心的辐射带动能力较强，可以实现科技创新资源以及高科技产业在国家内部空间上的调整；区域科创金融中心的辐射带动能力通过对区域内部科技资源与高科技产业的配置，实现区域内科技与金融资源的集聚，确定区域内科技与金融资源的分布格局。

（二）科创金融中心的功能

科创金融中心在区域创新与经济发展中具有重要的作用，一般来说，科创金融中心具有以下基本功能：支持创新功能、聚集功能、辐射功能、规模经济功能和信息交流功能。

1.支持创新功能

创新是引领发展的第一动力，小到企业的生存发展，大到整个国家的经济转型，都必须依赖创新。熊彼特曾指出，生产技术和生产方法的改进在整个社会经济发展的过程中至关重要。众所周知，创新的风险是巨大的，需要大量的资金投入；而科创金融中心集聚着大量的金融机构和科技企业，二者相互补充，相互促进，为技术创新和金融创新提供了非常有利的条件。科技创新包括新思想、新技术、新产品、新的创新成果的产业化……这些都带有明显的创新性特征。科技创新最缺乏资金，由于科技企业处于企业生命周期的中早期阶段（特别是早期阶段），企业的资产较少，营业收入与利润往往都是一个较低的水平，一般无法得到传统金融机构、传统金融产品（如银行信贷）的服务，因此，需要科创金融中心比传统金融机构更具创新性的特点，创新出能符合该阶段企业特点的金融产品与金融服务。同时，由于知识的外部性，科技企业的创新也很容易对科创金融产生溢出效应，如新技术在金融行业的运用往往发生在科创金融中心。

总体而言，一方面，科创金融中心可以借助本身丰富的金融资源支持科技企业对研发的投入，同时，由于科创金融中心内的科技企业比较密集，信息的溢出效应就会显现，而信息的溢出则反过来又可以促进企业的研发创新；另一方面，金融创新的本质是构建"新的生产函数"，即用新的方法将各种金融资源进行重新组合，从而提高生产要素的产出效率。相对于实体行业，金融业由于不用负担大量的生产成本，从而更加灵活，具有更高的利润率。因此，科创金融中心带有支持创新的功能，区域内创新活动或更能蓬勃发展。

2.集聚功能

空间经济学认为，经济集聚将产生两种效应，一是资源因空间的集聚出现迅速增长，二是空间的集聚导致区域经济的差异。然而，需要说明的是，这种聚集力不仅仅存在于经济活动中，也贯穿于科创金融中心的整个形成过程当中。社会分工的分化和规模经济的存在为科技资源和金融资源的集聚创造了基础条件，从而促使科创金融中心的形成。而科创金融的空间集聚带动了其他资源向科创金融中心聚集，对中心区域内的经济、社会和科技各方面都产生了深刻的影响。科创金融资源的空间集中会带来经济利益或成本节约，该经济利益不仅是生产经营方面的，也有消费层面的，使得企业和消费者同时受益。科创金融企业集群内的其他金融资源的空间集聚同样会产生各种经济利益，节约生产成本：如大量的科技人才和金融人才聚集在科创金融中心，形成人才洼地，在科技企业或金融企业招聘的时候更为容易，节约了企业对于人才的培养成本和时间成本。从投入产出角度来看，科创金融资源的聚集带来大量资金、人才、技术的聚集，改善了技术制约和资本约束，能够给整个科创金融中心带来巨大的经济利益和社会利益。

3.辐射功能

辐射功能指的是科创金融中心通过本身丰富的金融资源和众多的科技企业，从而形成巨大的经济能力辐射源，通过相关的媒介，对科创金融中心以外的区域产生重大的经济影响，从而引导区域经济发展的过程。比如科创金融中心所在区域内科技水平和金融水平相对较高的区域，通过周边科技企业和科创金融机构之间进行资本、人才、技术和信息等方面的扩散、流动、传播和沟通，能够提高整个区域内科创金融资源配置的效率，促进整个科创金融中心的发展。在科创金融中心发展初期，由于发展水平不高，资金或人才通常都是由周边区域向中心内流动，这可以加快科创金融中心的形成和发展，但会造成周边地区的资本匮乏和人才流失，从而影响周边城市的经济发展进程，随着科创金融中心的发展和壮大，其人才、资金和技术创新都将从中心向周边城市扩散，带动周边区域的发展。科创金融中心的辐射功能和聚集功能是从两个不同的方面来描述同一个事物，很多时候二者表现为金融资源在时间和空间上的双向交替运动。辐射功能重点强调的是科创金融中心对周围地区的经济产生影响的能力，因此，相同的科创金融中心对不同的经济区域和不同的科创金融中心对同一经济区域的经济影响都不相同。然而，与聚集功能相比，无论是学者还是政府决策的制定者，往往更多的是关注科创金融中心的辐射功能，但是我们也不应该忽视一个重要事实，那就是科创金融中心的辐射功能和聚集功能是相互依存的，聚集功能是辐射的基础，辐射功能是聚集功能经济影响力的进一步扩大，二者相辅相成，缺一不可。

4.规模经济功能

当大量的科技创新和金融创新要素聚集在科创金融中心后，必然能够带来客观的外部规模经济效应。一方面，从科技企业角度来看，科创金融市场规模越大，科创金融机构越多，科创金融产品越丰富，金融工具的流动性也就越高，可供科技企业选择的投融资工具就更加便利，在一定程度上可以降低科技企业的融资成本和融资风险，甚至对科创金融中心以外的周边区域的资金产生吸引力，形成强大的辐射效应。另一方面，从科创金融企业的角度来看，科创金融中心的形成将加强科创金融企业的客户接近性，降低科技企业和金融企业之间的信息不对称，便于加大合作的深度和广度，有利于金融产品衍生和创新。同时，金融企业和科技企业之间可以频繁地进行跨行业业务合作，通过开发众多的合作项目和业务发现新的客户群，开拓新的市场和寻求新的合作方式。

5. 信息交流功能

金融机构本质上依靠信息获利，科创金融机构也不例外，通过对信息的经营和使用创造价值。科创金融中心在促进科技信息交流的同时，也可以促进金融信息的交流，因此具备双重的信息交流功能。现代通信技术的迅速发展，大量现代化通信技术的推广和普及，使得信息的使用和传播的速度越来越快，而成本却越来越低，信息在一定程度上已经具有了公共产品的某些性质，而信息外在性的特征，使得科创金融机构可以利用科创金融中心聚集的大量信息获利。由此可见，信息的交流为科创金融机构的发展提供了很多有利的条件。在科创金融中心区域内，一方面，科技企业与金融机构的集中可以使得消息扩散速度加快，促进机构之间交流，从而产生新的思路和想法，即信息的溢出效应；另一方面，科技企业与金融机构的大量聚集使得科创金融中心每天都发生无数的交易，从而产生了大量的交易信息，与创意、技术、专利和产品等相关的新信息，而这些则是科技创新人员、科创金融从业人员、科创金融机构进行经营与决策的重要参考依据。

（三）武汉打造科创金融中心的优势

从科创金融中心的形成规律来看，高校和科研机构发挥着关键作用。高校和科研机构不仅可以产生新的知识与新的技术，而且还可以通过教育培训等方式来促进新知识和新技术在产业集群中扩散或实现市场价值，从而为所在科创金融中心的创新活动提供充足的创新知识和技能资源。同时，高校和科研机构的研发活动增加了基础知识存量，拓展了知识创造范围，从而能够提供更多的创造新技术的机会。

高校和科研机构教育培训的各类人才对企业的技术创新和集群内劳动力的集聚具有非常重要的推动作用，如中关村内包括高素质技术专家或高层管理者在内的从业者，大多数是由区域内或邻近地区的高等院校和科研机构所提供的。与此同时，高校和科研机构直接衍生新企业推动技术成果转化，这已经在很多科技园区的实际案例中得到证实。

世界上很多科技园区的形成，与分布在区域中的高校和科研机构所拥有的显著衍生能力密切相关，如美国硅谷的成功与斯坦福大学强大的衍生能力密不可分。区域创新能力的提升及相关经济社会发展，核心动力来源是产业与高校和科研机构之间的互动联系，因此产业集群中是否拥有高水平的高校和科研机构，以及能否在创新过程中充分发挥它们的作用，将直接决定企业能否实现网络化创新。

在创新实践中能够发现，高校和科研机构分布集中的区域往往更容易产生高新技术园区，例如麻省理工学院对波士顿乃至马萨诸塞州许多企业的发展就产生了巨大影响。在科创金融中心体系中，高校及研究机构对科创金融的需求主要体现在将技术投入产业化的过程中。在科创金融中心体系中，高校及科研机构是创新的技术源泉，二者主要从事高层次创新人才的培养、知识的生产和传播、科学研究和技术开发工作，是科创金融中心的知识和人才的源泉。

高校和科研机构进行创新活动的资金来源主要是政府的财政支出和自有资金的支持，但是，在技术投入生产的过程中，这部分资金远远不够，出现缺口，因此产生对科创金融的需求。对于高校及研究机构而言，财政性的科创金融投入是其主要的资金来源，此外也有科技贷款和科技保险的支持。

(四) 科创金融中心的形成模式选择

科创金融中心的出现并不是偶然现象，是大量科技企业与金融企业在空间上集聚的结果，具有一定的内在规律。从科技企业与金融企业集聚的动力机制角度出发，可以将科创金融中心的形成模式划分为内在动力的自发形成模式与外部引导的政府推动模式。

1.内在动力的自发形成模式

科创金融中心的内在动力自发形成模式主要指当一个城市或地区的科技产业和经济快速发展，区域交易、经济总量和投资快速扩大的时候，科技产业产生庞大的特殊金融需求：科创金融机构的"客户追随"特点会使得科创金融市场规模随之迅速扩大，相应的科创金融制度和相关法律体系不断建立和完善，科创金融机构的进一步聚集会使得各个市场主体（科创金融机构和科技企业）产生技术溢出效应和稠密市场效应，产生规模经济；而规模经济的发展又会进一步促进区域内的科创金融体系的发展，最终形成科创金融中心。

（1）科创金融机构的"客户追随"特点促使科创金融中心产生。金融业属于生产性服务业，是为制造业服务的。不可否认，科创金融机构首先是在为科技企业融资进行服务的基础上发展起来的。因此，科创金融中心的诞生是基于科技企业，集聚于科技中心。对于科创金融机构来说，当这些机构在空间上集中于科技中心这一特定区域，有利于减少与科技企业的信息不对称问题，有利于专业信息的传播与交流，建立彼此的信任感和长期合作关系。因此，科技企业的集聚与科技中心的发展直接刺激了科创金融机构集聚，进而产生了科创金融中心。

（2）科创金融机构自身的异质性为科创金融中心形成提供了可能。企业是一种具有特殊能力的组织，其内在的知识和能力构成了企业的核心竞争力，因为企业核心竞争力是难以模仿和替代的，所以，企业具有异质性。根据企业异质性理论，科创金融企业同样也存在着异质性。不同的科创金融机构，如科技信贷机构、科技股权投资机构、科技保险机构等，有着各自特有的核心能力，为处于不同企业生命周期的科技企业提供了不同的科创金融服务和产品。由于科创金融企业能力不同且相互补充，有利于形成高效复合型的科创金融产品，为满足科技企业的不同需要，通过科创金融机构的大量集聚，进而形成了科创金融中心。

（3）科创金融的产业特性也是科创金融中心形成的基础。根据金融地理学的相关理论，信息的传播具有耗损的特点，非标准化信息的传播更是容易引起信息诠释的误差，因此，金融机构必须进驻信息中心，其机构选址的目标性加强、随意性降低。作为一种特殊的金融机构，科创金融机构也不失这一特性，其对于空间接近因素的重视以及选址在科技企业集聚的科技中心的概率大大增加，加速了科技企业与科创金融企业的双重集聚，最终形成科创金融中心。科创金融中心的内在动力自发形成模式的主要特征就是地区的经济和科技产业发展水平与金融中心的形成相互适应并相互促进，而科创金融中心的形成过程很好地体现了科创金融发展的内在规律。科创金融中心的自然形成模式更多的是区域内部因素主导，受到外部因素（如政府推动）的干扰较少。硅谷正是科创金融中心内在动力自发形成模式的典型代表。

2.外部引导的政府推动模式

与内在动力的自发形成模式对应的是科创金融中心的外部引导的政府推动模式，这一模式中政府的作用突出，充分引领了科技创新方向，把握了科创金融业具有的超前先导作用，利用政府在国家创新体系中的核心地位，有效促进科技创新、刺激需求、引导需求，即当区域科技产业发展受到金融因素制约的时候，在市场经济发展规律无法进行调节的情况下，政府通过制定相应的科技政策工具，对科创金融市场的发展进行刺激，推动科创金融市场的发展，最终提高科创金融资源的配置效率。简而言之就是政府通过相应的政策，刺激科创金融产业发展，以推动科技产业和技术创新的发展。政府推动模式最重要的特征就是政府在科创金融中心的形成过程中起着非常重要的作用，由于政府的政策工具一般具有前瞻性，所以政府推动模式下形成的科创金融中心一般具有超前性。同样，政府通过各种手段引导科创金融机构聚集，从而产生"技术溢出效应"和"稠密市场效应"，形成规模经济，最终产生与其相适应的科创金融体系，形成科创金融中心。

（1）科创金融的重要性使得政府引导和推动其形成成为可能。随着科技创新占据越来越重要的地位，对科创金融的关注也就成为各国家或区域政府的重要领域。

随着科创金融的发展，其已经成为推动技术创新、科技进步的重要手段，尤其是科创金融资本是可以自由流动的，如果某个地区不发展科创金融中心，又没有资本管制，允许资本自由流动的话，那么这个地区的科创金融资本和科创金融机构就会流向其他的建立科创金融中心的国家或区域。国家间或者区域间的竞争压力也迫使政府重视并推动本区域内科创金融中心的形成。

（2）政府的推动行为提供了科创金融中心形成的重要支撑。政府的行为有解决市场失灵的职能，也有引领产业发展方向的职能。科技创新具有不确定性，存在较高的失败风险；科技企业特别是科技型中小企业也有高投入、高风险的特征，传统的金融机构和金融产品并不能有效覆盖科技企业，因此，中小企业融资难是全球性难题。为解决这一市场失灵现象，政府应基于地方发展利益、制定相应的政策，引导科创金融企业创新产品，支持区域内科创金融企业集聚，提高本地科技创新能力。政府推动模式本质上是在刺激科技产业发展和技术创新的同时，利用行政手段，超前性建立科创金融体系，实现科创金融发展对科技产业和经济增长的推动作用。由于该模式中政府占主导地位，并不是自由市场的结果，所以这种模式无法反映科技产业、技术创新和科创金融发展的内在规律，带有人为的色彩。行政部门通过人为设计、规划，然后强力扶持而形成科创金融中心，具有明显的主观性和超前性，由于人为因素的重要作用，这也意味着该种模式具有一定的政策风险。

3.两种模式的比较

对科创金融中心形成模式的分类并非绝对，两种主要模式更多的是同时存在，相互补充。在形成科创金融中心的实践中，政府和市场力量的不同产生了多种模式的科创金融中心。科技创新体现了市场自由意志，而金融中心更多地体现了国家力量和政府的意志，由此来看，即便是自然形成，来自政府的外部力量仍然对科创金融中心的形成起着一定的作用。政府的规划和引导更多的是建立在对经济发展的合理判断上，某种程度上反映了经济发展的自然特点，政府的力量一般是不能违背市场规律的。演化经济学认为，政府政策的制定必须考虑经济发展的背景、文化和社会因素，只有与实际情况相结合，政府的政策才能执行，才具有引导意义。因此，对科创金融中心的形成不能将两种模式割裂来看，更多的是政府和市场的力量相互作用，相互补充，只是在某种程度上，其中一种力量可能占据主导地位。通过对世界各国科创金融中心形成过程的考察，我们可以发现，无论哪种力量主导，两种力量都同时存在。两种模式的本质比较见表4-1。

表4-1　　　　　　　　　科创金融中心形成模式的比较

比较因素	内在动力自发形成模式	外部引导政府推动模式
动力机制	市场自由意志	人为干预意志
发展目标	伴随技术创新发展	促进技术创新进步
作用机制	被动式发展	主动式发展
政策取向	自由度高	干预程度高
发展路径	渐进式发展	突变式发展

（五）科创金融中心的发展模式

科创金融中心能否健康发展，与其发展模式的选择有关，发展模式选择恰当与否对于科创金融中心的发展至关重要。因此，当一个城市或区域，由于内在动力自发形成科创金融中心，或者由于外部引导政府推动形成科创金融中心之后，就面临着发展模式选择的关键问题。在科创金融中心的发展方面，发达国家和一些新兴发展地区积累了丰富的成功经验，这对我国科创金融中心的建设具有很好的借鉴意义。本研究认为当前科创金融中心发展的主要模式包括市场主导型旧金山科创金融中心发展模式、政府主导型特拉维夫科创金融中心发展模式和市场与政府相结合中间型的新竹科创金融中心发展模式，通过上述地区在科创金融中心发展的基本情况和经验启示的介绍，提出促进我国科创金融中心快速发展的经验启示。

1.市场主导型：旧金山科创金融中心发展模式

旧金山科创金融中心市场主导型发展模式是以市场为配置、优化科技资源和金融资源为核心，充分发挥科创金融资本即创业风险投资以及资本市场的主导作用，政府只是作为科创金融的"守夜人"，起到辅助的作用。市场主导型的科创金融中心内，随着科技产业的发展，科技企业各类融资需求不断增加，于是产生了科创金融机构，创造出与之配套的科创金融产品与服务，科创金融中心得以快速发展。同时，该区域的科技产业与科技企业又借助快速发展的科创金融产业得到进一步发展，并产生对科创金融的进一步需求，对科创金融中心的发展提出更高的要求。在市场为主导的作用下，科技与金融良性互动，旧金山科创金融中心快速发展。

2.政府主导型：特拉维夫科创金融中心发展模式

在特拉维夫科创金融中心的发展中，政府是一个不可忽略的主要推手，或多或少都发挥着重要作用。与市场主导型不同的是，政府主导型科创金融中心发展模式中的政府在科创金融资源配置过程中起到主导作用。该模式一般适用于科创金融中心发展的初级阶段和赶超阶段，政府抓住科创金融中心发展的契机，利用本地的科技资源、金融资源、区位条件、人力资源、制度环境等方面的优势，通过人为设计、政策引导，采取各类产业扶持政策和优惠政策，在短期内实现科创金融中心快速、超常规发展。目前国际上采用政府主导型模式发展科创金融中心的国家有很多。当前我国科创金融中心发展所采用的也多是政府主导型发展模式。

3.市场与政府相结合的中间型：新竹科创金融中心发展模式

新竹的市场与政府相结合的中间型发展模式主要是指在科创金融中心的发展中，市场与政府同时发挥作用，且力量大体相当。市场作为配置资源的主要手段，引导金融资源向科技资源倾斜，同时，政府也在科创金融发展中起到了巨大的推动作用。

三、打造以工业互联网为特色的金融科技中心

2022年，武汉在数字经济发展规划方面，提出要在产业数字化方面发挥"互联网+"的流量驱动效应、"大数据+"的数据驱动效应、"AI+"的算法驱动效应、"5G+"的效率驱动效应、"区块链+"的可信驱动效应，推动数字技术与一二三产业在更高水平、更大范围、更深程度融合。

按照深化"互联网+先进制造业"发展工业互联网的实施情况，结合当前工作实际，聚焦武汉工业互联网发展的短板和不足，本章从基础设施、平台建设、创新应用、安全保障、创新发展等方面提出具体发展路径。

（一）加快工业互联网基础设施建设

1.加快5G、物联网等基础网络建设

鼓励基础电信企业与产业功能区共建5G精品网络，构建高质量工业互联网外网。支持龙头企业与基础电信企业合作利用5G改造内网，推动5G网络部署应用从生产外围环节向生产内部环节延伸。推动NB-IoT在工业领域深入应用，打造物联网网络体系。加快推进工业无源光网络（PON）、实时敏感网络（TSN）、软件定义网络（SDN）、IPv6等技术应用，促进工业控制和管理网络向大带宽、低时延、高可靠方向演进和IP化、扁平化、柔性化发展。

2.加快标识解析节点建设

立足"国家工业互联网标识解析（武汉）节点"，加大资金支持力度，健全节点管理机构，完善节点运营机制，加速标识解析在电子信息、装备制造、医药健康、新型材料和绿色食品等行业率先形成规模应用，积极探索在农业生产、商贸流通、智慧城市等领域应用拓展，培育一批基于标识解析的高效协同、供需对接、产品追溯、供应链管理、全生命周期管理的示范应用。发挥武汉节点在网络、计算、

安全等方面的优势，支持省内各行业节点部署，推动各节点间互联互通和资源共享。

3.推进工业互联网数据中心建设

积极参与构建国家工业基础大数据库，建设国家工业互联网大数据四川分中心，打造若干个行业高质量工业大数据集。支持企业实施设备数字化改造，加快工业设备互联互通，推动研发、生产、经营、运维等全流程数据采集，实现多源异构数据的融合和汇聚。充分发挥现有大型数据中心作用，支持建设面向工业数据采集、汇聚和应用的小微型数据中心，加速提升工业互联网边缘计算应用能力。探索建立基于工业互联网的数据共享流转机制，大力培育工业大数据解决方案供应商，开展工业大数据示范应用，激发工业数据市场活力。

(二)加强工业互联网平台建设

1.培育多层次工业互联网平台

构建"1+N"的工业互联网平台体系，其中"1"为工业互联网公共服务平台，"N"为N个工业互联网主题云平台，鼓励区县围绕自己的主导产业，建设面向自身优势行业的云平台，纳入武汉市、湖北省工业互联网平台体系。

2.推动工业App向平台汇聚

加快建设国家工业软件协同攻关与体验推广中心，加快实施软件人才计划，大力培育工业软件企业，完善工业软件研发、生产和服务体系，培育一批面向特定行业和特定场景，覆盖研发设计、生产制造、运营维护、经营管理等制造业关键环节的工业App。建设工业App公共服务平台，推动工业App向平台汇聚。组织开展工业App测试评估工作。

3.深化工业互联网平台合作

构建平台间合作的技术标准和功能组件，推动平台间能力互补，促进平台间的应用调用和数据集成。加强区域协同，探索建立商业驱动的平台合作模式，鼓励平台间开展横向协作，打造成武汉城市圈供应链协同平台，加速区域内要素配置、技术服务、产业协同的一体化发展。以武汉城市圈建设战略为契机，促进区域重点平台互认互推、错位发展、优势互补，共建工业互联网公共服务平台，共创国家工业互联网一体化发展示范区。

(三) 深化工业互联网集成创新应用

1.大力推动工业互联网应用发展

鼓励企业研发仿真分析、智能装配、数据采集、过程监控、生产现场管理、设备管理与运维、质量检测、产品追溯等工业互联网解决方案。鼓励企业开放应用场景和组建"创新应用实验室"，精准对接企业需求。支持规模以上工业企业打造一批云仿真设计、生产过程数字孪生、产品智能检测、产品全生命过程追溯等工业互联网应用标杆，实现企业数字化水平跃升。推进中小企业上云上平台，鼓励将研发设计、生产制造、运营管理等核心业务向平台迁移，大力推广基于工业互联网的协同制造、设备健康管理、能源管理、产品远程服务等应用，带动企业提质降本增效。

2.加强重点行业示范引领

围绕重点产业，充分依托工业互联网优势平台和专家资源，支持工业企业开展应用问诊和数字化改造咨询，引导企业开展两化融合贯标。开展工业互联网标杆培育行动，组织专业力量为重点项目提供全程顾问服务，鼓励企业争创国家、省示范项目，每年评定工业互联网十佳解决方案、制造业数字化转型十佳案例，编制行业数字化转型指南、工业互联网创新项目范例，以典型示范带动行业整体提升。

3.加快推进智能制造

把握工业互联网与先进制造技术融合发展趋势，鼓励企业紧扣关键工序自动化、关键岗位工业机器人替代、生产过程智能优化控制、供应链管理智能化等重点环节，实施数字化、网络化、智能化改造，推动工业软件、工业云平台、信息安全系统等工业互联网平台与智能制造关键技术装备在工厂的集成应用，建设数字化车间和智能工厂。

4.大力推广新技术、新业态、新模式

鼓励围绕标识解析、工业智能、数字孪生、云边协同等关键共性技术开展联合攻关，不断提升技术创新供给能力。大力促进5G、人工智能、大数据、区块链等新技术与工业互联网交叉融合，推进其在工业监测、视频监控、巡检运维、智能调度、智慧物流、安全生产等场景的创新应用。积极推广模块定制、众创定制、专属定制等大规模个性化定制在装备制造、智慧家居、汽车等行业的应用。

（四）提升工业互联网安全保障能力

1.加强工业互联网安全防护

推动工业互联网安全态势感知、工业防火墙、入侵检测系统等产品研发，形成一批创新实用的安全解决方案，培育国内领先的工业互联网专业安全第三方服务机构。健全工业互联网安全态势感知平台，加强工业互联网领域密码应用，开展工业互联网安全检查评估工作，提高工业互联网安全技术支撑能力。指导企业开展工业互联网安全保障建设，落实等级保护制度和企业主体责任，加大安全投入，部署有效安全技术防护手段，保障工业互联网安全稳定运行。

2.推进工业数据分类分级管理

认真落实《工业数据分类分级指南（试行）》，加强工业互联网数据的安全使

用、流动与共享，开展数据分类分级试点验证，探索建立数据分级分类制度和应用推广工作机制。鼓励商用密码在工业互联网数据保护工作中的应用。

3.发展工业互联网安全产业

依托国家信息安全基地优势，重点突破标识解析系统安全、工业互联网平台安全、工业控制系统安全、工业大数据安全等相关核心技术，推动攻击防护、漏洞挖掘、入侵发现、态势感知、安全审计、可信芯片等安全产品研发。积极发挥相关产业联盟、分支机构的引导作用，整合资源，鼓励创新服务模式，提供风险预警、运行维护、咨询分析、诊断评估、检测认证等服务。

（五）完善工业互联网创新发展的生态

1.加强关键共性技术研发

开展低功耗工业无线网络等新型网络互联技术研究，加快5G、软件定义网络等技术在工业互联网中的应用。加快IPv6等核心技术攻关，促进边缘计算、人工智能、增强现实、虚拟现实、区块链等新兴前沿技术在工业互联网中的应用。

2.提升产品与解决方案供给能力

支持行业龙头企业由"产品提供商—设备提供商—解决方案提供商"转型，引进培育一批关键软硬件产品与解决方案服务商、智能制造系统集成服务商，形成一批工业数据分析软件与系统、工业智能软件和解决方案。支持各类主体参与两化融合管理体系建设推广，鼓励将工业互联网与业务流程重塑、组织结构优化、商业模式变革有机结合。

3.大力支持创新工业产品转化应用

支持工业企业、软件和信息技术服务企业研发产品研发类、生产控制类、经营管理类、协同平台类、模块化嵌入类具有自主知识产权的工业软件产品，逐步形成工业软件研发、生产和服务体系。鼓励工业企业开放应用场景，促进形成面向行业、面向领域的工业软件应用示范。武汉的工业互联网建设应在武汉信息化工作领导小组统一领导下，统筹制定工业互联网重大政策，督促重点工程建设。加强部、省、市在工业互联网领域的合作，强化省、市、县联动，形成推进合力。力争到"十四五"末期，实现工业互联网对武汉工业经济引领效益显著，工业互联网创新发展、技术产业体系构建及融合应用方面达到国内先进水平的目标。

四、打造全国领先的碳金融中心

碳金融中心建设的关键在于碳市场的建设，全国碳市场是一项重大的制度创新，也是一项复杂的系统工程，需要完善的法规制度、完备的管理机制、有效的市场机制、真实的排放数据等各方面的配套支撑。全国碳市场的建设不可能一蹴而就，要循序渐进、逐步完善才能充分发挥市场机制的作用。结合碳达峰、碳中和目标及新形势和新要求，全国碳市场建设要从以下几方面进一步深化推进：

1.建立健全适应"双碳"目标的全国碳市场顶层制度设计

以碳达峰、碳中和目标为引领，进一步建立健全全国碳市场顶层制度设计，制定清晰的路线图和时间表，明确国务院各部门、地方生态环境主管部门、重点排放单位、全国碳排放权交易机构及注册登记机构等支撑机构的职能分工，坚持市场主导和政府引导相结合，加强协调和沟通，统筹做好深化全国碳市场建设的相关工作。加快出台相关法律法规，在配额分配机制、核查工作、信用监管、联合惩戒等方面完善相关内容，推动各部门之间形成协调机制，确保全国碳市场各项政策维持长期稳定。

2.尽早实现能耗"双控"向碳排放总量和强度"双控"转变

总量目标在碳排放控制中具有基本的锚定作用，是减排政策制定、实施、评估的主要依据。建议充分考虑2030年前实现碳达峰和2060年前实现碳中和的要求和产业的承受力及竞争力，合理控制能源消费总量和能耗强度，并在全国碳市场初期碳排放强度控制的基础上，统筹建立碳排放总量控制制度。在政府层面上，统一碳排放标准，制定长期、清晰的排放控制目标，形成以确保"双碳"目标实现的导向体系。依托全国碳市场碳排放配额总量和分配制度，早日实现能耗"双控"向碳排放总量和强度"双控"转变，并根据经济社会发展形势变化适度动态调节，从而对碳排放强度控制指标和总量控制指标实行刚性和弹性相结合的协同管理、协同分解、协同考核。

3.逐步扩大行业覆盖范围，形成多行业参与格局

在发电行业重点排放单位有序参与全国碳市场的基础上，基于我国碳达峰目标的紧迫性，需要尽快将钢铁、化工、水泥等其他重点排放源行业纳入全国碳市场，逐步将全国碳市场行业覆盖排放源占比提高到50%以上。组织其他行业强化碳排放核算，夯实数据基础。尽早明确行业扩容的时间表，给市场以较为明确稳定的预期。争取"十四五"期间，发电、石化、化工、建材、钢铁、有色、造纸、航空等八大行业全部纳入全国碳市场，将碳交易体系作为工业行业碳达峰目标实现的核心政策工具。

4.逐步引入有偿分配机制，完善配额分配方法

从国内外碳市场经验来看，通过配额有偿分配的实施，企业能够快速积累对碳排放的认识，体现"污染者付费"的环境管理理念，在一定程度上弥补免费发放导致的效率和公平缺失，同时也起到减排的促进作用。建议在全国碳市场免费分配的基础上，适时引入有偿分配机制并逐步提高有偿分配比例，不断优化配额分配方法，充分发挥市场对资源的配置作用，有效调节碳价，提高企业参与碳市场的积极性，促进企业更加科学高效实施减排方案，推动节能降碳新技术、新产业、新业态的发展。

5.推动非履约主体入市，形成多层次市场结构

在满足监管要求的前提下，按照分层分类、分步推进、审慎稳妥的原则有序引入非履约主体。积极争取金融监管部门支持，逐步引入金融机构（银行、基金、证券等机构）参与碳市场，实现全国碳排放交易市场主体多元化，持续提升市场的覆盖面、流动性和有效性。推动金融机构积极稳妥参与碳市场建设，促进碳市场标准体系的研究和制定，优化金融机构碳市场业绩的评价标准。建立有效监管机制，国务院有关部门沟通协商建立联合监管机制，全国碳排放权交易机构加强对非履约主体入市审核及日常监管工作。随着全国碳市场的不断成熟，逐步扩大非履约主体的种类和数量。

6.发展碳金融创新，形成有效的碳定价体系和多层次碳市场

依托上海成熟的绿色金融和资本市场体系，丰富交易产品和交易机制，进一步促进全国碳市场价格发现，提升市场流动性。发挥上海国际金融中心的资源和能力优势，以全国碳交易市场为基础，打造国际碳金融中心。推动金融市场与碳市场的合作与联动发展，促进以碳排放权为基础的各类场外和场内衍生产品创新，为交易主体提供多样化风险管理工具。有序推进碳质押（抵押）、碳租借（借碳）、碳回购等多样化的碳金融工具运用。鼓励探索碳远期、碳期货、碳期权等金融产品交易。支持碳基金、碳债券、碳保险、碳信托、碳资产支持证券等金融创新，充分发挥碳排放权融资功能，满足交易主体多元融资需求。鼓励建立碳市场发展基金和低碳导向的政府投资基金，支持绿色低碳产业发展，形成绿色资金的主要供给来源。适时发布全国碳市场价格指数，推进形成多层次碳市场和打造有国际影响力的碳市场定价中心。鼓励建立气候投融资基金，引导国际国内资金更好投向应对气候变化领域，打造全球绿色金融资产配置中心。探索引入中央对手清算机制，降低市场参与者信用风险，加强风险管理体系的建设。建立健全市场监管机制，完善风控体系，防范市场风险。

7.统筹处理好全国碳市场与地方碳市场及其他市场的联动和协同

重点总结和研究地方碳市场在市场建设、碳金融创新等方面的经验,支持有条件的地方在"十四五"期间率先达到碳排放目标。依托地方碳市场的建设经验发展和壮大全国碳市场,加快全国碳配额市场和自愿减排市场、碳普惠市场的整合,加快构建完整的现货产品体系,在全国碳排放配额的基础上,尽快规划将国家核证自愿减排量、碳普惠等集中统一到全国碳排放权交易市场。搭建有效的全国碳市场服务网络,推动全国市场对地方市场、碳减排市场的吸收、联动和融合,实现全国碳市场平台的功能集聚,打造多层次复合型碳市场格局。加强碳市场与能源、环境市场的联动分析,探索碳排放价格信号在碳关联产业之间的传导机制,促进全国碳市场与其他市场的联动发展。

8.加强国际协作,逐步建设全球碳市场核心枢纽

立足全国碳市场和碳减排市场,结合《巴黎协定》《格拉斯哥气候公约》等新形势下的国际碳交易市场建设要求,研究在清洁发展机制(CDM)、国际航空碳抵消和减排计划(CORSIA)、《巴黎协定》第六条等不同机制下的交易对接机制和标准体系。加快国内与国际碳交易机制间的政策协调。鼓励相关行业企业开展低碳领域的国际化实践,探索碳市场的国际区域性联动,拓展碳交易人民币跨境结算业务。加强对未来全球碳价机制、碳市场发展趋势和管理机制的研究和参与,并发挥积极引领作用,通过对国内外不同碳定价机制的探索实践,为后续我国扩大参与国际碳市场积累经验。

主要参考文献

[1]　KINDLEBERGER C P. The formation of financial centers: a study in

comparative economic history ［C］// Particle Accelerator Conference. 20th Particle Accelerator Conference （PAC 03），2003：3395–3397.

［2］POWELL E T.The Evolution of the Money Market （1385~1915）［J］.Journal of the Royal Statistical Society，1915，78（4）.

［3］VERNON R.Metropolis 1985：interpretation of the findings of the New York metropolitan region study ［J］.Cambridge：Haward University Press，1960.

［4］REED H C. Financial Center Hegemony，Interest Rates，and the Global Political Economy ［J］.International Banking and Financial Centers，1989：247–268.

［5］REED H C. The Ascent of Tokyo as an International Financial Center ［J］. Journal of International Business Studies，1980，11（3）：19–35.

［6］PATRICK H T. 1 – Financial development and economic growth in underdeveloped countries ［J］. Economic Development & Cultural Change，1972，20（2）：37–54.

［7］戈德史密斯. 金融结构与金融发展 ［M］. 周朔、郝金城、肖远企，等. 上海：上海三联书店，1990.

［8］麦金农. 经济发展中的货币与资本 ［M］. 上海：上海三联书店，1973.

［9］肖. 经济发展中的金融深化 ［M］. 上海：上海三联书店，1973.

［10］陈彪如. 远东国际金融中心的形成与发展 ［J］. 亚太经济，1985（2）.

［11］唐旭. 论区域金融中心的形成 ［J］. 都市金融论坛，1996（7）.

［12］饶余庆. 香港国际金融中心 ［M］. 香港：香港商务印书馆，1997.

［13］胡坚，杨素兰. 国际金融中心评估指标体系——兼及上海成为国际金融中心的可能性分析 ［J］. 北京大学学报（哲学社会科学版），2003（5）.

［14］倪鹏飞. 构建国际金融中心：全球眼光、国际标准与世界经验 ［J］. 开放导报，2004（2）.

［15］王力，黄育华. 中国建设国际金融中心的对策思考 ［J］. 中国城市经济，2004（12）.

[16] 黄解宇，杨再斌. 金融聚集论 [M]. 北京：中国社会科学出版社，2006.

[17] 王朝阳，刘东民. 关于金融中心建设的若干思考 [J]. 上海金融，2009 (2).

[18] 任英华，姚莉媛. 金融集聚核心能力评价指标体系与模糊综合评价研究 [J].《统计与决策》，2010 (11).

[19] 潘英丽. 论金融中心形成的政府作用 [J]. 上海综合经济，2002 (10).

[20] 潘英丽. 论金融中心形成的微观基础——金融机构的空间聚集 [J]. 上海财经大学学报，2003 (1).

[21] 潘英丽. 国际金融中心：历史经验与未来中国 [M]. 上海：格致出版社，上海人民出版社，2010.

[22] 冯祈善，朱健，蒲勇健. 金融中心形成条件的层次分析 [J]. 重庆大学学报 (社会科学版)，1996 (1)：29-33.

[23] 孙国茂，范跃进. 金融中心的本质、功能与路径选择 [J]. 管理世界，2013 (11)：1-13.

[24] 武汉区域金融中心建设总体规划 (2014—2030 年). 武汉市人民政府 [Z]. 2015-04-11.

[25] 李波. 武汉建设区域性金融中心的几个问题 [J]. 长江论坛，2004 (4)：21-24.

[26] 柯燕凌. 建立和发展武汉区域金融中心的 SWOT 分析及政策建议 [J]. 长江论坛，2010 (2)：38-42.

[27] 陈登，周志刚，王曼纳. 武汉区域金融中心建设存在的问题及对策研究 [J]. 中国国际财经 (中英文)，2017 (2)：5-6：9.

[28] 胡安其，胡日东. 我国中部六省区域金融中心的城市定位与构建——基于因子分析法 [J]. 金融教育研究，2012，25 (2)：37-42.

[29] 段世德. 长江中游城市群金融中心研究——武汉建设金融中心的再定位

［J］. 区域金融研究, 2015 (11): 17-21.

［30］陈奕帆, 伍开武, 罗瑞, 等. 武汉区域金融中心发展研究［J］. 现代商贸工业, 2018, 39 (10): 27-30.

［31］吴丽萍. 武汉区域金融中心发展对策与建议——基于与上海、成都区域金融中心的比较研究［J］. 经营与管理, 2020 (12): 132-136.

第五章　加快金融科技创新　做好江汉区数字金融大文章[①]

近年来，江汉区准确把握金融业发展机遇，充分发挥金融集聚优势，推动金融科技快速发展。金融业是江汉区的支柱产业，拥有全省唯一的千亿级别金融产业集群，全区现有各类金融机构600多家，形成以银行、证券、保险为主体的金融发展体系。2023年，江汉区金融业增加值413亿元，占全区生产总值比重约25.4%。为了进一步提升金融业竞争力，实现从"金融大区"迈向"金融强区"转变，江汉区需要深挖区域优势，重视金融业转型发展。加快金融科技创新，推动数字金融发展是重要抓手。因此，完善金融科技政策体系，促进金融科技的基础技术研发和孵化，探索数字金融的创新应用场景，推动辖区内金融机构的数字化转型，提升金融服务的便利性和竞争力，成为金融强区建设和巩固数字经济发展优势的重要举措。

一、金融科技服务数字金融发展的江汉实践

江汉区准确把握中央金融工作会议、党的二十届三中全会的重要精神，深入贯彻省市关于加快金融科技发展的工作部署，积极推动金融科技要素集聚，搭建数字金融服务平台，鼓励传统金融机构数字化转型，利用政府产业基金引导社会资本投向数字产业，逐步探索出金融科技服务数字金融发展，加快金融业高质量发展的江汉路径。

[①] 2024年中国人民政治协商会议武汉市江汉区委员会委托项目；其阶段性研究成果在2024年得到了湖北省政协副主席批示；童藤、罗鹏、何云、王婧、夏欣欣、邹亚帆、周子谨参与了研究。

（一）推动金融科技要素集聚

1.完善金融科技产业生态

推动恒生电子（武汉）公司、众邦银行、中国银行集中运营中心（湖北）、中银金科武汉基地、同行无忧（湖北）数字科技有限公司等一批金融科技机构在江汉区发展（见表5-1）。此外，以国泰·汉口科创中心为空间载体的人工智能产业园，持续完善人工智能创新产业链和服务生态，引进了远舰智能、爱宾果、优必选等8家关联企业入驻；武汉市大数据公司、智度汉链等一批区块链企业相继开业，建立了"区块链+司法"、"区块链+仲裁"和"区块链+印章"等丰富的区块链应用场景，不断夯实武汉市国家级区块链发展先导区核心承载区的基础。一大批金融科技机构的相继落地，为江汉区金融机构数字化转型提供了坚实支撑。

表5-1 江汉区引入的部分金融科技企业

企业名称	成立时间	注册资本	员工人数	主要经营范围
众邦银行	2017年4月	40亿元	500人	吸收人民币存款；发放人民币贷款；办理国内结算等
恒生电子（武汉）有限公司	2023年1月	5 000万元	400余人	信息咨询服务；计算机系统服务；信息系统集成服务等
武汉长江数字经济产业投资基金	2022年9月	10亿元	—	私募股权投资基金管理、创业投资基金管理服务
同行无忧（湖北）数字科技有限公司	2023年4月	100万元	—	网络技术服务；软件开发；物联网技术研发；人工智能应用软件开发；云计算装备技术服务等

2.打造金融科技集聚园区

江汉区对金融科技前沿领域进行前瞻性布局，规划了圈外数字创意产业园（圈外创智中心）、太和大厦在内的2.6万平方米的区块链产业发展空间，并联合武汉市区块链协会、武汉大学、区块链头部企业组建区块链产业研究院，以此推动区块链技术创新。2023年10月，中国电子·数字产业总部示范区正式开园。该示范区规划面积约15万平方米，涵盖大数据、区块链、人工智能、数字文娱等主题园区，推动数智专家智库、人才培养中心、场景创新体验中心、产业生态中心、创新人才联盟等项目落地。类似的数字创新平台，在面积约1平方公里的江汉经济开发区内已汇集10个：以人工智能为特色的国泰汉口科创中心、以数字文创为主题的红T时尚创意街区、以区块链为特色的圈外数字创意产业园等，建立以金融科技为主线的企业全生命周期培育体系、技术创新体系，形成"网""云""智""链""数"五大数字经济产业空间集群（见表5-2）。

表5-2　　　　　　　　　　江汉区金融科技及数字经济产业园

产业群	产业园名称	开园时间	入驻企业
"网"	江汉创谷	2023年10月	中国铁塔、中贝通信、云网数智科技公司、中电科长江数据等
"云"	武汉云数字经济总部区	2021年9月	武汉云计算科技有限公司、武汉火凤凰云空间科技有限公司、武汉岚科数云信息科技有限公司等
"智"	国泰汉口科创中心	2022年9月	北京爱宾果科技华中区域总部、北京远舲智能华中区域总部、北京航天飞鹰机器人华中5G机器人实验中心等
"链"	"前序空间"区块链专项众创空间	2021年10月	湖北邮电规划设计院有限公司、蚂蚁集团智能科技事业群、顺丰科技区块链事业部、武汉可均科技集团等
"数"	中国电子数字产业总部示范区	2023年10月	云启智慧、联通产业互联网、优必选、万睿数字等

3. 吸引金融科技人才集聚

江汉区持续加大金融科技人才的引入力度，深入推进"名校育才、名企用才、名城爱才""三名共建"品牌活动，让人才了解江汉、扎根江汉。为人才建立"热带雨林"公共服务平台，"国家队"成员、落户江汉的中国武汉人力资源服务产业园，为人才引育发展提供全链条服务。同时，在产业最优、需求最旺的武汉金融街等区域，新筹集近千套人才公寓，解决人才"安居"难题；在硬件配套上完善交通出行、医疗教育、文化体育等基础设施，营造人才与自然和谐相处的生态环境；推出金融高管人才奖励、金融人才技能补贴，以及住房、教育、疗养等生活补贴。2023年，江汉区举办了首届"江汉英才计划"，为金融、商贸、数字经济等重点行业的高层次人才发放"江汉人才卡"，持卡人可享受政务、金融、医疗、教育、娱乐等全方位、全链条、全周期的便利服务，让人才"引得来""留得住""用得上"，由此江汉区汇聚金融人才近3万名，为江汉区数字金融发展提供了坚实的人才智力支撑。

（二）强化金融科技创新能力

1.推动传统金融机构数字化转型

江汉区高度重视金融与科技的创新融合发展，积极推动金融机构数字化变革、金融产业数智化转型（见表5-3）。辖区内长江证券将金融科技作为数字化转型的核心推动力，通过加大金融科技研发投入，促进数字技术与证券业务深度融合，为前台业务开展和管理模式优化提供技术支持，有效实现证券业务数字化转型，并重点投入人工智能生成内容（AIGC）领域，发布"灵曦"AI平台，有效赋能证券业务发展。此外，辖区内汉口银行全力推进"数字银行"建设，升级挂牌金融科技基地、远程银行及信息科技研发中心，以数字化转型努力破解民营小微企业融资难、融资贵问题，创新推出"创 e 贷""301 助业贷""政采贷"等数字金融产品，提升小微企业融资便利性和贷款可获得性。

表5-3 江汉区金融机构的数字化转型

机构名称	金融科技	应用场景
长江证券	人工智能生成内容（AIGC）、"灵曦"AI平台	智能投顾、大数据分析、加密技术、生物识别认证、实时监控等

续表

机构名称	金融科技	应用场景
招商银行武汉分行	ACS原生云、FTC金融交易云	智能云服、智慧运营、智慧融资、数字服务、财资管理、财富管理、区域研究等
众邦银行	POWER架构、"司南""天衍""倚天""洞见""众目"风控技术	云网点、云开户、云尽调、B端小微企业风控等
汉口银行	加密货币、区块链技术、云计算等	供应链金融、科技金融、风险评估与控制等
合众人寿	SD-WAN专属监控平台、合众审计综合管理平台	大数据分析、云计算、光学字符识别（OCR）、人脸识别、电子签名

2.增强金融科技风控能力

随着数字金融的快速发展，数据安全和隐私保护风险、技术风险、网络欺诈风险日益严峻，江汉区金融机构高度重视以信息技术助力金融风控。辖内众邦银行充分发挥大数据风控优势，以优质金融供给助力企业行稳致远。在建立传统的全面风险管理体系的同时，引进人工智能、云计算等互联网技术，建成"司南""天衍""倚天"等一体化大数据风控系统，全面实现线上信贷业务的智能化与自动化。在风险识别难度大的小微企业风控方面，众邦银行不断精研机器学习算法，提升精准量化识别风险能力，通过建立统一的反欺诈风控体系，利用生物雷达反欺诈、精准画像，有效开展防诈资金保护、风险账户查控、非法开户防范等风控措施。

3.数字金融创新场景应用持续拓展

江汉区持续发挥深交所湖北资本市场培育基地作用，提升资本服务企业平台功效，加速"金融+场景"的融合，完善资本、人才等金融要素市场。鼓励银行、证券、保险等金融机构与科技企业合作，利用在消费、民生、金融等方面拥有的海量数据资源，开展数字人民币、绿色金融、金融法庭等试点工作。同时，辖内金融机构纷纷推出针对中小企业、科技企业、金融投资者的金融科技产品。例如，招商银行推出的"闪电贷",通过与政府连接获取企业与个人的公积金和社保数据等征信信息,可以最快在60秒内审批放款。众邦银行面向民营小微企业推出突破核心企业依赖的"众商贷",定制适合农业领域的"农链贷",落地支持科创企业的"科创贷",拓展匹配交易场景需求的"供货贷""订货贷""流水贷"。长江证券基于大数据、区块链等数字技术,开通面向投资者的智能投顾业务、风险管理业务等,极大提升了金融投资者体验。此外,江汉区利用武汉市创建国家区块链发展先导区的契机,大力拓展"区块链+"场景,形成"区块链+印章管理""区块链+工业互联网""区块链+智慧医疗"等区块链应用创新(见表5-4)。

表5-4   江汉区金融科技的应用场景开发

类型	产品名称	主要功能
数字金融平台	武汉云、汉融通	提供政银企三方沟通平台
数字信贷产品	招行"闪电贷"、众邦银行"众商贷""农链贷""科创贷"、汉口银行"创e贷""301助业贷"等	解决民营中小微企业、科创企业的融资难、融资贵问题
数字风控产品	招行"风险决策审批引擎""自动化风险预警模型"、众邦银行"司南""天衍""倚天"风控模型等	利用大数据、云计算等技术降低信贷风险
数字化证券服务	智能投顾、智能支付	提升金融投资者回报、降低风险,增强交易便利性
区块链产品	"区块链+印章管理""区块链+税务溯源""区块链+工业互联网""区块链+智慧医疗""区块链+党建""区块链+固体危废全生命周期管理"等	通过"区块链+"为传统产业赋能

(三)提升服务实体经济效能

1."汉融通"平台功能不断完善

为进一步优化金融营商环境,缓解中小微企业融资难、融资贵问题,江汉区持续推进"金桥计划""金领计划",利用"汉融通"推动银企对接,为民企汇聚更多金融"活水"。"汉融通"利用信息技术，发挥优质存量客户画像的数据资源优势，将优秀 AI 模型建设团队丰富的风控模型搭建技术全方位融入产品的研发方案中，有效缓解了银企信息不对称问题。截至2023年年末，"汉融通"已与25家银行实现专线直连，实现了在汉银行机构"全覆盖"，上线金融产品135项；平台累计访问量超过1.52亿次，撮合企业融资470亿元，有效支持了实体经济高质量发展。

2.数字经济产业基金效果日益凸显

为促进金融更好服务新质生产力，2023年总规模达30亿元的武汉长江数字经济产业投资基金在江汉区注册成立，该基金与恒生电子在内的金融科技等龙头企业达成产业链子基金的合作意向，成功引入恒生保泰科技、北京远舰智能、深开鸿等项目。同时，江汉区积极推动与沿海地区的产业基金合作，2024年7月长江产业投资集团与北京西城金睿（北京西城区国资平台金融街资本旗下基金管理公司）合作设立湖北省长江金睿创业投资基金，目标规模10亿元，该基金依托湖北重点产业集群及长江产业投资集团资源优势，重点布局光电子及新一代信息技术产业、数字经济等领域，深度挖掘产业链上下游优质项目投资机会。此外，江汉区政府产业引导基金改革运作思路，采取"国资+财政资金"方式充当政府"耐心资本"，成功引进了江城基金落户，后续还将加大与武汉基金、江城基金的合作；通过设立财政专项资金，与武汉产业创新发展研究院合作，采取"先投后股"方式解决科技成果转化中社会资本"不愿投不敢投"的难点，有效促进了江汉区科技创新与产业转型。

3.智慧金融服务体系持续完善

江汉区依托商贸、通信信息、创意设计等传统优势，持续加大数字技术在智慧政务、交通、城市等重点领域的应用力度，建立数字技术基础上的"智慧"生态圈。同时为充分发挥海量数据、市场规模和丰富应用场景优势，率先以"揭榜制"征集区块链应用场景，发布多个数字经济应用场景示范项目，在多个领域推动落地一批重点项目。积极推动 5G 智慧示范区、国家智能网联汽车测试示范区、国家区块链先行示范区核心承载区建设，加速发力数字金融、供应链金融、线上经济、直播电商等数字经济新业态，深入挖掘数字金融的应用场景需求建设。

二、江汉区金融科技发展面临的主要难题

江汉区金融科技发展取得了较好成效，区域影响力不断增强，但金融科技要向更高发展阶段跨越提升，依然面临着一些难题。

（一）金融科技核心技术有待突破

金融科技是金融与科技深度融合的产物，技术研发是重要推手。其中，大数据助推金融业务精细化运作，云计算促进金融服务集约化发展，人工智能推动智慧金融创新发展，密码技术支撑金融信用背书技术化，移动互联技术推动数字普惠金融发展。近年来江汉区在金融科技方面取得了较大进步，但发展路径主要为金融科技应用场景开发，底层技术研发能力相对薄弱。《中国金融科技企业竞争力报告（2024）》显示，2023 年我国金融科技人员投入 1 814.7 亿元，IT 建设投入 1 236.4 亿元，前沿技术应用投入 676.7 亿元；金融科技专利数量最多的三个省份为北京（225 903 项）、广东（150 147 项）、上海（56 577 项）。湖北金融科技的研发投入与专利数量排在全国第三梯队，与第一、第二梯队的差距较大，存在金融科技企业数量较少，实力较弱的问题，全国金融科技头部企业招商力度有待提升。金融机构数字化转型滞后，数字金融核心技术在数字孪生、人工智能、量子计算等领域的科技研发力度还有待加强，需在前瞻性基础研究、引领性和颠覆性原创成果等方面加强突破，抢占未来数字金融发展的技术先机和主动权。

（二）金融科技要素集聚程度不高

相较于北上广等具有先发优势的地区，江汉区在金融科技领域起步较晚。

《中国金融科技企业竞争力报告（2024）》显示，2023年我国金融科技市场规模继续保持增长态势，达到3 727.8亿元；从百强企业省份分布来看，北京、广东和上海分别位居前三，上榜企业分别达到43家、18家和16家，产业集聚效应依然明显，东部省份、成渝地区发展势头强劲。东湖高新区的光谷金信是湖北省唯一上榜企业，缺乏金融科技领域龙头企业成为江汉区面临的突出问题。部分辖区内金融机构在区外设立金融科技中心，汉口银行、合众人寿、国通信托设立的金融科技公司均未落户江汉区（见表5-5）。此外，数字金融产品尚不丰富，数字金融解决方案和应用场景落地有待拓展；金融科技企业和传统金融机构的融合度依然不高，表现为传统金融机构偏向于自主设立金融科技部门，金融机构与金融科技企业的合作深度与广度有待加强。

表5-5　　　　　　　　江汉区金融机构在区外设立的金融科技中心

企　业	科技中心	成立时间	所　在　区
汉口银行	汉口银行股份有限公司科技金融服务中心	2016	东湖高新区
合众人寿	武汉合众金融科技服务有限公司	2017	东湖高新区
国通信托	湖北国信通金融科技有限公司	2021	硚口区

（三）金融科技高端人才缺口较大

随着"江汉英才计划""产才融合"等人才政策的实施，江汉区吸引了3 800多名行业高层次人才、近3万名金融人才集聚，但金融核心技术人才匮乏问题仍然较为突出。目前江汉区金融机构对数据治理、数字风控、区块链、人工智能、数字金融产品研发等领域的人才需求较大，相关技术人才供给较为稀缺。《2023金融数智化报告》披露的数据显示，97%的金融机构存在金融人才缺口，预计2023至未来5年，金融科技人才需求总量超过115万人。面对巨大的金融科技人才缺口，全国高校纷纷开办金融科技专业，培育复合型金融科技人才。各地政府出台金融人才福利政策，如北京西城区出台《西城区吸引高层次人才专项计划实施办法》、南京建邺区出台《建邺区促进金融科技产业创新发展的若干措施》，对金融核心技术人才进行全方位支持。相较于上述地区，江汉区金融人才引进与培育政策还有待进一步加强。

（四）数字金融特色发展有待加强

当前各地政府高度重视数字金融发展，江汉区需要立足区域禀赋，探索特色发展路径才能在激烈的数字金融竞争中胜出。当前江汉区数字金融特色高质量发展路径尚不明晰，存在着"平台+产品+场景"整合度不高、"数字+科技金融""数字+绿色金融""数字+消费金融""数字+金融监管"应用场景不丰富、担保机构和产业基金等非银行金融机构数字化转型较慢等问题，抑制了数字金融高质量发展。此外，"汉融通"融资平台缺乏信贷产品间的智能匹配功能；数字技术与养老金融、科技金融的融合度有待提升、对绿色普惠金融发展的支持力度较弱等问题依然存在，不利于数字金融服务经济社会高质量发展的功能发挥。

三、国内各市区数字金融工作发展的经验启示

从国内各市区数字金融发展的实践中可以看出，数字金融的落脚点在于通过科技创新和金融服务的结合，提升经济发展的效率和普惠性。它的出发点是推动金融资源的有效配置，助力实体经济的转型升级，实现经济与技术的双向促进。在这一过程中，如何构建高效的金融科技集聚区，以及数字金融智能服务平台、推动金融科技与实体经济的融合等，成为各地区数字金融发展的关键因素。

（一）制定专项金融科技发展政策

各地的数字金融发展往往由政府主导，通过政策设计为数字金融提供基础支持。顶层设计不仅包括企业扶持政策，还涵盖金融科技创新、人才引进、数据共享、专项资金支持等多个方面。如北京西城区的"金科十条"政策提供了创新监管

工具、企业扶持政策、人才激励等多层次的支持措施。南京建邺区发布了《关于促进河西金融集聚区金融科技产业发展的若干政策措施》，专门针对金融科技企业的发展进行政策扶持。各地金融科技政策见表5-6。

表5-6　　　　　　　　　　　国内各市区金融科技发展政策汇总

发布时间	地区	政策名称
2024年3月	成都高新区	《成都高新技术产业开发区加快数字经济产业重点领域高质量发展若干政策》
2024年5月		《资本市场金融科技创新试点实施细则》
2023年5月	北京西城区	《关于支持国家级金融科技示范区建设若干措施》（简称"金科十条"2.0版）
2023年12月		《北京市西城区加快推进数据要素市场高质量发展的若干措施》
2022年9月	南京建邺区	《建邺区促进金融科技产业创新发展的若干措施》
2024年9月		《关于促进河西金融集聚区金融科技产业发展的若干政策措施》
2022年12月	苏州昆山市	《苏州市数字金融产业发展三年行动计划（2023—2025年）》

（二）建设高水平金融科技集聚区

各区域普遍通过建立高水平的金融科技集聚区来推动数字金融的发展。上海市黄浦区通过打造外滩金融集聚带，吸引了大量金融机构和科技企业入驻，促进了资源的有效整合与合作。南京市建邺区依托河西新城，建设了"数字金融集聚区"，为企业提供了孵化、加速和研发的全链条服务。成都推动金融科技产业建圈强链，打造中国（西部）金融科技发展高地，培育金融科技链主企业，强化金融科技创新应用，以大数据、云计算、人工智能、区块链、物联网技术为代表的金融科技产业不断集聚。作为北京西城区数字金融发展的核心项目,"新动力金融科技中心"通过整合政策资源和金融科技生态系统,吸引了众多具有前沿技术的金融科技企业入驻,形成了金融科技创新的强大集聚效应。这些集聚区为区域内金融科技企业的创新与发展提供了强有力的支持,并成为数字金融发展的重要推动力。

(三)开发数字金融智能服务平台

智能服务中心的建设可以促进区域内金融资源的高效配置与整合,以金融数据为核心,为金融科技企业的快速成长提供全方位的服务。南京建邺区聚焦银行科技、证券科技、保险科技等新兴赛道,打造了一个集金融科技创新、产业孵化、资本运作为一体的综合平台。其不仅吸引了大量优质金融科技企业入驻,还促进了区域内金融资源的高效配置与整合。长沙的金融专题库和金融大数据服务开放平台在全省首创直连银行业务系统,实现了数据流通全线上化,解决了银企信息不对称问题,政务数据开放共享、便民惠企,是长沙以"数"赋能普惠金融的创新成果。

(四)推动数据融合与场景应用

完善自身的数据融合机制,推动金融科技的深入应用,有利于提升区域数字金融的整体服务质效。借助金融科技企业的力量,将数据应用延伸至更广泛的领域,如供应链金融、数字货币试点等,提高了数据的商业价值,推动了区域数字金融的发展。湘江新区的数据中枢平台通过数据的汇聚和共享,接入了七大领域的47个应用场景,归集了数千万条数据,不仅支持了新区的数字化转型,也为金融领域的智能决策和风险管控提供了坚实的数据支持;南京建邺区则抢抓先机把华为发展为重要的城市合伙人,在近一年的时间内,打造了城市运行"一网统管"南京—华为联合创新实验室。同时,加快构建以华为为基础、中软为聚合、应用场景为牵引、行业产品为承载的数字底座,以鸿蒙技术为切入点,推动"技术+场景"深度融合,落地催生、孵化裂变出新企业。

（五）推进数字基础设施建设

推进数字基础设施建设是数字金融发展的重要支撑。5G网络、物联网这些基础设施的建设不仅提升了城市管理的效率，也为金融科技企业的运营提供了良好的技术环境，从而推动了数字金融服务的智能化和便捷化。深圳南山区打造了"南山科技金融城"，城内的建筑采用了创新的设计，具备灵活的空间布局和先进的基础设施，吸引了大量金融科技企业入驻，促进了整个区域的经济增长，为数字金融的发展提供了坚实的基础。长沙市高度重视产业数字化工作与金融创新工作。天心区作为长沙南部融城发展的桥头堡，数字经济规模超500亿元，拥有湖南唯一的数据要素交易平台——湖南大数据交易所和中国电信中南智能算力中心、湖南人工智能算力中心两大算力中心，构建了"一大数据交易所、两大算力中心、八大数据中心"的数字基础设施。北京西城区通过智慧商业区的建设，推动传统商业向数字化、智能化转型。此外，大力推动医疗、教育、文化旅游等领域的数字化应用和服务创新。

（六）重视金融科技人才建设

各地通过政府、高校和企业合作，共同培养金融科技人才。通常会与本地高校合作，设立金融科技研究中心、实验室和培训基地，建立长效的人才培养机制，也会通过定向培养和国际交流，提升本地金融科技人才的技术水平和创新能力。例如，通过与国内外顶尖高校和研究机构合作，成都高新区建立了创新人才孵化中心，培养高层次的金融科技人才，为本地数字金融创新提供持续的人才支持；南京建邺区则通过人才引进和激励政策，以及"政产学研用"协同创新模式，推动区域内高端金融科技人才的集聚，此外还设立了金融科技实验室，专注于培养复合型人才，覆盖区块链、大数据等前沿领域，推动创新技术应用。

四、加快江汉区数字金融发展的对策建议

江汉区作为武汉市的金融商贸中心，拥有丰富的金融资源与商业基础，但在实现全面数字化转型过程中，需要明确发展方向和实施路径，通过安全合规的政策环境支持，以数据驱动的模式提升金融服务效率，并以智能化服务推动创新实践。应着重从夯实金融数字底座、重视数字金融业态发展、推动数字金融产业集聚、提升数字金融服务质效、构建数字金融良好生态、推进数字金融人才培养方面加快攻坚突破，促进金融业高质量发展、推动区域经济高质量发展。

（一）完善数字金融政策与治理体系

1.健全金融科技产业发展政策

制定金融科技发展专项政策。制定金融机构数字化转型、金融科技产品研发与应用创新、机构与人才集聚等方面的激励措施，加快促进江汉数字金融技术引领。政策应涵盖金融科技企业从初创期到成熟期的不同发展阶段，提供针对性的扶持措施，如融资支持、技术创新补助等。同时，注重政策的长期稳定性，避免频繁变动，确保企业能够有计划地进行长远布局。

设立金融科技专项基金。扶持初创期和成长中的金融科技企业，重点关注早期企业，提供"耐心资本"，帮助它们度过技术研发和市场推广的初期困难。与社会资本、银行等金融机构合作，形成"政府引导+市场化运作"的模式，进一步拓展融资渠道，确保资金精准流向有潜力的创新项目。

2.深化金融科技创新体制机制改革

深化"管委会+公司"管理体制改革。江汉区应深化体制机制改革，特别是"管委会+公司"的管理体制改革。厘清开发区管委会、行政部门和产业投资公司之间的职责分工，提升金融科技项目落地的效率。通过建立完善的分工协作机制，

确保政策执行的高效性，推动金融科技相关项目的顺利实施。同时，完善政府基金运作机制，通过设立绩效考核体系，确保金融科技项目获得资金支持，推动金融科技创新发展，促进数字金融领域的长远布局。

建立高效的数字金融供需对接机制。设立跨部门的政策协调委员会，整合金融、科技、产业等多个部门的政策支持，避免各政策之间的碎片化和孤立发展。通过加强部门间的沟通与合作，确保金融资源、财政补贴和科技创新项目有机结合，推动金融科技与实体经济的深度融合。健全应用场景定期更新发布、高效高频供需对接机制。健全监督管理机制，对在对接过程中存在的延迟、效率低等问题进行动态监控和反馈调整，保障供需双方的权益，确保机制运作的持续性和高效性。

3.提升金融数字化治理水平

加强市区联动，集成市级平台优化区域金融风控。依托武汉市已有的智慧城市和金融科技平台，通过市区联动提升金融监管和服务水平。与市级金融监管部门、银行及科技企业合作，集成市级提供的智能风控和数据分析工具，构建区域性精准金融服务体系。通过市级平台的数据共享，实现对区内企业的精准画像和风险预警，避免信息孤岛带来的重复投入。

强化数字监管机制和平台建设。重视网络安全、数据安全，可考虑与网安中心、高校联合搭建数据监测平台，建好用好金融风险防控监测大数据平台，通过汇聚各方数据整合线上线下资源，织密全区乃至全市监测"一张网"，银联数据以数据和算法为核心，打造"风险模型平台"与"风险策略平台"双平台风控，驱动高效精准决策。

加强金融治理与公众参与的数字化互动。建立数字金融公众参与平台，通过线上渠道收集公众对金融政策的反馈和建议，并公开区域内金融机构和企业的运行情况，增强政策透明度。通过增强公众的数字化参与感，既能有效监督企业合规经营，也能提高政府决策的科学性与民主性。同时，公众可以通过平台学习数字金融知识，提高数字金融素养，形成更健康的金融消费环境。

（二）重视数字金融业态特色发展

1.鼓励传统金融机构数智化转型升级

抓好银行业在数字金融发展中的作用。银行业是数字金融的主要运用者，既能运用数字化工具进行金融服务，又能对数字化科技创新企业进行金融服务支持。建立"银行业数字金融产品汇"，倡导本区各主流银行提供各具特色的数字金融结算产品，参与到武汉云科技公司的"中小企业数字化转型赋能平台"中，用银行业先进的金融产品提升中小企业的财务结算科技能力。做好政府搭台的模式，邀请合作银行一期一会举办固定形式的"银行数字结算产品讲座"。

推动证券业智能化创新发展。依托辖区内深交所湖北资本市场培育基地及证券期货经营机构，引导区内金融机构积极参与第二批资本市场金融科技创新试点报名，通过大数据、云计算、人工智能、区块链等新一代信息技术对证券公司实现科技赋能，促进证券业务的智能化发展。征集信息技术对证券业务科技赋能的项目及案例，推动试点成果在证券行业应用，为促进证券业金融科技创新发展贡献经验。

推动金融服务数智化转型。鼓励辖区金融机构通过金融服务"上云、用数、赋智"，将新一代信息技术应用于智能投顾、智能风投、投研服务等业务领域，建立前、中、后台协同的数字化交易管理体系，有效提升投资交易效率和风险管理水平，强化数字风控能力建设，借助科技赋能金融服务提质增效。推动金融科技企业与传统金融业合作，开拓金融科技在银证保等传统金融领域产生新的应用场景，重点探索金融科技在担保公司、产业基金、融资租赁、典当行等类金融机构的应用，形成金融科技的特色发展。

2.引入技术领先、符合市场需求的"数、智、云"机构

优先引入顶尖"数、智、云"技术提供商。江汉区可以积极吸引国内外领先的云计算、大数据、人工智能等技术提供商入驻，特别是与火凤凰云计算基地和武汉云等本地资源结合，满足市场对于高效数据处理和智能化解决方案的需求。通过与

腾讯云、阿里云等企业合作，引入强大的数智技术，进一步提升本地企业的云基础设施服务能力，为金融科技、商贸物流和智能建造等行业提供一站式数字化服务。

设立"揭榜挂帅"机制，精准引入市场需求导向的企业。江汉区可以通过设立揭榜挂帅机制，鼓励具备前沿技术和市场化能力的"数、智、云"机构主动参与区域内数字化项目的开发与应用。通过这一机制，江汉区能够确保引入的企业不仅技术领先，同时也符合当地市场需求，在金融科技、生命健康等领域发挥切实作用，形成需求驱动的引进模式

引入契合江汉区市场需求的数字金融龙头企业，推动创新中心落地。重点围绕数字人民币、金融科技、金融大数据、金融消费、养老金融、未来产业等，对接国内数字金融生态圈龙头企业，推动其来江汉区设立分公司、软件开发测试中心、数字金融创新中心、研发中心、AI智能商业化运用未来实验室等。

3.提升"汉融通"服务区内资源配置与创新能力

依托"汉融通"加强江汉区资源集聚与特色化服务建设。"汉融通"可以将江汉区的金融资源优势转化为差异化服务的亮点，推动"区内资源优先"。建立江汉区企业专属服务窗口和绿色通道，推动区内企业融资优先匹配；设立江汉区特色产业板块，如科技金融专区或绿色金融专区，提供量身定制的融资产品。同时，定期举办"区内银企对接活动"，帮助江汉区企业更快获取政策支持与金融服务资源。

通过汉融通推进政银协同，扩大江汉区金融生态影响力。汉融通可以深化与区政府和本地银行的合作，利用区域政策优势，打造江汉区金融产业集聚高地。推动地方政府设立金融创新基金，与汉融通平台联合推出专属金融产品，吸引区内企业使用平台。此外，通过政府补贴或贴息贷款，进一步降低江汉区中小企业的融资成本。

借助汉融通构建金融科技试点区，探索智慧金融新模式。汉融通可以利用江汉区作为创新试验田，优先测试智慧金融服务新模式。具体措施包括：建立区内企业数据共享平台，实现政企数据的高效流转，提升金融匹配的精准度；引进区块链技

术，推出供应链金融和智能合同服务，保障金融交易透明安全。通过政策激励，吸引更多创新企业参与试点，将成功经验推广至全市。

（三）推动数字金融产业发展集聚

1. 打造数字金融产业集群

设立专营机构，统筹金融科技产业发展。江汉区可以从现有的长江数据物联网产业园、武汉市信息增值服务产业化基地、圈外区块链融合创新产业园、国泰汉口科创中心等产业园区中选1~2家有技术基础和发展潜力的运营主体，统筹江汉区金融科技企业的引进与扶持。该机构可与现有的火凤凰云计算基地合作，负责制定政策、协调资源，为新入驻企业提供市场准入指导和融资支持。此外，还可鼓励金融机构内部设立金融科技部门或创新实验室，形成多层次的专营支持体系，推动金融与科技的深度融合。

打造区域性大数据产业集聚区。江汉区应依托现有的火凤凰云计算基地、武汉云以及其他数据中心资源，打造区域性大数据产业集聚区，吸引大数据和科技企业集聚。该集聚区应重点引入从事大数据存储、处理和分析的企业，并推动与本地金融机构合作，优化金融科技应用中的数据处理能力。通过吸引大数据企业入驻，构建强大的数据基础设施，为区域金融科技的发展提供技术支撑和市场服务。

打造创新应用场景，争创数字金融示范区。江汉区应围绕商贸、物流、消费和政务等重点领域，先行先试一批数字金融创新应用场景，为争创数字金融示范区奠定基础。可在夜经济和商圈中，推广智能支付和消费积分平台，提升消费便捷性与市民参与感；在物流行业，通过已有的湖北供应链物流公共信息平台整合金融科技解决方案，实现物流环节中的数据透明化和智能化管理；在政务服务中，引入金融科技产品，如在线支付和资金管理系统，优化财政资金流转效率。这些场景的应用不仅为数字金融创新提供了实践土壤，还能形成可推广的示范经验，增强江汉区在数字经济领域的核心竞争力，推动区域经济高质量发展。

2.培育算力与大数据产业

利用绿色电力优势，建设江汉区AI人工智能算力中心。利用湖北绿色电力充沛的优势，顺应AI智能的发展趋势，与国内AI运行先进机构合作建设"江汉AI人工智能算力中心"，通过重资产的AI算力中心吸引AI服务机构入驻江汉区。结合武汉已有的人工智能计算中心和超算中心的资源，可以进一步增强算力的协同效应，提高设备利用率和服务能力。该中心不仅有助于实现人工智能应用场景的商业化落地，还将推进绿色低碳发展目标，建设可持续发展的高效智算平台。

推动云计算服务扩展。依托火凤凰云计算基地和武汉云，进一步扩展云计算和边缘计算服务。借鉴"武汉云"项目的成功经验，推动云计算平台为金融科技、商贸物流和智能建造等产业提供更高效的算力支持，确保企业在数据处理、储存和分析方面拥有强大的计算能力，推动大数据技术的广泛应用。

争取创设"AI智能商业化运用未来实验室"，推动未来产业发展。依托武汉市"未来产业"的布局，结合江汉区的商业、金融、文旅等行业的发展，争取创设"AI智能商业化运用未来实验室"，建立数字行业未来运用制高点。重点推动5G-A网络、物联网和人工智能等技术的应用场景开发，支持企业在元宇宙、脑机接口、人形机器人和区块链等领域开展前沿技术研究。通过鼓励企业与高校、科研院所合作，建立未来产业创新平台和试验场，加速科技成果的转化与商业化。

（四）提升金融服务实体经济质效

1.推动重点领域数字金融赋能行动

推动商贸数字化升级，增强数字金融支持。利用现有的金融科技资源，支持商贸领域的数字化升级。通过构建智能商贸系统，推动商贸企业与银行及科技企业合作，为批发、零售等商贸主体提供便捷的数字支付、财务管理和电子合同系统。同时，鼓励金融机构开发适合商贸企业的定制化融资产品，如基于销售数据的信用贷款和数据驱动的财务分析服务，帮助企业优化经营管理，提升抗风险能力。这将提高江汉区商贸行业的数字化程度，为区域经济发展注入新活力。

拓展湖北供应链物流公共信息平台的金融服务功能。依托江汉区的湖北供应链物流公共信息平台，进一步增强金融赋能功能。整合平台物流数据和金融服务资源，与金融机构合作开发如仓单融资、订单融资和应收账款贴现等产品，帮助物流企业解决资金周转问题。通过数据分析和智能化管理，提高供应链透明度和融资效率，推动江汉区物流产业的现代化发展和创新应用，为江汉区物流产业提供更强的竞争力。

推动消费金融创新，激发区域消费活力。江汉区应充分利用其丰富的消费场景，推动消费金融的创新应用。在大型商圈、消费场景及文旅项目中，鼓励银行、支付机构与电商平台合作，推出分期支付、消费积分和电子消费券等金融产品。鼓励银行和金融机构加强与零售企业的合作，开发基于大数据的消费分析和精准营销服务。通过数字金融技术帮助"老字号"优化供应链管理、提升客户服务质量，并开展数字化营销，增强其在市场中的竞争力和吸引力。同时，鼓励这些企业引入新的支付方式和数字金融产品，进一步提升新型消费的潜力，推动江汉区传统商业模式的现代化转型。

2.促进数字金融特色应用集中涌现

加大金融科技创新场景的信贷投入。建立由政府、金融机构、高校等领域专家组成的金融科技发展智库，密切关注金融科技在科创金融、绿色金融、普惠金融、养老金融领域的技术开发与创新应用，鼓励金融机构加大对AI大模型、证券量化投资、区块链+、基于物联网的智慧养老等创新场景和生态建设的投入。

推进数字金融产品与服务创新。支持财政局与政府引导基金、政府性融资担保机构、保险公司加强合作，融合数据资源，通过大数据分析评估企业信用，推动"政采贷""科贷担""创业担保贷款"等系列产品增量扩面，提升融资贷款服务水平。支持金融机构与湖北数据集团等平台开展数据资产入表、数据产品孵化、"数据+金融"产业服务等合作，探索开展数据资产增信、数据资产融资、数据保险等金融创新服务。

打造江汉区数字金融场景应用品牌。鼓励银行、证券、保险等金融机构与科技企业合作，利用在消费、民生、金融等方面拥有的海量数据资源，开展数字人民币、绿色金融、金融法庭等试点工作，形成可复制推广的创新应用场景。支持企业申报国家和省、市相关产品目录和应用示范项目的同时，加快建设"云设施"，利用海量数据、市场规模和丰富应用场景优势，率先以"揭榜制"征集ABCDG应用场景，发布数字金融示范项目。以武汉市"未来科学"为引领，探索人工智能商业化应用，打造江汉区的数字金融品牌。

3.引导数字金融服务民生

提升数字生活服务的便捷性。通过政策引导，鼓励企业与公共服务部门合作，在社区、大型商超、公交系统和医院等公共场所设立金融科技生活场景示范点，为居民提供智能支付、健康监测、智慧出行等一站式服务。设立专项资金支持基础设施建设，推进自助终端和智慧设备的普及，并通过政策优惠，吸引更多技术企业参与，全面提升城市服务的智能化水平。

构建智能化的养老金融服务体系。鼓励金融科技公司与养老机构、保险公司合作，打造"银发产业云"平台，提供定制化的养老金融产品，如养老金管理、养老保险数字化平台等。设立政策激励，推动保险机构和银行开发专门的养老理财产品，并通过智能健康监测设备将健康数据与金融产品挂钩，为老年人提供更灵活的养老理财方案。同时，推动金融与健康服务的深度融合，例如推出基于健康状况的差异化养老保险产品，满足不同层次老年人的养老需求。

加强数字金融教育的推广。通过社区活动、教育普及和培训提升金融素养，帮助居民掌握数字支付、安全理财等技能，提升居民的金融素养，确保更多居民享受数字金融带来的便利。推动教育改革，选择有基础的中学申请设立人工智能基础教育课程，先行先试，在此领域树立数字金融基础教育标杆。组织金融知识竞赛和互动教育活动，增强公众对数字金融的理解和实践能力。

（五）构建数字金融发展良好生态

1.优化数字生态基础设施建设

推进江汉数字金融实验室建设。携手武汉大数据产业发展有限公司、武汉云科技计算有限公司、"城云科技"等金融科技公司，以"技术驱动、数据赋能、场景引领"的运营思路，聚焦数字金融、数字经济、数字政府三大领域，依托实验室搭建集成区块链、大数据、人工智能等技术的金融创新平台，开展技术研究与产业孵化。与金融企业和高校合作，推动前沿技术在金融领域的应用，尤其是智能风控、精准营销等方面的创新，推动数字金融产业链的完整构建，打造江汉数字金融标杆。

促进数字金融与楼宇经济融合发展。充分利用存量产业楼宇的集聚优势，通过试点一批新建或改建项目，满足数字金融基础设施的需求，推动楼宇经济与数字金融产业的协同发展。改造后的楼宇可以为金融科技企业提供云计算、大数据、区块链等技术支持，并配备智能办公设施，提升企业运营效率。通过设立专门的产业扶持基金，支持数字金融企业在楼宇内快速成长，同时提供租金减免、技术支持、市场推广等政策，吸引更多优质企业落户。

推动金融科技"云平台"建设。加快与金融科技龙头企业的合作，建设"云设施"，打造个性化的金融"云业厅"，推动金融与企业管理、人力资源、财税、物流等相互嵌合的综合性"云平台"建设。通过开放API接口，让企业自主定制其服务模块，打造个性化的金融生态。与此同时，平台还可以为政府提供数据服务，提升公共管理与政务服务的数字化水平。

超前部署数字人民币场景应用设施。通过与现有的武汉云、大数据中心的合作，部署集中式数据中心、分布式算力中心等数字设施建设，提升数据集中存储、传输、处理能力。设立数字货币沙盒，允许金融机构和科技公司在合规框架下测试数字人民币的支付、结算、征信等场景应用，助力江汉区在数字金融领域抢占先机。

2.推动金融领域数据强基行动

抢抓"隐私计算"试点机遇，推动江汉区金融数据创新应用。抓住武汉入选首批"数据流通利用建设试点示范城市"中"隐私计算"的试点任务机遇，充分发挥江汉区作为"省级金融业集聚发展示范园区"和武汉产业投资控股集团承接任务的优势，加强数据汇聚融合、数据共享开放，优化数据使用授权机制和激励机制，推动"隐私计算"在金融行业的深度应用，形成武汉模板。

整合数据资源，推动江汉区金融科技智能应用发展。开展数据普查，摸清公共数据资源的分布情况和数量，明确各类数据资源的类型与价值，推动区内数据资源整合，以此为基础，支撑金融科技领域的算法优化和智能应用发展。依托区内金融科技龙头企业共同建立数据标注中心，提供高质量的公共数据服务，帮助金融科技企业提升算法训练的效果。根据金融惠企服务的数据需求优先级，支持金融机构融合利用科技、环保、工商、税务、气象、消费、医疗、社保、农业农村、水电气等数据。

3.加大资本股权招商

发挥武汉基金与江城基金招大引强作用。发挥武汉产业发展基金（简称"武汉基金"）和江城产业投资基金（武汉）（简称"江城基金"）两只本地政府产业母基金的招大引强作用。聚焦中后期、成熟期，重点支持高新技术和战略性新兴产业发展，通过"基地+基金""孵化+投资"的系统集成模式服务研发企业、研发平台，主动出击，以投促招，吸引一批优质投资机构在江汉区设立子基金，专注在科技创新和成果转化关键环节加大投资。

发挥数字基金招商与投资联动效应。发挥武汉长江数字经济产业基金（简称"数字基金"）的放大作用，适当变形为政府鼓励的招商基金（可以先对项目吸引招商，再投资），采取"招商+投资"的双向模式，既能投出去，也能引进来，吸引优质金融科技项目落户，并通过与国内领先的GP基金合作，在江汉区孵化设立多只投资子基金，形成数字引导基金放大效应。同时，与银行等金融机构合作，形成被投公司与银行传统金融服务的结合，做到有投资就有银行授信，既有股权投资，也有债权融资，推动被投数字科技企业的快速发展。

4.打造数字金融生态圈

建设数字金融展示区。通过建设专门的数字金融展示区，集中展示区块链、人工智能、数字人民币、未来科学的商业化应用，促进江汉区内企业与金融科技的融合创新，发挥展示区作为企业孵化器和国际合作窗口的作用，推动区域内技术成果的产业化和商业化，致力于打造江汉区数字金融应用品牌。

搭建平台，推动跨行业合作。通过扩大"宜商江汉·政企有约""江顺其美，因汉而融"等系列活动，促进政府、机构与企业的交流与合作，搭建跨行业、跨国界的合作平台，推动江汉区本地企业在金融科技、区块链、大数据等领域的国际化合作和市场推广，提升江汉区在数字金融领域的影响力。

加大活动宣传，吸引优质项目。通过定期举办金融科技论坛、展示会、技术交流会、产业对接会、国际化的创新大赛等活动，宣传江汉区的金融优势与金融科技资源，促进企业与潜在合作伙伴的交流，吸引优质项目落地。

（六）加速复合数字金融人才培养

1.促进人才与数字金融协同发展

推动人才发展战略与数字金融产业发展规划紧密结合。围绕金融科技的具体发展需求，设定明确的人才培养和引进计划；可设立高技能人才实训基地，提供定向培训与政策激励，确保培养和引进的人才能够直接服务于江汉区的重点产业。

建立针对人才和企业的双重激励机制。对金融科技人才提供诸如住房补贴、创新资助、科研经费等支持，吸引顶尖人才落户；同时为创新企业提供专项资金和政策扶持，帮助企业实现技术升级与市场扩展，通过建立金融科技产业孵化园区，提供优惠办公空间和技术支持，降低企业的运营成本，形成"引进人才—推动企业创新—产业升级"的良性循环。

完善人才链、产业链、创新链与资金链的协同机制。通过政府引导和市场力量配置，把高端人才精准对接到创新链和产业链的各个环节中，推动产业人才从研发到应用、再到市场的全链条发展，确保人才政策为产业发展提供有效支撑。

2.推动数字金融人才梯队建设

在政府人才建设方面，储备具备金融科技与数字金融前瞻性思维的领导人才。通过精准把握区域需求，掌握数字金融发展趋势，确保政策制定与市场发展紧密结合，助推江汉区在推动数字金融发展上更具前瞻性和竞争力。

在行业人才引领方面，充分发挥头部企业专家的引领和带动作用。通过专家引领，将全球领先的技术与本地需求相结合，促进跨行业的合作，通过全球视角引领区域内的金融科技创新，创新带动区域内其他企业的发展，确保江汉区在数字金融领域保持竞争力。

在金融机构人才培养方面，强化高质量金融人才培养。通过推荐核心高管申报市、区级人才政策及"武汉英才"培育计划，为符合条件的金融人才提供政策奖励和专项支持，如住房补贴、培训资助和职业发展专项资金等，提升金融人才的归属感与积极性。同时，加强与高校和金融机构的合作，开展针对前沿金融科技、风险管理和数字金融的培训项目，提升从业人员的专业素养。此外，通过营造良好的从业氛围和提供丰富的职业发展机会，吸引更多高水平的金融人才扎根江汉区，助力区域金融业和数字经济的高质量发展。

3.引进和留住高端人才

引进高端人才。学习上海、深圳等地的成功经验，设立专项引才计划，引入国际化和复合型高端人才。通过建立创新创业基地、住房补贴和科研资助，吸引国内外金融科技领军人才。同时，设立高层次人才的股权激励机制和"编制周转池"等支持政策，增强人才引进的吸引力和灵活性。提供国际人才引进便利措施，例如工作签证和子女教育等方面的支持，从而降低高端人才落户的成本和难度。

促进产学合作，挖掘紧缺人才。联合恒生电子、中国银行等区内金融科技企业、金融机构设立金融科技创新研究中心和金融科技人才培养基地，协同武汉大学、华中科技大学、中南财经政法大学等在武汉的高校共同开展定向人才培养和研究项目。通过举办金融科技夏令营、实训基地及联合科研项目等方式，打通"人才培养—实践应用"的全链条，培养具备理论与实践能力的复合型金融科技人才。搭建线上人才对接平台，利用大数据技术，精准匹配行业紧缺人才和高校毕业生，缩短人才培养周期，满足企业的需求。

推动数字金融人才集聚，打造数字金融人才高地。建立金融科技人才集聚区，设立专门的数字金融人才发展基金，支持区内企业为人才提供股权激励等长期激励机制，增强人才的归属感。鼓励定期举办数字金融人才节、人才季、招聘周、夏令营等活动，通过丰富多样的形式吸引优秀数字金融人才集聚；通过举办高规格的金融科技论坛和行业峰会，增强江汉区在金融科技领域的影响力，吸引全球顶尖人才来创业和就业，从而形成数字金融人才的持续聚集效应。

第六章　夯实供应链平台底座　推动仙桃优势产业转型升级[①]

仙桃在全国县域经济百强中居第56位，连续3年居全省首位。仙桃工业基础雄厚，利用毗邻武汉的区位优势、四通八达的交通优势、开放活跃的经济优势，仙桃非织造布、汽车零部件、食品加工、服装加工等产业均纳入了省重点成长型产业集群。围绕"奋进新千亿、建设示范区"的目标，仙桃聚焦供应链平台建设兴产业，促进产业间的融合与协同，加快从传统产业向高技术、高附加值产业的转变，实现经济结构的升级，提高产品质量和服务水平，增强产业整体的市场竞争力，持续推进供应链创新与应用迈上新台阶。

一、仙桃供应链平台建设兴产业的湖北实践

在全球经济一体化背景下，供应链的稳定性与竞争力已成为衡量国家经济实力的重要指标。我国正通过系列政策措施构建高效、安全、绿色的现代供应链体系，提升我国在全球供应链中的地位，支持企业转型升级，为经济高质量发展注入新动能。为推动供应链创新，党中央、国务院发布了《国务院办公厅关于积极推进供应链创新与应用的指导意见》等政策文件，明确提出要在新发展理念引领下，全面提升供应链智能化、数字化水平，并具体部署了推动产业链优化升级、加强供应链智能化建设、创新供应链应用模式等重点任务。

---

① 2024年湖北省社会科学界联合会中国调查项目；其阶段性研究成果在2024年得到了湖北省委副书记批示；段李杰、程凯、周子谨、邹亚帆参与了研究。

（一）湖北省全力支持供应链平台建设

湖北省正以前所未有的力度和决心，全力支持供应链平台的建设，以推动经济社会的全面转型升级。当前，湖北省的部署主要聚焦于三大核心领域，旨在通过创新引领和融合发展，构建更加现代化、高效能的产业体系和社会治理格局。

湖北省以供应链体系建设为关键抓手，深入推动现代化产业体系的构建。通过聚焦大宗商品、汽车制造、纺织服装等重点产业领域，湖北省积极搭建集交易、物流、金融、信息等服务于一体的供应链平台，旨在重塑产业链条，提升价值链水平。这些平台不仅促进了产业上下游的紧密合作与资源共享，还以互联网思维引领了新型发展模式的探索与实践，为产业转型升级注入了新的活力。

湖北省以城镇和产业"双集中"发展为切入点，积极推进新型城镇化进程。通过探索旧城更新模式，开展以县城为重要载体的就地城镇化及"双集中"发展试点，湖北省努力优化城镇和产业布局，提升城镇综合承载能力和产业集聚水平。这一举措不仅有助于激发高质量发展新动力，还有效促进了城乡融合发展和区域协调发展。

湖北省以信息化赋能为重要手段，全面推进"四化"（即新型工业化、信息化、城镇化、农业现代化）同步发展。通过加快推进城市数字公共基础设施建设试点工作，研究制订"数化湖北"行动方案，湖北省正加快构建数字经济、数字社会、数字政府的发展格局。这一举措不仅为政府治理和社会服务提供了更加便捷、高效的数字化手段，还为经济社会的全面发展奠定了坚实的数字化基础。

（二）仙桃市大力加强供应链平台建设

仙桃市在贯彻落实党中央和省委关于供应链产业建设的重要部署上，展现出了高度的责任感和执行力。特别是在科技创新供应链平台的构建上，仙桃市创造性地提出了"三网一包"的创新模式，即天网、地网、金网与政策包的有机结合，旨在打造一个全方位、多层次、高效率的科技创新供应链体系。

天网平台成为线上供需对接的主阵地。仙桃市不断优化平台功能，提升用户体验，确保企业能够便捷、高效地发布技术需求，寻找合作伙伴。通过大数据和人工智能技术，天网平台还能精准匹配供需双方，提高技术转移和成果转化的效率。

地网体系成为科技创新供应链的线下支撑。仙桃市通过构建完善的线下服务对接体系，成功搭建了包括第三方信息服务机构、技术交易中心以及创新辅导员队伍在内的"1+1+N"模式。这些机构和人员深入企业一线，提供定制化、个性化的服务，帮助企业解决在科技创新过程中遇到的各种难题。

金融网络成为科技创新供应链的资金保障。仙桃市针对部分在配套政策支持后步入成熟期的项目，采用市场化运作的基金形式给予支持，有效缓解了企业资金压力，促进了科技成果的转化和产业化。

配套政策包成为量身定制的"政策大礼包"。仙桃市根据企业所处的初创期、成长期和成熟期的特点，精确施策，为每一阶段的企业提供差异化、精准化的政策支持。通过研发补贴、税收优惠、融资扶持等多元政策组合，帮助企业在关键技术攻关、创新能力提升及市场开拓等方面获得实质性支持，显著增强企业的核心竞争力和持续发展能力。

二、仙桃供应链平台建设兴产业的发展质效

仙桃市委十届七次全会强调，要强化链式思维，搭建供应链平台，壮大特色产业集群，抢占高质量发展制高点。近年来，仙桃市大力推动现代纺织服装产业集群集聚发展，形成了以彭场镇为核心的非织造布产业集聚区和以毛嘴镇为核心的仙西服装产业集聚区，全产业链聚集上下游关联企业3 000多家。黄鳝产业是仙桃市强市富民的农业第一产业，集聚经营主体100多家，培育了一批细分行业龙头企业，带动从业人员20多万人。2023年8月，省委农办出台"鳝七条"，明确黄鳝产业上升为省级战略，将仙桃黄鳝打造成全省区域公用品牌。通过调研，我们发现，仙桃非织造布产业、服装产业和黄鳝产业发展成效十分明显。

（一）彭场镇非织造布产业

仙桃彭场作为全国唯一的非织造布重镇，外贸出口占全国的33.2%，产量占全国的10.2%，产销量稳居全国第一。2020年新冠病毒感染期间，彭场保障了全省80%、全国40%的供应，成为全球名符其实的非织造布重要产业集聚区。

1.深度融入飞织链

一是积极争当供应链主力军，在市经信局的牵头和支持下，动员新鑫无纺布有限公司成立湖北淞海控股有限责任公司，首期认缴资金580万元，占股29%，作为民营资本主导运营；组织裕民、恒天嘉华、拓盈、德明、通达等五家重点企业成立仙桃市织彩众惠商贸合伙企业，首期认缴资金300万元，占股15%，成为骨干力量支撑贸易发展。目前，飞织链线下正实体化运营，"四网"搭建9月份上线使用。二是全面夯实供应链主阵地，持续做大规模，充分显现集聚效应，大力实施"双金"工程；持续做全产业链条，充分挖掘行业资源，充分显现广州保乐改性专业色母粒高端定制、中国台湾宏昌消杀中心顶级配套等资源优势；持续做优"四基地两中心"，全面完善公共服务，对接成好智造谷整体专业运营，吸附分布在外地、分散在末梢的加工厂、代工厂，充分发挥"链主"优势。三是大力畅通供应链主渠道，以集采联运合展为切入点，组织开展产供销企业对接活动，形成产品就地循环的供给体系，着力打造产品组合增质提效的互动共赢局面，实现链接资源降本增效、链动市场抱团共享、链成体系引领发展，不断放大产业链效应。

2.深入推进内循环

一是就地就近有效供给，全面摸排企业原辅料的采购情况，形成外购原辅料明细清单，每季度召开柏德、誉诚等重点企业供需对接会，明确供需要求，实现存量直接采购变量研发供应。二是通力合作互惠共赢，推动东海翔、格兹莱芙等企业外贸订单就地生产，采取供料代加工的合作模式，形成紧密的利益共同体，把外流资源转化为内生动力，形成市场、经济的叠加效应。三是打造集聚效应，充分利用中小创业园的优势资源，发挥十月结晶、健维思等行业头部企业的市场引导作用，组团式集聚配套企业，形成细分领域"上下楼就是上下游、产业园就是产业链"的生动局面。

3. 深层拓展云思维

一是常态开展直播电商，重点推进杭州维也纳与羽林合作直播云仓项目建设、运营，紧盯欧芃、嘉泰等公司电子商务大楼建设。在2022年4月10日电商直播首场累计场观突破1 000万人次，实现销售近1 000万元的带动下，持续开展"织彩彭场、护您健康"主题直播活动，打破传统销售模式，推进内需大循环。二是全力打造展贸经济，以投资12亿元的织尚国际展贸城为依托，搭建非织造布产业云服务平台，通过大数据分析精准对接终端市场，促进产业以需求定供给转型升级，擦亮"仙桃无纺布"区域公共品牌，营造非织造布产品全球购买地的浓厚市场氛围。三是大力建设智慧园区，重点抓好格兹莱芙、德盈、恒天、新鑫等智慧工厂以及优立美、健维思、柏德等无人工厂的建设，以非织造布展示中心为平台，采集行业、企业的数据信息，激活数字支撑的发展场景，加速打造世界级非织造布千亿产业集群。

（二）张沟镇黄鳝产业

仙桃市黄鳝产业凭借养殖规模、养殖效益、市场份额成为仙桃市水产业的特色品种，渔民增收的高效品种，渔业增效的招牌品种。2011年，仙桃市被中国水产流通与加工协会授予"中国黄鳝之都"的金字招牌。近年来，仙桃市黄鳝产业围绕苗种繁育、成鱼养殖、市场流通及相关配套产业，不断延伸产业链条，完善产业体系。

1. 以江汉平原农产品大市场为龙头，拓展供需渠道

以江汉平原农产品大市场为龙头，建设市级农产品供应链，着力开展"四个提升"。一是四网建设提升。围绕数字化"天网"、物流"地网"、供应链"金网"、贸易"商网"，建立江汉农产品供应链信息中心，着手设计信息模块；积极对接一亩田公司，降低物流成本；对接金融机构，开发惠农支农产品；规划建设江汉平原农产品展馆，线上线下一体推进。二是市场改造提升。大力提升市场硬件设施，对市场内部地面进行黑化，对市场环境进行亮化、美化，实现"颜值""内涵"双提升。三是市场规范提升。加强市场出入管理，规范环境卫生和交易秩序，打造分区合理、干净卫生、整洁明亮、管理有序的星级市场。四是农展改造提升。着力建设江汉平原农产品展示馆以及仙桃农业种业科创中心。其中，江汉平原农产品展示馆分为"仙桃黄鳝"展销区、"江汉大米"展销区、仙桃市"一镇一品"展销区、"潜江龙虾"展销区以及"仙桃+"产品展销区，建成后交付湖北供销中和农产品市场集团有限公司，由其负责后期运营管理。仙桃农业种业科创中心占地面积500平方米，集中展示和销售牛、黄鳝、莲藕、水稻、鳖、桃、鳜鱼、甲鱼、西兰花、板蓝根等10余种仙桃造种子芯片。

2. 以仙桃黄鳝供应链为平台，提升供需能力

组建仙桃市黄鳝农产品供应链有限公司，公司注册地址位于张沟镇团结村，首期注册资金3 000万元已基本筹措到位，其中：张沟鳝业投资有限公司占股40%，仙桃市农业投资发展有限公司占股30%，张沟丰沧农业科技公司、允泰公司、强农合作社各10%。黄鳝产业园分为三个区域：信息集成区选址在张沟镇仙洪公路以东湖北嘉会缘科技发展有限公司厂区内，信息化平台已初步搭建，后期着手录入相关养殖户、企业信息，届时所有数据将上传江汉农产品供应链共享共用。数字养殖示范区选址在张沟镇新里仁口工业园湖北富盟机电设备有限公司内，规划建筑面积6 500平方米，目前武汉叶动力环境科技股份有限公司已进场开工建设，建成后可一次固苗、炼苗、脱残10万斤以上，同时，正在与京东科技洽谈合作事宜。交易服务区选址在张沟镇团结村（仙洪公路与马接公路交会处东边），规划建设用地面积66.79亩，重点建设集交易、存储、加工、打包、分销、运输、信息服务等多种功能于一体的优质黄鳝交易和冷链物流中心，目前供应链公司已登记注册。

3. 以仙桃黄鳝产业主体为基础，挖掘供需潜力

加强仙桃黄鳝产业协会管理，通过提供贷款担保、拓展销售渠道、品牌授权管理等服务，吸纳全市18个重点主体上线入链。强化质量安全管理，引导企业优化产品包装，做到包装有品牌，品牌有标识，标识有二维码。引导合作社尽快入链，及时录入投入品购买使用、检测情况，电子合格证开具等信息。加快推进农户养殖模式转型升级，全面实现科学绿色养殖，目前，全市780个10亩以上的农户信息已录入仙桃黄鳝智慧云平台，实现投入品全过程监管。

（三）毛嘴镇服装产业

毛嘴镇是仙桃市城镇和产业"双集中"发展试点，拥有各类服装企业300多家，年产休闲女裤1.1亿条，被誉为"中国女裤名镇"，吸纳就业人员近3万人。2024年8月19日，湖北仙服供应链有限公司成立，通过线下建展示厅、线上全网推广，无限放大仙桃服饰的品牌影响力。

1. 对接"华纺链"，降低服装产业链交易成本

毛嘴服装产业园拥有智能生产设备的企业有120家，共有智能服装生产线260条。毛嘴女裤产业链相对较为完整，园区共有各类企业386家，其中服装生产加工企业249家；在建厂房企业9家；服装辅料销售企业114家；物流企业14家。服装产业园已投产服装生产加工企业249家，其中197家生产女裤，35家生产女装，14家生产男装，2家生产童装，1家生产工装，基本实现了厂家源头供货。毛嘴服装产业园拥有自主商标的企业有66家，较为有名的品牌企业有19家。国内一线8个

品牌在毛嘴服装产业园都有贴牌代工生产基地。目前，已有8家女装生产企业成为希音供应商，日供货5万件左右。2024年毛嘴服装产业园通过引入华纺链平台，解决了服装产业链的多个痛点，尤其是在原辅料供应环节。华纺链在毛嘴设立前置仓后，为68家企业提供采供销一体化服务，优化了企业的采购流程。平台通过集采模式降低原材料的采购成本，让园区的中小企业享受到规模化采购的优势。华纺链还帮助企业稳定供应链，确保原材料质量和交付时效。该平台的加入不仅降低了交易成本，也增强了产业园整体的竞争力，使毛嘴服装企业在面对广州等地的产业转移时，能以更具优势的生产能力和成本控制迎接市场需求。

2.搭建"仙服链"，推动仙桃纺织服装全链条升级

仙桃通过"纺织企业+工业园区+专业市场"的模式，加速整合全市纺织服装产业资源，打造"仙服链"，利用湖北朵以服饰有限公司资源，建设仙桃纺织行业离岸创新设计中心，通过实体化运作，创新开展服装设计服务、服装展示服务、服装电商服务等服务模式，以毛嘴女装为核心，打造江汉平原功能齐备、带动力强的服装展销展示综合服务平台。仙桃市政府为此搭建中小企业产业园，提供厂房补贴，帮助企业减轻租金负担。此外，仙服链平台为仙桃的服装企业引入线上电商资源，如通过直播平台、网红经济等形式推广产品，助力"仙桃裁缝"品牌形象的建立。"仙服链"的推出将进一步完善仙桃纺织服装的供应链生态，推动女裤小镇和返乡创业园的规划建设，为产业发展和品牌升级提供强有力支持。

3.企业回迁落户，承接广州女装产业转移发展迅速

2024年以来，毛嘴服装行业新签约项目11个，新开工项目10个，新投产项目11个。自2023年以来，在市委市政府"黄金十条"政策的大力支持下，累计有27家企业从广州回毛嘴"二次创业"，吸引转移员工2 400多人，承接SHBIN、TEMU等跨境电商订单4 000多万件。毛嘴镇近年来主要围绕广州时尚女装产业发展，紧盯女装上下游配套的原辅料和配套工艺，先后引进了服装生产企业28家，市场配套主体49家（缝制线主体7家、数码印花主体5家、缝制机主体6家、松紧带制造主体13家、切捆条主体11家、订扣锁眼主体6家、源头布匹供应商1家）回迁落户毛嘴。广州电商直播基地1家（拼多多平台的香舍菲尔）回迁落户毛嘴，目前已投入运营。新增一家布料供应商——东海翔纺织，实现厂家源头供货，极大减少了原料成本。此外，为了方便承接广州等地的产业转移，减少物流运输成本，专门开通了毛嘴至广州的对开物流，正常情况下每天晚上10点左右发车，平均11个小时到达目的地。毛嘴至广州每天的发货量在18吨左右。

三、制约仙桃供应链平台建设兴产业的障碍

（一）供应链平台核心企业缺乏，产业链条深度不足

仙桃市供应链平台缺乏具备引领作用的"链主企业"，致使产业链条的深度和广度都存在明显不足。在四化同步发展示范区，尽管涵盖飞织链、仙鳝链、仙居链、仙服链等多个领域，但核心企业的缺失使得这些链条无法形成有效的协同效应。上下游企业之间的合作较为松散，缺乏战略性联动，导致资源整合效率低，创新动力不足。此外，缺乏具备国际竞争力的大型企业推动，进一步制约了供应链的优化和提升，无法形成强有力的市场竞争力，限制了区域经济的高质量发展。

（二）与省属供应链平台融合不够

仙桃市在与湖北省组建的多个省级重点供应链平台的融合过程中存在明显不足，主要表现在对接有限，仅有华纺链一个平台成功落户仙桃，而其他平台如物流公共信息、国控、楚象等与仙桃市的产业协同不足，导致省级平台的资源和优势未能有效转化为推动仙桃市产业发展的动力。同时，仙桃市在整合省级平台资源方面能力较弱，缺乏有效的政策激励和灵活的合作机制，加之市场认知和参与度低，以及可能存在的地方保护主义，进一步阻碍了省级平台与仙桃市的深入合

作。此外，信息流通不畅也是影响双方合作效率和效果的一个重要因素，这些问题共同导致了仙桃市与省级供应链平台融合程度不足的现状，制约了仙桃市在供应链管理、产业升级和市场拓展等方面的发展潜力。

（三）供应链平台基础设施尚未完善，数据共享程度亟待加强

仙桃供应链平台在数据共享与整合方面已实现初步融合，但在实际操作过程中，仍面临数据孤岛与信息不对称的突出问题。各平台之间缺乏有效的实时数据共享与整合机制，导致关键数据无法及时流动，影响决策的准确性与时效性。现有的基础设施与数据标准来源于不同的信息技术企业，缺乏统一规范，导致技术体系碎片化。这种分散的技术架构限制了平台间的数据流通性与互操作性，进一步制约了供应链协同效率和资源整合能力，未能充分释放数据的潜在价值。

（四）产业链核心企业技术创新和升级意愿不足

仙桃通过科创供应链平台与省平台对接，发布仙桃企业需求，截至2024年7月，已收集企业需求514条，完成需求对接241条，有效整合了各类创新资源，降低了企业寻找创新资源的成本和难度。作为产业链平台核心企业，它们才是技术创新和产业升级的主体，但实际情况是在当下的经济环境下，核心企业把更多的精力放在获取订单上，如何保障企业的供应链安全上，从而导致产业链上游和下游企业存在一定程度的内耗，企业间合作意愿不强，实现产业升级难度较大。科技创新需要大量的资金和资源投入，但许多企业在这方面的投入仍显不足，导致技术更新速度慢。高新技术人才的缺乏限制了企业的创新能力和技术提升，难以满足产业转型升级的需求。

（五）仙桃供应链金融产品创新与服务升级滞后

仙桃现有的供应链平台主要围绕交易、结算、物流等领域，适合产业实际需求的供应链金融产品较少，如何推进交易多元化、金融产品便捷化、仓储服务高效化

协同共生的供应链金融服务成为平台发展的核心诉求。改变现状需要改变传统的融资供给模式，扩大代采、代收、货押及保理等新型金融服务，降低中小微企业融资成本。由于融资渠道有限，供应链平台中小微企业在融资方面面临困难，缺乏足够的资金支持进行技术升级和市场扩展。具体表现为：第一，风险控制数据来源渠道狭窄，无法准确判断金融风险的发生；第二，供应链金融企业控制风险的数据维度不足。这就需要社会广泛参与的多元化投入模式，应吸引更多社会资本参与供应链平台建设。

四、仙桃供应链平台建设兴产业的主要对策

随着经济全球化和区域经济一体化的程度不断加深，仙桃融入现代供应链的广度和深度也不断加强，在现代供应链和产业链中的地位逐步提升。对此，我们应以更加积极的姿态融入现代供应链体系。

(一) 积极融入省级供应链平台，搭建本地特色产品平台

仙桃市正积极融入省级供应链平台，通过与"华纺链""百布"等合作优化采购流程，降低成本。同时，建立集中采购管理系统，提升库存管理效率，减少资金占用。与"楚象供应链""京东物流""顺丰速运"等对接，提升物流效率，降低运输成本。政府和企业正努力谈判更优惠的物流条件，利用合作平台的仓储配送网络，提升物流管理水平。

1.优化仙桃市供应链协同与成本策略

积极融入省级供应链平台，搭建本地特色产品平台是仙桃市提升供应链管理效率和降低成本的重要策略。通过与"华纺链""百布"等平台的合作，仙桃市的供应链平台能够优化原材料采购流程，利用这些平台的供应链网络和采购优势，获取更具竞争力的原材料价格。联合采购的方式能够整合"华纺链"和"百布"平台的

供应商资源，实现规模效应，降低原材料采购成本。

2.建立集中采购管理系统，实时监控采购情况

优化库存管理，减少库存积压和资金占用，这对提升供应链效率至关重要。与"楚象供应链"、"京东物流"和"顺丰速运"等平台的对接，极大提升了物流效率。通过整合这些平台的物流资源，引入其高效的物流管理系统，优化运输路线，实现数据共享和自动化管理，这不仅减少了运输时间，还可以有效降低运输成本。政府和龙头企业代表与合作平台谈判，争取更优惠的物流费用和服务条件，并利用其仓储和配送网络提升物流管理水平，这对降低物流成本和提升服务效率有显著影响。

3.升级仙桃市供应链平台建设与产业融合策略

湖北省坚持"搭建供应链、重塑产业链、提升价值链"的思路，推动传统、新兴和未来产业"三线并进"。湖北国控、楚象、华纺链、长江汽车、九州医药等专业供应链平台正加速构建现代化产业体系，助力产业向"新"而行。这表明仙桃市的供应链平台建设不仅是地方经济发展的需要，也是全省乃至全国供应链体系建设的一部分。

（二）构建供应链基础设施体系，完善供应链标准与认证体系

在完善数字化天网、物流地网、供应链金网、服务贸易商网"四网"体系的同时，还要聚势谋远，加快构建供应链基础设施体系、供应链标准与认证体系、供应链政府协同机制、合理的利益分配机制，努力把产业优势转化为"链主"优势，不断放大产业链效应，引领产业变革。

1.构建供应链基础设施体系

供应链不仅涉及商品流通，还包括商流、物流、信息流和资金流四大要素，供

应链每一个环节都需要协调这些流动要素以实现高效运作。为了提升供应链的整体效率，有必要构建和完善相应的基础设施体系，包括先进的物流网络、信息技术平台和金融服务系统。这不仅要优化传统的运输和仓储设施，还需要引入现代化的技术手段，如物联网、大数据分析和智能化系统，以实现对物流和信息流的实时监控和优化。

2.完善供应链标准与认证体系

尽快建立围绕产品供应链、企业供应链、供应链平台的供应链标准体系，充分考虑仙桃地方特色和产业发展需求，确保标准体系的适用性和前瞻性。鼓励企业、行业协会、科研机构等参与标准制定工作，形成多元化的标准制定主体。供应链标准体系不同于现有的针对单个产品和单个企业制定的技术标准，是一套涵盖供应链所有环节、所有产品、所有相关企业的技术标准体系，以供应链的思维制定这样的标准体系可以重塑供应链和价值链。

3.建立供应链政府协同机制

对涉及众多政府部门的关于产品、企业、平台、产业的决策事项，每个部门的决策都要从供应链角度去考虑，部门利益应该服从供应链整体利益。必须由一个部门牵头对供应链决策负总责，包括进行供应链整体规划，明确总体要求，设定总体目标，在此前提下明确供应链平台建设的总体目标、实施路径和阶段性目标。

4.构建合理的利益分配机制

立足仙桃实际，紧密围绕平台各合作伙伴的运营成本、资源投入、风险承担以及对利润的贡献情况等设计合理的利益分配机制，增强各合作伙伴对利益分配机制的认同感以及对平台生态圈的归属感，努力实现利益的公平分享，共同打造共赢共生的供应链平台生态圈。

（三）加强供应链融资数字化创新，促进产业链延伸

根据产业链特点和各交易环节融资需求，统筹财政金融渠道，量身定制支撑供应链平台建设的服务方案，创新供应链产品和服务，不断提高供应链平台服务的覆盖面、可得性和便利性。

1.引导财政资金重点向供应链平台领域倾斜

一是政府设立专项资金和研发基金。围绕供应链平台、数字化仓储建设、市场主体培育等领域加强项目谋划储备，积极争取中央、省预算内资金和特别国债、专项债券、省供应链体系建设专项资金；设立专项研发基金，支持供应链平台的技术创新和信息化建设，推动平台提升技术水平和服务能力。二是对参与供应链平台建设和发展的企业，提供税收优惠政策。通过增值税减免、企业所得税优惠等手段，鼓励企业积极参与供应链平台的建设和运营；通过采购政策的调整，优先选择供应链平台上的企业作为政府采购对象，增加平台内企业的订单和现金流，推动平台发展。三是通过财政担保或贴息贷款的方式，帮助供应链平台和参与企业获得银行贷款和其他形式的融资支持，从而降低企业的融资成本，缓解资金压力。

2.加强供应链融资数字化创新

一是利用大数据分析和AI技术更精准地评估企业的信用风险和融资需求。通过区块链记录每笔交易的详细信息，防止伪造和欺诈，提高供应链金融的透明度和安全性；通过智能合同、电子发票和数字化票据，简化融资流程。二是加强与金融机构和科技公司合作，推动供应链金融数据的互联互通，提高数据利用效率。通过引入高级风控系统，如机器学习算法进行风险预警和管理，实时监控和评估风险，提前采取措施降低违约风险。三是优化小微民营企业及"三农"金融服务。鼓励金融机构在供应链金融领域进行服务模式的创新，拓宽支持小微企业的融资渠道；鼓励银行和保险机构积极开展农业供应链金融服务，支持订单农户参与农业保险，将

金融服务延伸至种植户、养殖户等终端农户。

（四）增强在现代供应链体系中的影响力，推进人才队伍建设

仙桃市正着力构建供应链人才培养体系，与教育机构合作开发课程，强化企业内部培训，并通过导师制度与在线平台提升员工技能。同时，通过竞争性薪酬和职业发展机会吸引国内外人才，实施股权激励等政策以保持人才活力。此外，仙桃市还注重提供国际交流机会，通过参与国际项目和实地考察，增加人才的实践经验，同时借鉴国际先进经验，提升供应链管理的国际竞争力。

1.建立系统化的供应链人才培养计划

与高校、职业院校及行业协会合作，共同设计课程内容，确保教学内容紧贴行业前沿和实际需求。同时，鼓励企业开展内部培训，通过导师制度、在线学习平台等方式，持续提升员工的专业技能和综合素质。

2.提高福利待遇，吸引国内外人才

通过具有竞争力的薪酬福利、广阔的职业发展空间以及积极向上的企业文化，吸引国内外顶尖的供应链管理人才、信息技术专家及行业资深人士。实施人才激励政策，如股权激励、项目奖励等，激发人才的创新创造活力，确保人才队伍的稳定性和持续性。

3.提供学习机会，加强国际交流

提供丰富的实践机会，如参与国际供应链项目、实地考察优秀企业等，使人才在实践中积累经验、提升能力。同时，加强与国际供应链组织的合作与交流，学习借鉴国际先进经验和技术，提升我国供应链体系的国际竞争力。

第七章 加强松滋与宜都产业融合 推动县域经济发展[①]

推动松滋与宜都产业融合发展是新时代县域协同联动发展的新趋势、新要求。如何实现两地产业融合发展，既是一个需要回答的理论问题，又是一个应该解决的实际问题。在新的发展形势下，产业融合发展是推动湖北县域经济持续快速发展的"妙手"。当下，基于松滋市和宜都市现有的发展条件和基础，湖北省着重"落笔"于两地的产业融合发展，一方面有助于推进"宜荆荆恩"城市群一体化和"宜荆荆"都市圈建设，壮大湖北省的"南翼"，做强中国经济的"牛肚子"；另一方面可以累积先行先试经验，为全国跨区域产业融合发展提供有益借鉴。

一、松滋与宜都产业融合发展的总体态势

目前，松滋和宜都两市基本经济情况如下：

松滋：2021年地区生产总值达405亿元，增长19.3%；规模以上工业总产值达到403亿元。地方一般公共预算收入17.3亿元，其中税收占比75.7%，比2016年提高14.2个百分点；三次产业结构比从2016年的15.8：46.4：37.8调整到12.5：42.5：45。累计实施亿元以上项目234个，竣工投产105个，固定资产投资突破1 000亿元。市场主体持续增加，加速减环节、增活力，市场主体量质双升，总量4.3万户。其中，规模以上工业企业125家、限上商贸企业93家、规上服务业企业16家、资质以上建筑业企业58家。五大主导产业为食品加工、矿山机械、纺织服装、精

① 2022年湖北省社会科学界联合会中国调查项目；其阶段性研究成果在2022年得到了湖北省人大常委会副主任批示；张全红、刘迅、何云、邓今朝、吴慧成参与了研究。

细化工、新型建材。城乡居民人均可支配收入分别达到24 685元、13 793元，被湖北省委列入"三百"战略中"百强冲刺"县市。

宜都：2021年地区生产总值达800亿元，增长19.7%；规模以上工业总产值1 050.3亿元，增长37.2%。地方一般公共预算收入20亿元，增长36.2%。固定资产投资达到403.9亿元，增长28%；社会消费品零售总额165.9亿元，增长29.8%。六大支柱产业为精细化工、生物医药、新能源新材料、装备制造、电子信息、食品加工。成功招引一批100亿级、50亿级的新能源项目，新能源动力电池全产业链加速形成。启动宜都·松滋"宜荆荆恩"城市群协同发展先行区建设，总投资340亿元的47个首批合作项目落地开工。高质量完成104项营商环境改革任务，城乡居民人均可支配收入分别提高到44 514元、26 046元。入选2021年中国最具幸福感城市候选名单，连续6年入选赛迪全国百强居第77位，跻身中部百强第14位。

（一）松滋与宜都产业融合发展的推进状况

松滋与宜都地理相邻、山水相连、产业相似、人文相亲、交通互联，彼此之间是友好城市、兄弟城市，相互之间有着广泛的历史基础、工作基础、群众基础和情感基础，经济社会发展具有高度相近性和互补性。去年以来，两地深入贯彻落实湖北省区域发展布局，先行先试、大胆探索，联手打造"宜荆荆"都市圈协同发展先行区。

1.全面建立合作机制，机制联建已见成效

松滋与宜都出台了联席会议方案，协同发展战略协议等11项政策文件，从规划、交通、产业、环保、文旅、乡村振兴等多方面开展协同发展。两地党政主要领导联席会议作为决策层，联席会议办公室为协调层，专项协调小组为执行层，形成会商决策、协调推动、执行落实三级联动机制。截至2022年7月底，先后召开联席会议2次，谋划了6个类别的合作方向。松滋与宜都作为区域协同发展先行区，已

全面建立了两市联席会议制度，组建了高规格的合作专班，成立了主要领导每季度会商、常务副市长每月碰头、部门主要负责同志紧密对接的多层级议事协调机制。2022年3月11日，"当枝松宜"百强县市聚集区协同发展联盟成立暨第一次联席会议在宜都举行，四地共同签订《"当枝松宜"百强县市聚集区协同发展战略合作协议》，并建立了联席会议制度。

两地立足各自县市的实际条件，积极融入"宜荆科创走廊""宜荆荆恩"科技创新联盟，探索建立协同工作机制、科技资源共享机制，构建成果转移和产业化平台，开展联合科技攻关和应用示范。两地积极融入长江经济带发展战略，充分发挥各地区位、产业和先发优势，共同构建全方位、宽领域、多层次的互联共建、一体化合作的体制机制，加快推进区域经济总量升级、动力升级、结构升级、质效升级，突出百强县市聚集区的核心引领带动作用，力争成为全省、全国重要增长极和创新高地。

2.全面明确合作纲要，园区联动势头良好

松滋与宜都以宜都化工园和松滋临港工业园为合作平台，以"1161"为合作纲要，即园区统一规划、统一布局，围绕"飞地经济、用地指标、交通合作、招商共享、能源互补、征地协同"6个方面，先期启动1000亩"飞地实验区"，16个合作项目全面推进，同步启动了100亿元的化工产业聚集区建设。2021年7月31日，松滋与宜都成功举办了协同发展先行区重大项目集中开工活动，总投资343亿元的51个重点项目落地开工，项目建设跑出"加速度"，为共建协同发展先行区注入了强大动力。

现阶段，两地围绕增强要素保障、推进开放发展等环节，协同加强政策设计，做好政策调整和对接，统筹推进污水处理、供热、水电气、交通运输等基础设施建设，推动一体化区域协同发展。依托现有产业基础和比较优势，两地统筹规划"飞地实验区"承接产业转移的方向和重点，促进资本、技术、人才等要素合理流动，实现资源优化配置。

3.全面推进合作项目，产业联合有序开展

2021年7月31日，松滋与宜都联合举办了"宜荆荆恩"城市群宜都·松滋协同发展先行区重大项目集中开工活动，集中开工项目47个，总投资达343亿元。其中，投资18.4亿元的宜都枝城港、松滋车阳河港共用疏港铁路，投资10.5亿元的宜昌港宜都港区洋溪临港物流园综合码头项目，投资6亿元的254省道宜都市枝城段绕镇公路工程已开工建设。投资50亿元的焦柳铁路—枝城港—车阳河港多式联运等项目正在加紧建设，当枝松高速的建成通车打通了长江百里洲孤岛，推动当枝松高速向北展线至远安县东，接襄宜高速，将当枝松高速打造成呼北高速和二广高速的纵向加密线。此举将加强区域间交通联系，加速区域间要素流动。

两地围绕各地主导产业，以重点行业转型升级、重点领域创新发展为导向，重点推动精细化工、生物医药、装备制造和新型建材等产业优势互补、深度融合，区域统筹延链、补链、强链，打通产业链供应链存在的断点、堵点，推进产业向高端化、智能化、绿色化裂变升级，打造现代特色农业引领区和磷化工、精细化工、生物医药、新能源新材料、新型建材等省、国家级产业集群。

在松滋与宜都的合作过程中，两地已经尝到了甜头。2021年，松滋GDP突破400亿元，同比增幅19.3%；宜都GDP突破800亿元，同比增幅19.7%，分别达到荆州、宜昌GDP总量的14.5%和15.9%，增速超过宜昌、荆州平均水平。在当前县域经济千帆竞发、百舸争流的白热化竞争形势下，松滋与宜都迫切需要扩大合作版图。为此，两地签订了《首批跨区域协同发展项目"飞地经济"园合作协议》，在产业互补、政策互通、设施共联、人才互荐等方面加大合作力度，携手共进。

通过深入实施"新平台、新项目、新产业"战略，两地全力实现"大扩区、大招商、大发展"目标，着力推进工业经济高质量发展，较好地发挥了经济主战场的作用。通过鼓励多元化主体创办科技企业孵化器，两地共同打造专业化、市场化、品牌化的省级"双创"基地。通过顶层设计、资源整合、凝聚合力，两地追求同城化、一体化的发展目标，实现1+1>2的规模效应、共振效应，形成协同发展新动

能、新优势。

（二）把握松滋与宜都产业融合发展面临的机遇

在"长江经济带发展战略"、"长江中游城市群发展规划"、湖北建设全国构建新发展格局先行区战略规划和国家承接产业转移示范区等战略机遇的推动下，松滋与宜都产业融合发展迎来了重要机遇期。

1.把握宏观政策机遇

长江经济带战略是"十四五"时期重点推进的重大国家战略之一，随着"十四五"长江经济带发展规划的实施，以及《长江中游城市群发展规划》和"荆州自贸协同区"建设的加速落地，政策机遇的多重效应将逐步释放。

2.把握科技革命与产业变革的机遇

新一轮科技革命将催生新的产业，随着基础研究和新技术的不断突破，关联性强和发展前景广阔的生物、新能源、新材料、智能制造等产业将加速形成。新一轮科技革命会改变传统产业，加速产业体系重构。新兴经济业态的出现将助力两地在转型中实现"弯道超车"和"跨越式发展"。

3.把握国内新一轮产业转移的机遇

随着产业转型升级步伐的加快，中国正在经历着产业链的重新布局和产业大迁徙。东部沿海地区产业结构正在向更高附加值的中高端产业集聚；传统产业在出清过程中逐步向低成本、高效率地区集聚；中高端制造业（半导体、通信设备、电子元件）逐渐向地理纵深发展，呈现出从沿海向中部核心城市转移的特点。

4.把握生态优先、绿色发展的机遇

松滋与宜都生态环境优美，气候温和宜居，人文底蕴深厚，具有得天独厚的自

然生态人文优势。因此，要立足比较优势，发展绿色产业，打造产城融合的发展环境，吸引人才集聚，建成融荆联宜的人才交流平台。同时，加快发展循环产业，打造华中最具影响力的环保产业和循环产业集聚区。

（三）松滋与宜都产业融合发展面临的制约

虽然松滋与宜都产业融合发展取得了一定的成绩，但通过调研也发现两地产业融合发展面临着诸多制约。

1.思想观念制约

松滋与宜都产业融合发展如何冲破思想束缚、破解发展难题、引领发展方向，其中冲击最大的就是思想观念差距。江浙地区历来是我国改革发展的先行者、实践者，思想先人一步，发展快人一步，思维受条条框框束缚少，接受新鲜事物快，敢第一个"吃螃蟹"。在有些工作领域，江浙是"法无禁止皆可为、皆可想、皆可干"，敢闯敢试，敢为天下先，而我们还停留在"法有允许才能为"的层次上，做事情先找依据，找不到依据则不为。

2.土地要素制约

以宜都为例，其建设用地规模为122.63公里，超过省批复规划面积3平方公里，用地空间已处于饱和状态，严重影响宜都产业转型升级和承接宜昌化工产业转移进度。宜都永久基本农田与划定的城镇开发边界交叉重叠、分布零散，化工园区5万亩规划用地中有近1万亩基本农田，呈插花状，既不便于农业机械化作业，也不利于日常管理，极大制约了园区基础设施建设和企业项目落地。

3.能源要素制约

随着"双碳"工作的推进，松滋与宜都能耗指标逐年降低。宜都化工园作为承接宜昌及周边地区化工企业搬迁转移的重点园区，在"十四五"期间投产的项目将新增能耗94.54万吨标准煤，新增煤耗47.98万吨标准煤，能耗"双控"工作面临重大挑战。

4.资金要素制约

资本是市场经济的血液，其天生就具有逐利性，哪里利润高便流向哪里。一方面我国当前的资本市场存在"金融通胀"问题，大量资本找不到合适的投资主体；另一方面因其追求高回报，存在脱实向虚倾向，这些问题在松滋与宜都同样存在。松滋与宜都的传统产业比重占到70%以上，资本流向六大支柱产业的意愿不强，科创资源缺乏，本地尚无上市公司，企业尤其是中小企业融资困难，发展后劲不足。

二、松滋与宜都产业融合发展的堵点、痛点、难点

松滋与宜都产业融合发展没有现成模式，不仅跨县市，而且跨市州，要推进两地在总体发展规划、产业布局、基础设施、人才培养、要素配置等方面的相互协同，必然面临诸多痛点、难点、堵点。

(一) 松滋与宜都产业融合发展的堵点：制度供给不足

1.权威平台缺乏，不易突破行政壁垒

受条块分割和不同行政区地方政府追求各自利益最大化的影响，松滋与宜都产业融合发展中容易出现人为的体制障碍，导致负协同效应。在现行体制下，各个县域的产业发展往往自成体系，缺乏合理有效的分工协作与整合，形成封闭下的小而全；地方利益壁垒还会阻碍诸多生产要素的自由流动，人为制造阻碍两地融合发展、资源合理配置的障碍。如出台对自然资源、资金、人才、技术等要素流动的种种不合理限制，既不利于两地产业的有效融合，也在很大程度上拖累了两地生产要素市场的一体化进程。在行政级别上，松滋市和宜都市平级，且分属不同的地级

市。在两地产业融合发展过程中，如果出现深层次的矛盾和重大利益冲突，现有的联席会议平台根本无法解决。

2.利益联结不够，相关机制有待完善

一般而言，松滋与宜都产业融合发展牵涉的利益主体众多，只有结成紧密产业共同体和利益共同体，产业融合发展才能落到实处。从两地发展水平来看，宜都市无疑领先松滋市，两市的产业融合发展总体上呈现以强带弱的态势，地位并不对等。自2021年确定建设"宜荆荆恩"城市群宜都·松滋协同发展先行区以来，两地产业融合发展只是处于初始阶段，各主体的利益联结并不紧密。要在产业融合过程中着力找准各主体的共同利益关切点，因地制宜、因时制宜地采取股份合作、产销联动、利润返还等多种形式的利益联结与分享机制，有序引导各主体建立起"风险共担、利益均沾"的产业共同体、利益共同体。随着两地产业融合向纵深发展，一些利益纠纷也会逐渐浮现，要建设和完善纠纷仲裁机制以及法律诉讼解决机制等，确保产业融合发展产生的增值收益能够更加公平地分配给产业链条中的各利益主体，从而激发不同主体参与产业融合的主动性、积极性和创造性。

3.审批手续复杂，用地指标争取较难

自新土地管理法实施以来，征地批准的前置手续更趋复杂，前置审查环节增多、审查要求提高，影响了征地报批的进度。松滋与宜都边界地块犬牙交错、状况复杂，在不改变行政区划的情况，两地只能开展交叉地、插花地使用权置换。在土地规划中，90%为限制建设区，暂未落实报批指标和规划调整，导致宜都化工园以及松滋临港工业园"飞地实验区"的基础设施建设滞后、产业项目落地困难。

（二）松滋与宜都产业融合发展的痛点：产业发展短板

1.缺乏产业链条，亟须强链延链补链

松滋与宜都产业链条不完整，除白酒酿造形成了完整产业链，其他基本上是有

企业无产业，企业规模小、产业层次低、产品质量差；纺织服装产业面辅料、印染、烫化、纽扣、拉链、洗水等上下游配套缺失；真正的大项目、好项目，不是某种特殊关联，选择松滋与宜都投资发展可能性不大。两地的产业规模优势和集群效应不够突出，在技术工艺上，引进的多，自主创新的少，而且部分产业的资源能源浪费比较严重，其生产方式和技术水平有待提高；两地部分产业环境污染比较严重，尤其是大气污染。如宜都的工业重镇枝城，化工产业集聚，烟灰飞扬，当地人戏称之为"光辉（灰）枝城"；两地部分工业分区明显但选址尚有不足，园区管理规划亦有缺陷。总体上看，两地工业附加值低、资源消耗大、产业链条短、"拳头产品"少。

2.同质竞争激烈，削弱产业融合动力

松滋与宜都在具体的产业业态上，存在着较强的同生态位竞争问题。产业同质竞争造成的危害主要有：一是会加剧两地企业间的竞争，在市场容量有限的情况下，大量同质化的产品涌向市场会让各区域产生恶性竞争，不利于社会资源的优化配置；二是影响企业的利润收入，同质企业之间往往会降低生产成本来获取竞争优势，引发恶性的价格战，制造一片"红海"；三是严重影响行业的良性化发展，企业利润降低会减少用于产品开发和技术进步的资金投入，导致同类行业的整体技术水平和产品质量很难有较大提升，从而阻碍行业发展与技术进步。

3.增幅总体趋缓，进规潜质企业偏少

松滋与宜都有进规潜质的市场主体数量偏少，进规存量不足。接待考察洽谈的客商多，实际签约的项目少，真正投资过亿元的项目不多。建项目周期过长，投产达效缓慢。通过招商引进的部分项目短期难以形成新的经济增长点，也出现了一些问题项目、"僵尸"企业，存在较多闲置土地、低效用地。有些项目投产达效速度缓慢，导致新增长乏力。

4."双碳"目标约束，抬升融合发展成本

从松滋与宜都产业结构上看，第二产业占比较大，化工、医药、建材、纺织等产值很高，这些产业发展仍需大量的能源投入。在实现"双碳"目标背景下，两地在推进产业融合的过程中需同时保障生态环境容量，原有以低要素成本价格和牺牲环境为代价的发展方式已不可持续。随着碳交易将"绿色成本"显性化，以及纳入碳交易的行业扩大、碳价格的市场化，两地相关企业成本会有较大幅度的抬升，这也给两地产业融合带来较大挑战。

5.市场瓶颈制约，难以达到预期效果

松滋与宜都在高科技产业与传统产业的融合过程中，由于技术刚性的存在，传统产业旧的生产技术对外来的新技术有一定的排斥性，影响了新技术扩散，降低了技术的扩散效应和溢出效应。同时很多企业技术创新能力不强，没有强大的技术基础作支持，使得融合后的新产品、新业务不能满足新需求，缺乏市场活力。

(三) 松滋与宜都产业融合发展的难点：要素支撑薄弱

1.缺乏创新动能，科技创新层级不高

松滋与宜都的产业格局缺乏战略性新兴产业支撑，现有产业总体上处于产业链的中低端，以传统资源加工型、劳动密集型企业为主，高端环节创新基本空白，产品附加值不高。财政对科技创新投入力度不够，园区高新技术企业不到20%，多数企业经营理念没有与时俱进，没有把创新摆在突出位置，惧怕承担风险，向往短期获益，从而影响科技创新层级提升，制约了企业做大做强。

2.金融支持乏力，阻碍产业融合步伐

松滋与宜都的产业融合发展离不开金融有效支持，两地在资产累积上较为薄弱，导致信贷抵押障碍突出。金融信贷难度较大且主要以小额短期贷款为主，在两

地供应链产业链不断延伸及对金融需求日益增大的背景下，小额短期贷款难以实现产业规模扩张的基本诉求，对其未来的发展形成了阻碍。

3.人力资源短缺，掣肘发展整体进程

松滋与宜都人口流失严重：2020年宜都市户籍人口为38.42万人，常住人口为35.74万人，人口自然增长率为-1.87‰；2021年松滋市户籍人口为80.74万人，常住人口为63.86万人，人口自然增长率为-3.01‰。2021年宜都市城镇化率为60.14%，低于宜昌市平均水平；2021年松滋市城镇化率为48.4%，低于荆州市平均水平，两地城市人口集聚度和吸引力不足，人口"半城镇化"现象比较突出。由于北上广深、武汉等中心城市的"人才虹吸"效应，人才流动加快、缺少高技能人才的状况越来越明显。

三、松滋与宜都产业融合发展的政策建议

当前，湖北各类发展要素已逐步进入由松散到紧密、由浅层到深层、由单向到双向深度融合的发展阶段。面对现阶段县域经济发展形势的深刻变化，必须识大局、观大势，找准"症结"，明晰方向，进而"对症下药"，打通"肠梗阻"。

（一）做好整体谋划和顶层设计，明确产业融合发展思路和指引

松滋与宜都在产业融合发展过程中，坚持用好湖北支持县域经济社会发展一揽子政策，加快构建宏观上跨市域对口合作与微观上县域协同联动的区域协调发展新机制，找准区域产业融合发展的切入点和突破口。

1.建立合作机制，做实县域协同发展

用好松滋与宜都发展联盟联席会议机制，两地党政主要领导联席会议作为决策层，联席会议办公室为协调层，专项协调小组为执行层，形成会商决策、协调推

动、执行落实三级联动机制。通过顶层设计、资源整合、凝聚合力，追求同城化、一体化的发展目标，实现1+1>2的规模效应、共振效应，形成协同发展新动能、新优势。

2.加强产业互补，支撑区域协同发展

松滋与宜都围绕绿色经济和战略性新兴产业定位，以重点行业转型升级、重点领域创新发展为导向，统筹推动松滋和宜都优势产业建链、延链、补链、强链，打造符合城市群定位特点的现代产业体系。通过产业、平台、项目合作与空间对接，松滋和宜都合作共建跨行政区的功能性合作平台，形成双方共占利益的产业园、产业带等发展平台和廊道，从而实现双方在重点领域的合作与共赢。

3.推动交通互通，促进区域协同发展

强化松滋与宜都城市及沿线城镇的快速连接，打造"1小时交通圈"，推动跨江、毗邻地区交通成网成环，打造"半小时通勤圈"。推进跨区域重大交通项目，改造、加密松滋与宜都干线路网联通，构建一体衔接的城际交通网。依托焦柳铁路南北大通道和长江黄金水道，共同打造中部多式联运枢纽关键节点。

4.重视人文互联，融入区域协同发展

依据《首批跨区域协同发展项目"飞地经济"园合作协议》，松滋与宜都在产业互补、政策互通、设施共联、人才互荐等方面加大合作力度，打通两地人才信息库，加大公共就业服务力度。对外整体推介松滋与宜都旅游资源，推进区域文旅产业提档升级，实现组团布局和特色互补开发，全面推行门票"一卡通"，建设统一旅游信息库，促进旅游信息平台共建共享。

（二）推动转型升级，增强产业融合发展的稳定性和持续性

松滋与宜都在产业融合发展过程中，不断破解现阶段发展中面临的政策、机

制、资源、空间、人才等诸多障碍，迅速从"一指用力"过渡到"聚指成拳"，从"单兵作战"过渡到"协同作战"。

1.实施创新驱动，做大做强传统特色优势产业

立足松滋与宜都的产业基础，顺应未来需求，突出"带动和引领"，推动规模达到新量级、整体层次再提升、集聚增长新动能，为产业加快做大做强提供新的动力支撑，打造产值百亿元级产业集群。

一是实施制造业产业基础再造工程和产业链提升工程。推进产业集聚优化、产业链提升、产业绿色化、产业融合、市场主体培育，加快产业优化升级。以设备更新换代、智能制造、绿色制造为重点，加快推进新一轮高水平技术改造。加大重要产品和关键核心技术攻关力度，发展先进适用技术，推动产业链供应链多元化。

二是实施供应链提升工程。以重点行业转型升级、重点领域创新发展需求为导向，围绕重点龙头企业实施延链、补链、强链，引导企业专业化发展，提高区域产业供应链的稳定性和竞争力。

2.加强品牌锻造，积极培育战略性新兴产业

集成高效地将松滋和宜都的潜在优势转化为产业竞争力，突出"成长和支撑"，形成具有后发动力、体现"港产城"融合方向的接续产业，着眼于扶持、培育未来产值超百亿元的接续性产业。

一是大力发展生态型生物医药产业。抢抓生物医药产业快速发展机遇，积极拓展大宗医药中间体、原料药、成品药生产制造。构建以生物医药研发服务、新型保健品为辅助的生态型生物医药产业体系。抢抓全球专利药密集到期和国内大力发展仿制药的历史性机遇，大力引进合同研发（CRO）企业，提升高端仿制药生产工艺研发和生产能力。

二是大力发展新能源新材料产业。抢抓新能源新材料产业快速发展机遇，坚持重点突破、产业链延伸、集群发展，大力发展新能源新材料及其配套产业，加快形

成产业链完善、竞争力强的新能源新材料特色产业集聚区。

三是大力发展电子信息技术产业。对接国家战略和省"光芯屏端网"产业集群，强化政策支持与规划引导，大力招引、培育一批具有国际竞争力和带动效应的龙头企业，加快打造新一代信息技术产业集群。顺应新时代家用电器、智能终端、消费电子等电子产品爆发式发展趋势，加大新一代信息技术产业硬件制造、系统集成、软件开发等领域的招商力度，加快推进与电子信息、战略性新兴产业发展相配套的高端产品研发，扩大电子材料产业规模，促进新一代信息技术向数字化、网络化、智能化方向发展，建设PCB上下游产业聚集区。

3.开展集群培育，合力推动传统制造业向中高端转型升级

一是加速推进技术、人才、装备资源整合集聚。组建高端装备制造、精细化工、新型建材等产业联盟，坚持"立足基础、发展特色、节约资源、保护环境"原则，提高资源利用效率、产业配套发展能力和企业集聚效应，推动传统产业向高端化、精细化、绿色化、集聚化、循环化发展，增强产业核心竞争力，加快形成以基础磷化工、氟化工、化工新材料、医药化工为主体，以化工建材、能源以及配套物流园为辅助的生态型产业集群。

二是统筹推进磷化工产业重要衍生产品磷石膏的综合利用。推动节能环保产业发展壮大，着力打造具有全国影响力的磷石膏综合利用示范区。

三是加快食品饮料产业便捷化、社交化、功能化发展。在休闲食品、有机食品、保健食品等细分领域，联手打造一批具有较强市场竞争力的知名品牌。

（三）加强数字化建设，以数字经济赋能产业融合发展

面对新一轮科技革命和产业变革，数字经济已然成为县域经济换道超车的加速器。松滋与宜都在产业融合发展过程中，已逐步进入由松散到紧密、由浅层到深层、由单向到双向深度融合的发展阶段。抢抓数字化发展新机遇，必须以数据为关键要素，以价值释放为核心，以数据赋能为主线。

1.统一规划数字基础设施建设

加快数字基础设施建设是促进松滋与宜都产业融合发展的重要抓手，要域内统一规划，避免不合理布局和重复建设，形成完善的数字基础设施体系。加速"千兆县城"建设，尽快实现区域互联互通。推进5G网络基础设施与交通、能源、市政等的规划衔接、建设连接、综合利用等，实现数据交流共享和互动融合发展，构建创新协同、错位互补、供需联动的区域数字化发展生态，为松滋与宜都产业融合发展奠定坚实基础。

2.全面释放工业互联网赋能促融作用

在绿色化工、新能源新材料、装备制造等主导产业，通过工业互联网应用助推相关企业跨越地域限制融入产业链，增强企业之间的产业链关联，为上下游搭建起供需对接与要素配置的高效平台，从而畅通产业链循环，促进效率和效益提升。加快工业互联网的规模化应用，综合运用财政补贴、税收返还、产业基金、采购支持等手段，鼓励企业分阶段、分步骤、分范围对"智改数转"进行投资，加快构建持续健康投资的长效机制，促进松滋与宜都工业互联网的规模化应用。

3.协同推进智慧城市和数字乡村建设

加强城乡统筹，形成智慧城市、数字乡村一体化运行格局。尽快打通政务云平台、共享发展数据，协调一体化网上政务服务供给、健全一网通办的"互联网+政务服务"平台，实现政务服务事项全流程再造并构建高效统一的公共服务体系，不断提升松滋与宜都数字化服务能力。结合松滋与宜都发展实际，推动打造一批可复制、可推广的引领性应用场景，开放交通、市政、医疗、教育等领域应用场景，鼓励企业基于开放场景进行新技术研发和产品设计，建立创新产品、方案与场景对接机制。

（四）多措并举，加快破解资源、政策和人才瓶颈

1. 推进产业园区互建共优

通过资源共享、政策互通、产业互补、人才互荐、要素互济、设施互联、区域协同发展的路径，以创建绿色循环化工示范区为引领，加快构建全国一流的绿色生态型、智慧科技型化工园先行区。提升松滋与宜都园区产业整体竞争力，建设宜都化工园、松滋临港工业园等千亿级园区，打造全国重要的现代化工产业基地。加强发展规划的协调互动力度，逐步形成上下游互补的化工产业发展格局。出台既突出地域特点，又兼顾区域平衡的产业扶持政策。推动水、电、路、气、热、管网、港口、码头逐步实现邻近区域联通联用。培养、吸纳优秀技术人才，充实专业技术力量。在土地、林地、能耗、排污等关键要素指标上相互调剂、有偿使用。同步研究"飞地经济"准入保障措施，形成聚集区内相互支持"飞地经济"发展的格局。加速推进技术、人才、装备资源整合集聚，统筹推进磷化工产业重要衍生产品磷石膏的综合利用。

2. 推进国土空间规划和要素保障互利共赢

松滋与宜都按照共同参与、共同规划、共同认定、共同实施的思路，共同编制国土空间规划及相关专项规划，开展对区域发展空间格局、生态保护、三线管控、协同发展策略等方面内容的研究，形成百强县市聚集区国土空间规划"一盘棋"，共同谋划推进一批"布局集中、产业集聚、资源集约、功能集成"的重大事项和重大项目。在永久基本农田、耕地、林地、矿产等自然资源领域探索共享模式，推动资源要素自由有序流动，发挥不同地区优势，优化资源配置，强化资源集约节约利用，形成合力，促进区域高质量发展。坚持一体化发展理念，以松滋临港工业园、宜都高新技术产业园等开发区为载体，打破行政区划限制，克服地方资源制约、规划限制，探索"飞地经济""伙伴园区"等合作新模式，在要素保障和基础设施建设等方面，实现跨地区资源互补，推动产业集聚集群、差异化发展，注重产业关联

互动、链式发展，避免同质化无序竞争，促进区域经济协同共进。

3. 推进人力资源互认互补

松滋与宜都共同建立求职人员信息库，加大公共就业服务力度，坚持就业优先。特别对脱贫人口、退役军人、大学生、退捕渔民、残疾人等重点群体优先推荐就业岗位，合力保障重点群体就业稳定。促进人力资源供需对接、畅通流动。广泛开展人事考试、职业技能鉴定及技能培训合作。积极组织人才交流活动，互派专家参与职称评审。建立劳动保障监察案件协查、信息共享以及治欠联动、调解仲裁等合作机制。畅通跨区域协作互认通道，协同打击人力资源市场违法违规行为。注重维护新业态从业人员合法权益，共同营造和谐稳定的劳动关系。在核心技术、优秀管理等关键岗位人才的使用上开放互荐，形成人才脱颖而出、合理流动、高效使用的局面。

（五）积极探索协同招商引资模式创新，不断夯实项目支撑

1. 构建招商网络体系

两市应积极构建"政府（管委会）主导、社会力量参与"，"两只手"共同推动招商工作的新格局。一方面，政府（管委会）作为招商统领，要发挥"大项目、大统筹"的作用，即对重大项目，政府招商机构亲自主导招商，把握招商的核心取向，在项目扶持、合作模式、用地等关键环节做好把关。另一方面，要充分发挥社会化力量，包括专业协会和市场化的招商公司，发挥"多项目、广招商"的作用，依靠专业协会和招商公司人脉广泛、机制灵活的优势，多个角度收集项目线索，广泛开展项目前期洽谈，处理整个招商链条上的各项工作，全程跟踪招商项目，进行专业化招商。政府（管委会）设立针对招商公司的专项奖励金，提高招商公司积极性。

2. 强化总部（区域总部）招商

两市要以核心资源聚集为主要目标，紧紧围绕总部和金融、科技、高端制造、

人工智能、电子信息、生物医药、5G等关键产业，为总部企业量身定制落户方案，吸引发达地区企业总部（区域总部）落户，在投资、消费、贸易、管理、技术、人才、信息、资金等多方面辐射拉动两市经济发展。要加快出台支持总部企业发展的相关政策，做好总部企业招商资源库建设，对标两市未来产业和社会发展目标，完成招商选资。

3.围绕产业链招商

两市产业融合应以促进点状项目引进向片状产业生态转变为目标。紧紧围绕纺织服装、高端制造、电子信息、农产品加工、生物医药、绿色化工、现代服务业等产业策划招商，围绕主导产业上下游相关配套服务的搭建进行招商，以求协同发展，形成集聚效应，增强园区竞争力和产业影响力。坚持弱链强链、缺链补链、短链延链的整体思路，通过优惠政策、定制化的服务积极构建产业链生态，继而带动原材料、辅料、零部件和包装件及相关服务类企业的协同发展，形成区域品牌效应。

4.综合运用多种招商模式

两市应大力推行以商招商、平台招商、中介招商、并购招商、上市招商、精准跟踪项目招商等多种招商方式，通过资本、市场等新的要素资源带动招商引资。构建招商产业地图，建立招商资源库，做好招商资源储备。探索打造招商数据平台，实现招商信息获取、项目进展跟踪、营商环境展示、项目选址可视等多项功能，提高招商效率。

(六) 优化全要素保障，持续完善营商环境

1.抢抓各级政策的支持

两市应围绕创新发展，在财税、金融、土地、产业、人才、科技创新等方面出台系统化、集成化的支持政策。用好中央支持湖北省疫后重振一揽子政策，聚焦新

产业、新经济、新业态，抢抓机遇，超前谋划申报一批强基础的公建项目，延伸产业链的平台项目，推动转型升级的"新基建"项目以及可持续发展的循环项目，积极主动争取项目资金支持，将更多优质项目纳入国家、省市级项目库，推动已入库项目尽快被锁定、立项获批。

2.强化现有基础要素的保障

两市应从基础设施建设、融资、用地、为企服务等方面入手，注重补短板、勤输血、强服务，始终把推进基础设施建设、提升基础配套保障水平作为增强园区承载能力和招商引资吸引力的关键举措。抓紧盘活闲置土地、低效用地，抓好土地收储，实现"地等项目"，强化亩均效益意识；优化国有资产整体融资、资产运营管理，强化项目资金保障；建好"双创"平台，大力扶持科创型企业，集聚创新要素；加大高层次人才引进力度，不断优化企业骨干人才稳岗措施。依托现有职业教育体系，推动产教融合，加快建设企业订单化实用人才培训基地，试行企业新型学徒制，着力化解企业用工供需结构性矛盾，为经济社会发展汇聚人才资源。

3.大力完善科技金融支撑

两市要积极建立"科技引领-金融助推-要素集聚"的三级创新服务体系，在数字经济、智能经济、循环经济、生物经济等重点科创领域和相关产业链设立科创孵化基金、科创并购基金、科技创新风险投资引导基金、产业基金、中小企业发展基金等，助力中小科创企业迅速做大做强。加快建设产业化公共服务平台、交易平台、科技信息共享平台，提供工业设计、中试生产、检验检测等硬件设施，以及相关的技术创新和配套服务。建设知识产权、法律咨询、电子商务、科技成果转化服务中心等第三方中介机构和创新服务平台。加快构建以企业为主体、市场为导向、产学研深度融合的创新体系，努力走出一条具有县域特色的创新驱动发展之路，奋力在全省新一轮高质量发展中走在前列、当好标兵。

4.健全人才服务体系

两市应尽快培育、引进一批高端产业技术领军人才和高端管理人才，建立智库团队，加强产业发展战略性、前瞻性。如可以成立人才工作集团，打破人才工作机关化、事业化的格局，通过企业化方式来补齐机关、事业单位服务人才不足的短板，实现人才服务公益性的目的，为各类人才提供全链条（人才引进—创业—居住—生活一条龙）、全覆盖（高端人才、技能人才、骨干人才）服务。进一步加强产教融合，深化校企合作，积极开展企业新型学徒制培训，大力推行职业技能提升行动，帮助企业实现高层次人才的内部培育。

5.持续优化环境要素

两市应努力完善"多规合一""联合图审"工作机制，深化"区域性统一评价"、工业"标准地"改革，提升企业办事和工程建设便利度。推进"一网通办""一事联办""一次办好"改革，提升"互联网+政务"服务水平，推进99%以上事项网上可办，力争100%事项纳入"一窗受理"，打造规范高效的政务环境。落实市场准入和外商投资负面清单，规范涉企收费，创新和完善信用监管，营造规范透明的市场环境。严格规范公正文明执法，营造公平完善的法治环境。持续改进干部作风，坚决反对形式主义、官僚主义，加强执纪监督，构建"亲""清"新型政商关系，打造一流营商环境。

（七）坚持循环发展，培育循环产业

1.加强政策引导，实施循环经济发展计划

在产业融合发展过程中，两市要加快构建企业层面"小循环"、产业和特色园区"中循环"、全区"大循环"的模式，促进产业发展过程的绿色化、循环化、低碳化。大力推进节能降耗，提高能源利用效率。在重点耗能产业年耗能万吨标准煤以上企业加快节能技术改造，提高终端能源利用效率，积极发展余热余压发电和绿

色照明;促进中水发展,提高用水重复利用率;加强重点产业、重点企业的能源、原材料、水等资源消耗管理,努力降低消耗,提高资源利用率。大力推进资源综合利用,提高资源循环利用率。加强二氧化碳、二氧化硫、有机废弃物等的综合利用,推进污水、烟气资源化,最大程度地利用生产过程中产生的各种废弃物。重视节能环保产业,发展能大量消纳、利用固体废弃物,特别是利用产生有毒有害废弃物和城市垃圾的产业,加快环保产业建设和循环产业建设,把垃圾变成可持续发展资源。大力推进清洁生产,从生产源头减少废弃物产生和排放。在医药化工等产业中大力推行清洁生产,加强对重点企业的清洁生产审核,组织实施清洁生产方案,实现单位产品能耗、物耗、水耗达到规定水平,主要污染物排放大幅度减少。对污染物排放超过国家和地方规定的标准或总量控制指标的企业以及使用有毒、有害原料进行生产或者在生产中排放有毒、有害物质的企业,要依法加快实行强制清洁生产审核、限期治理,监督实施清洁生产方案,鼓励有条件的企业开展自愿清洁生产审核。积极推进园区清洁生产,企业新建、改造项目,要优先采用资源利用率高、污染产生量少的清洁生产技术、工艺和装备。着力打造循环型产业集群,优化产业、企业和产品结构,以骨干企业为龙头,以中小企业为网络,实施园区化、集群化和品牌化战略,推动企业研发创新、兼并重组和建立联盟,做大做强主导产业,延伸拓展配套产业,大力发展循环经济,构建大产业集群,延长产业链,提高资源综合利用率和产品附加值,形成上下游一体化的集约式、链条化循环发展模式。

2. 注重技术创新,推动产业融合发展的绿色转型

两市应狠抓科技创新,建立绿色发展科技支撑体系,依靠市场化技术实现绿色转型,运用关键核心技术推进绿色化变革。构建市场导向的绿色技术创新体系,既要考虑生态和社会效益,也要考虑经济效益,通过市场手段引导开发低碳技术和绿色共性技术,增强节能环保产业、清洁生产产业、清洁能源产业的技术研发力度,为绿色发展和可持续发展提供坚强的技术支撑。推广高效节能技术,运用绿色技术改造传统产业,逐步将绿色技术、绿色工艺渗透到传统产业的各个环节,打通传统

产业与绿色技术之间的通道，为传统产业的改造升级提供绿色技术支持。提高新能源和可再生能源比重，构建清洁低碳、安全高效的能源体系，形成绿色消费引导绿色技术创新，绿色技术创新促进绿色消费的良性循环体系。鼓励企业绿色技术创新，在生产技术、循环再利用技术、新能源开发、科技人才培养等方面加大投入力度，建立以企业为主体、市场为导向、产学研深度融合的技术创新体系。打造系统集成的绿色技术支撑体系，要瞄准世界前沿技术，突出关键共性技术、前沿引领技术、现代工程技术、颠覆性技术创新，打造高起点、高质量、高效率的绿色发展技术支撑体系。打造引领产业发展的绿色核心技术体系，要围绕绿色发展的重大问题，瞄准绿色设计、绿色工艺、绿色回收等关键技术，加大绿色技术装备的研发力度，打造引领产业发展的绿色核心技术体系。以重大专项作为培育和发展新能源技术的主攻方向，大力促进新能源产业化。以绿色装备制造为核心，加强绿色制造领域关键核心技术的研发，把高新技术渗透到各专业、各领域，加快科技成果转化，为节能、降耗、减排和绿色发展提供动力。

四、推动湖北县域经济高质量发展的启示

县域发展不平衡不协调是制约湖北高质量发展的最大瓶颈，县域间差异是导致湖北省区域经济发展整体差异较大的主要原因。中国共产党湖北省第十二次代表大会报告明确提出要构建"宜荆荆"都市圈，松滋与宜都作为湖北县域经济高质量发展的"先行区"和"桥头堡"，有责任、有义务在协同发展方面，当好"领头雁"，种好"责任田"。

（一）顺应协同趋势，因势利导，推动区域高质量平衡发展

新发展阶段需要更高质量的县域协同融合，市域范围内各县域尤其是毗邻县域由于交通相连、文化相通，或多或少都呈现同城化的趋势，在产业、设施、民生、环保等领域均存在融合倾向，经济社会发展关联性较强，有着良好的协同发展基础

和条件。自发的协同融合往往受到行政边界的区隔和限制，因此需要更好发挥有为政府作用，着力破除县域之间利益藩篱和政策壁垒，聚焦微观尺度，因势利导，以"绣花"的功夫疏通区域协同发展"经脉"，推动县域之间要素顺畅流动、"无缝对接"。

（二）加强整体谋划，科学论证，增强区域协同发展实操性

县域协同是两个以上的县域空间的协作，涉及多个层面、多个主体、多方利益，需要充分论证，整体谋划，需要由市级层面立足实际，统筹研究本市县域协同的基础、条件、适宜的模式和路径、必要的保障措施等。在此基础上，选择基础扎实、条件成熟的地区进行先行先试，率先探索"统一规划、统一政策、统一标准、统一管控"的县域协同发展新机制，聚焦现实痛点和突出短板，破解县域协同发展中的突出问题，形成可复制、可推广的协同发展经验，形成示范效应。以基础设施、产业发展以及民生工程为重点领域，梳理一批事关县域协同发展的重大项目，以项目为抓手，切实推进协同进程。

（三）强化政企联动，多方参与，实现协同发展共推共建共享

推动县域协同发展需要政府助力、企业发力、社会聚力，要坚持政府引导、企业主导、社会响应、多方参与，凝聚和发挥多方力量，共同推动县域协同发展。针对政府，应建立协同区域利益共享机制，做好协作双方财税政策的平衡与激励。针对企业，应出台相关鼓励支持政策，充分调动企业参与县域协同积极性，鼓励和引导社会资本通过PPP、特许经营、TOD等多种方式参与区域性项目建设。针对商会和行业协会，应以政府采购服务方式，强化商会和协会在跨区域交流合作、重大项目规划、行业标准对接中的协调作用。针对社会，应加大宣传力度，依托媒体和自媒体，全面提高推动协同发展的热情，凝聚协同发展共识。

（四）完善工作机制，加强统筹，确保协同目标任务有效落实

县域协同联动需要坚持循序渐进、协同创新、优势互补、互利共赢的总体思路，整合协同县域要素资源，突破行政区划限制，创新县域协同发展体制机制，实现协同联动制度化、规范化，保障协同发展成效。需要在市级层面建立统筹协调机制和工作推进机制，加强组织领导，做好顶层设计，完善政策保障机制、资金投入机制、信息共享机制、考核督导机制，制订协同联动发展规划或实施方案，并细化和制定相关配套政策，明确责任分工，对事关长远发展的重大事项、重点项目，实行市级主导、属地配合的管理机制。在县域层面建立配套组织机构，制订协同框架协议或年度行动计划、专项实施细则，加强政策衔接协同，狠抓工作落实。

主要参考文献

[1] 陈健生，任蕾．从县域竞争走向县域竞合：县域经济高质量发展的战略选择 [J]．改革，2022（4）：88-98.

[2] 孙小龙，秦彬朦，郜捷，等．贵州省文化与旅游产业融合效率及时空演化研究 [J]．贵州师范大学学报（自然科学版），2022（4）：39-48.

[3] 张凤林．全面推进乡村振兴背景下县域经济高质量发展研究 [J]．理论探讨，2022（3）：167-172.

[4] 邵琳洁．数字经济推动县域经济高质量发展的实现路径 [J]．中国集体经济，2022（3）：47-49.

[5] 赵嫚，王如忠．中国文化产业和旅游产业融合发展动力机制与发展评价 [J]．生态经济，2022（2）：121-129.

[6] 涂圣伟．产业融合促进农民共同富裕：作用机理与政策选择 [J]．南京农业大学学报（社会科学版），2022（1）：23-31.

[7] 李硕雅. 数字经济推动县域经济高质量发展思考 [J]. 当代县域经济, 2022 (1): 46-49.

[8] 胡优玄. 基于数字技术赋能的文旅产业融合发展路径 [J]. 商业经济研究, 2022 (1): 182-184.

[9] 李旺泽. 加快农业特色产业转型升级 助推县域经济高质量发展 [J]. 甘肃农业, 2021 (12): 10-16.

[10] 吴晓曦. 数字经济与乡村产业融合发展研究 [J]. 西南金融, 2021 (10): 78-88.

[11] 张岳, 周应恒. 数字普惠金融、传统金融竞争与农村产业融合 [J]. 农业技术经济, 2021 (9): 68-82.

[12] 江泽林. 农村一二三产业融合发展再探索 [J]. 农业经济问题, 2021 (6): 8-18.

[13] 陈慈, 龚晶, 周中仁. 农村产业融合中利益联结机制的差别化构建研究 [J]. 农业经济, 2021 (3): 87-89.

[14] 王蔷, 丁延武, 郭晓鸣. 我国县域经济高质量发展的指标体系构建 [J]. 软科学, 2021 (1): 115-119; 133.

[15] 范毅, 王笳旭, 张晓旭. 推动县域经济高质量发展的思路与建议 [J]. 宏观经济管理, 2020 (9): 60-62; 88.

[16] 冯贺霞, 王小林. 基于六次产业理论的农村产业融合发展机制研究 [J]. 农业经济问题, 2020 (9): 64-76.

[17] 胡海, 庄天慧. 共生理论视域下农村产业融合发展: 共生机制、现实困境与推进策略 [J]. 农业经济问题, 2020 (8): 68-76.

[18] 张林, 温涛, 刘渊博. 农村产业融合发展与农民收入增长: 理论机理与实证判定 [J]. 西南大学学报 (社会科学版), 2020 (5): 42-56; 191-192.

[19] 李先跃. 中国文化产业与旅游产业融合研究进展及趋势 [J]. 经济地理, 2019 (12): 212-220; 229.

[20] 赵玉林，裴承晨. 技术创新、产业融合与制造业转型升级 [J]. 科技进步与对策，2019（11）：70-76.

[21] 靳晓婷，惠宁. 乡村振兴视角下的农村产业融合动因及效应研究 [J]. 行政管理改革，2019（7）：68-74.

[22] 张林，温涛. 财政金融服务协同与农村产业融合发展 [J]. 金融经济学研究，2019（5）：53-67.

[23] 张来武. 产业融合背景下六次产业的理论与实践 [J]. 中国软科学，2018（5）：1-5.

[24] 孟秋菊. 农村产业融合的内涵研究 [J]. 四川理工学院学报（社会科学版），2018（2）：76-83.

[25] 周春波. 文化与旅游产业融合动力机制与协同效应 [J]. 社会科学家，2018（2）：99-103.

[26] 涂静. 产业融合的经济学分析 [J]. 现代管理科学，2017（8）：84-86.

[27] 吕有金. 产业融合对制造业竞争力的影响研究 [J]. 中国市场，2016（9）：51-53.

[28] 韩瑞栋. 产业融合与资源型经济转型路径研究 [J]. 知识经济，2015（12）：69.

[29] 王洪波. 产业技术进步在IT产业融合中的作用探究 [J]. 华东经济管理，2009（3）：149-153.

[30] 沈桂龙. 产业融合及其对产业组织的影响 [J]. 上海经济研究，2008（7）：38-43.

[31] 胡树华，张冀新. 基于产业融合的企业战略创新 [J]. 科技进步与对策，2008（8）：64-66.

[32] 唐昭霞，朱家德. 产业融合对产业结构演进的影响分析 [J]. 理论与改革，2008（1）：83-86.

[33] 罗奕. 产业融合理论及其经济效果 [J]. 时代经贸（学术版），2007

（3）：37-38.

　　[34] 柳旭波. 产业融合对产业结构政策的影响 [J]. 生产力研究，2006（7）：204-205.

　　[35] 郁明华，陈抗. 国外产业融合理论研究的新进展 [J]. 现代管理科学，2006（2）：36-38.

　　[36] 余东华. 产业融合与产业组织结构优化 [J]. 天津社会科学，2005（3）：72-76.

　　[37] 于刃刚，李玉红. 产业融合对产业组织政策的影响 [J]. 财贸经济，2004（10）：18-22.

　　[38] 吴颖，刘志迎，丰志培. 产业融合问题的理论研究动态 [J]. 产业经济研究，2004（4）：64-69.

　　[39] 周振华. 信息化进程中的产业融合研究 [J]. 经济学动态，2002（6）：58-62.

　　[40] 马健. 产业融合理论研究评述 [J]. 经济学动态，2002（5）：78-81.

　　[41] 厉无畏. 产业融合与产业创新 [J]. 上海管理科学，2002（4）：4-6.

　　[42] 涂文华. 对金融与产业融合的思考 [J]. 江西社会科学，1994（1）：54-55.

　　[43] 李莉. 我国农村产业融合的动力机制与收入效应研究 [D]. 太原：山西财经大学，2022.

　　[44] 李晓龙. 农村金融深化、农业技术进步与农村产业融合发展 [D]. 重庆：重庆大学，2019.

　　[45] 和龙. 我国农村产业融合发展风险管理研究 [D]. 北京：北京交通大学，2018.

　　[46] 姜峥. 农村一二三产业融合发展水平评价、经济效应与对策研究 [D]. 哈尔滨：东北农业大学，2018.

　　[47] 郭承先. 产业融合研究：基于企业行为的分析视角 [D]. 北京：中共中

央党校，2017.

[48] 赵新华. 产业融合对经济结构转型的影响：理论及实证研究 [D]. 长沙：湖南大学，2014.

[49] 梁伟军. 农业与相关产业融合发展研究 [D]. 武汉：华中农业大学，2010.

[50] 郑明高. 产业融合发展研究 [D]. 北京：北京交通大学，2010.

[51] 席晓丽. 产业融合视角下的现代农业发展研究 [D]. 福州：福建师范大学，2008.

[52] 胡金星. 产业融合的内在机制研究 [D]. 上海：复旦大学，2007.

[53] 胡永佳. 产业融合的经济学分析 [D]. 北京：中共中央党校，2007.

第八章　金融有效支持黄石实体经济高质量发展[①]

融资担保既能为企业提供增信服务，又能为银行分担风险，相比其他金融机构，具有受众面广、融资成本较低、合作渠道较为成熟的特点。融资担保机构通过为企业承担担保责任向金融机构实施借贷，为地方企业发展提供资金和信用上的担保，解决中小微企业在生产经营过程中遇到的暂时资金困难，增强中小微企业的竞争力，促进地方中小微企业健康发展。黄石市融资担保集团有限公司（以下简称黄石市融资担保集团）作为全省首批政府性融资担保机构，成立时间早、规模大。多年来持续为实体经济输血，不仅缓解了黄石本地中小微企业的融资难、融资贵问题，同时也发挥了财政资金的杠杆作用，为中小微企业提供信用背书，维护了中小微企业稳定经济、稳定就业、稳定民生的重要意义。

一、黄石市融资担保集团支持实体经济发展的成效

近年来，黄石市融资担保集团积极发挥"增信""分险""降费"作用，促进普惠金融实现"量增""面扩""价降"，在服务实体经济，缓解中小微企业融资难、融资贵方面取得一定成效。

（一）行业发展环境进一步优化

湖北省政府高度重视政府性融资担保，省财政厅已建立并逐步落实省级再担保

---

① 2022年黄石市融资担保集团有限公司委托项目；童藤、王婧、张攀红、万鹏博、何云、吴慧成、肖晗参与了研究。

资本补充、代偿风险资金池等政策措施；监管部门下发了多项文件，旨在进一步规范和促进担保机构业务开展，促进担保行业稳健发展（见表8-1）。监管新规的出台使行业运行逐步规范，有利于行业信息的收集及监管，有利于行业的规范有序运行，也有利于中小微企业信用风险的把控。

表8-1　　　　　　　　　　　　　　国家及省级政策文件支持

2019/1/22	《国务院办公厅关于有效发挥政府性融资担保基金作用切实支持小微企业和"三农"发展的指导意见》（国办发〔2019〕6号）	1.政府性融资担保、再担保机构要严格以小微企业和"三农"融资担保业务为主业，不得偏离主业盲目扩大业务范围，不得为政府债券发行提供担保，不得为政府融资平台融资提供增信，不得向非融资担保机构进行股权投资。 2.国家融资担保基金和省级担保、再担保基金（机构）要合理设置合作机构准入条件，带动合作机构逐步提高支小支农担保业务规模和占比。合作机构支小支农担保金额占全部担保金额的比例不得低于80%，其中单户担保金额500万元及以下的占比不得低于50%。 3.各级政府性融资担保、再担保机构要在可持续经营的前提下，适时调降再担保费率，引导合作机构逐步将平均担保费率降至1%以下。其中，对单户担保金额500万元及以下的小微企业和"三农"主体收取的担保费率原则上不超过1%，对单户担保金额500万元以上的小微企业和"三农"主体收取的担保费率原则上不超过1.5%
2020/5/22	财政部《政府性融资担保、再担保机构绩效评价指引》（财金〔2020〕31号）	1.政府性融资担保、再担保机构是指依法设立，由政府及其授权机构、国有企业出资并实际控股，以服务小微企业和"三农"主体为主要经营目标的融资担保、再担保机构。省级财政部门会同有关部门确定本地区政府性融资担保、再担保机构名单。 2.绩效评价由本级财政部门组织实施，对政府性融资担保、再担保机构的政策效益、风险控制、体系建设等方面进行综合评价，绩效评价结果与担保机构可获得的政策扶持、资金支持、薪酬激励等挂钩

2019/1/22	《国务院办公厅关于有效发挥政府性融资担保基金作用切实支持小微企业和"三农"发展的指导意见》（国办发〔2019〕6号）	1.政府性融资担保、再担保机构要严格以小微企业和"三农"融资担保业务为主业，不得偏离主业盲目扩大业务范围，不得为政府债券发行提供担保，不得为政府融资平台融资提供增信，不得向非融资担保机构进行股权投资。 2.国家融资担保基金和省级担保、再担保基金（机构）要合理设置合作机构准入条件，带动合作机构逐步提高支小支农担保业务规模和占比。合作机构支小支农担保金额占全部担保金额的比例不得低于80%，其中单户担保金额500万元及以下的占比不得低于50%。 3.各级政府性融资担保、再担保机构要在可持续经营的前提下，适时调降再担保费率，引导合作机构逐步将平均担保费率降至1%以下。其中，对单户担保金额500万元及以下的小微企业和"三农"主体收取的担保费率原则上不超过1%，对单户担保金额500万元以上的小微企业和"三农"主体收取的担保费率原则上不超过1.5%
2020	《省财政厅、省地方金融监管局关于开展政府性融资担保机构确认工作的通知》（鄂财金发〔2020〕18号）	明确了政府性融资担保机构确认的基本原则，将政府性融资担保机构名单制管理与"四补"机制挂钩，未建立"四补"机制的担保机构不纳入名单，督促市县政府落实财政支持政策

（二）产品服务创新进一步落实

1. 逐年扩大规模

黄石市融资担保集团作为全省首批政府性融资担保机构，成立时间早、规模大、包袱重。成立20多年来，为企业进限进规和"隐形冠军""小巨人"企业成长提供金融扶持，累计为黄石市3 416家中小微企业提供担保贷款534.22亿元，为4.31万名创业人员提供政策性小额创业担保贷款25.63亿元，集团累计上缴税费2.47亿元，国有资本收入1.16亿元（见表8-2）。

表8-2 金融服务规模发展

年份	资本金+担保贷款规模
2012	注册资本金超过5亿元，年担保贷款额超过40亿元，累计担保贷款额超过120亿元
2014	注册资本金超过7亿元，年担保贷款额超过70亿元，累计担保贷款额超过250亿元
2017	注册资本金超过9亿元，年担保贷款额超过60亿元，累计担保贷款额超过400亿元
2022	注册资本金超过10亿元，半年担保贷款额近40亿元，累计担保贷款额超过530亿元

2022年以来，黄石市融资担保集团以企业融资需求为工作重心，采用"店小二式服务"助推企业发展，2022年上半年，共为黄石市中小微企业提供金融服务总额达38.9亿元。其中，为156家中小微企业以及248名创业者提供担保贷款10.69亿元，完成全年任务的66.8%，在保余额22.86亿元，含发放"再担创业贷"242笔4 618万元，创业担保贷款在保余额3.54亿元；为137家中小微企业发放265笔13.68亿元过桥贷款；金融信息服务平台新增注册用户192户，撮合企业融资14.53亿元。

2.优化服务降低担保费

进一步优化担保贷款审批流程，与银行同步考察、同步审批，最大程度上缩短审批时间，并做好存量客户的续贷工作，协调银行灵活运用展期、延期、无还本续贷等方式支持企业。根据《融资担保公司监督管理条例》，切实降低担保费率，2015—2022年，担保集团的综合担保费率逐年下降，2022年上半年为中小微企业减免担保费263.61万元（见表8-3）。

表8-3   2015—2022年担保费率

年份	2015	2016	2017	2018	2019	2020	2021	2022
担保费率	1.58%	1.42%	1.48%	1.43%	1.31%	0.88%	0.77%	0.68%

3.开拓创新金融产品

担保集团加强与合作银行的沟通，全程掌握企业融资关键节点，及时为不同类型企业量身制定专属融资方案，并成功推出"再担科创贷""再担创业贷"。2022年上半年，"4321"新型政银担分险业务新增279笔1.56亿元，在保368笔，在保余额4.9亿元；"再担科创贷"新增22笔6 256万元。

6月份，担保集团新推出"再担纾困贷""科创贷"，其中"再担纾困贷"重点针对交通运输、餐饮、住宿、批发零售、旅游等行业的小微企业（主）和个体工商户；"科创贷"针对黄石区域内高新技术、专精特新、科技型名单内的企业，目前正在着力推广中（见表8-4）。通过新业务品种，定向扶持企业发展、降低企业融资成本，加大融资担保支持力度。

表8-4   创新金融产品发展

年份	创新金融产品
2008	启动下岗失业小额担保贷款工作
2018	黄石市担保集团有限公司正式开展绿色信贷担保业务
2018	省再担保集团与黄石市担保集团有限公司开展"4321"新型银政担分险合作
2022	黄石市担保集团新推出"再担纾困贷""科创贷"

（三）业务风险控制进一步夯实

2020年以来，在黄石市委市政府的领导下，集团风险化解取得了重大成效。

1. 日清日结强化督办

黄石市融资担保集团针对各项清零工作目标设立工作专班，要求日清日结，按时推进各项重点风险化解工作，并每周召开风险清零工作碰头会进行督办，对风险化解推进所遇难题集思广益，合力思考解决办法，确保风险清零稳步推进。

2. 加大清收变现力度

进一步加大与黄石市法院、黄石市公安局的合作力度，建立与法院部门定期沟通制度，筛选出主要案件作为重点推进，加快推进诉讼案件执行，加大逃废债行为打击力度。2022年上半年，业务类案件新增起诉33件，标的额1.16亿元，新增执行14件；小额类案件新增起诉67件，标的额7 909万元，新增执行50件。加大抵债资产盘活力度，运用灵活方式盘活资产，2022年上半年实现清收4 561万元（抵债资产1 760.14万元，现金回款2 800.86万元）。

3. 采用多种处置方式实现不良担保贷款风险清零

根据黄石市融资担保集团《担保贷款风险化解工作实施方案》和风险处置工作进展，为了实现2022年6.31亿元存量不良担保贷款风险和东方装饰城不良担保贷款1.77亿元的化解清零，黄石市融资担保集团采用多种处置方式：一是通过打折转让处置2.22亿元不良担保贷款。黄石市融资担保集团将对工行0.43亿元、中行0.05亿元、建行0.29亿元、交行0.55亿元、邮储0.36亿元、兴业0.54亿元共计2.22亿元不良担保贷款按5折进行打折转让，预计资金需求约1.11亿元。二是通过资产置换处置农商行不良担保贷款4.64亿元。黄石市融资担保集团梳理相关抵债资产，通过资产置换，处置黄石农商行不良担保贷款4.64亿元。三是通过分期还款处置招行0.12亿元不良担保贷款。黄石市融资担保集团与招行达成3年分期还款方案，化解0.12亿元不良担保贷款风险，招行负责做好新港公司的征信保护。四是支付湖北银行剩余对价资金1亿元。

4. 多部门支持、配合化解不良担保贷款风险

针对黄石市融资担保集团的不良担保贷款处置，银行等多部门积极支持、配合，共同做好不良担保贷款风险化解工作。黄石市融资担保集团进一步加大与各合作银行的沟通协调力度，对应每家银行制定具体措施和时间节点，全力做好工作方案各环节紧密衔接，2022年上半年完成4家银行63亿元不良担保贷款打折处置工作，累计完成10家银行17.36亿元不良担保贷款处置工作，剩余5家银行1.84亿元不良担保贷款处置工作正在推进中。

黄石市融资担保集团持续与各银行充分协商，摸清企业经营现状，实际控制人财务情况、反担保情况、可执行资产情况等，双方共同核查核定不良担保贷款名单。各合作银行对核查核定的不良担保贷款尽快组织材料上报审批，及时跟进审批进度，尽早完成风险化解；黄石市融资担保集团全力配合银行推进风险化解审批工作，加大资金筹措力度。黄石市地方金融工作局加强对不良担保贷款风险化解工作的协调督办；中国人民银行黄石市中心支行、黄石银保监分局积极协调各银行配合风险化解，指导、督促东方装饰城债委会化解债务风险；黄石市财政局落实健全四项资金补偿机制，对黄石市融资担保集团上缴、代缴税费市级留存部分给予支持；积极向上争取资金和政策支持，整合相关专项资金，支持黄石市融资担保集团业务。

（四）信息科技建设进一步加快

信息不对称问题一直都是困扰中小微企业融资的关键问题，正是因为不能及时准确地判断中小微企业的偿债能力和信用状况是否符合各项硬性条件，导致担保机构不敢为其提供担保，银行自然也不愿提供贷款。同时，担保机构和银行信息不对称的存在，也让银行不能准确地判断该担保机构是否具备完善的担保条件，自然也不能客观地判断风险。随着科技的发展，黄石市融资担保集团也与时俱进，不断创新，拓展数字化金融等新业务，利用区块链、大数据、云计算、物联网等数字技

术，改善信息不对称问题，使集团获取客户信息能力增强、业务流程优化、业务成本降低、风控能力提升。

目前，黄石市融资担保集团着力建设"东楚融通"平台，该平台旨在运用人工智能和大数据技术，整合政府公共信息资源，通过设定模型对企业信用进行科学评价，并快速推向银行，降低金融机构信息搜集成本，努力减少银行查询数据的时间和难度，提升金融资源配置效率，提高银行放贷的可能性和可行性。目前，"东楚融通"已完成产品上线展示、政策宣传推介、银企上线注册、信用科学评价、银企线上融资对接、贷后风控监测、分类考核督办等功能应用，实现了20家金融机构58款信贷产品、420家企业上线，平台建设推进良好有序。

第一，通过银企对接功能，中小微企业可通过平台实现一键发布融资需求，平台根据企业提交的融资申请，快速智能匹配金融机构发布的信贷产品，并将融资信息以短信方式精准推送至银行分管行长、信贷经理，融资流程及进度全程可视化跟踪，实现银企线上高效对接，平台全流程实时跟踪督办，企业提高融资效率及融资获得感。

第二，通过信用评价功能，利用平台人工智能和大数据技术为企业精准"画像"，切实缓解企业融资过程中信息不对称、信用不足等问题。目前，银行最为关切的社会保险、公积金、法院、用水等涉企信息实现了实时共享，为金融机构了解中小微企业生产经营情况奠定了一定基础。通过整合掌握的涉企数据，运用科学信用评价模型，为银行出具信用评价报告，设置信用总分100分，划分4个等级，为企业提供增信服务，降低信贷风险和尽调成本，提升金融资源配置效率。

第三，通过贷后监控功能，平台实时更新涉企公共信用数据，为银行贷后管理提供不间歇服务，方便银行掌握企业生产经营状况。对于经营出现异常的企业，向银行进行信用风险提示、预警，提高风险防控能力，将可能出现的风险降到最低。同时，对在体系中违约的小微企业建立一定的惩处机制，将其加入失信名单，保证体系内金融机构的合法权利，从而使金融机构敢于扩大自身业务。

第四，通过考核督办功能，平台将可视化监测银企融资对接情况，实时掌握各城区、各行业企业注册数、融资余额以及各金融机构放贷笔数、额度，对全市银行放贷情况自动排名，为政府进行考核督办、精准施策提供科学有效的依据。

二、黄石市融资担保集团支持实体经济发展的困境

由于实体经济的持续下行、过去担保结构粗放以及承担全额清偿责任，黄石市融资担保集团积聚了一定程度的担保风险，尽管目前风险问题得到大力化解，但还面临着一些困难和问题。

(一) 现金流紧张导致流动性不足

近年来，黄石市融资担保集团的担保业务规模大幅萎缩，期末担保余额和新增贷款担保额呈逐年下降趋势，其中，期末担保余额逐年下降，从2015年12月31日的561 128万元下降到2022年6月30日的228 634万元。新增贷款担保额逐年下降，从2015年12月31日的650 246万元下降到2022年6月30日的106 881万元。加上贷款利率下调及服务企业降费等因素，担保费率从2015年12月31日的1.58%下降到2022年6月30日的0.68%，担保费收入大幅下降，从2015年12月31日的10 112万元下降到2022年6月30日的696万元。而作为外部补偿机制的政府扶持性政策措施落实还不到位，没有形成完善稳定的资金补偿机制，导致黄石市融资担保集团的现金流难以得到有效补充。尽管已经出台了资本金补充、代偿补偿、保费补贴、业务奖补机制（简称"四补"机制），但这些未完全落实，一定程度上制约了公司的发展。

(二) 不良债权清收较为艰难

在资产清收、资产处置、案件执行等方面，存在抵债资产交付难、抵债资产过户成本高、恶意逃废债等问题，现金清收极为不易。

2022年初，黄石市融资担保集团仍有6.31亿元存量不良担保贷款风险和东方

装饰城不良担保贷款1.77亿元。在6.31亿元存量不良担保贷款中，涉及工商银行、中国银行、建设银行、交通银行、邮储银行、兴业银行、招商银行、黄石农商行、大冶农商行、阳新农商行等10家银行。存量不良担保贷款户数总计为60家，金额总计为63 079万元。

（三）银行合作意愿下降

商业银行作为一种特殊的商业金融企业，在经营管理过程中，盈利水平一直都是必须考虑的因素。因此，一些盈利性相对较弱的业务很多时候并不能引起银行足够的重视。目前，黄石市部分银行的政银担业务放款量在逐渐减少，银行参与积极性下降，与银行合作的增量业务较少。只有少数银行续签了合作协议，并将优质客户转为直贷，在保额度直线下降。同时，在推进不良担保贷款打折转让处置过程中，集团信用评级、风险考核等评分也受到影响。

（四）平台系统建设亟须完善

自市政府1月28日印发《关于进一步优化创业担保贷款工作的实施方案和黄石市创业担保贷款线上服务平台建设方案的通知》后，黄石市融资担保集团积极配合市人社部门，全力推进创业贷网办系统建设工作。目前，创业担保贷款系统虽已基本实现了创业者在线申请和相关部门线上审核、审批功能，但仍存在以下问题：

第一，政务数据归集度不高。数据是"平台"有效运行的重要资源和核心竞争力，是企业信用"画像"最基础最关键的因素。目前，全市政务数据归集仍不够全面，平台需求数据来自28个部门共155项，仍有76项未接入，已接入数据也存在数据更新不及时等问题。例如在企业服务方面，税务、供电、法院等垂管部门数据；在创贷服务方面，公安人口、户籍，人社就业登记、十类创业群体身份核准，户口本，结婚证，营业执照等电子证照重要基础数据尚未接入，严重影响了平台服务中小微企业、服务创业创新的效率。

第二，平台产品创新不够。目前，平台虽已上线金融机构102项信贷产品，但平台特色金融产品研发相对滞后，服务银行、企业效果仍不够明显。平台定位以公益为主，平台涉及创业贷、科技贷、知识产权质押贷、乡村振兴贷等各类产品研发和多系统交互集成等繁重的建设工作任务，投入较大。同时，亟须政府进一步加大对平台政策及资金上的支持力度，也需要引进专业人才团队。

第三，平台系统功能不够完善。因前端数据接入影响系统开发进度，人行征信、在线抵押、电子合同、银行系统对接等多系统融合集成均受到较大影响，因此创贷业务实现全程线上办理工作量极大，时间极其紧迫。

第四，注册用户不多，群众知晓率不高。平台上线一年来，推广宣传力度不够，上线注册仅限企业用户，目前仅有 1 400 余户企业注册，推广方式相对单一，主要向银行和相关企业主管部门推广，群众知晓率不高。

（五）专业人才培养有待加强

融资担保业务风险识别是一项专业性和综合性较强的复杂事项，需要复合型人才方能胜任。风控人员须精通财会、法律、融资担保等专业知识，同时还应了解宏观经济形势、国家政策及行业发展趋势，这样在进行项目保前审查时才能有效预测和评估风险。除此之外，融资担保业务在进行产品设计、研发、尽职调查等方面也需要专业人才。但是，与之形成鲜明对比的则是我国政府性融资担保行业发展的不成熟，人才培养力度不足，叠加这个行业"高风险、低收益"的特点，更难以引进优秀人才，同时还不得不面临优秀人才流失的问题，这些严重制约着政府性融资担保行业的发展。随着金融科技的发展，在融资担保业务及风险管理中，涉及大数据、人工智能、智能风控等技术的应用，因此，也急需大数据、风控等方面的专业人才。目前，尽管中国融资担保业协会、湖北省融资再担保集团有限公司等对黄石市融资担保集团开展培训工作，但结合黄石地方特色的培训较少，对后期专业能力提升效果不大。

（六）绩效考核和激励机制需要优化

黄石市融资担保集团作为全省首批政策性融资担保机构之一，具有鲜明的政府属性和公益性，服务对象主要是难以在银行直接获贷的中小微企业，高风险、低收益特征明显。然而在现有业绩考核中并未充分考虑上述因素，应实施分类考核突出重点，公司的经营业绩考核办法和指标设置有待进一步优化。

此外，政府属性和公益属性也导致公司在追求效益上有顾虑，实际工作开展中员工激励不够。公司业务需要进一步细分各经营领域，按经营性质拆分机构，可以将政府性融资担保业务（创业贷、政策性融资担保业务）和商业性融资担保业务（债券担保、工程保函、诉讼担保）两线分离，让部分业务追求社会效益，部分业务追求经济效益，从而进一步提升公司效益和员工积极性。

三、国内融资担保公司发展典型案例及经验借鉴

从担保公司中选择中投保公司、江苏信保集团、安徽担保集团、粤财担保集团、三峡担保集团等典型的融资担保公司进行分析，梳理其发展现状，深入挖掘其在支持中小实体经济、创新数字化管理体系建设、强化信用风险管理控制等方面的典型案例，总结其有益经验，完善集团制度和规范业务流程。

（一）中投保公司

1. 机构概况

中国投融资担保股份有限公司（以下简称"中投保公司"）于1993年由财政部和国家经贸委出资成立，2010年该公司引进建银国际、中信资本、鼎晖投资、新加坡政府投资、金石投资、国投创新六家新股东，由国有独资企业增资改制为中外合资企业，2015年该公司采取发起设立方式进行股份制改革，变更为股份有限公司，并挂牌新三板（股票代码：834777，股票简称：中投保），现为国家开发投

资集团有限公司成员企业。

中投保公司是国内首家全国性专业担保机构，中国融资担保业协会发起单位和首任会长单位，经过长期的发展和创新实践，已形成跨货币市场、股票市场、债券市场的业务线。截至2021年底，该公司注册资本45亿元，资产总额达262.56亿元，拥有银行业务授信1 310亿元，累计担保总额5 759亿元，共为3万多家客户提供了担保服务。中诚信、联合资信、大公国际等市场权威评级机构分别给予中投保公司长期主体信用等级AAA的评级。

2.典型案例

（1）投贷保联动助力科技园创新

2015年末，为践行国家创新驱动发展战略，共同支持科技型中小微企业创新发展，中投保公司依托科技园区开发运营经验与担保业务实践优势，与北京银行、启迪园区金融服务单位、再担保机构、基金单位共同签署投贷保联动支持小微企业发展全面战略合作协议。

中投保公司与北京银行分别为融资企业提供3亿元、3年期的总体授信额度，启迪园区金融服务单位承担次级风险分散机制，再担保机构承担一定比例的分保责任，北京银行建立批量贷款绿色快速审批通道，为园区科技中小微企业提供有针对性的便捷融资服务。新业务模式还结合相关金融服务机构股权投资经验，设立风险投资基金，对具备跨越式增长潜力的企业、信息技术、医疗健康、能源环保、新材料、互联网等领域的科技型创新企业进行股权投资。

投贷保联动项目将担保、银行与风险投资相结合，经启迪园区金融服务单位筛选推荐，为园区内发动机电控系统、工业机器人系统集成、智能自行车、软件App、光伏电站等不同领域的科技企业提供融资担保，有效解决制约中小微企业"融资难、融资贵"的问题。

（2）担保机构合作支持地方经济

2017年2月，为支持河南省三门峡市地方经济建设，中投保公司与三门峡市中小企业担保有限责任公司正式签订了合作协议，由中投保公司输出品牌、技术与产品，接受三门峡市中小企业担保有限责任公司委托，合作建立三门峡市的政策性融资担保体系。

中投保公司具有相对成熟的担保业务内部管理、风控模式经验，三门峡市中小企业担保有限责任公司则根植于服务当地中小企业，合作期间中投保公司派驻业务骨干，从招聘培养当地业务人员、建立内部各项业务流程等基础业务管理做起，结合当地政府资源，发挥中投保公司品牌和技术优势，搭建与当地银行等金融机构的合作平台，建立风险分担机制，并积极引入新的金融工具和资本运作方式，建立多元化的风控体系。

全国性担保机构与地方担保机构的受托合作模式，使三门峡市中小企业担保有限责任公司步入正常业务运营的轨道，成为三门峡市政府支持中小企业发展的重要平台，为创造健康向上、良好发展的当地企业信用环境，为推动三门峡市经济发展助力。

3.发展经验

近年来，中投保公司结合国家产业政策，服务国家战略，挖掘市场需求，适时调整业务结构和策略，致力于通过金融创新提升企业信用、改善社会信用环境，打造以"担保增信为主体、资管投资和金融科技为两翼"的"一体两翼"业务架构。

在政策性体系构建方面，积极搭建与各级政府和相关机构的合作平台，形成政府、担保机构、金融机构等共同扶持中小微企业发展的局面，壮大政策性中小微担保业务的生命力。例如，与国家发展改革委合作的战略性新兴产业融资担保风险补偿金模式、与上海市政府合作建立的上海市小微企业融资担保体系、与河南省三门峡市合作的担保机构托管模式、与国家开发银行合作的大宗商品储备业务等。

在商业性中小微担保业务方面，重点在具有高成长性或能平滑经济周期的行业中开展中小微企业融资担保业务；稳步开展工程保证、政府采购、海关担保等保函类业务；与优质租赁公司、小贷公司等合作开展批量化中小微企业融资业务；适当开展担保机构间的联保业务和分保业务。

在中小微企业股权投资方面，努力创造以保促投、投保结合的业务机会，与股权投资机构、产业园区等合作开展投保联动业务模式，研究开展基于中小微企业的资产管理、资产证券化、互联网金融等产品，开创服务小微和分享成长、创造价值的双赢局面，例如启迪投贷保联动业务模式。

（二）江苏信保集团

1.机构概况

江苏省信用再担保集团有限公司（以下简称"江苏信保集团"）成立于2009年，是江苏省委、省政府为有效缓解中小企业融资难、加快建设全省信用担保体系、服务经济发展而组建的省属大型国有金融企业，业务涵盖再担保、融资担保、融资租赁、科技小贷、基金投资、金融科技、典当以及资产管理等。

截至2021年末，江苏信保集团实收资本98.98亿元，总资产264.83亿元，净资产158.59亿元，管理的资产规模超过2 000亿元；准备金余额25.65亿元，准备金覆盖率854%。与国担基金及近百家银行、券商等金融机构共建共筑战略合作伙伴生态圈，综合授信规模超过2 130亿元。累计再担保规模突破8 904亿元，服务中小微企业超18万家，国担基金授信规模由初始的300亿元增长至1 230亿元，在全国省级再担保机构排名位居第一；连续多年被国内权威机构评为AAA信用等级，获得资本市场的高度认可，累计增信落地项目148个、规模1 005亿元，平均票面利率4.8%，为发行人降低财务成本约62亿元。江苏信保集团与全省34个县区建立了股权合作关系，在全省13个设区市均设立分支机构，拥有19家全资、控股子公司和7家参股公司，与150余家担保机构结成再担保体系合作朋友圈，形成了覆盖江苏全省的信用再担保网络体系。

2. 典型案例

（1）再担保分担"园区保"风险

江苏信保集团为合作担保机构开展"园区保"担保业务，这是能分担一定比例风险责任的特殊担保业务，即合作担保机构为园区内企业承担担保责任的同时，将已承担的担保责任按照一定的比例向江苏信保集团申请再次担保，如果发生代偿，则由江苏信保集团按照约定方式和比例予以代偿补偿，进而为合作担保机构分担风险，保障其资产流动性和代偿能力。

合作担保机构依照合同约定逐月报备承接的"园区保"项目，并缴纳相应再担保费用。备案项目出现风险后，由合作担保机构先行代偿并追偿。在双方约定的期间内，合作机构将出险项目汇集，依据出险证明材料向江苏信保集团申请补偿。

这种再担保"风险分担"合作模式在江苏省财政再担保风险补偿资金的支持下，对符合国家产业政策和行业重点支持方向的园区内小微企业，由合作银行发放贷款，政策性担保机构提供担保，江苏信保集团提供再担保。对项目出现的实质性风险，由江苏信保集团（含省级财政再担保风险补偿资金）、有关地方政府、合作银行以及政策性担保机构进行四方风险分担，能有效分散相关风险。

（2）银担共同开发"微企易贷"

"微企易贷"由江苏省农村信用社联合社与江苏信保集团联合开发，聚焦于单户授信500万元以内的小微企业和个人客户群体，提供担保灵活、利率低、效率高的流动资金类融资业务，是定位于支农支小，旨在降低融资门槛的创新信贷模式。

"微企易贷"主要用于生产经营周转的流动资金类融资，具有覆盖范围广、贷款利率活、分担比例高、办理速度快等特点，采取"见贷即保""见保即贷"方式，通过银担风险共担机制，有效解决各类客户群体"融资难""融资贵"问题。2022年，经江苏省农村信用社联合社辖内的60家农商行和江苏信保集团提供的74家白名单政府性担保机构的积极协同联动，"微企易贷"产品已为全省近100家小微企业、"三农"等市场主体纾困，精准引入超1亿元金融活水，有效缓解了申保客户的融资难题。

"微企易贷"是银行、担保、再担保机构合作模式的典型产品，充分调动各方优势资源，精准服务小微企业和地方经济，既是风险共担的有效机制，也实现了利益共享的可持续联动发展。

3.发展经验

江苏信保集团坚持"一个突出"——突出社会责任，用好"两种手段"——政策性和功能化两种手段，聚焦"三个服务"——服务小微企业、服务实体经济、服务地方发展，明确经营定位，夯实发展基础，致力于打造不同板块相互支撑、协同发展的综合性、多元化金融服务体系，构建"政策性引领、市场化运作、集团化协同、综合化服务"的江苏再担保模式。近年来，江苏信保集团已逐步形成了"一体系"——全省信用再担保体系、"两平台"——小微金融服务平台和区域经济增信平台的金融服务格局，在服务小微企业、服务实体经济和服务地方发展方面发挥了重要作用。集团独创的"园区保"综合金融服务模式是其特色产品，在服务全省高质量发展中发挥了重要支撑作用。

在业务合作方面，江苏信保集团持续深化银担合作，业务提质增效明显。以融担基金"总对总"业务为契机，攻克区域内银行不对担保贷款项目承担风险的难题，畅通银担合作渠道，推动合作机构与授信银行签订风险分担协议；通过推广"微企易贷"等银担批量合作产品构建合作担保机构新的业务增长点，大幅提升再担保体系银担分险规模占比，从根本上优化了业务风险结构。

在业务开展方面，江苏信保集团开展科学测评，因企施策精准服务。通过开展合作机构评价工作，引导机构进一步聚焦主业、规范经营，发挥政府性融资担保体系协同效应。根据评价等级，按照机构需求，提供不同服务。对评价结果优质机构，在协调畅通银担合作、新产品推介等方面予以支持。对评价结果良好的机构，加强业务指导力度，引导、规范业务开展。对评价结果不合格机构，针对其主要失分点提供专项帮扶，实行"一企一策"帮助解决实际困难。

（三）安徽担保集团

1.机构概况

安徽省信用融资担保集团有限公司（以下简称"安徽担保集团"）成立于2005年11月，是由安徽省人民政府出资设立的国有大型政府性担保机构，经营宗旨为坚持政策性定位、践行普惠金融、服务实体经济、促进地方经济发展。主营业务覆盖直保、再担保、科技担保、普惠担保、投资和资产管理六大板块，主要经营指标位居全国行业前列，主体信用评级连续六年获得行业最高等级AAA，是国家融资担保基金首批合作单位、国家首批"中央与地方财政担保风险分担补偿"试点单位。

2021年，集团注册资本186.86亿元，总资产350.52亿元，净资产241.49亿元。集团下设25个部门（含分公司）、8个一级子公司，员工总数339人。截至2021年5月末，直保和再担保在保余额为1 834.72亿元、同比增长34.7%，服务各类市场主体7.3万户。

2.典型案例

（1）"商圈普惠保"服务场景金融

尚泽大都会属于合肥市大型特色商圈，受新冠病毒感染影响，市场内大部分个体工商户、小微企业主面临着经营困难和融资难、融资贵、融资慢问题。为积极探索普惠金融支持商圈新模式新业态发展，切实缓解商业流通发展融资难题，支持大众创业万众创新，安徽担保集团联合子公司安徽省普惠担保公司，针对商圈类客户具体应用场景，通过创新担保服务模式，定制商圈普惠保批量担保产品。2022年7月14日，"商圈普惠保"首笔200万元业务在合肥市尚泽大都会正式落地。

安徽省普惠担保公司开发的"商圈普惠保"批量担保产品，是为省内核心商业区（街）或贸易市场商圈范围内商户（包括企业法人、个体工商户、个体工商户户主或小微企业主），向合作银行申请用于生产经营周转的流动资金贷款提供的批量担保服务。"商圈普惠保"批量担保产品可为企业法人商户提供最高500万元（含）担保额度，为个体工商户、个体工商户户主或小微企业主提供最高200万元（含）担保额度，担保期限最长可达36个月，年担保费率原则上不高于授信金额的1.0%。

该产品体现了业务标准化、客户定制化、产品信用化、风控敏捷化等业务特点，主要依托合作银行服务网络和金融科技优势，采用"见贷即保"模式为符合条件的商圈范围内商户流动资金贷款提供线上或线下批量无抵押担保，并通过风险比例分担和代偿率控制机制进行有效风险管控。定制化场景金融服务对新冠病毒感染背景下金融助企纾困具有重要意义，为商圈内商户开辟了新的融资渠道，支持市场和商户走出流动资金不足、商机不活、效益低的困境，有助于稳定小微市场主体。

（2）"双创贷"激发科技企业活力

为激发科技型中小企业创新活力，安徽担保集团旗下子公司——安徽省科技担保公司，针对全国及安徽省创新创业类大赛中获奖的科技型企业提供担保服务，于2022年5月6日推出"双创贷"担保产品。

"双创贷"担保产品是为创新创业类大赛全国赛及安徽赛区获奖的高新技术企业、科技型中小企业及符合条件的科技型初创企业，向该担保公司的合作银行申请用于生产经营周转的流动资金贷款所提供的担保服务。"双创贷"担保产品可为在全国及安徽省创新创业类大赛中获奖的科技型企业提供最高1 000万元（含）担保额度，为晋级入围的科技型企业提供最高500万元（含）担保额度，担保期限最长可达36个月，年担保费率原则上不高于1.0%，业务全部纳入集团新型政银担风险分担机制。

产品针对科技型企业普遍轻资产，但技术创新能力强等特点，不简单以企业财务状况作为评判企业融资的可行性标准，更加注重企业的科技属性和成长性。其中，对担保金额不超过500万元（含）、符合条件的科技型企业采用"见贷即保"模式提供无实物资产抵质押担保，并通过风险比例分担和代偿限额机制进行有效风险管控。

3.发展经验

近年来,安徽担保集团以创新为驱动、以普惠为目标,为破解小微企业和"三农"融资难融资贵问题,开展了风险分担模式、专业模块化发展等一系列探索实践。

在风险分担机制方面,安徽担保集团主要建立了"4321"新型政银担业务模式。主要借鉴德国担保银行运行机制,将持续稳定的资本补充机制、科学有效的比例再担保机制、均衡合理的风险分担与代偿补偿机制进行集成创新,于2014年推出"4321"新型政银担业务模式,即市县担保机构、省担保集团、银行和地方政府,按照4∶3∶2∶1的比例承担风险责任。在实践中取得了较好成效,受到了基层的欢迎,得到了国务院领导及有关部委的肯定和推广。

在业务建设方面,安徽担保集团积极探索专业化、模块化发展方式,已成立特色科技融资担保子公司和普惠融资担保子公司,专注于相应领域的对接服务。省科技融资担保公司于2018年底设立,专注服务创新驱动战略,精准对接科技型企业融资需求,安徽省科技担保公司与其体系133家成员开展分保、联保合作,共担共管风险,形成服务科技型企业的雁阵,同时,将优秀体系成员作为区域合作"领头羊",示范引领其他体系成员高效服务科技型企业。截至2021年末,全省体系成员累计开展科技担保业务652.23亿元、8 088户(次),体系在保余额190.59亿元、2 365户。

在业务专业化、模块化发展方面,安徽担保集团还持续探索了普惠金融服务模式。安徽省普惠融资担保公司于2021年6月设立,专注开展政策性普惠担保业务,丰富完善政策性担保业务体系。加强与产业园区、银行合作,通过批量化和风险分担模式,共同支持园区小微企业和"三农"发展。2021年末,完成业务量5.84亿元,服务小微企业384户。

（四）粤财担保集团

1.机构概况

广东粤财融资担保集团有限公司（以下简称"粤财担保集团"）成立于2009年2月，是以广东粤财投资控股有限公司（以下简称"粤财控股"）为依托的省级担保公司，注册资本60.6亿元，资本市场主体长期信用等级为AAA，是广东省首家获得融资性担保业务经营许可证的融资担保机构、中国融资担保业协会副会长单位、广东省融资担保业协会会长单位，也是全国首家获得AAA主体长期信用等级的省级担保机构，下设广东省唯一一家省级再担保机构——广东省融资再担保有限公司。目前已获得上海新世纪、鹏元资信、中诚信、大公国际、联合资信、东方金诚等国内主流评级机构授予的资本市场AAA主体长期信用等级。

截至2021年9月末，公司合并总资产90.01亿元，合并净资产为72.95亿元。累计担保发生额3 536.04亿元，在保余额316.94亿元，累计与超过40家银行建立业务合作关系，业务覆盖全省各个地市，在服务的企业客户中，中小微企业客户数量占比超过95%，累计服务中小微企业、"三农"超过5.8万户次。

2.典型案例

（1）区块链+供应链"双链通"平台

2019年粤财控股与蚂蚁金服开展战略合作，共同探索科技赋能小微金融业务的新方法、新模式。在双方的紧密合作下，首期区块链+供应链融资担保业务成功落地，这是广东省首个区块链融资担保项目，也是粤财控股与蚂蚁金服共建区块链实验室的首个落地成果。

2020年3月20日，在粤财控股多金融工具联动下，由旗下广东省融资再担保有限公司下属的粤财普惠江门融资担保公司、广东粤财金融云科技股份有限公司下属的奥财保理公司，与中国建筑之乡开平市建筑龙头企业广东聚源建设有限公司及其上游供应商，在蚂蚁"双链通"上完成第一单融资，实现广东省首个区块链+供应链融资担保上链。

运用区块链+供应链的"双链通"平台，以应收核心企业的账款为依托，以产业链上各参与方间的真实贸易为基础，让核心企业的信用在区块链上向上游各级小微企业延伸。对核心企业来说，有利于优化供应链管理，维护供应商关系。对上游小微企业来说，原本需要几个月甚至更长时间才能获得的贷款，直接缩短到几分钟，且依托核心企业信用，还能降低融资成本。对金融机构和保理机构来说，通过业务上链，金融服务的模式由点对点升级为面对面，服务的时效性、便捷性和可获得性大幅提升。

"双链通"是运用区块链技术搭建的供应链网络服务基础平台，致力于用新技术防范供应链金融风险，通过核心企业的信用传导为上游小微企业提供便捷的金融服务。平台运用区块链技术的特性，实现融资流转过程清晰留痕、不可篡改，所有参与方通过"双链通"基础设施进行身份核实和意愿确认，数字签名实时上链，杜绝了供应链融资的"萝卜章""假合同"和资金挪用等风险，有效解决了传统供应链金融所面临的信息不透明、核心企业信用难以传导的问题，使更多在供应链上游的小微企业获得平等高效的普惠金融服务，真正实现既"普"又"惠"。

（2）大数据助力"线上批量融资担保"

2021年8月，粤财普惠金融（广东）融资再担保有限公司（以下简称"粤财普惠再担保"）与浙江网商银行，创新性地推出了基于互联网大数据风控模型的线上批量融资担保产品，为广东省小微企业主及个体工商户提供线上审批、随借随还的贷款服务及担保支持。自2021年8月17日互联网批量融资担保产品落地以来，已累计服务小微企业主及个体工商户突破8 000户，累计担保发生额超11亿元。

该互联网批量融资担保产品主要面向广东省小微企业主及个体工商户，摆脱了传统银担合作复杂冗长的线下审批流程，采取全线上批量审批的模式，充分发挥粤财普惠再担保的政策性担保优势和网商银行的互联网大数据风控体系优势，实现了审核、放款和担保全流程的自动化，极大地提高了放款效率，拓宽了普惠金融的覆盖面，同时采取"随借随还"的灵活模式。借款人通过审批后，可以根据自身资金需求，在审批额度范围内自主安排借贷规模，随借随还，不仅大大增加了贷款的便利性和可获得性，也避免了资金在时间上的浪费，节约了资金成本。

此外，该产品还纳入了国担基金的合作范围，全面落实多级风险共同分担机制，由国担基金、网商银行和奥财普惠再担保三方共担风险，能有效扩大小微企业担保贷款的业务规模。

3.发展经验

粤财担保集团以推动广东省政府性融资担保体系建设，促进全省担保行业的健康发展，缓解中小微企业融资难、融资贵问题，服务广东经济社会发展为宗旨，坚持"政策性定位，市场化运作，专业化保障，实现政策性目标和可持续发展"的经营方针。

根据粤财控股的统一规划，粤财担保集团落实国家和省政府的政策部署，积极与各地市政府合作，以股权和再担保业务为纽带，构建覆盖全省的政府性融资担保体系。2016年起，以全国首创的"控股、新建、强管控"的"166"模式与湛江、清远、汕头、汕尾、潮州、揭阳、珠海、中山、江门、惠州等地市政府合作成立10家融资担保公司；2020年，注册成立粤财普惠金融（广东）融资再担保有限公司，注册资本10亿元。

近年来，粤财担保集团还依托粤财控股与蚂蚁金服的战略合作，积极探索数字化转型。依托金融科技公司优势开展区块链、大数据等在融资担保领域的应用，合作构建多链融合的担保机制和基于大数据的智能风控体系，以数据为载体、以技术为手段，充分挖掘数据价值，推动技术与业务深度融合，在与优势金融科技公司的合作创新中实现数字化赋能、提高公司竞争力。

（五）三峡担保集团

1.机构概况

重庆三峡担保集团（以下简称"三峡担保集团"）成立于2006年9月，是经国家发展改革委批准组建的市级政策性金融担保公司，由渝富控股（50%）、三峡资本（33.33%）、国开金融（16.67%）3家股东出资，是全国唯一具备省级地方政府、大型央企和国家级政策性银行股东背景的国有大型综合性融资担保集团。

集团下设14部4室，设立万州、江津、黔江3家市内分公司和成都、武汉、西安、北京、昆明5家异地分公司，拥有教育担保、渝台担保、三峡小贷、渝信资管、金宝保5家全资或控股子企业，参股再担保、鸿业担保、潼南担保、泽晖基金、重庆征信5家企业。业务覆盖担保、小贷、资管、金融科技、私募基金和征信6大细分金融领域，形成全国性区域布局和综合金融板块布局。集团是西部首家获得6家主流资信评级机构给予AAA主体信用评级、成功发行可续期公司债券的担保机构。科技子公司金宝保成功通过市国资委"科改专项行动"备案，获评2021年重庆市专精特新中小企业。截至2021年末，集团累计担保总额超4 700亿元，累计支持各类客户超80万户，累计为贫困区县提供担保超过500亿元。

2.典型案例

（1）线上App赋能"三峡福贷"产品

2022年三峡担保集团与控股子公司重庆金宝保信息技术有限公司（以下简称"金宝保"）携手重庆三峡银行，联合推出首款通过三峡担保App、三峡银行App申请的全线上化易贷保子产品——"三峡福贷"，以科技提升自主风控，赋能金融服务，实现金融机构提质增效。

三峡担保集团的易贷保系列产品依托大数据进行智能风控，提高了审批效率，通过"1+N"的子产品体系构建，精准服务不同场景客户，解决企业融资难题。"三峡福贷"产品是基于三峡担保集团"易贷保·票易保"、三峡银行"税e贷"产品风控逻辑，双方以各自标准化产品为基础，联合打造的一款面向中小微企业的经营性线上融资担保产品，最快可实现T+0日放款。产品单户授信期限1年，授信额度上限200万元，在授信额度下，可多次提款、循环用信。

2022年5月13日，在三峡担保集团和三峡银行的紧密合作下，首笔"三峡福贷"产品客户重庆双之光科技有限公司68万元贷款试单成功，落地发放，实现了从进件—审批—电子签约—放款全流程的App互联互通。

融资担保流程全线上化是担保行业数字化转型的重要发展，特别是新冠病毒感染发生以来，非接触式金融服务的需求增长迅速，全面推进、深化担保机构的数字化转型和产品创新，应以手机App为核心，丰富融资担保产品，加强线上与线下渠道融合。

（2）专精特新企业专属担保产品

2022年5月11日，三峡担保集团与中国银行重庆南岸支行合作，落地集团内首笔专精特新项目，为重庆市某科技有限公司提供500万元信用担保，融资总成本为5.05%。

为支持专精特新中小企业高质量发展，三峡担保集团推出面向专精特新企业的专属担保产品，可向国家级制造业单项冠军及专精特新"小巨人"、省级"隐形冠军"及专精特新"小巨人"中小企业分级提供最高至1 500万元的信用担保额度，若追加少量抵质押物可获得最高5 000万元的担保额度，年化担保费低至1.35%。融资需求不超过500万的所有专精特新企业，更可直接通过该集团App申请其自主开发的线上"易贷保·专精特新"子产品，实现担保额度秒批。

专精特新企业专属担保是三峡担保集团持续贯彻新发展理念、助力实体经济高质量发展的特色产品，在积极探索创新担保模式和产品的同时，还加大"金融+智能科技"的融合力度，以金融助力科技发展，将科技应用于金融实践。

3.发展经验

三峡担保集团始终秉承"政策性目标，市场化运作"的经营理念，坚定履行服务小微和实体企业的职能，充分依托全国性区域布局，提供以融资担保为主的多元化综合金融服务。

在服务定位上，三峡担保集团始终立足于服务三峡库区、服务地方经济和中小微企业的初衷。通过信用建设和担保推动，帮助库区企业增信和融资，全力化解库区产业空心化，帮扶移民就业增收，维护库区和谐稳定，改善库区生态环境；积极发挥国有担保机构的带动作用和服务职能，成为保障重庆市重大建设项目实施落地的中坚金融力量，全力助推地方社会经济建设和新型工业化进程；始终大力扶持中小微企业及实体经济发展，充分发挥融资担保增信作用，降低民营企业担保费率，减轻企业融资成本，着力缓解民营企业融资难、融资贵问题，截至2020年末，集团累计担保总额超过3 900亿元，累计支持民营企业（包括个体工商户和小微企业）超31万户次，累计为贫困区县提供担保近430亿元。

近年来，三峡担保集团通过打造自有金融科技子公司不断提升自身实力，探索数字化转型。金融科技子公司金宝保作为国有专精特新企业，坚持"科技服务中小微企业"的发展理念，持续加强金融科技产品自主研发，已获多项软件著作权及专利，研发的电子保函、"智企云链"供应链金融服务平台等多项金融科技产品，已全部在重庆三峡担保集团上线运行，累计为中小微企业提供数百亿元的综合金融服务。

四、政府性融资担保助推高质量发展的机制创新

（一）融资担保助推高质量发展的机制创新

政策性融资担保业务被称为"准公共产品"，具有逆周期性。目前信贷市场上信息不对称问题的解决主要依赖于融资担保机制的建立。结合黄石地方产业优势和经济特色，分析当前融资担保机制的有效性和缺陷，面向普惠、数字等经济金融发展新主题，从多方协同增信机制、风险补偿分担机制、收益分配激励机制、信息共建共享机制等入手，提出推进实体经济高质量发展的机制创新方案。

1.多方协同增信机制

增信机制是指为弥补中小企业在贷款市场上的信息不对称导致的市场失灵，由

代表政府的融资担保机构为中小企业贷款提供融资担保公共产品,保证中小企业融资顺利进行的机制。

(1)"政银担保企"协同合作机制。这主要包括:"政府推荐+担保支持"的政担合作、"见贷即保、见保即贷"的银担联动、"保险+担保"的保担互补等,通过强化对银担合作的监管引领与规范,有序竞争,满足银行帮助企业增信及寻求分散风险的需要。

(2)省、市、区三级联动的协同推进机制。推进核心增信机制,三级协同,高效率地服务于中小企业融资。要充分发挥市资信担保公司在全市政府性融资担保体系建设中的龙头作用,各县区政府向市资信担保公司增资,市资信担保公司通过股权投资的方式协助各县区政府建立分、子公司,以集团化发展模式增加银行授信、扩大业务规模。

2.风险补偿分担机制

风险补偿分担机制是当中小企业无法归还贷款、产生不良贷款时,银行、融资担保机构和政府分担损失的制度安排,是确保融资担保体系能够正常运转的机制。根据《国家融资担保基金有限责任公司再担保业务管理暂行办法》,目前,我国的政策性融资担保体系已经初步形成了"国家融资担保基金—省级再担保机构—辖内融资担保机构"三级架构与商业银行共同参与的融资担保风险分担机制。国家融资担保基金主要为省级再担保机构的再担保业务分担一定比例的风险责任。在此方面,杨立锦、陈洪波、刘念(2022)提出完善银担合作的风险分担机制,探索建立"政银担保企"协同合作机制。现有风险补偿分担机制主要包括:

(1)由省再担保机构牵头推动与银行业金融机构"总对总"的2∶6∶2风险分担机制和合作模式。在此模式下,银行业金融机构要落实贷前审查和贷中贷后管理责任,承担不低于贷款余额20%的风险责任;政府性融资担保机构要按照"先代偿、后分险"原则,落实代偿和分险责任,承担60%的风险责任;省再担保机构对开展再担保合作的融资担保机构提供20%的代偿补偿,每季度集中补偿一次。

同时要求各地每年在财政预算中安排一定数额的专项资金，建立对本级政府性融资担保机构资本金的持续补充机制。省财政研究建立再担保机构业务代偿补偿机制，对省再担保机构与国家融资担保基金合作的支小支农再担保业务代偿金额进行补偿。

（2）由政府等相关方建立担保基金和风险缓释基金。担保基金既可由政府全额出资，也可由政府与银行合作成立，如浙江台州的小微企业信用保证基金政府出资80%。风险缓释基金通常是地方政府为支持特定行业或领域的企业而设立，资金来源以财政出资为主。江西省"财园信贷通"产品由省财政与县级工业园区按1：1比例向银行提供贷款风险补偿金，银行按不超过补偿金8倍金额向园区内企业提供免抵押、免担保、低利率的流动资金贷款。担保基金和风险缓释基金可由设立基金的政府部门管理，也可委托政府性融资担保公司管理。

（3）"4321"新型政银担合作。安徽省"4321"新型政银担合作模式将融资担保定位为"准公共产品"，引入地方政府、再担保机构、银行共同分担风险。"4321"即对单户2 000万元以下的贷款担保业务，由融资担保公司、安徽省信用担保集团、合作银行和当地政府，按照4：3：2：1的比例承担风险责任。该模式改变了由融资担保机构承担全额代偿风险、政府补贴融资担保机构的传统模式，打破了过去银担合作中银行不分担代偿风险的惯例，引入政府、再担保、银行共同分担风险。各地可以在此基础上，进一步完善和探索创新合作模式。

3.收益分配激励机制

（1）担保让利机制。政府性融资担保、再担保机构以小微企业和"三农"融资担保业务为主业，支持符合条件的战略性新兴产业项目，不断提高支小支农担保业务规模和占比，坚持保本微利运行。

（2）资金长效补充机制。地方政府相关部门发挥主导作用，切实建立资本金补充、风险补偿、业务奖补等配套政策，构建财政和金融协同支持小微企业等实体经济发展的市场化机制；当前，随着担保费率逐步下调，担保集团担保能力大幅下降，且黄石市"四补"机制尚未建立现金流难以得到补充，担保能力无法提升，需进一步加快建立补偿机制，并建立税收返还机制，将担保集团及下属公司所有上缴税费市级留存部分予以全额返还，以补充资本金方式落实到位。

（3）内部考核激励机制。发挥绩效考核"指挥棒"作用，完善制造业担保贷款内部考核，建立担保业务尽职免责和"容错纠错"机制。管理团队要对经营成本、风险成本和资本收益三部分财务预算目标负责；员工收入可实行"各半原则"固定加浮动制度，强化员工业绩压力和风险责任。浮动业绩考核应与担保业务的工作成本和风险成本挂钩。

4.信息共建共享机制

信息共享机制和行业扶持政策不完善，统一的信息共享机制尚未建立，导致中小企业融资难、融资贵。信息共享机制建设是政府性融资担保体系的运作基础，要着力扩大政府性融资担保机构的信息资源共享面，现有信息共建共享机制主要体现在以下几个方面。

（1）信息共建机制。传统银行信贷产品在普惠金融、科技金融方面的支持具有固有的局限性，难以满足企业多样化融资需求，担保公司如果能借助互联网，打开渠道、创新产品，将为小微企业提供更好的金融服务体验。在此基础上，融资担保公司可通过加强信息数据分析，引入大数据、人工智能、移动通信、云计算等技术，进行智能化、模型化分析，改善信息资源利用效果；积极探索搭建线上担保项目共享平台，应用新型人工智能技术，加强与国家融资担保基金合作，不断提升金融服务精准度，实现信息资源共建共享。

（2）信息共享机制。与央行征信系统对接，为体系内担保机构提供信息技术支持。目前江苏再担保已成功接入央行征信系统。接入央行征信系统让江苏再担保等再担保及担保机构不再依赖商业银行查询征信信息，能够及时了解到企业和个人的第一手资料。再担保机构能够借助这一优势完善再担保体系的信息系统建设；加强体系内的信息流通和共享；同时体系内的担保机构能迅速地获得企业的征信信息，增强风险防范能力。通过央行征信系统，担保机构对银行业金融机构所掌握的信息能够及时、全面了解。从互惠互利角度出发，逐步开放人民银行征信系统平台的查询和使用，建立信息共享机制，使合作双方信息对称，便于合作双方对企业作出客观评价。

（3）产融信息对接机制。在该机制下，担保机构与银行等金融机构、产业主管部门对接，梳理纳入政府性融资担保支持的制造业重点企业和项目清单，构建政银担三方共同参与的可持续银担商业合作模式。担保机构通过更加密切、深入与市场、行业和企业建立关系，在掌握更全面、真实、有效信息的基础上缓解信息不对称，实现信息资源交流共享。同时将资金尽可能多地引导至尚未获得银行认可或银行尚未触及的优质企业，优化社会信贷资源配置，从而提升担保机构在金融行业中的实力和话语权，实现企业、银行、政府与担保机构之间的多方共赢。

（二）融资担保助推高质量发展的模式选择

1.改善组织运营模式

担保机构的组织运营模式是指通过最有效的组织和运营形式，在风险控制的基础上，将资本、人才、管理等要素有机结合与运用，实现自身价值的方式方法。政策性担保机构虽由政府出资组建，不以营利为目的，财政持续向担保机构提供资本金注入和代偿补偿扶持，但在目前对政策性担保机构的国有资本考核中，只是有保值增值的要求，并未对其是否具有政策性进行区分。在此情景下，双轨制运营模式具有过渡性和必要性。

市融资担保集团作为全省首批政策性融资担保机构之一，具有鲜明的政府属性和公益性，服务对象主要是难以在银行直接获贷的中小微企业，高风险低收益特征明显。其提供公共产品、为中小企业提供融资担保的目标定位与国有资产保值增值的目标是相冲突的。这里存在着最优目标的问题，国有资产保值增值应该是次要目标。

在日常经营中，可聘用专业化水平高的职业经理人团队负责，股东不直接参与经营决策。可考虑将政府性融资担保业务（创业贷、政策性融资担保业务）和商业性融资担保业务（债券担保、工程保函、诉讼担保）两线分离，让部分业务追求社会效益，部分业务追求经济效益。

2. 优化业务服务模式

（1）优化担保前审批模式。简化审批流程、降低融资成本。采取银行自主审批模式，在可用额度范围内，合作银行可实现即报即批，高效运行；从降低入库小微企业贷款门槛等方面设计服务方式。充分发挥"店小二"角色，主动上门，主动下沉，靠前服务，业务团队实地走访黄石产业集聚区、特色产业园等，进车间、看生产、问经营，深入挖掘成长性好、科技含量高、发展潜力大的小微企业，梳理形成"白名单"并主动推送至合作银行，在第一时间响应其融资增信需求，解除小微企业融资无门的后顾之忧。创新实行"批次担保"合作模式，对特定批次额度内的项目实行"银行先审批放款，担保中心后备案担保"的新模式，提升企业融资获得效率。

（2）完善担保中审查模式。与银行及相关机构合作，成立审查小组，由不同部门人员构成。为强化风险评审职能，组建了从银行、会计师事务所选聘的多人专家库，每期风险评审会轮流邀请3名专家，现场指导、监督评审。

（3）落实担保后检查追踪。强化法律意识，将还款计划、应收账款真实质押等约束性要求列为企业、银行、担保公司三方合同必备内容，并纳入征信管理，有效促进企业守约履约。

（4）强化重点领域融资担保服务。创新"政银担风险池基金"模式，联合地方科技主管部门、银行金融机构合作设立"政银担风险池基金"，加大对小微企业园、制造业特色小镇、数字经济创业创新飞地融资担保支持。可借鉴上海建立"服务专员"制度，在重点区域开"服务基地"，由公司会同合作商业银行委派1~2名服务专员，开展融资担保政策的宣传辅导、业务培训及日常咨询，精准对接企业融资需求，辅助企业提升融资效率。

3.创新担保产品模式

（1）落实地方政府金融扶持政策，新设创业担保贷、绿碳保、科技赋能担保、大学生创新等专项融资担保产品，优化完善银担"总对总"批量担保业务模式。加快担保产品创新，与高校、银行、信托、保险等机构交流研发适合知识产权融资、应收账款融资、中长期研发融资等的担保产品。

（2）聚焦黄石产业发展大局，围绕黄石重点领域、八大产业集群（服装产业、模具产业、阳新化工医药、汽车零部件、大冶饮料食品产业、大冶高端装备制造产业等）开发专项融资担保产品，增加首保户比例，探索产业链金融服务模式，如开发"电子信息产业快易贷""见贷即保""小微快易贷""应收账款质押担保贷"等专项产品，开展供应链金融业务。

（3）创新特色担保产品。借鉴其他省市政策性融资担保公司的经验，围绕黄石特色产业园区、国家试点区域，开发符合各行业中小微企业生产经营特点和需求的担保产品，开发能畅通产业链供应链、调整优化产业结构、提升科技创新能级、提升企业竞争力的担保产品。为中小微企业新增投资、技术改造等融资需求提供中长期融资担保支持。

4.完善风险管理模式

（1）基于风险分担推进模式创新。完善新型政府性融资担保模式，加强对小微企业融资担保的考核机制，落实好尽职免责机制，完善小微企业融资担保的风险分担机制，构建对小微企业融资担保的奖补机制。该模式将考核评价标准重心放在支持小微企业工作上，分类划定代偿容忍度，提高小机构的代偿容忍度；加大直保机构风险分担比例，降低直保机构的风险；设立风险补偿资金池，按担保代偿实际损失的一定比例给予补偿；完善失信惩戒机制，对企业失信行为进行惩戒，遏制企业失信行为；增加政府性融资担保机构保费奖补，放宽可享受的奖补范围，在保费奖补基础上再予以增量奖励。

（2）基于跨行业合作推进风控的创新模式。通过与保险、期货机构合作，形成"银行+担保+保险+期货"的业务模式。通过与专业信用评估或咨询机构合作，提高甄别客户还款能力的有效性，形成"银行+担保+信息服务机构"的合作模式。通过与具有专业优势的机构合作，共同改进风控机制，通过联合创新、共享技术有效控制风险。

主动管理信用风险，重视对受保企业的"软环境"调查，如受保企业的"社会责任意识"、受保企业实际控制人中女性占比概率、受保企业文化和团队价值观等。建立"全员、全链条、全业务"的防控机制，并根据不同性质的业务风险，实施差异化的业务审批流程。针对小微企业客户的生产经营情况，主动提供技术支持、技术辅导、财务规划、风险控制等方面的咨询。

五、促进黄石市融资担保集团高质量发展的政策建议

根据黄石市融资担保集团风险现状及问题，从优化治理结构、业务发展与创新、创新数字化风控技术、加强合作与交流、完善风险防控机制角度出发，保持战略定力、强化风控能力、提升创新能力，促进黄石经济高质量发展。

（一）完善治理，优化经营管理水平

1.提升公司自身规范化管理能力

强化内部精细化管理，如利用东楚融通平台基础数据，银行各行业分析报告，在授信部、风险部、法务部设立专门的行业分析岗位，在审批前提出风控意见供决策层参考。细分各经营领域，按经营性质拆分机构，政府性融资担保业务（创业贷、政策性融资担保业务）和商业性融资担保业务（债券担保、工程保函、诉讼担保）两线分离，让部分业务追求社会效益，部分业务追求经济效益。

2.人员的优化与合理布局

重新审视公司以往人力资源使用与需求，对现有人力资源配置做更为合理有效的组合安排，将人力资源向最能产生效益和效率的方向转移。加强信息科技队伍建设，开展大规模多轮次技术培训，培训原则是"一级培训一级、一级对一级负责"。通过培训，各部门应更加明确各自的工作职责，有利于业务经办部门和经办岗位自觉遵守相关法律法规和规章制度，严格执行操作流程，切实履行风险防范第一道关口。风控合规部应严把审核关，进一步夯实风险防范第二道防线，有效防范风险事件。

（二）科技赋能，加强数字平台建设

1.进一步加快数据整合归集

数据是"平台"有效运行的重要资源和核心竞争力，是企业信用"画像"最基础、最关键的因素。目前，全市政务数据归集仍不够全面，更新不够及时，应加大数据督办力度，实现数据常态化接入。

2.加大平台政策扶持力度

当前，平台定位以公益为主，平台涉及创业贷、科技贷、知识产权质押贷、乡村振兴贷等各类产品研发和多系统交互集成等繁重的建设任务，投入较大。应能用尽用，要充分反馈意见，共同推动系统更新迭代，在共享、共用、共商、共议中实现数字化平台"好用、易用"，逐步实现业务操作规范化、服务高效化、风控精准化。同时，平台也急需引进专业人才团队，建议政府进一步加大对平台政策及资金上的支持力度。

3.拓展数字化金融等新业务

利用区块链、大数据、云计算、物联网等数字技术，改善信息不对称问题，使得获取客户信息能力增强、业务流程优化、业务成本降低、风控能力提升。加大"东楚融通"平台推广应用，加大涉企政务数据归集，打通大冶、阳新数据壁垒，实现"东楚融通"在全域推广使用。全面优化创业担保贷款工作流程，实现创业担保贷款全程在线一键申请。

（三）拓展业务，打造产品创新高地

1.拓展公司经营业务品种，多元化发展

配套推进业务产品化、流程重构、模式优化和制度回溯工作，加快业务规范化、标准化建设。目前，融资担保集团与再担保业务合作稳步发展，积极拓展新型政银担业务，如果能够再加上商业性担保业务，如中长期债券等稳定性较高的业务，补充分担流动性压力，将明显缓解代偿压力。

2.推进信贷产品创新运用

加强与相关部门沟通，扩大知识产权质押贷业务品种，加快创业担保贷款系统及科创贷上线运行，加快推动乡村振兴专区、首贷专区等相关板块上线运行。大力推进绿色金融、科技金融、"4321"新型政银担等融资增信业务，推进创业担保贷、纳税信用贷、知识产权质押贷、碳排放权质押贷等金融创新产品，进一步提高企业融资获得率和覆盖面。针对中小微企业抵押担保物不足等问题，拓宽贷款抵押担保范围，持续推广供应链金融、纳税信用贷、商标权抵押、应收账款质押等金融信贷产品。

3.创新开展金融服务

目前集团公司有东楚融通平台、小贷、融资担保、不良资产管理等品牌，应增加金融服务有效供给，切实缓解中小微企业融资问题，打造集平台、融资、投资、服务于一体的综合性金融服务机构。在资金供给、贷款利率等方面，重点向优势主导产业倾斜，推动一批发展有潜力、产品有市场、管理有效益的企业转型升级，快

速发展。设立专精特新企业贷，开展与专精特新企业、科技创新企业融资对接活动。加大对绿色企业的信贷支持，推进企业绿色转型发展。积极服务"双千"活动，继续规范推进企业金融方舱建设，精准帮扶中小微企业恢复正常生产经营。

(四) 加强联动，营造多元合作生态

1.提升和银行的合作层次

双方要主动作为，选准合作伙伴，落实业务政策，合力推进银担"二八分险"机制落地，扩大银担分险业务覆盖面，提升政府性融资担保服务质效。要进一步增强和扩大体系协同效应，及时关注和掌握体系内合作机构最新工作动态，发掘各地好经验、好做法并加以推广，引领和凝聚行业共识，营造共促发展的良好氛围，以实际行动支持小微企业纾困发展，推动政府性融资担保行业高质量发展。

2.加强数字化平台建设上的合作

政府性融资担保行业开启了向数字化、智能化跨越迈进的新时代，这是将数字化技术应用到小微金融领域的生动实践，是加快形成银行、担保和小微企业三方良性互动普惠金融生态的有益探索。进一步通过"东楚融通"平台，推动各地、各行业主管部门分行业、分区域常态化组织银企对接，加大金融产品及平台的宣传推广力度，满足企业多样化融资需求，促进中小微企业融资"增量、降价、提质、扩面"。以创业担保贷线上办理系统建设为契机，加快与市发改委信用信息平台、"信易贷"平台对接，实现"数据互通、资源共享"。进一步拓宽平台功能，加快与市不动产抵押登记系统、央行征信系统、银行金融机构业务系统接口互联互通，实现平台黄石市全域通用。

3.加强多方联动合作交流

进一步加强与黄石市人民银行、金融机构、财政局、税务局等多部门的联动，形成合力，加快推进不良担保贷款风险处置清零工作。进一步加大与市法院、公安

局的合作力度，建立与法院部门定期沟通制度，筛选出主要案件作为重点推进，并不断加快诉讼案件执行，加大逃废债行为打击力度。同时，拓展与非银行金融机构合作渠道，例如基金、信托、融资租赁、券商等，开展多元化合作。同时，常态化开展政银企对接会、金融沙龙等活动，畅通信息交流。优选金融专家到企业担任"金融副总"，加强公司干部、员工培训，积极推动人才合作交流。

（五）多措并举，提升风险管控能力

1.充分利用反担保降低代偿风险

为降低集团的代偿风险，一方面应对担保项目进行严格审查，着重于投保企业的信用与资质情况，跟踪分析担保对象整体资信情况变化、融资款项的使用情况以及用款项目运行情况，对可能存在代偿风险的担保业务积极提供反担保或其他内外部增信方法。另一方面，实施灵活多样、不断创新的反担保措施。在采用常规传统的反担保物的基础上，开发诸如经营权、设备供应商回购、期权、经营者个人保证等可行的反担保行为。为减少反担保物的减值风险，在同投保公司签订反担保协议时应谨慎评估资产价值，并让投保企业对其抵押、质押的资产的未来价值作保证，提高其失信成本，最大程度减少风险损失。此外，建立完善的资产保全和追收制度，对在体系中违约的小微企业，应建立一定的惩处机制，将其加入失信名单，保证体系内金融机构的合法权利，从而使其敢于扩大自身相关业务。

2.健全融资担保体系

将融资担保业务纳入内控体系，加强内部担保制度的执行力，严格规范担保行为，建立融资担保业务台账，实行定期盘点。加快落实资本金补充、代偿补偿、保费补贴、业务奖补"四补"长效机制。没有相应的风险补偿机制，担保规模会越来越小，担保业务会萎缩，因此，必须开拓内部补偿与外部补偿两条渠道，确保担保业务的运行有坚实的资本保证。同时，也要通过再担保、政银担合作模式等多种形式，进一步建立健全风险分散机制。

3.提高数字化风控能力

进一步完善"东楚融通"平台，全力推进平台的推广应用。充分利用数字化、信息化手段，进一步加强重点融资信用风险因素收集、整理、分析，搭建集团统一的信息管理平台，将融资信用全环节纳入线上管理，实现风险的自动研判、识别和管理。进一步加强大数据获客能力，利用充分信息和数据以及先进的技术手段，对担保项目各项风险指标进行量化，开发数字化风险识别和预测模型。充分利用新技术实现保后管理，实时跟踪受保企业的经营动态，例如可以利用区块链技术实现"三农"资产变现、融入对个人信用的管理，降低债权追偿的难度，实现信息化的全面风险管理。

4.加强风控团队建设

融资担保业务风险识别是一项专业性和综合性较强的复杂事项，需要复合型人才方能胜任。风控人员须精通财会、法律、融资担保等专业知识，同时还应了解宏观经济形势、国家政策及行业发展趋势，这样在进行项目保前审查时才能有效预测和评估风险。同时，也要加强风控人员的再培训，应加大与金融科技的对接，加强新理念、新技术的学习，了解担保行业新变化、新规定，提高团队风险管理能力。

第九章　湖北三峡库区对口支援工作面临的挑战与对策[①]

三峡工程，国之重器。百万移民搬迁安置成为三峡工程建设的重点和成败的关键，被称作"世界级难题"，库区移民"舍小家，为大家"，搬离故土重建新家园，为三峡工程建设作出巨大的牺牲和贡献。为了实现库区移民"搬得出、稳得住、逐步能致富"的目标，1992年《国务院办公厅关于开展对三峡工程库区移民工作对口支援的通知》（国办发〔1992〕14号）发布，对口支援三峡工程移民工作正式启动。国务院各部委、对口支援重点省市、省内对口支援单位和其他社会力量怀着高度的政治使命感，情系三峡、无私奉献，在库区基础设施复建、移民安置稳定、特色产业扶持等方面展开卓有成效的对口支援工作，移民的生产生活条件显著改善。随着百万移民搬迁安置任务的如期完成，库区自我发展能力不足的问题凸显。2014年国务院发布《全国对口支援三峡库区合作规划（2014—2020年）》，对口支援工作不断拓展合作领域、创新合作模式，促进区域协调发展，构建以提升库区发展能力为目标的对口支援工作机制，有力地推动了库区社会经济可持续发展。

党的十九大提出，我国经济已由高速增长阶段转向高质量发展阶段，正处在转变发展方式、优化经济结构、转换增长动力的攻关期。推动实现三峡库区高质量发展成为对口支援工作的中心任务。本报告以习近平新时代中国特色社会主义思想为指引，以中共中央关于建立区域协调发展新机制意见为指导，以创新、协调、绿色、开放、共享的新发展理念为主线，全面回顾1992—2019年湖北三峡库区对口支援的工作历程，总结工作成效、经验和不足，探讨新时期对口支援工作如何更好

[①] 2019年湖北省水利厅竞争性谈判采购项目；其阶段性研究成果在2020年得到了湖北省副省长批示；杨申燕、陈义国、罗鹏、童藤、祝文达、张攀红、付波航、王婧、苏诚参与了研究。

地实现库区绿色高质量发展，为湖北三峡库区移民安稳致富、公共服务能力建设、产业绿色转型以及生态环境治理等提出可行的建议。

一、湖北三峡库区对口支援工作历程

实现三峡库区移民搬迁安置和安稳致富是对口支援工作的核心。1992年以来，对口支援始终围绕这一主线开展工作并圆满完成工作任务。近年来，对口支援工作与时俱进，不断创新，开始在库区绿色转型、公共服务能力建设等方面发力。

第一阶段：起步阶段（1992—1994年）

1992年《国务院办公厅关于开展对三峡工程库区移民工作对口支援的通知》发布，对口支援三峡工程移民工作正式启动，1992—1994年的对口支援工作主要是成立相关机构，召开相关会议，做好宣传发动工作。国家各部委、有关省市和省内单位到库区进行考察，洽谈对口支援意向，同时召开对口支援经验交流会议，总结交流各地区、各部门开展对三峡工程库区移民工作对口支援的经验。1992年8月，全国第一次对口支援三峡工程移民工作会议在北京召开，国务院明确要求各地各部门都要参与库区移民工作，既要将移民安置好，又要使移民逐步富裕起来。1994年4月，《国务院办公厅转发国务院三峡工程建设委员会移民开发局关于深入开展对口支援三峡工程库区移民工作意见的报告》（国办发〔1994〕58号）进一步明确了对口支援方式和对口支援目标任务，形成以一个省（区、市）为主，各省（区、市）参加，责任明确，同心协力的支援格局；中央部委和单位负责制定对口支援规划，为三峡库区的移民安置、基础设施改善、优势资源开发、经济社会发展创造条件。

随着三峡工程的正式开工，湖北省政府高度重视三峡工程支援服务工作，省委、省政府提出了"全力以赴支援三峡工程建设，抓住机遇发展湖北经济"的指导方针，在1992年8月成立了先后由省委书记贾志杰、省长蒋祝平同志为主任、省直28个部门主要负责同志为成员的支援三峡工程建设委员会，同年4月，湖北省第七届人民代表大会第五次会议通过《湖北省人民政府关于提请审议动员全省人民全力以赴支援三峡工程建设的议案》，明确提出：全省人民必须牢固树立"全力以赴支援三峡建设，抓住机遇发展湖北经济"的指导思想，把建设三峡工程当作自己的神圣职责，动员全省各地各部门力量，全方位支援三峡工程建设。

第二阶段：发展阶段（1995—1997年）

随着1994年12月三峡工程的正式开工，对口支援工作的重要性更加凸显。1994年《国务院办公厅转发国务院三峡工程建设委员会移民开发局关于深入开展对口支援三峡工程库区移民工作意见的报告》发布，文件提出"巩固发展原有支援协作关系，突出重点，以点带面，各有侧重，多方参加，扎实推进"的对口支援工作方针，形成责任明确，同心协力的对口支援格局。1995—1997年这一时期的对口支援工作主要是通过建立结对关系，签订对口支援的相关协议，制定对口支援的相关政策，全面推进对口支援工作。对口支援工作的重点是通过政府主导，对移民搬迁工程以及行政机关、基础设施、社会事业建设开展全方位的无偿支援，保证大江截流前一期移民搬迁的顺利进行。

1994年4月，湖北省政府印发《关于全省开展对口支援三峡工程移民工作的意见》，文件确定分四个层次开展对口支援本省三峡库区。在社会主义大协作精神下，对口支援各部门、省市、库区各级政府相继出台配套规划及优惠政策，在基础设施建设、移民搬迁、工矿企业迁建、生态建设、库区水环境和地质灾害治理等方面进行全方位支援，确保了一期移民任务顺利完成，大江截流如期实现。1996年1月，湖北省政府印发《三峡工程湖北库区移民安置和经济发展若干优惠政策》，对口支援库区移民的优惠政策包括：在外迁农村移民安置方面，迁入地政府要保证外迁农村移民到迁入地后承包的耕地、自留地数量不低于当地农民的平均水平；在生产扶持方面，迁入地要积极帮助移民解决生产生活困难，尤其是要帮助移民困难户解决缺农具、缺技术、缺资金问题；鼓励对移民安置比较集中的地区开展对口支援，同时落实移民的有关社会福利。同年5月，省政府办公厅转发省三峡办《关于加强我省三峡工程移民受援工作意见》，要求提高认识，增强做好对口支援工作的紧迫感；制定规划，做好受援项目的前期工作；加强联系，把受援工作落到实处；加强管理，建立健全对口支援工作制度；加强领导，进一步落实工作责任制。

第三阶段：调整转型阶段（1998—2003 年）

随着三峡一期工程进入大江截流蓄水阶段，移民工作进入关键时期，对口支援重点转向移民安稳、库区产业结构调整阶段。1998 年 1 月，国务院三峡工程建设委员会第七次全体会议召开，会议要求继续做好对口支援工作，确保完成二期移民搬迁任务。1999 年 5 月国务院召开三峡工程移民工作会议，提出了"两个调整"的方针：一是二期移民搬迁安置以省内安置为主，对口支援移民外迁；二是对口支援库区企业结构调整，库区工矿企业由技术改造为主调整为关闭、破产为主。会议还指出各对口支援省市要进一步提高工作认识，统一思想，交流经验，表彰先进，部署下一阶段三峡工程移民工作，确保三峡工程二期移民任务的顺利完成。

1999 年 7 月，湖北省三峡库区移民暨对口支援工作会议在武汉召开，湖北三峡库区二期移民和对口支援工作正式启动。2000 年 10 月湖北省出台《三峡库区搬迁企业结构调整工作规划与实施方案》，对湖北省搬迁工矿企业结构调整工作目标、任务及实施阶段作出了具体规划。2001 年 3 月省政府召开专题会议研究三峡库区搬迁企业结构调整工作。2003 年 7 月省三峡办、省质监局、省工商局联合印发了《关于支持和保护对口支援我省三峡库区和移民安置区企业发展的意见》，提出要充分认识对口支援企业落户三峡库区和移民安置区的重要意义，切实做好支持和保护企业发展的各项工作；努力提供优质服务，为落户三峡库区和移民安置区企业发展创造良好环境。

这一阶段各对口支援省市遵循优势互补、各方支援、互惠互利、共同发展的原则，采用兴办项目、交流技术、拓展市场、劳务输出、培养人才、资金帮扶等多种途径，对口支援三峡库区，吸引了兴发集团、均瑶集团、粤海纺织、娃哈哈、AB 集团、华新水泥等企业落户库区，逐步改变库区产品结构单一、产业结构不合理等经济结构失衡的格局，加快了库区建立现代企业制度和农业产业化发展的步伐。

第四阶段：突破阶段（2004—2011年）

2003年7月三峡大坝实现蓄水发电，三峡工程取得重大阶段性成果。前期库区工矿企业的关闭破产导致库区产业空心化、移民下岗失业等问题凸显，生态环保任务加重。因此，这一阶段的对口支援工作为顺利完成第三期移民搬迁安置，同时加强移民"稳得住"的后期扶持工作，帮助库区发展优势产业，培养自我发展能力。为充分利用库区资源优势，促进移民就业，2005年《国务院三峡工程建设委员会关于进一步加大对口支援三峡库区移民工作力度的通知》发布，要求对口支援要重点从优势产业和特色产业布局、项目引进、人力资源开发等方面展开工作。2008年《国务院关于全国对口支援三峡库区移民工作五年（2008—2012年）规划纲要的批复》发布，提出对口支援工作要突出以人为本，重点解决人力资源开发、社会事业发展、基础设施建设、优势产业培育和生态环境保护等影响库区发展的根本性问题。国务院相关部门、有关省市和有关单位在政策文件的指导下，继续深化对口支援工作，帮助三峡库区改善和改造基础设施，发展文化、教育、卫生等公益性事业，重点培育发展特色优势产业种植、养殖及旅游等，相应带动了库区加工、包装、购销、运输等相关产业发展，推动了库区特色优势农业和农业资源一体化开发的发展。在移民就业方面，各省市积极对口支援开展三峡库区职业教育和技能培训试验区试点建设，创新多种培训模式，进行职业教育和技能培训，如湖北宜昌市夷陵区与南方发达地区合作，组织城镇占地移民就业培训，开展移民订单务工培训等。

为推动产业兴库区，2007年国务院三峡工程建设委员会办公室和湖北省政府抢抓发达地区产业向中部转移的机遇，在宜昌市联合召开对口支援湖北省三峡库区暨承接发达地区产业转移研讨会，国务院有关部门和10个省市的领导和企业家对三峡库区承接经济发达地区产业项目转移的机制、途径和方式达成共识。2011年国务院三峡工程建设委员会办公室召开促进三峡库区现代农业工作座谈会，针对三峡库区农业基础条件薄弱、农业发展效益低、产业发展水平低等问题，提出三峡库区现代农业试点项目必须注重"五个结合"，对口支援工作将发展现代农业、提高农民收入放在首位，帮助湖北库区按照科学发展观指导农业、转变农业增长方式，重点发展柑橘、草食牲畜、蔬菜等特色农产品，加快农业支柱产业基地建设，如北京市农委援建的巴东县茶叶基地，华中农业大学与秭归屈姑食品有限公司的脐橙综合利用深加工项目等。在对口支援省市的大力支持下，库区的交通、通信、水利、电力等基础设施具有了一定的支撑能力，教育、卫生、文化等社会事业逐步发展，食品饮料、机电制造、日用品加工、医药加工等特色优势产业初具形态，有力地促进了库区社会经济发展。

第五阶段：高质量发展阶段（2012—2019年）

2012年党的十八大首次提出"绿色发展、低碳发展"理念，2015年的中国共产党第十八届中央委员会第五次全体会议进一步提出创新、协调、绿色、开放、共享的新发展理念，如何帮助库区创新发展动力、共享发展红利、实现绿色高质量发展目标成为对口支援工作的新任务、新挑战。2014年8月《全国对口支援三峡库区合作规划（2014—2020年）》发布，要求对口支援需要从支持引导产业发展、推进移民小区帮扶和农村扶贫开发、提高基本公共服务能力、强化就业培训服务、加强生态环境保护和治理等五个方面加强工作，进一步创新对口支援工作机制，加强对口支援合作，做好新时期全国对口支援三峡库区工作。这一时期的对口支援工作强调帮助库区产业结构升级，培育绿色旅游等特色产业，尤其是帮助建材、纺织服装和食品加工等传统产业转型升级，利用全国对口支援三峡库区经贸洽谈会等各种平台积极引进智能制造、高端装备、生物医药、节能环保和新材料等先进制造业和战略性新兴产业，如宜昌市枝江市环保处理剂项目、兴山华晨房车露营基地开发项目等。

在移民精准帮扶方面，2015年《国务院办公厅转发国务院三峡工程建设委员会办公室、移民开发局关于做好三峡工程库区农村移民外迁安置工作若干意见的通知》印发，要求坚持问题导向，精准帮扶；坚持突出重点，整体推进；坚持统筹协调，分类实施；坚持地方负责，加强监管。省委发布的《关于全力推进精准扶贫精准脱贫的决定》《关于切实做好水库移民脱贫攻坚工作的指导意见》提出要按照"精准扶持、分类施策、协同配合、绿色发展"的基本原则，扎实推进全省大中型水库贫困移民精准脱贫。通过实施精准帮扶，使农村移民安置区突出困难问题得到有效解决，人居环境和生产生活条件明显改善，移民群众增收能力显著增强。对口支援工作围绕农村移民安置区基础设施完善、村容村貌整治、生态环境治理、移民技能培训、生产发展扶持等重点内容，按产业发展的总体定位，以精准帮扶建设为平台，发展生态农业、观光农业，形成村落与旅游相结合的发展形势，通过精准帮扶项目建设，有力促进了农村移民安置区的生产发展、环境改善，加快了农村移民安置区同步小康的步伐。

二、湖北三峡库区对口支援工作的成效和经验

（一）湖北三峡库区对口支援工作的主要成效

1.有力地促进了移民搬迁安置

对口支援三峡库区移民的目标十分明确，就是要实现"搬得出，稳得住，逐步能致富"，首要任务是帮助移民搬迁安置，解决移民生产生活中的实际困难。为保障三峡工程的顺利建设和运行，湖北三峡库区先后完成迁建3座县城、12个集镇、272家工矿企业，复建房屋面积762.7万平方米，搬迁安置移民21.6万人。对口支援直接参与了移民搬迁的全过程和各环节，无偿提供援助资金，也为经济合作投资相关资金，大大缓解了搬迁过程中的资金不足，特别是对库区基础设施建设、移民生产安置、移民住房建设、行政事业单位搬迁、库区产业发展、移民培训与就业、社会公益事业发展等发挥了十分重要的作用。

夷陵区既是坝区、又有库区，搬迁时间长，移民结构复杂。整个移民搬迁期间，实现坝区搬迁移民12 020人，安置移民11 886人；库区搬迁移民7 913人，安置移民6 711人；接收安置重庆市，湖北秭归、兴山等地外迁移民1 437人；工程施工搬迁移民2 528人。截至2019年底，对口支援地区累计援助夷陵区资金28.89亿元。其中，无偿援助资金8.662亿元，项目865个；经济合作资金20.23亿元，项目21个。为夷陵区培训各级各类人才共8 078人次。援建地区先后选派30批38名优

秀干部到夷陵挂职，为区域经济社会发展献智出力。引进落户名优企业21家，带动移民就业1.5万人。在中央部门、兄弟省市和省内企事业单位的支持下，夷陵区有效解决了坝库区移民的生产生活、出行、上学、就医、养老等难题，基本实现了移民的"搬得出、稳得住"，已经进入"安稳致富"的新阶段。

秭归县在整个移民搬迁期间，累计完成移民搬迁近9.69万人（其中坝区移民2 176人，库区农村移民45 797人，城镇居民41 219人，占地移民7 655人），外迁2.2万人。截至2019年底，全国对口支援单位累计援助秭归县资金195.7亿元，其中，经济合作和支持项目771项，资金187.5亿元；社会公益类项目1 700项，无偿援助资金8.20亿元。累计为秭归县培训干部11 755人次，引进落户名优企业20多家，带动移民就业上万人。对口支援缓解了秭归移民资金严重短缺的矛盾，加速了秭归移民搬迁进程，提高了全县交通、电力、通信、广播电视等方面的专业设施水平，库区淹没线下的移民搬迁全部结束，圆满完成了三峡工程坝区施工用地、三峡工程大江截流和分期蓄水等移民工程各阶段工作任务，创造了移民大搬迁的伟大壮举。

兴山县在整个移民搬迁期间，县内生产安置2 599人，外迁生产安置1 205人；县内搬迁安置1 350人，县外搬迁安置1 225人；其余安置12 765人。对口支援对兴山县城搬迁、库区基础设施建设及工矿企业的搬迁和生产发挥了关键性的作用，为三峡工程按时蓄水、发电提供了保障。

巴东县是三峡库区移民大县。在整个移民搬迁期间，巴东县累计完成搬迁安置46 097人，其中农村13 017人、县城28 343人、集镇4 737人，完成移民投资26.3亿元。2012年以来，又进行了黄土坡社区避险搬迁，涉及11个居民小组，72家单位，13家工矿企业，22家副业设施，总人口近2万人，其中户籍人口4 475户15 713人，房屋总面积68.87万平方米。截至2019年底，全国对口支援单位累计援助巴东县108.28亿元。其中，经济合作和支持项目1 027项，资金100.21亿元；社会公益类项目15项，无偿援助资金8.07亿元。为巴东县培训干部共1.2万人次，引进落户名优企业1家，带动移民就业0.1万人。对口支援强有力地支持了巴东县的移民搬迁、县城二次搬迁，有效地化解了搬迁中的债务，推动了巴东县域经济和社会的全面发展。

目前，湖北三峡库区的标志性项目，如公路交通、港口码头、邮电通信、机关办公楼、移民村、中小学校、体育馆、医院、社会福利院、工业园区、特色产业、骨干企业等，都是对口支援的结晶。对口支援使库区面貌焕然一新，不仅有效地改善了移民的生产生活条件，提供了大量的就业岗位，培养了库区支柱产业，而且有力地推动了库区城镇化进程，城镇建设显著上台阶，秭归、兴山县城成为镶嵌在三峡库区的明珠。兴山县移民搬迁到新县城后，先后荣获"中国人居环境范例奖""国家园林城""国家卫生县城""全国文明县城"等荣誉称号。

2.极大地改善了基础设施建设

通过对口支援，库区投资增速明显加快，有力地强化了库区基础设施建设，为库区发展奠定了坚实的基础。1997—2019年，湖北库区累计完成固定资产投资6 124.71亿元（见表9-1）。

对口支援中用于交通运输邮电业的基本建设投资累计超过1 147亿元，交通通信复建工程规模大、项目多、技术含量高，实现了跨越发展。如交通部门对库区交通建设补助实行倾斜政策，除沪蓉、沪渝两条高速公路外，对国省二级公路网改造项目、通乡油路项目、省际出口路和经济断头路项目、农村公路通达工程、农村公路通畅工程等建设项目给予投资补贴，209、318国道，巴巫、巴鹤、东大、宜巴省道改扩建里程434公里，翻坝高速公路完工通车，宜昌市及库区县区已建成5座长江大桥，多年来库区依靠水运的交通格局发生了根本改观，形成了水路、公路、铁路、航空并举，四通八达的现代化立体交通网络。

对口支援还通过实施"农村移民水利设施配套工程""农村人畜饮水安全工程""移民乡镇防洪工程""水电农村电气化县建设""文化信息资源共享工程""农业电子商务行动计划"等项目，加大了对库区基础设施建设的支持力度，基本建成了与全国同步水平的光缆传递、数字微波、移动电话、光纤通信和4G网络等现代化设备，全面提升了库区农业农村信息化水平。2008—2019年，湖北库区新改建通信基站6 123个，开通宽带用户占比46%，4G网络综合覆盖率达98%。库区农业综合开发、农田水利建设、农村电网改造、城（集）镇能源供给保障和给排水能力也显著提高。

表9-1　　　　　　　1997—2019年湖北三峡库区固定资产投资额　　　　　单位：亿元

年 ＼ 地区	夷陵区	秭归县	兴山县	巴东县	合计
1997—1999	113.13				113.13
2000	—	5.42	4.32	5.61	15.35
2001	16.01	6.50	5.87	4.73	33.08
2002	16.21	7.44	8.17	6.51	38.33
2003	16.9	8.07	5.78	6.62	37.37
2004	18.71	9.29	6.55	7.15	41.70
2005	23.18	10.77	6.6	7.55	48.1
2006	28.34	12.85	8.28	8.05	57.52
2007	43.87	15.73	9.43	10.74	79.77
2008	57.79	20.11	12.48	15.48	105.86
2009	83.10	28.86	20.01	23.68	155.65
2010	132.06	36.61	10.57	34.13	213.34
2011	177.99	44.66	14.12	41.52	278.29
2012	256.59	61.13	18.86	51.91	388.49
2013	327.49	74.83	27.36	61.07	490.75
2014	392.72	92.26	33.77	74.52	593.27
2015	491.03	111.74	41.89	91.74	736.40
2016	495.19	112.11	50.17	99.99	757.46
2017	406.29	102	40.68	117.57	666.54
2018	343.28	85.44	40.00	130.50	599.22
2019	388.95	96.00	45.28	144.85	675.09
合计	3 715.7	941.82	410.19	943.87	6 142.71

截至2019年底，秭归县全县公路总里程接近6 000公里，是20年前的3倍。三峡翻坝高速公路直达县城，新扩修10条二级公路，新修农村公路3 000公里，硬化农村公路3 200公里，实施窄路面加宽和安防工程2 000公里，架设大中桥梁59座、5 196延米，打通隧道8座、6 422米，通车里程是移民前的2.76倍，实现了进出高速路、干线二级路、乡镇通油路、村村硬化路、组组通达路的目标。复建以秭归港为重点的6大港口，年客运规模240万人次，货物吞吐量115万吨，满足了县内水陆联运和三峡翻坝运输的需要；全县电力装机容量7.85万千瓦，是移民前的2.72倍。复建35千伏以上输电线路271杆公里，35千伏以上变电站容量4.7万千伏安，分别是移民前的2.36倍、1.74倍。

巴东县"十三五"规划期间完成农村公路和桥梁投资31.76亿元，其中重点农村公路6条共128公里16.01亿元，启动桥梁建设1座0.5亿元，完成危桥改造31座0.21亿元，完成其他农村公路通畅工程3 185.4公里13.46亿元，完成生命安全防护工程1 075公里1.58亿元。新改建通信基站1 845个，开通宽带用户占比27.11%，4G网络综合覆盖率达100%。

3.有效地提升了经济发展质量

对口支援27年是库区经济快速发展的27年。经济总量快速发展，经济结构明显优化，优势产业逐步形成，发展速度位居全省各县（市）前列。湖北库区4个县（区）的地区生产总值从1992年19.17亿元增加到2019年的933.55亿元，年均增长14.89%，详见图9-1。

一是农业生产稳步发展，特色农产品种植面积明显扩大，产量明显提高，形成了以柑橘、茶叶、高山蔬菜、中药材等为主的特色产业，成为移民安稳致富的主要途径。由科技部连续多年支持的"三峡库区生态农业优化模式示范与推广"项目，完成1个中心示范村和5个辐射推广村的建设任务。该项目共投入资金600多万元，其中科技投入160万元，建成生态户500多户，建沼气池647口，"三园"种草2 000亩，建GRC蔬菜大棚250亩，封山育林40 000亩。该项目实施后每年为库

地区生产总值（亿元）

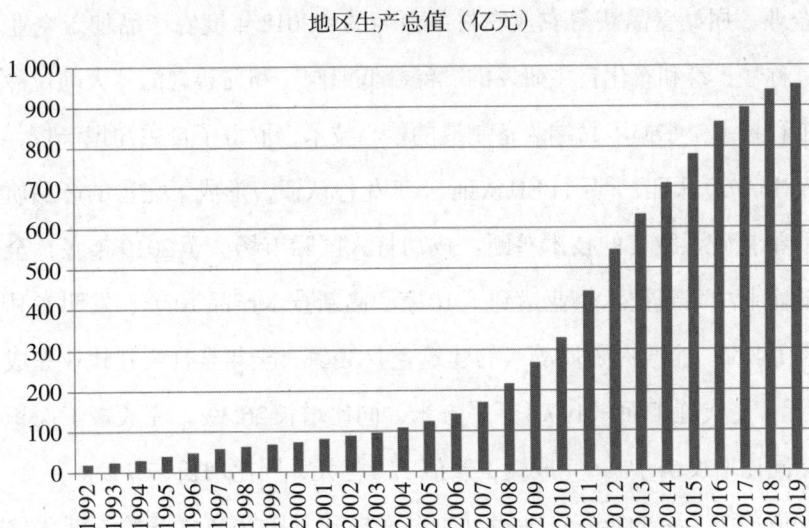

图9-1　1992—2019年湖北三峡库区地区生产总值

区移民增加收入近400万元。在科技部和相关省市科技部门的支持下，秭归县的柑橘、蔬菜、光电等三大支柱产业得到了发展，还培育形成核桃、小水果等2个新兴产业，使全县特色农业基地面积达到80万亩以上；开发出6个农产品知名品牌，建成各类产业专业村130个，农村专业合作社150个，认证189个无公害农产品，5个绿色食品和1个有机食品，农业加工企业达140多家，其中5家市级农业产业化龙头企业、2家省级重点龙头企业，年加工产值达10亿元；开发出9个高新技术产品，培育出3家高新技术企业，高新技术产值达5.4亿元，年均增幅都在30%以上；安置移民3 000多人，直接带动移民增收3亿元，移民人均纯收入增加1 000元。

二是工业经济快速扩展，支柱产业逐步形成。过去库区工业大多是采矿类企业或"五小"工业，企业规模小，技术装备落后，资源浪费严重，经济效益不高，对生态环境破坏较大。在实施"两个调整"后，通过对口支援引进了一大批国内外知名企业和品牌，形成了以食品加工、纺织服装、精细化工、电子信息为主的支柱产业，成为库区经济的脊梁，雨润、均瑶、娃哈哈、双汇、AB纺织等企业成为库区的利税大户。如秭归县形成了食品加工、光机电、纺织服饰、新型建材、纸品包装等五大支柱产业，匡通电子、金民纤维等6家企业被评为省级支柱产业细分领域隐形冠军企业，屈姑食品获得农业农村部命名的"2018年度农产品加工企业十大企业品牌"称号。泰和石化自主研发的"深冷低温阀"和戈碧迦的"大吨位冷顶熔炼窑炉"工程技术，掌握了高端装备制造的核心技术，取得了自主知识产权，相继取得美国API6A/6D认证、德国PED认证、CE免检认证，形成了完善的产品质量保证体系，一举打破了欧美的技术垄断，成功打入国际市场。至2019年底，全县规模以上工业企业中高新技术企业达到了10家、高新技术产品10个、发明专利及新型实用专利128项。全县有资质等级的建筑企业39家，全年全社会建筑业完成总产值41.53亿元，完成施工面积107.3万平方米，同比增长26.7%，完成竣工面积77.9万平方米，同比增长61.7%，完成竣工产值27.5亿元，同比增长87.7%。

三是以旅游为主的第三产业得到了全面提升。从2006年开始，湖北省委、省政府就明确提出要把旅游业作为三峡库坝区经济发展的第一支柱产业来培育，把三峡库坝区打造成"国内一流，国际知名"的旅游目的地。湖北库区形成了长江三峡、三峡大坝、三峡人家、九畹溪、朝天吼、神农溪等一大批代表湖北旅游形象的精品景区。自2011年以来，库区旅游业主要指标增幅在全库区处于领先地位，并已成为库区国民经济的重要支柱产业。如扶持兴山县朝天吼景区，使得2017年朝天吼景区接待游客26万人次，营业收入4 000万元，解决移民群众就业2 000人，带动了第三产业和周边村民增收3 000万元，有效解决了移民就业问题，全面拉动县域旅游业快速发展。

在对口支援工作推动下，库区4县区现代农业、新兴工业和现代服务业快速发展，农民、城镇居民收入持续增加（见表9-2）。其中，夷陵区、秭归、兴山、巴东4县区农村居民人均纯收入分别从1992年的699元、462元、569元、477元增加到2019年的22 149元、11 596元、13 625元、11 400元，年均增幅分别为13.45%、12.95%、12.15%、11.74%。城镇居民可支配收入分别从1997年的5 082元、4 532元、4 448元、4 030元分别增加到2019年的40 322元、30 517元、31 611元、30 100元，年均增幅分别9.83%、9.04%、9.1%、9.6%。通过对口支援，移民得到了实实在在的好处（见表9-3）。

表9-2 2008年和2019年湖北三峡库区社会经济指标对比

	年份	夷陵区	秭归县	兴山县	巴东县	合计
地区生产总值（万元）	2008	1 112 341	369 682	314 776	356 812	2 153 611
	2019	5 416 700	1 450 000	1 305 800	1 163 000	9 335 500
农业总产值（万元）	2008	326 874	136 503	98 615	175 973	737 965
	2019	1 138 500	445 200	243 333	359 500	2 186 533
规模工业产值（万元）	2008	1 350 104	254 982	511 626	204 583	2 321 295
	2019	3 124 200	1 152 082	562 094	281 200.4	5 119 577
财政总收入（万元）	2008	176 979	26 952	34 374	37 812	276 117
	2019	448 300	98 600	83 218	99 704	729 822
农村居民人均纯收入（元）	2008	5 426	2 875	3 483	2 482	3 567
	2019	22 149	11 596	13 625	11 400	14 692
城镇居民可支配收入（元）	2008	11 611	9 679	9 859	9 196	10 086
	2019	40 322	30 517	31 611	30 100	33 138
社会商品零售总额（万元）	2008	410 576	139 851	103 617	100 098	754 142
	2019	1 393 600	600 000	357 900	693 084	3 044 584

表9-3 湖北库区移民收入变化情况 单位：元

年份	夷陵区		秭归县		兴山县		巴东县	
	农村居民人均纯收入	城镇居民可支配收入	农村居民人均纯收入	城镇居民可支配收入	农村居民人均纯收入	城镇居民可支配收入	农村居民人均纯收入	城镇居民可支配收入
1992	699		462		569		477	
1993	850		508		676		538	
1994	1 208		700		909		665	
1995	1 603		988		1 109		854	
1996	2 032		1 150		1 478		1 068	
1997	2 404	5 082	1 343	4 532	1 780	4 448	1 330	4 030

续表

年份	夷陵区		秭归县		兴山县		巴东县	
	农村居民人均纯收入	城镇居民可支配收入	农村居民人均纯收入	城镇居民可支配收入	农村居民人均纯收入	城镇居民可支配收入	农村居民人均纯收入	城镇居民可支配收入
1998	2 559	5 148	1 497	5 270	1 916	4 170	1 435	4 943
1999	2 664	5 450	1 625	5 398	2 021	4 614	1 526	5 396
2000	2 717	5 845	1 647	5 820	1 888	4 844	1 469	5 018
2001	2 797	6 081	1 679	5 858	1 916	5 334	1 424	5 120
2002	2 827	6 956	1 705	5 928	1 928	6 072	1 400	5 530
2003	2 983	7 300	1 795	6 300	2 038	6 590	1 435	5 650
2004	3 383	7 706	1 950	6 718	2 340	7 093	1 525	7 000
2005	3 703	8 236	1 999	7 173	2 560	7 475	1 595	7 360
2006	4 072	8 812	2 199	7 785	2 760	7 861	1 813	7 442
2007	4 780	10 264	2 508	8 683	3 069	8 695	2 102	8 208
2008	5 426	11 611	2 875	9 679	3 483	9 859	2 482	9 196
2009	6 047.88	12 691	3 177	10 514	3 851	8 531	2 790	9 977
2010	7 185	14 325	3 497	11 489	4 275	11 904	3 244	10 850
2011	8 515	16 756	4 056	12 757	5 015.85	13 657	3 915	12 696
2012	9 712.94	19 352.7	4 698	14 518	5 623	15 180	4 552	14 457
2013	11 011.4	21 621.2	5 331	16 305.7	7 700	16 986.2	6 317	15 979.3
2014	14 388.8	25 778.2	7 336	19 937	8 757	20 552	7 140	19 123
2015	15 793	28 202	8 062	21 810	9 610	22 478	7 893	21 058
2016	17 149	30 757	8 825	23 725	10 365	24 486	8 628	23 219
2017	18 549	33 613	9 675	25 829	11 269	26 691	9 476	25 496
2018	20 044	36 425	10 532	27 895	12 272	27 694	8 867	27 640
2019	22 149	40 322	11 596	30 517	13 625	31 611	11 400	30 100

4.助力库区打赢脱贫攻坚战

三峡库区属于武陵山、秦巴山集中连片贫困区，精准扶贫任务十分艰巨。对口支援提供的无偿资金，助力解决了库区搬迁、饮水安全、移民危房改造以及贫困村学校、卫生室、村镇公路建设等方面存在的突出问题。对口支援提供的合作平台积极牵线搭桥，帮助贫困县区引入企业、项目和投资，促进产业发展，助推扶贫脱贫。2017年底，北京市扶贫支援办派工作专班到巴东就助力巴东县脱贫攻坚工作进行实地调研，根据国务院、国家相关部委以及北京市委、市政府关于扶贫协作工作的有关要求，结合巴东脱贫攻坚的工作之需，北京市编制了《北京市助力巴东县脱贫攻坚三年行动计划》，2018年至2020年将为巴东县安排对口支援资金近2.3亿元，其中用于脱贫攻坚资金2.09亿元。截至2019年，15个项目中已开工13个，项目建成后直接带动1 400余人脱贫，项目已建档立卡贫困人口1 200人左右。国家电网公司于2018年开始在巴东县、秭归县、长阳县、神农架林区"三县一区"实施"国网阳光扶贫行动"，计划用3年时间建设光伏电站90万千瓦，总投资72亿元。总投资35亿元的巴东县光伏扶贫项目中第一个试点工程已并网发电，收益除去运营成本，年产值350万元左右，其中15%~20%投入巴东精准扶贫，可帮助该县14.9万人有长期、稳定、可持续的收入，助力稳步脱贫。

对口支援提供的资金和项目为库区打赢脱贫攻坚战提供了有力支持。夷陵区2014年建档立卡贫困村26个，通过近几年的脱贫攻坚，全区26个贫困村脱贫出列，基本消除了绝对贫困现象。秭归县2014年建档立卡贫困村47个，其中深度贫困村15个，贫困发生率24.23%。2019年底，全县47个贫困村、15个深度贫困村全部出列，27 445户72 824人脱贫销号，贫困发生率下降至0.09%。2019年4月29日，省人民政府批准秭归县正式退出贫困县。兴山县2014年建档立卡贫困村13个，贫困人口总规模19 690户53 292人。2015年启动精准扶贫工作，截至2019年底，13个贫困村全部脱贫出列，全县4户10人未脱贫，综合贫困发生率0.008%。2019年4月29日，湖北省人民政府发文批准兴山县退出贫困县序列。巴东县2014

年建档立卡贫困村118个，贫困人口总规模56 854户181 294人。截至2019年底，118个贫困村出列，784户1 332人未脱贫，贫困发生率从39.1%降至0.34%，基本消除绝对贫困，脱贫攻坚取得决定性胜利。

5.大幅提升了公共服务功能

对口支援不仅仅是给钱给物，更重要的是培养库区自我发展能力。人才与智力的扶持，是对口支援的一种新形式，一种创新的经验。对口支援过程中，通过希望工程、移民培训、干部交流、技术指导、劳务合作、进厂安置等多种形式，极大地提高了移民的文化素质和科技素质，丰富了移民的文化生活。在国家政策指导下，各支援方都把库区人力资源开发和人才培养作为工作的重点，充分利用支援方在人才、资金、技术、信息、市场等方面的优势，发挥政府的组织服务和政策引导作用，调动部门、企业、社会各方面积极性，支持库区积极推进人才开发战略，把丰富的劳动力资源转化为人力资源优势，在对移民劳动力开展劳动技能培训的基础上，结合新农村建设的需要，开展了农村干部、专业生产大户、农业生产骨干、农村经合组织带头人、农村科技管理人员培训，为库区培养了一大批懂技术、善经营、会管理的农村移民致富带头人，提高了移民再就业和自主创业的能力，引智扶智工作取得了明显的成效。截至2019年底，上海市、黑龙江省、青岛市等支援单位为夷陵区培训各类人才8 078人次；江苏省、武汉市等支援单位为秭归县培训党政干部和专业人才近11 755人次；湖南省、大连市等支援单位为兴山县培训各类人才1 360余人次，提供就业岗位6 000多个；北京等支援单位选派干部到巴东挂职35名，接收巴东挂职干部51名，培训各类人才1.2万人次。

通过对口支援，库区兴建了一批希望小学、医院、福利院、文化中心、科技培训中心等社会公益项目，社会公益事业发展迈上了一个新台阶。科技、教育、文化、卫生、民政等部门发挥规划、指导作用，通过实施"中西部农村初中校舍改造工程""农村乡镇综合文化站建设工程""全国文化信息资源共享工程""送书下乡工程"等，从项目、资金、人员培训等方面加大了对库区的支援力度。例如，自开展对口支援以来，湖北库区共开展社会公益项目2 450项，接受无偿援助资金28亿元。2019年，库区适龄儿童入学率达到100%，彻底扫除了儿童辍学现象，普通中学在校生达到5.388万人，小学在校生达到6.7888万人；社会福利收养单位达到59家，拥有床位数6 631张；卫生条件不断改善，卫生机构拥有床位8 372张。对口支援不仅提高了移民的物质生活水平，而且提升了移民的生活质量，打造了移民"精神家园"。例如，巴东县城乡居民社会保障覆盖48.6万人次，实现了全覆盖；年发放、使用社保资金近11亿元；医保"一站式"结算、异地就医"一卡通"全面推行；常年社会救助对象2.2万人，年发放救助资金近亿元；全县建设保障性住房5 601套、30.7万平方米；新建社会福利院19所；办学条件得到了极大改善，全县新建学校34所，九年义务教育入学率、巩固率达100%；扩建了3所县级医院，全县所有乡镇卫生院均创建为"四化"乡镇卫生院、村卫生室均创建为"五化"卫生室，人均期望寿命达到78.7岁，高于全国平均期望寿命2岁。

6.增强了干部群众与时俱进的发展理念

通过对口支援，库区人民的视野得到开阔，思想观念得到转换，发展意识明显增强，文化素质明显提高，形成了一笔宝贵的精神财富。

一是发展意识明显增强。通过对口支援，使库区人民亲身感受到了库区与发达地区之间的发展差距，从而增强了发展的紧迫感和危机感。库区广大干部群众充分认识到加快发展、实现跨越式发展是库区最现实、最紧迫的任务。拧开了加快发展的"总开关"，破除了保守思想，增强了发展意识。始终坚持发展为先、发展为大、发展为重；用科学的眼光谋发展、用改革的思路抓发展、用扎实作风促发展；大力破除借口困难放慢发展的思想、贪图安逸不想发展的思想。把"等、靠、要"变成"上门求援"，把一切不切实际的空想变成推动发展的实际行动，在库区逐步形成了"产业第一、企业家老大""项目就是大局、招商就是给予""政策就是机遇、抓住就是能力""支持企业有责，成就企业有功"等观念。通过与对口支援地区项目合作，使库区干部充分认识到引进一个项目，就能带来一笔资金、一套设备、一方市场，还能增加一份财源，提供大批就业岗位，引进一些先进管理经验，形成一批新的产业支撑点和经济增长点。

二是工作视野明显拓宽。随着对口支援工作的深入开展，面临库区企业搬迁资金不足和发展困难的严峻形势，"求援"意识逐步增强，把引进经济合作项目作为重中之重，采取了一系列重大措施，有效地实现了工作视野的"四个转变"：第一，由单一的政府行为转向以企业行为为主；第二，由争取无偿援助为主转向以发展经济合作项目为主；第三，以临时性项目合作短期受援转向以抓大项目长期合作为主；第四，由等支援方支援转向以主动回访求援为主。《全国对口支援三峡库区合作规划（2014—2020年）》发布后，库区县区积极贯彻落实对口支援五年规划纲要，不断总结对口支援工作经验，探索新时期对口支援工作的新途径，不仅重视争取资金物资援助和项目建设，而且与对口支援省市加大劳动力培训转移、干部人才交流、友好市区合作、市场拓展等全方位、宽领域的工作力度，努力探索和建立对口支援长效机制。

三是创新意识明显增强。通过对口支援，库区干部群众充分认识到创新是发达地区支援方经济高速发展的源泉。库区在引进支援方资金、技术的同时，破除了守旧思想，增强了创新意识，紧密结合库区实际积极开展体制创新、机制创新、领导方式创新、资本运营创新和管理创新，探索出了一条特色化、差异化发展之路。例如，北京启动的《北京市公安局对口援助西部工作方案》，吸收巴东多名民警到北京挂职学习，与首都警察跟班工作，接受培训，开阔了眼界，提高了素质。回单位后，巴东县借鉴北京经验，提出了"系统管理，规范服务，整合防控，重点打击"的警务理念，积极指导实践工作，产生了良好的效果。

7.库区生态环境保护进步明显

保护好库区生态环境，实现可持续发展，关系到库区发展全局。在对口支援中，始终遵循保护好生态环境这一原则，把库区水污染防治作为重点，严禁落后生产力向库区转移，加强城镇污水和垃圾处理设施以及污水管网建设，加强天然林保护、长江流域防护林体系建设、森林防火及林业有害生物防治，加强中低产田改造、病虫害防治、农村沼气建设，加强水资源保护、水土保持、小流域综合治理、地质灾害整治、移土培肥工程建设，积极开展"美化新三峡、保护母亲河"等群众性公益活动，库区地质灾害防治和生态环境建设取得了显著成效。例如，国务院批准实施的移土培肥工程是三峡库区土地开发整理重点工程，涉及湖北省库区4县20个乡镇129个行政村，规划取土总面积2 239.86公顷，取土总方量549.2万立方米，覆土总面积4 497.2公顷，预算总投资3.564亿元，按中央与地方7：3的比例投入资金，从2006年实施至今已经全部完成。坡改梯工程是为三峡库区移土培肥工程配套的项目，湖北库区有8个，总投资16 822.96万元，已经完成建设规模1 874.15公顷，完成土地平整工程360万立方米，完成农田水利工程灌溉面积1 029.65公顷。林业系统实施天然林保护（168.52万亩）、退耕还林（107.25万亩）、长江防护林、生态补偿（184.11万亩）、低产林改造等重点工程建设，累计投入13.5亿元。通过对口支援林业建设，有效地促进了森林面积的增长，保护了生物多样性，减少了水土流失，增强了森林生态功能，维护了库区生态安全。库区自然生态环境得到有效保护，环境质量逐步改善，截至2019年，夷陵区空气质量优良天数256天，优良率70.1%，城镇污水处理率96.6%。全区城市人均公共绿地面积达到14.96平方米，建成区绿化覆盖率48.96%，森林覆盖率稳定在70%以上。秭归县空气优良天数比例达85%以上，森林覆盖率达79.6%，污水排放全部达到一级A标准，断面水质稳定达标。兴山县森林覆盖率为80.02%，集中式饮用水源及河流断面水质达标率100%，城区环境空气质量优良天数达339天，垃圾无害化处理率达95%。巴东县全年空气优良天数342天，主要地表水断面水质达标率100%，森林覆盖率61.3%。

（二）湖北三峡库区对口支援工作的基本经验

1.领导重视、机构落实是对口支援顺利开展的首要前提

党中央、国务院对三峡库区移民对口支援工作高度重视，历届领导人都非常关

心移民的生产生活，并对库区移民的安置、稳定作出重要工作安排。为妥善解决移民安稳致富、生态环境建设与保护、地质灾害防治等问题，国务院办公厅等部门出台了对口支援工作通知，组织安排了国务院各部委、对口支援重点省市、省内对口支援单位和其他社会力量对湖北三峡库区移民的对口支援。

为落实党中央、国务院对三峡工作的部署，各级政府部门成立了高效运转的对口支援机构。从国家层面看，三峡工程对口支援移民工作是在由国务院总理（副总理）任主任（副主任）的国务院三峡工程建设委员会，及其办事机构即国务院三峡工程建设委员会办公室直接领导和统筹安排下推动的。在库区省（市）及移民县市，先后成立了对口支援工作机构，各项工作均是在领导高度重视下，综合协调各有关部门合力推动下有序、高效展开的。从国家到省市、到县市区，均定期召开三峡移民暨对口支援工作会议。实践证明，这是三峡工程对口支援移民工作取得举世瞩目成效的首要前提。

2.创新机制、强化措施是对口支援长久开展的重要基础

一是科学制定规划。规划是行动的指南，为了保证三峡工程建设和三峡移民工作的顺利进行，国务院和国家有关部门先后出台了《长江三峡工程建设移民条例》《三峡库区经济社会发展规划》《全国对口支援三峡库区移民工作五年（2008—2012年）规划纲要》《全国对口支援三峡库区合作规划（2014—2020年）》，北京市编制了《北京市助力巴东县脱贫攻坚三年行动计划（2018—2020年）》，上海市编制了《上海市对口支援湖北省宜昌市夷陵区合作规划（2016—2020年）》，湖北省政府及省直有关部门出台了《三峡工程湖北库区移民安置和经济发展若干优惠政策》《湖北省三峡库区搬迁工矿企业结构调整工作规划与实施方案》《湖北省（2004—2008年）对口支援五年规划》《2009—2012年全省对口支援三峡工程移民任务包干指导性意见》《湖北省对口支援三峡移民工作规划（2014—2020年）》《2018年全省对口支援三峡库区移民工作要点》《2018年湖北省对口支援三峡库区及移民安置区项目计划表》等库区发展规划和对口支援规划，明确了对口支援的指导思想、基

本原则、阶段性目标和工作重点，确保对口支援工作在规划指导下有序进行。通过对口支援规划引导，做到了始终坚持就业优先，把产业发展和移民安置结合起来；始终坚持全面协调发展，大力培育库区特色产业，推进城乡经济、区域经济和经济社会协调发展；始终坚持可持续发展，切实加强人口、资源、环境工作；始终坚持统筹兼顾，把对口支援和自力更生结合起来，努力实现三峡库区经济繁荣、社会和谐稳定。

二是健全对口支援领导体制和长效工作机制。只有建立健全对口支援工作体系，才能建立对口支援的长效机制，把对口支援工作落到实处。首先是加强组织领导和机构建设。从国务院各部委，各支援省、市到湖北省和库区市（州）、县（区）、乡镇，都成立以党政主要负责同志为组长、政府各职能部门为成员单位的对口支援领导小组，负责对口支援工作的重大决策和统筹协调。领导小组下设办公室，负责对口支援日常管理工作，使对口支援工作做到"五有"：有领导挂帅、有专班运作、有专人负责、有统一指挥、有经费保障，形成了强大的完善的对口支援行政网络，为对口支援工作提供了坚强的领导保证和组织保证。其次是加强目标责任建设，将对口支援工作纳入各级政府和职能部门年度工作目标考核内容，签订责任制，做到了"事有人管，人有事做"，将对口支援工作落实到单位，落实到人头。最后是将对口支援经费列入政府财政预算，并逐年增加，把对口支援三峡库区移民工作作为一种常态，作为一种硬性约束，保证了对口支援经费有稳定的来源。

三是完善各项规章制度。为加强对口支援项目管理，确保项目建设的规范性，库区县区都制定了各种优惠政策和各项规章制度，努力改善投资环境。如夷陵区制定了《夷陵区对口支援项目管理暂行办法》《夷陵区对口支援专项资金管理暂行办法》《夷陵区鼓励农特产品企业开拓上海市场扶持暂行办法》等一系列管理办法。秭归县成立了保护外来投资者合法权益督察中心和县经济发展环境投诉中心，建立了政府机关及职能部门信用制度、企业信用制度以及公务员承诺制度，全力服务外来企业发展；对外来企业派驻经济联络员和治安联络员，提供"保姆式服务"。巴东县先后出台了《巴东县对口支援项目管理办法》《北京市对口支援巴东项目资金管理实施细则》《巴东对口支援项目绩效管理办法》《巴东县对口支援领域廉政风险防控管理办法》《巴东县对口支援项目工作执纪问责暂行办法》，确保项目在申报审批、建设管理、资金拨付、绩效管理等各个方面规范有序。正是这些对口支援工作的长效机制，有力地促进了对口支援工作的持久进行。

3. 开发移民、自力更生是对口支援科学开展的重要目标

全国对口支援三峡工程库区移民工作始终贯彻国家制定的开发性移民方针，无论是无偿援助还是经济合作，始终把增强库区自身的"造血"功能作为出发点和落脚点，以解决移民搬迁安置和库区经济社会发展中最核心、最关键的问题。在移民搬迁安置阶段，重点支援移民的住房建设、企业和机关事业单位搬迁、标准耕地建设、基础设施建设和社会事业发展问题，让移民的基本生产生活有着落。进入安稳致富阶段后，对口支援工作转向重点解决移民的培训与就业、库区产业发展和生态环境保护问题，增强库区自身的发展能力，以实现库区的可持续发展和长治久安，真正做到"扶上马，送一程"。这种开发性对口支援与过去我国在大中型水利工程建设中实行救济式移民的区别在于不仅仅是对移民的简单补偿和生产生活条件的复制，而是要使移民生产条件更好、生活条件更优、自我发展能力更强，真正实现"逐步能致富"的目标。27年的对口支援实践充分地证明了这一点，三峡工程后续期间的对口支援也将继续贯彻这一指导思想。党中央国务院号召全国对口支援三峡工程移民，给三峡库区创造了最直接、最实惠、最易抓住的发展机遇。库区各级党委和政府审时度势，紧密结合库区实际，把对口支援作为促进三峡库区经济社会发展最重要的战略机遇，充分利用三峡工程巨大的知名度和影响力，广泛开展对口支援招商引资，千方百计使库区成为承接沿海产业转移的重要基地，促进库区经济结构优化和产业结构升级，促进移民"搬得出、稳得住、逐步能致富"。三峡库区不仅成了工程建设的热土，也成为经济建设的热土、人气集聚的热土。

经济发展是解决一切问题的根本，对口支援库区发展优势产业、建设工业园区，是解决好移民就业和再就业问题，确保移民安稳致富和库区长治久安的重要着

力点，也是对口支援的根本目标。在对口支援过程中，双方始终坚持引进名优企业，提升产业水平，开展技能培训，促进移民就业，增强库区"造血"功能。为此，湖北库区四县（区）都建立了工业园，将对口支援项目和资金向工业园区集聚。兴办对口支援工业园既能相对集中对口支援工业企业的经济优势，发挥规模效应，又能集中安置移民，还增强了对外招商引资的吸引力。例如，2017—2019年，北京市援助资金2 000万元支持巴东县建成红花岭村京援创业扶贫园，园区占地6.4万平方米，总建筑面积约2.7万平方米，建成厂房11栋、职工食堂1栋、孵化基地一栋，制伞、造纸、塑料袋、茶叶、柑橘、家具等9家企业已入驻园区，可提供就业岗位近1 000个，500余名贫困人口实现家门口就业，每户月增收2 000元以上。2014年，上海市援助资金8 600万元，援建了三峡移民就业基地和乐天溪移民生态工业园，解决移民就业2 000余人。江苏对口支援秭归县的工业园自1996年创办以来，已有森达集团、浙江洛兹、维维集团、华扬太阳能公司、AB集团等企业落户，投资规模已达3.08亿元。兴山县地处鄂西山区，长期以来，交通、信息闭塞，严重制约兴山县域经济的发展，兴山县委、县政府提出了"三跳出"引进对口支援项目的发展思路，即跳出现有的资源约束，扩宽资源配置空间，跳出传统产业约束，发展高新技术生产，跳出行政区域，异地发展经济。宜昌市委、市政府认真帮助兴山研究梳理发展思路，创造性地提出跳出行政区域寻求发展的战略，特别为兴山在宜昌东山高新技术开发区划地300亩，建设宜昌（兴山）对口支援工业园，将兴山县对口支援的机遇优势和支援方的技术品牌优势以及城区的区位优势有机地结合起来，为兴山搭建一个良好的招商引资平台。这一创新性的经验实施，加快了兴山经济的发展，该园区建成后先后有双汇肉食品、金帆达化工、椰风等名牌产品落户，投资规模达3亿元，安置移民2 000余人。异地建立工业园区从根本上改变了兴山库区因交通不便，客商不愿落户的局面，为兴山县培植新财源增强后劲。

4. 突出重点、拓展领域是对口支援不断深化的根本要求

三峡库区移民具有明显的阶段性特征，对口支援在移民的各个阶段的工作重点是不同的。在前期移民搬迁阶段，主要着眼于"搬得出、稳得住"，对口支援的工作重点是通过无偿援助解决移民安置、工矿企业搬迁、机关事业单位重建、基础设施复建、社会事业发展问题，重建家园。对口支援按照"行业找行业，系统找系统"的原则，积极寻求纵向无偿支援，加快机关和企事业单位搬迁步伐。在移民搬迁后期，随着移民工作"两个调整"政策的实施，对口支援工作的基本思路是"面向市场，背靠资源，调整结构，建立支柱，重点突破，整体推进"，以优势资源为重点，加大项目推介力度，促进资源优势向经济优势的转换。以现有资产存量为重点，以骨干企业为龙头，以资本营造为纽带，加大有实力的企业集团和有影响力的精品名牌引进力度，培植县域经济龙头企业，着力解决库区产业"空心化"的问题。随着三峡工程建设完工转入后续建设阶段，库区提出了"优化库区经济结构，加快县域经济发展，保护库区生态环境，促进移民安稳致富"的新思路，突出特色产业建设、基础设施建设、和谐社会建设三大工作重点，把移民工作由"抓搬迁、保工程建设"转移到"抓发展、保库区稳定"上来，努力促使库区移民安稳致富，确保库区长治久安。对口支援的工作重点也相应地发生了新的变化：一是突出以人为本，重点解决基础设施建设、优势产业培植、社会事业发展、人力资源开发、新农村建设和生态环境保护等影响库区发展的根本性问题。二是进一步拓展对口支援的范围和领域，广泛开展全方位、多层次、宽领域对口支援，实行资金支持、项目支持、智力支持相结合，在人才支持、经济合作、求医助学等方面，寻求支援和合作的空间。三是加强对口支援工作长效机制的建立。进一步巩固对口支援结对关系，建立稳定的支援渠道，完善联席会议制度和回访联系制度，加强干部人才交流开发和移民就业培训。四是加强对口支援资金和项目建设的管理，充分发挥援助资金的使用效益，增强支援方的信心。

由于三峡库区移民工作涉及面广，对口支援的渠道很多，为了有效组合对口支援资源，提高对口支援的效果，库区各县（区）普遍采取了"发挥政策叠加效应，集中力量打歼灭战"的方式，把对口支援与扶贫开发结合起来、与新农村建设结合起来、与农业综合开发结合起来、与工业园区建设结合起来、与基础设施建设结合起来、与生态环境建设结合起来、与社会事业发展结合起来，有效地解决了这些项目建设中地方配套资金不足的问题，保证了这些项目的成功实施。

5.纵横结合、行业联动是对口支援广泛开展的有效形式

为调动社会各界力量，积极做好对口支援工作，对口支援实现了不同级别不同区域企事业单位间的纵横结合，包括由国家部委各部门、湖北省内企事业单位省直机关、各市州、大型企业、大专院校和社会各界对口支援三峡工程湖北库区组成的对口支援纵向结合体系，由上海市、黑龙江省、青岛市对口支援夷陵区，江苏省、武汉市对口支援秭归县，湖南省、大连市对口支援兴山县，北京市对口支援巴东县组成的对口支援三峡工程湖北库区横向结合体系。同时，对口支援除了政府部门的参与外，还积极动员社会企业参与，实现了行业联动。按照优势互补、合作双赢的原则，援受双方深化产业合作开发，通过引进优质企业到湖北三峡库区建厂、建立原材料供应关系、帮助"三农"企业产品销售、支持工矿企业技术升级改造、支持高科技企业技术研发等方式，引导库区走出去与支援省市开展项目推介和特色优势产业合作，帮助库区形成了以柑橘、茶叶、高山蔬菜、中药材等为主的特色农业，以食品加工、纺织服装、精细化工、电子信息为支柱产业的工业体系，以绿色旅游为主的第三产业。

6.优化环境、搭建平台是对口支援具有活力的重要条件

对口支援是一项政治任务，同时也是一个经济行为，只有遵循市场经济规律，在"优势互补、互惠互利、长期合作、共同发展"的原则下，以更加开明的思想、更加优惠的政策、更加优良的投资环境、更加优质的服务，吸引对口支援单位的资金、人才、技术，使援受双方结成紧密的利益共同体，才具有生命力。为此，从国家部委到省市政府、到三峡库区，都把优化投资环境，搭建合作平台作为推进对口支援工作的重要措施来抓。

一是出台多种优惠政策，鼓励社会各界参与对口支援三峡库区移民工作。从国

务院、国家部委、支援省市到受援地区，出台了各种优惠政策和鼓励措施，动员全社会参与对口支援三峡库区移民工作。这主要包括土地政策、投资政策、税收政策、劳动人事政策、环境保护政策等。这些政策含金量都很高，既解决了库区经济社会发展中所面临的特殊困难，也使得支援方在对口支援过程中得到了实实在在的利益。

二是坚决保护外来投资者的合法权益。为了保障落户企业的合法权益，库区都采取了一系列保护投资者的办法和措施。如宜昌市政府明确规定：本市各级行政机关、法律法规授权的组织和行政机关委托的组织，在对外来投资者实施行政许可、行政征收、行政检查、行政制裁行为中违法违纪、不作为或者超出法定期限的，外来投资者可依法申请行政复议或向人民法院提出行政诉讼。本市企业、其他经济组织或个人在合资、合作中不履行合同的，外来投资者可依法申请仲裁或向人民法院起诉。选择宜昌仲裁委员会仲裁的，仲裁费用可按国家规定的最低标准交纳。外来投资者通过诉讼、仲裁、行政复议、行政监察等程序处理的问题，因超过法定时效或合法请求被拒绝的，可向宜昌市保护外来投资者合法权益监督中心再投诉。本市对侵害外来投资者合法权益的单位和个人，依法从严查处并向社会公布。兴山县制定了《兴山县关于开展对口支援工作的规范和要求》，该规范对接待、洽谈、回访、落实、反馈、宣传等六个环节都作了详细的规定。为了管理好支援单位捐赠的资金、物资，还制定了相关管理方案，对项目资金、物资管理、使用程序作了详细规定。

三是搭建对口支援平台，加强援受双方的交流与合作。通过"政府搭台、企业唱戏"的方式，加强对三峡工程、三峡库区、对口支援工作的宣传，加强支援方企业与库区的信息交流和经济技术合作。通过对口支援联席会、经贸洽谈会、招商推介会、企业家三峡库区行等多种形式，积极推动对口支援工作。通过开展高层互访，建立良好的沟通交流机制。通过回访，向支援方汇报库区经济社会发展情况和对口支援的成效，争取支援方的理解并加大支援力度。国务院三峡工程建设委员会办公室主要领导每年组织三峡库区领导到对口支援省市开展回访求援活动，组织

"光彩事业三峡行""青年企业家三峡行"等经济合作考察签约活动，取得了明显的效果。由国务院三峡工程建设委员会办公室、重庆市政府和湖北省政府联合举办的全国对口支援三峡库区经贸洽谈会（以下简称"支洽会"）自2004年开办以来，已成功举办13届。仅2017年、2018年和2019年3届支洽会期间就签约项目231个，协议总投资2 115.82亿元。其中，湖北库区签约项目75个，协议投资457.5亿元。为了加强与对口支援单位的工作联系和信息沟通，湖北省政府与库区各县都与对口支援单位建立了领导互访制度和工作联系协调机制，主要领导及分管领导定期和不定期到对口支援省市报告工作成效，考察洽谈合作项目，确定下一步行动计划，从而加深与支援单位的感情和友谊，加强了对口支援的信心和力度。

三、湖北三峡库区对口支援工作面临的挑战

近年来，在党中央、国务院的统一部署下，对口支援双方坚持规划引领，不断创新工作内容和形式，取得了实质性的阶段成效。同时也应清醒地看到，随着绿色发展、公共服务能力建设、乡村振兴、长江经济带建设等重大国家战略的实施，新时期库区社会经济发展和对口支援工作都面临着新问题、新挑战。

（一）湖北三峡库区社会经济发展面临的挑战

1.湖北三峡库区社会经济发展不充分不平衡

当前库区发展已经取得了长足进步，但库区发展起步晚、底子薄、生态弱，库区发展水平整体偏低的状况仍未得到根本扭转，且库区发展不平衡等新问题开始凸显。习近平总书记在党的十九大报告中指出："中国特色社会主义进入新时代，我国社会主要矛盾已经转化为人民日益增长的美好生活需要和不平衡不充分的发展之间的矛盾。"推动库区充分发展和平衡发展成为当前的中心任务。库区发展不充分表现为产业结构不合理、技术创新能力弱使得库区社会经济内生增长动力不足；就业技能单一、公共服务能力较弱造成移民生产生活困难，移民安稳致富目标未完全

实现。库区发展不平衡主要体现为城乡发展不平衡、产业发展不平衡。在城乡发展不平衡方面，库区地形地貌多样复杂，城乡间的自然条件、资源禀赋等差异较大，不利于城乡均衡发展。在产业发展不平衡方面，库区绿色产业发展不充分，高附加值制造业比重低；特色农业未形成规模效应，农产品品牌溢价不足；新兴产业发展人才储备不足，发展规划不明确。

2.库区生态环境脆弱问题依然突出

三峡库区地形地貌与岸坡地质结构复杂，雨量丰沛且暴雨集中，历来是地质灾害多发地区。三峡水库蓄水后水位抬升，涨落频率和幅度加大，改变了水库岸坡的水文地质条件，降低了部分库岸边坡的稳定性，不仅加剧了库区生态环境的脆弱性，还使得库区地质灾害发生的频率大幅提升。近年来库区对生态环境保护和地质灾害防治的重视度日益增强，投入大量资金，有效保护了库区生态环境，降低了库区地质灾害的发生频率，但库区生态环境依然脆弱，地质灾害防治形势依然严峻。库区生态环境保护和地质灾害防治面临的问题主要有：一是削减库区入库污染负荷的压力仍然巨大。目前三峡水库干流水质总体以Ⅱ、Ⅲ类为主，但局部水域存在总磷、总氮、石油类、铅等超标的现象。二是三峡水库消落区生态环境安全问题需要妥善处理。水库消落区具有反季节水文变化特征，已不适合原有的大多数物种生存。新形成的生物种类组成简单，生态环境脆弱，生态调节功能弱，局部库湾和河口易发生污染集聚、病害滋生等问题。三是部分地质灾害监测预警点受水库水位升降影响出现灾（险）情，且有逐渐增多趋势，库区沿岸滑坡和塌岸可能会对长江航道造成严重威胁。

3.库区公共服务能力建设存在短板

公共服务能力建设关系库区人民群众的切身利益，包括教育、公共卫生、应急救援、社会保障等方面。提高公共服务能力有助于增强库区民众的幸福感与获得感，也是党中央和国务院共享发展理念的重要体现。在对口支援方和库区人民的共同努力下，库区公共服务能力得到显著提升，但还存在着部分政府工作人员公共服务理念不强、能力不足等现象，导致库区教育投入不足、教育软硬件环境有待提升、社会对教育的重视程度不高；医疗卫生基础设施陈旧、医疗人才流失现象较为突出；应急救援信息化程度不高、联动机制有待完善、队伍建设投入不足，导致应对突发事件的能力有限；移民小区配套设施不完善、移民帮扶工作不够细致等问题。库区公共服务能力建设亟待"找差距、补短板"。

4.库区创新创业实际效果有待提升

推进库区大众创业、万众创新是库区高质量发展的动力之源，也是实现移民安稳致富的重要途径。李克强总理在2015年政府工作报告中提出，推动大众创业、万众创新，培育和催生经济社会发展新动力，随后国务院出台多个支持创新创业的重要文件，为创新创业提供坚实的政策支持。2017年以来库区部分县区开始着力推进创新创业工作，如夷陵区的市场运作和政府服务结合模式，在2017年支持夷陵创业孵化基地、夷陵科技园打造2家示范性人才创新创业超市，在2018年举办首届"宜才宜用、创在夷陵"创新创业大赛。截至2020年4月，夷陵区共有国家级众创空间、星创天地等创新创业孵化载体4家，省级2家，市级6家，入孵企业和团队达230余家，双创氛围持续浓厚，双创队伍持续壮大，科技创新对夷陵高质量发展的贡献持续提升。但库区各区县创新创业工作差异性较大，部分区县政府对创新创业工作不重视，创新创业宣传不够、活动开展不充分等问题，导致库区民众的就业观念落后，缺乏创新创业能力和技能，经验不足，成功率较低，且创新创业金融支持不足，创业者融资难制约了创新创业。

（二）湖北三峡库区对口支援工作存在的问题

1.对三峡库区对口支援工作的认识有所减弱

对口支援工作开展的早期阶段，各支援省市怀着高度的政治责任感，无私奉献，不求回报，为库区社会经济发展作出了巨大贡献。但随着国务院《全国对口支援三峡库区合作规划（2014—2020年）》发布的规划期限的临近，部分对口支援地区和单位认为库区移民任务顺利完成，移民安稳致富成效初显，库区基础设施复建基本到位，在对口支援方面的认识和力度都有所减弱，表现为援受双方互联互通频率下降、对口支援资金难以到位、对口支援项目难以落地等问题。特别是当前库区面临着绿色高质量发展的新任务，作为长江经济带的重要生态屏障，三峡库区的生态治理和绿色发展将惠及全民，部分支援省市对新时期对口支援工作意义的理解不够深刻，认识不够全面，造成对口支援促进库区绿色高质量发展的政策效果难以更好地发挥。

2.对口支援援受双方互联互通频率下降

对口支援的高效开展离不开援受双方的工作联动，但库区受援主体间的沟通协商机制并不完善，具体表现为：一是支援主体间的联动不足。支援方长期致力于对口地区的产业发展，帮助对口地区建立特色产业集群，但从三峡库区产业发展整体看，支援方从库区产业规划、对口地区间产业协同方面进行产业扶持的力度较弱，导致库区新建产业与已有产业、各对口地区新建产业间难以形成产业协同，制约了库区产业结构的进一步优化。二是受援地区间的互联互通有待深化。受援地区在规划衔接、产业承接、项目对接、基础设施建设等方面的区域协同不足，各地区的旅游业、特色产业的同质竞争现象突出，产业差异化发展不足、集中度不高，未能形成优势叠加效应。

3.库区社会经济内生增长动力培育较为不足

对口支援的早期工作重心在于帮助库区移民安稳致富，推动库区社会经济发展。随着库区进入新常态阶段，对口支援工作应该从"输血"转为"造血"，从促进库区经济增长转换为推动高质量发展，通过增强库区创新能力和优化产业结构，培育库区社会经济内生增长动力。当前对口支援培育库区内生增长动力的工作开展不足，在技术创新方面，表现为对口支援在加强库区传统产业转型、新兴产业人才培养方面的工作较弱，对引导双方高校、科研院所协同开展技术研发与应用的重视度不够。在库区项目引进方面，对口支援以鼓励发达地区企业到库区开厂招工为主，以解决就业、促短期发展为主要目的，企业研发设计、品牌营销等高附加值业务链在发达地区，产品制造、加工组装等低附加值业务链在库区，库区工业产业链处于"微笑曲线"底端，不利于库区内生增长动力的培育。

4. 落实库区绿色发展精准支持工作有待加强

对口支援推动库区绿色发展的力度较弱，当前库区绿色产业发展、生态环境治理都需要大量的资金投入，绿色金融能够引导社会资本流向绿色产业，实现社会经济绿色发展的杠杆效应。三峡库区绿色金融还处于起步阶段，存在着绿色金融市场规模小、金融产品单一、金融从业人员绿色金融业务能力弱等问题。对口支援方对协助库区绿色金融发展的重视度不够，表现为双方金融人才互动交流较少、支援库区构建绿色金融体系的力度不足，从而制约了库区方绿色金融推动绿色发展。绿色发展精准支持不足表现为，首先，面对库区生态问题突出、绿色产业人才短缺的现状，对口支援方在加强库区生态文明建设、产业绿色转型和环保产业人才培养等方面的工作创新不足，对引导所在地区的高校、科研院所与库区科研机构协同开展绿色技术研发与应用的重视度不够。其次，针对库区绿色产业发展存在着专利少、技术弱等问题，对口支援方在库区绿色技术开发与应用等方面的工作还较为薄弱。最后，对口支援方未能立足绿色产业规划进行库区内部的绿色产业融合与集聚，在协助库区绿色旅游和特色产业品牌宣传、推广方面的工作力度有待加强。

5. 推动库区移民充分就业创业的效果不稳固

实现库区移民"好就业、就好业"是移民安稳致富的重要前提，一直以来对口支援工作通过开展人才培训、信息交流、劳务输出等领域的合作，有力地促进了库区移民的就业创业及安稳致富，但在库区经济新常态发展阶段，对口支援工作不能满足库区高质量发展要求，主要表现为：一是针对绿色产业和服务业的就业培训不足，难以满足库区绿色发展和经济转型的要求；对已就业移民的持续性培训缺乏，不能满足移民进一步提高收入和致富的需求；对接用人企业实施订单式培训的不多，创新创业培训缺乏；培训内容趋同的多，有特色且针对性强的少；培训初级人才的多，培训高技能复合型人才的少。二是就业创业帮扶效果不稳固。移民就业创业是对口支援工作的重要组成，但随着库区经济进入新常态发展阶段，库区污染型和资源型企业关转，导致对口支援工作推动移民就业创业的效果不稳固，表现为对口支援方对库区移民就业状态、培训需求、就业创业意愿等信息掌握不充分，缺乏对已就业移民掌握更高工作技能需求的关注，缺少对库区关停企业职工再就业培训的针对性措施。

四、加强新时期对口支援工作的对策建议

2020年是打赢三大攻坚战、全面建成小康社会关键之年，也是谋划"十四五"规划之年。新时期对口支援工作要站在一个更高的起点上，把握好"一带一路"倡议、长江经济带发展、湖北自贸区建设等国家战略发展机遇，以"创新、协调、绿色、开放、共享"作为工作理念，以区域协作、互助共赢作为工作动力，不断创新对口支援工作机制，积极构建对口支援工作长效机制，更好地发挥对口支援推动库区高质量发展的积极作用。

（一）以国家战略为契机，积极融入长江经济带

长江经济带建设已经上升为国家战略，这为沿江城市发展提供了历史性机遇，对口支援可以利用湖北三峡库区的区位优势，推动库区积极融入长江经济带。一是打造长江经济带绿色发展示范城市。系统修复长江生态环境，加强水环境治理和水生态修复，加强水灾害防治，通过建设人水和谐城市，实现水资源保护、开发、利用的有机统一。进一步依托山水和水电资源优势，凸显三峡历史文化，打造三峡特色文旅经济带。二是加强区域协同合作。长江经济带将成为我国对内、对外开放的

纽带，湖北三峡库区应该积极参与长江经济带经济协作，加强与新丝绸之路经济带、成渝经济区的协同互动，积极提升库区对外开放水平，将库区打造成为长江经济带对外开放高地之一。三是发展新型城镇化。长江经济带横跨长江三角洲城市群、长江中游城市群和成渝城市群。湖北三峡库区可以依托三大城市群，以宜昌作为中心城市，通过承接沿海沿江产业转移实现卫星城市和特色城镇发展，同时加大城市宜居环境建设，实现"特色产业引入、宜居环境留人"的新型城镇化发展。四是积极承接产业转移。长江经济带横跨我国东中西部，产业梯度和要素禀赋差异明显，第二产业呈现由长江下游向中上游辐射状态。湖北三峡库区可以结合本地资源禀赋特点，统筹发挥"黄金水道"交通优势、劳动力成本优势，选择适合自己的产业承接模式，同时在承接转移过程中尽可能地进行产业结构调整升级，使转移到库区的企业能够成功融入库区产业集群。

（二）以规划制度为引领，深入推进对口支援合作

为全面贯彻落实2018年11月出台的《中共中央、国务院关于建立更加有效的区域协调发展新机制的意见》中关于"继续开展对口支援三峡库区，支持库区提升基本公共服务供给能力，加快库区移民安稳致富，促进库区社会和谐稳定"的工作部署，应该加强规划引领，强调制度及机制建设，继续深化对口支援合作。一是要加强规划引领，坚持对口支援"一盘棋"。国务院有关部门和省、直辖市要研究制定促进移民安稳致富、加强库区生态环境建设与保护、有效防治地质灾害、提高综合管理能力、进一步拓展三峡工程综合收益等的政策措施，要将东西部扶贫协作、国网定点扶贫纳入"十四五"统一规划，加大对口支援力度，深化落实对口支援工作，立足保持对口支援关系不变、政策不改、力度不减。二是进一步完善对口支援机制建设。为确保后续工作规划目标的实现，需要延续以往行之有效的政策措施，不断完善和规范省级统筹、部门协作、地市落实、社会参与的对口支援工作的编制实施和评估调整机制；要进一步建立健全援受两地合作机制，库区发展招商引资机制、对口支援工作考核评价机制等工作制度，加强双方需求对接和协同配合，推进

对口支援工作行稳致远。三是要加强资金和项目管理。加强项目资金安排，围绕搭平台、抓帮扶、抓培训、抓绩效四个方面，扎实开展三峡库区对口支援工作，促进项目资金落实落地；加强项目资金绩效管理，科学开展绩效综合考核评价，分年度、分阶段形成规划实施的监测评估成果报告，实事求是总结成效，真实客观反映问题，切实提高资金使用效率；加强项目监督检查，依托技术支撑单位，组织开展督导、检查、巡查、暗访、现场抽查等，保证各项工作部署的落实和取得实效，确保项目资金安全和质量安全。四是要强化组织领导，加强队伍建设。切实加强各级领导的组织协调作用，坚持以政治建设为统领，完善考核激励机制，努力锻造政治过硬、本领高强的干部人才队伍，为对口支援工作的深入开展提供坚实的组织保障。

（三）以创新发展为动力，加快库区产业转型升级

我国正处在向创新驱动转型的关键时期，创新能力是构建区域创新体系的核心支撑，三峡库区创新能力的提升有利于其高质量发展的实现，需要援受双方加强区域之间有效协作，探索协作创新模式。一是加强产业协作，致力于高质量发展。充分利用全国对口支援三峡库区经贸洽谈会、三峡国际旅游节、中国西部国际投资贸易洽谈会等重大活动平台，推动区域产业合作。由单方支援向合作共赢转变，帮助库区构建起现代化的产业体系，使经济发展从高速度向高质量转变。二是促进绿色产业发展。指导湖北三峡库区政府结合库区发展基础，编制绿色产业发展规划；利用投资、价格、金融、税收、招商引资、技术创新等方面的优惠政策，加大对绿色产业的支持，增强绿色产业投资主体的积极性。大力发展三峡物流业，加大对库区物流业支撑基础设施建设补助，对物流企业发展给予产业化政策扶持。大力发展三峡旅游业，设立三峡库区旅游发展基金，加大对三峡库区旅游产业扶持力度，努力把三峡地区建设成为生态环境优美的国际旅游胜地。三是支持库区发展特色优势产业。坚持市场导向，突出特色化、差异化发展，促进农文旅融合，发展旅游等特色产业，努力培育更多市场主体。支持每个县（区）至少形成1~2个特色优势产业，

明显提升库区生态农业、旅游业、商贸物流业等产业发展水平和竞争力。四是推动传统产业绿色转型升级。按照优势互补、合作双赢、绿色发展的原则，深化援受双方的产业合作开发，推动库区产业绿色转型升级；依靠金融手段和金融创新影响企业的投资方向，为绿色产业发展提供相应的金融支持，促进传统产业的绿色转型升级。

(四) 以协调发展为基础，促进库区区域均衡发展

三峡库区集城市、农村、大山区、库区、安置区于一体，区域均衡发展任务更加艰巨，对口支援应该统筹规划、突出重点，推动库区的均衡发展。一是优化区域互助机制。进一步创新开展对口协作，充分利用库区山水相连、地理相似、基础相近的有利条件，实现统筹规划和协同发展。二是推进新型城镇化建设。以综合交通网络和信息网络为依托，优化城镇化空间布局和城镇规模结构，科学规划建设城镇群带，逐步形成集聚效率高、对周边地区辐射带动能力强、城镇层次等级结构完善、功能互补性强、地域分布合理的城镇体系。三是推进城乡产业一体化。统筹产业发展和城乡建设，推动工业园区与城市同时规划、同步建设、同城管理，以城聚产、以产兴城。四是推进城乡基础设施建设一体化。统筹三峡后续扶贫、农网改造等资金和项目，加大乡镇、农村基础设施投入力度，提升村组公路等级，完善集镇产业配套功能，改善移民群众生产生活条件和人居环境，改变农村自然面貌，缩小城乡差距。

(五) 以绿色发展为前提，推进库区生态环境修复

加强库区生态文明建设、推进库区绿色发展，既是打赢库区污染防治攻坚战的有力支撑，也是培育高质量发展新动能的重要内容。一是协助库区"产业生态化、生态产业化"示范区建设。三峡库区要实现绿色发展，就要自上而下地认真践行"两山论"，夯实绿色发展基石，加大环境治理力度，提高资源利用效率，加强湿地保护和修复，实现生态与发展的共生双赢，加强区域协作，共谱绿色发展新篇章。

二是打造绿色村镇。以农村人居环境整治为主线，统筹生产生活生态，针对库区不同规模不同特点的村镇，以建设绿色宜居村镇为导向，重点突破乡村清洁、村镇规划、宜居住宅、绿色建材、清洁能源等方面关键技术，促进绿色宜居村镇建设与发展。三是以绿色金融促进生态保护。探索设立三峡库区生态发展基金，开展CDM项目和开发碳金融产品，发挥绿色金融对库区绿色发展的支持作用。四是培育生态文化。加强生态文化宣传教育，倡导勤俭节约、绿色低碳、文明健康的生活方式和消费模式，不断提高库区公众的生态文明意识。

（六）以开放发展为导向，积极拓展库区发展空间

湖北三峡库区应充分利用长江经济带战略机遇，实现高质量发展。对口支援应以援受双方的开放共享为起点，从全局谋划一域、以一域服务全局，推动库区融入全国开放大局。一是深化援受双方互访及感情交流。要进一步建立健全援受双方合作机制，固化两地定期沟通与互访交流机制，完善受援地区定期汇报机制、支援地区定期调研回访机制等工作制度，保持稳定的结对关系，增进双方感情交流，加强双方需求对接和协同配合，推进对口支援工作行稳致远。二是各对口支援省市出台优惠政策，鼓励到库区投资项目。如对企业固定资产投资部分进行财政补贴或投资奖励等政策，引导更多发达地区的优质企业和优势产业到库区投资兴业。加大对库区茶叶、烟叶、柑橘、脐橙等特色产业发展资金和项目扶持力度，引导库区移民发展产业、增加收入。三是充分开展智力帮扶，强化"输血"与"造血"功能。组织库区移民干部和移民群众开展能力和技能培训，举办2~3期电子商务、特色小镇等主题培训班，帮助移民拓宽就业门路。争取对口支援省市和单位的支持，采取轮训、挂职交流和进修等多种方式，对库区教师、医务人员、企业高管、致富带头人等进行培训，提升库区专业人才水平，增强库区发展后劲。四是探索开放协作新模式。通过建立远程教育、远程医疗等结对帮扶模式，引入教育、医疗等优质资源，拓展对口支援合作维度；通过引进国际、国内大型名优企业和名牌产品，引进先进技术和管理经验模式，增强库区自我发展能力；通过互换人才资源模式，从管理理

念和专业技术等方面促进受援地区整体劳动者素质的提升。

（七）以共享发展为目标，打造库区和谐安宁环境

中国共产党第十八届中央委员会第五次全体会议提出共享发展新理念，实现共享与发展是湖北三峡库区和谐安宁环境的重要保障，对口支援在推动库区共享发展方面大有可为。一是保障民生，补足公共服务短板。调查掌握2020年库区发展真实情况，作出合理规划，调动对口支援资源，实事求是推进举措，用好对口支援资金，加快补足公共卫生、疾病防控、就业创业等公共服务短板。二是加强农村公共服务能力建设投入。充分发挥无偿援助资金的效益，助力解决库区搬迁、饮水安全、移民危房改造以及贫困村学校、卫生室、村镇公路建设等方面的突出问题。三是提升基本公共服务能力。继续支持库区基础教育，支持库区提升职业教育水平，加大对库区医疗卫生支持力度，支持库区科技、文化、体育等领域发展，支持库区加快完善社会保障体系。四是加大库区美丽新家园建设。打造库区生态宜居示范区，形成"生态留人、文化引人"的城市竞争力；强化小区综合帮扶，加强移民小区配套设施建设，不断改善移民生活环境、提升生活质量，让民众共享发展红利。

第十章 中国式现代化湖北实践的资政建言①

坚持民本民生理念，破解疫情下湖北省中小企业融资难题

（2020年4月3日，湖北省省长批示）

加快湖北创投基金业发展 全力打造"国家产业资本创投中心"

（2022年4月1日，湖北省省长批示）

关于实现我省黄鳝产业超常规发展的建议

（2024年10月21日，湖北省委副书记批示）

湖北加快促进疫后经济发展的财政金融政策措施

（2020年4月3日，湖北省常务副省长批示）

加快激活民间投资 促进疫后湖北经济重振

（2020年4月22日，湖北省常务副省长批示）

深化对口支援合作 推动湖北三峡库区高质量发展

（2020年8月4日，湖北省副省长批示）

加强产业融合 推动湖北县域经济高质量发展

（2022年11月30日，湖北省人大常委会副主任批示）

加快都市圈经济发展 助力全省区域协同

——以提升襄阳都市圈经济总量为例

（2023年5月16日，湖北省委常委、襄阳市委书记批示）

---

① 近年来，10多项资政建言得到了湖北省省长、湖北省常务副省长、湖北省委副书记、湖北省副省长、湖北省人大常委会副主任、湖北省政协副主席、中国人民银行副行长等省部级领导批示。

推动互促共进　打造四化同步发展的湖北样板

——基于仙桃建设四化同步发展示范区的调研分析

（2024年4月3日，湖北省政协副主席批示）

加快金融科技创新　做好数字金融这篇大文章

——基于武汉市江汉区的调查与思考

（2024年6月8日，湖北省政协副主席批示）

大力发展绿色金融　助推湖北长江经济带绿色发展

（2019年3月27日，湖北省政协副主席批示）

农业供应链金融支持铜川乡村振兴的实践与思考

（2024年11月21日，中国人民银行副行长批示）

金融科技助推乡村振兴的几点思考

（2020年7月23日，中国人民银行副行长批示）

坚持民本民生理念，破解疫情下湖北省中小企业融资难题

（2020年4月3日，湖北省省长批示）

为深入贯彻落实习近平总书记关于坚决打赢疫情防控阻击战的重要指示精神，全面落实党中央、国务院关于做好疫情防控工作的决策部署，湖北省人民政府办公厅印发了《省人民政府办公厅关于印发应对新型冠状病毒肺炎疫情支持中小微企业共渡难关有关政策措施的通知》（鄂政办发〔2020〕5号），主要包括减轻企业负担、强化金融支持、加大财政支持以及加大稳岗支持等四个方面。2月22日，武汉市人民政府发布了应对疫情支持中小企业经营发展的21条措施，在税费减免、金融支持、企业用工、既有政策执行等方面全力为企业营造更为宽松的发展环境。因此，无论是应对眼前疫情，或是着眼长远发展，必须有效完善中小企业融资机制，加快制定符合湖北省经济发展实际的中小企业金融支持体系，坚定地以改革取向持续降低中小企业融资成本，平衡好短期政策与长效机制的关系，振兴中小企业发展。

（一）破解疫情下湖北省中小企业融资难题的重大意义

中小企业作为经济社会的微观经营主体，对相关因素的变化极为敏感，其对资金断链等问题的耐受程度也相对较低，大量的中小企业因为融资困难最后宣告破产，这种情况不仅加大了我国个体经营者的创业难度，同时也不利于我国经济社会持续健康发展。在我国，民营企业利用近40%的资源，创造了超过60%的GDP，缴纳了50%以上的税收，贡献了70%以上的技术创新和新产品开发，提供了80%以上的就业岗位。中小企业不仅以其数量庞大、就业容量广阔成为最活跃的经济主体，而且以其蕴含的创新精神和蓬勃活力成为社会财富创造的重要源泉。可见，中小企业在我国经济发展中拥有重要的地位和作用。

由于疫情冲击直接引发了中小企业的生存危机，其中融资难题异常突出。根据蚂蚁金服的调查，基于企业无法开工开业、业务量大幅减少、物流受阻以及需要连续承担的租金、工资和利息等运营成本，大约有70%以上的小微企业的经营状况受到了严重冲击。从湖北省实际情况来看，对受疫情影响、授信到期还款确有困难的中小微企业在信贷供给、贷款展期、融资成本、还款期限等多方面存在着明显障碍，中小企业的系列问题如果突然集中爆发，势必给经济增长、劳动就业与金融稳定造成巨大的压力。因此，分析现阶段疫情下湖北省中小企业融资难题，加快探索缓解融资困境的相关对策，无疑具有很强的理论价值和现实意义。

（二）疫情下湖北省中小企业融资遭遇老问题新困难"双重挤压"

中小企业融资难，不应当被单纯地看作信贷资金量的问题，而应当把这个问题放到中小企业成长、发展、壮大过程所面临的种种内外部环境的角度去考量，应当把融资难看作中小企业面临的种种问题的集中反应来看待。结合当前疫情防控与复工复产实际来看，湖北省中小企业融资遭遇着老问题新困难"双重挤压"。具体来看，主要表现为以下方面：

从金融机构运作来看，发展规模比较滞后。湖北省中小企业普遍存在规模不经济、制度不健全等现象，由于规模和信用水平低，再加上缺乏完善的信息披露机制，无法将信息准确、及时地传递给金融机构，增加了逆向选择和道德风险。目前市场信贷的主体主要是金融机构，其对授信客户通常进行分层筛选。将国有背景企业作为首选客户，在信贷审批过程中较为宽松，而中小企业难以从银行得到较大贷款金额。当前疫情下湖北省中小企业存在的种种问题，恰恰也是金融机构授信十分关注的，因此，很多中小企业根本达不到授信条件，金融机构对中小企业"惜贷"，主要表现为体制性歧视和规模歧视，这使得对中小企业的贷款审核在时间和空间上出现错位，不能及时满足疫情下中小企业的信贷需求。

从地方政府层面来看，缺乏良好的政策扶持。针对中小企业融资问题，地方政府虽然出台了一系列政策法规，但是其政策力度较小。地方政府虽对金融机构支持中小企业融资提出了要求，但是却没有强有力的保障机制，导致中小企业在银行的隐形歧视下还是较难获得贷款。目前，《省人民政府办公厅关于印发应对新型冠状病毒肺炎疫情支持中小微企业共渡难关有关政策措施的通知》（鄂政办发〔2020〕5号）发布，武汉市政府发布了应对疫情支持中小企业经营发展的21条政策，但具体实施细则不明朗，加之受有效期局限，其执行效果还有待观察，没有形成对疫情下湖北省中小企业融资有效保护的法律法规。

从中小企业自身来看，融资渠道不畅通。就权益性资本融资而言，基本上不存在直接沟通投资者和筹资者的自由市场机制。湖北省大多数中小企业为个体或私营企业，其资金主要来源于企业主自己的积累和向亲友的借款，资金不会很多，很难达到上市条件，因此无法通过发行股票从资本市场上筹集资金。即使达到上市标准，一些企业主也因害怕失去对企业的控制权而不愿让企业上市，使大量需要资金的中小企业无法有效利用资本市场为自己筹集资金。而就债务性资本融资而言，尽管主管部门不断呼吁，甚至通过发布"指导意见"来敦促商业银行更积极地向中小企业提供贷款，但金融机构的信贷投入因受多种因素的制约还是出现了增量减少、增速减慢的现象。当前疫情下湖北省中小企业融资的主要障碍是融资渠道单一、融资方法单调。

（三）破解疫情下湖北省中小企业融资难题的政策建议

在疫情防控的大背景下，合理帮助中小企业建立健康快捷的融资渠道，不仅仅是中小企业内部管理问题，也是影响湖北经济的重要因素。因此，破解疫情下湖北省中小企业融资难题，既需要地方政府各部门从宏观上完善融资体系，金融机构转变经营观念，更需要中小企业自身开拓进取。

1. 金融机构多措并举助中小企业纾困

金融机构作为中小企业融资的主要渠道，其对湖北省中小企业的重要性不言而喻。面对疫情冲击，金融机构要在"做精、做细、做强"上下功夫，在贷款条件、利率定价、担保机制等方面进行制度创新，完善风险内控机制和服务功能，有针对性地提供差异化、个性化的金融产品和服务，满足疫情下湖北省中小企业融资服务需求。

加大疫情保障企业信贷供给，开通普惠信贷绿色审批通道。重点关注与疫情相关的卫生防疫、医药器械、生物制药、医药科研等防疫物资生产、物流、销售领域中小企业，优先保障防疫物资生产、采购、运输以及蔬菜肉蛋奶等民生物质保障领域小微企业的金融支持。对受疫情影响的普惠型小微企业和普惠型疫情保障企业客户开辟金融服务绿色通道，简化审批资料和流程，按照"特事特办、急事急办"原则，优先受理、快速审批、优先发放，信贷供给可不受专项信贷规模限制。

加强线上渠道金融服务，提升普惠金融服务能力。充分利用线上渠道为湖北省中小企业提供一站式金融服务。这次疫情期间，大部分传统银行的贷款业务都停了，但网络银行小微贷款申请并没有下降。根据湖北省不同地区疫情实情，研究对已发放贷款采取统一自动展期等措施。蚂蚁金服的数据也表明，有一半以上的小微企业打算向网络银行借款。

2.政府部门多管齐下破解企业融资难

在当前疫情防控依然严峻的形势下，要想解决中小企业融资难题，需要地方政府部门和广大中小企业携手努力，从建立有限的融资监管到完善企业内部管理结构两个方面同时发力，使融资不再成为湖北省中小企业发展的桎梏。

严把市场准入关，给予中小企业平等的"国民待遇"。国家制定并发布产业和行业发展规划，细化行业准入标准，发挥行业规划"过滤器"作用，确保中小企业"生的健康"。相关职能部门应当加强对中小企业规范经营的引导，严查各类经营违规行为，增加企业财务透明度，促使其"长的茁壮"。无论在资金支持上，还是在产业政策和投资政策引导上，地方政府有关部门都要对大中小企业一视同仁，按照平等准入、公平待遇的原则，清理和消除对中小企业的各种隐性壁垒和歧视，对中小企业和大企业一视同仁，甚至提供"超国民待遇"。

完善风险投资体系，建立健全信用担保机制。通过政府资本供给弥补创业投资资本不足，设立湖北省中小企业创业投资引导基金，以基金的形式参与或发起以民间资本为主导的风险创业投资机构，建立以创业投资引导基金为基础的创业投资资金支持体系，推动创业投资发展。从政策上鼓励各种经济成分的资本参与担保公司投资，设立担保风险补偿基金，对担保机构"论功行赏"，鼓励担保机构拓展业务，引导商业银行与担保机构在风险分担、放大倍数和业务开展上积极合作创新，提高融资担保能力，促进增加湖北省中小企业信用担保机构的数量。

3.中小企业苦练内功走诚信融资之路

在有效应对疫情、加快恢复经济发展时期，湖北省中小企业应抓住机遇，充分利用国家、湖北省、武汉市的各项扶持政策，努力做大做强，不断提高自身的盈利能力和风险抵抗能力。

完善信息披露机制，做好中小企业信用管理。中小企业普遍存在信息披露不完全、不准确等现象，使得中小企业很难获得外源融资。因此，湖北省中小企业既要根据企业会计准则的要求，坚守诚实守信的原则，准确记录自身日常经营管理活动，出具真实有效的财务报表，又要立足长远，放弃恶意失信的行为，树立起守信用、重履约的良好形象。

全方位防范风险，增强中小企业抗风险能力。金融机构对中小企业的考察并不只看其自身的资金实力、产品和服务的状况，而且还要考察其上下游用户的资信情况。因此，疫情下湖北省中小企业要发挥船小好调头的优势，利用宏观调控及疫情所带来的经济调整时机，善于发现自身长处，寻找市场的空隙来发展自己。

（许传华）

加快湖北创投基金业发展　全力打造"国家产业资本创投中心"

（2022年4月1日，湖北省省长批示）

创投基金（广义上包括天使基金、狭义创投基金、产业基金和并购基金）主要投资于未上市公司股权，对企业获取融资、发现价值和兑现价值起到重要作用，是推动科技创新转化的"助推器"和创新发展的"加速器"，是新时期地方产业结构转型升级的重要着力点。多年来，湖北创投基金业总体表现不温不火，乏善可陈，未能培育或引进若干龙头企业并有效带动优势产业集群迅速发展。湖北产业体系具有"全而不强"的特点，通过创投基金汇集资金和产业资源，推动优势产业迅速做强潜力巨大，加快湖北创投基金业发展，全力打造湖北"国家产业资本创投中心"大有可为。

（一）湖北创投基金业发展现状

1.呈追赶态势，但总体水平不高

2019年以来，湖北创投基金业增速较快，政策环境不断转好，政府投入力度很大，数个百亿级引导基金设立、省财政出资和国有创投股权向长江产业投资集团全面整合，市场反响很大，对湖北创投发展前景普遍看好。但湖北省的管理人数量、管理基金数量和规模在全国占比均不超过2%，远低于广东、江苏、山东、浙江等GDP超过湖北的省份，也低于上海、深圳、北京、天津等GDP不及湖北的城市，约为宁波的一半，和青岛大致相当。湖北省境内上市公司数量少于福建、四川、安徽和湖南等GDP相近省份。综合而言，湖北创投基金业发展水平与地区生产总值全国第七的排名不匹配，短板明显。

2.政策跟进加速，但常规低效

湖北省创投政策更关注政府引导基金管理，对其他地区普遍关注的引入险资、促进专精特新企业发展、打造先进制造聚集区、合格境外有限合伙人（QFLP）、创投股权转让（S基金）等主题少有新政推出。政府引导基金管理办法侧重招商功能，体现"重安全但轻效率"取向，行政审批色彩重，出资比例低，返投比例高，考核机制不科学，激励机制不完善。税收优惠、投资奖励、办公条件和落户补贴等激励措施常规且内卷严重。创投机构最重视投资获利机会，优惠政策只是保健因素，因此，湖北创投基金业做大做强，重点在产业发展机遇，不在优惠政策。

（二）湖北创投基金业发展的主要问题

1.对创投基金业认识落后

湖北省至今尚未提出一个类似青岛"全球创投风投中心"的发展愿景，各级政府更重视创投基金的金融和招商功能，对创投基金促进地方产业发展认识不深，一直未能精准确定加快湖北创投发展的发力点，发展目标尚未聚焦到龙头企业数目、新增上市公司数量、重要产业链在国内外的竞争力等指标上来。

2.创投基金资源整合不足

虽然长江产业投资集团初步完成了引导基金和国有创投机构的股权整合，但机构整合和机制完善任重道远，且省市整合和区县下沉仍存在困难。在创投基金业管理方面，地方金融管理、财政、国资、经信委、发改委、税务等部门各管一块，难以协调，发展缺乏顶层设计。

3.政府引导基金机制不灵活

各级政府引导基金未能深刻认识到要通过培育、引进龙头企业带动重要产业链，实现产业集群快速发展。政府引导基金运营市场化程度不高，出资审批流程长，行政官员影响力大，退出时间缺乏弹性。各级政府引导基金在决策机制、容错机制、约束和激励机制等方面保守僵化，决策效率低。政府引导基金体系庞乱，专注领域各异，未能聚焦于湖北省战略性新兴产业和传统优势产业。

4.经营环境和文化氛围沉闷

湖北省在税收优惠、投资奖励、风险补偿等方面激励形式单一，力度保守，大型机构更关注的产业和资金配套难以对接。尚未统一制定湖北创投基金发展规划，创投信息流通、市场主体培训等工作推动乏力，促进创投基金开放创新发展鲜有动作，未能体现敢为人先的闯劲。湖北省企业家开拓进取意识不足，经营理念落后，倾向通过自然积累逐渐发展，想用、敢用、会用创投基金实现资源装配式发展的意识和能力欠缺。

5.市场化机构"募""投""管""退"业务发展不畅

市场化机构募资渠道有限，银行、信托、证券、保险、社保基金、养老金、地方保险资金参与度极低。湖北在部分产业领域虽有一定积累，但龙头企业数量少，没有一家上市公司总市值持续超过500亿元，产业链带动作用不明显，而种子期、初创期企业经营不规范、经营理念落后，难以成为创投基金的投资对象。湖北创投退出渠道依然以协议转让和企业回购为主，IPO上市退出案例占比小，S基金交易尚未起步，基金退出不畅。

（三）全力打造湖北"国家产业资本创投中心"的建议

通过创投基金和优势产业深度融合，促进湖北创投全产业跨越式发展，加快建成"国家产业资本创投中心"，必须在产业、资金、机构、环境四个方面实施改革寻求突破，分别解决"重点关注哪些产业""资金从何而来""机构如何运营""环境如何优化"四个关键问题。

1.产业：突出两条主线并实施两大工程

应扬长避短，精准聚焦湖北重要产业。重要产业内，政府资源应向市场失灵的两头倾斜，沿着两条主线实施两大工程，应急谋远，不断充实湖北创投"项目池"。（1）两条主线："51020"现代产业体系和数字产业。短期沿"51020"产业布局湖北创投产业，尽快实现优势产业突破式发展；长期在数字产业持续积累优势，为湖北省产业结构现代化、智能化升级打好基础。（2）两大工程："领头雁"工程和"尖种子"工程。政府创投资源向市场"做不了"和"不愿做"的两大失灵领域倾斜。一是集中优势资金，实施"领头雁"工程，培育和引进重要产业龙头企业和关键企业，力争短期即可显著带动整个产业链发展；二是主动承担风险，实施"尖种子"工程，发现并扶持种子期和初创期的战略性新兴产业企业，早期介入，规范发展，向专精特新"小巨人""银种子""金种子"方向培育，着眼长远扩大优质企业基数。

2.资金：加大投入并整合存量

应在发挥好政府出资作用的同时，吸引更多社会资金进入湖北创投市场。（1）进一步加大财政资金和国有资本支持力度，充实政府引导基金和国有创投机构资本金，支持国有创投机构通过发行创投债、预期分红资产证券化等方式提升融资能力。（2）在省一级引导基金已经初步整合进长江产业投资集团的基础上，鼓励各市、区引导基金整合存量，优化布局，探索长江产业投资集团与各市、区引导基金整合并向区县下沉的新路径。（3）主动探索险资作为创投基金长期资金来源的新机制，争取险资参股创投母基金。（4）支持湖北银行、汉口银行申请设立商业银行理财子公司，促进信托、证券公司、商业银行理财子公司与创投机构深度合作。（5）创新发展投贷联动、投保联动、投贷保联动、投债联动等业务，形成合力满足项目企业资金需求。

3.机构：设立两层母基金并坚持市场化运营

进一步探索长江产业投资集团股权整合完成后的机构整合与运营机制优化，设立两层母基金并市场化运行。（1）建议长江产业投资集团联合央企、国内重要金融机构设立湖北创投总母基金。湖北创投总母基金再联合国内与湖北重点产业相契合的产业资本集团设立各重点产业母基金，鼓励重要产业母基金与央企、地方重要国企共同发起设立湖北省重要产业并购基金。（2）两层母基金均公开遴选业绩优良、口碑良好的基金管理机构按市场化原则进行管理，比照深圳、上海、青岛等地的做法，探索取消出资比例限制和行政审批改革，降低出资要求，将返投比例压到1.5倍左右，坚决禁止"明股实债"操作，推行"产业母基金按募资进度出资"制度。（3）完善两层母基金管理人的约束和激励机制，鼓励母基金依法合规探索员工持股和股权跟投办法；允许母基金从参股基金中分阶段让利退出，并根据绩效目标完成情况向基金管理人和其他社会出资方让渡超额收益，向基金管理人让渡部分不低于让渡总额的50%，收益绩效和引导绩效极佳的，可原值退出。（4）探索母基金考核评价机制，彻底改变"按项目逐一考核"的方式，实行长周期综合化评价，允许一定比例的投资失败，考核指标以引导绩效为主，收益绩效为辅。（5）按年度从总母基金投资收益中提取一定比例（如10%），作为湖北创投社会化出资风险补偿基金，对社会化出资方在湖北两条主线领域内投早、投小、投瞪羚、投成长出现投资失败的，给予一定比例的亏损补偿。

4.环境：完善政策服务并优化市场环境

各级政府在政策、服务和市场环境方面加大工作力度。（1）设立"国家产业资本创投中心"建设领导小组，统一制订湖北"国家产业资本创投中心"总体规划、行动方案和工作清单，统一出台全省创投基金政策，办公室设在湖北省地方金融监督管理局，主持日常工作。（2）将激励措施聚焦于税收优惠、投资奖励和引导基金超额收益转让，研究制定《湖北省创业投资绩效评估管理办法》，依绩效评估结果确定激励力度，各项激励向"农民型"和"引凤型"投资倾斜，回避"猎手型"投资；明确资格条件，减少审批环节，加快政策落地；落实创投基金投资种子期、初创期科技型企业按规定抵扣应纳税所得额的优惠政策，从实际应缴所得税年度开始抵扣；探索创投基金清算损失税前抵扣新机制。（3）提高创投行政效能，进一步提升注册登记服务便利化水平，全面清理各种针对创投基金和迁入企业的地方保护和行政不（乱）作为行为，开通投诉热线、网站和App。（4）积极落实合格境外有限合伙人（QFLP）试点，推进外商独资企业（WFOE）试点，争取合格境内机构投资者（QDIE）试点；调动区域股权交易市场和证券公司积极性，促成S基金落地。（5）建设湖北云端基金特区，跳出行政区位，弱化物理聚集，将新技术、新思路、新政策整合起来先试先行。（6）依托省证券投资基金业协会建设"湖北省股权投资综合服务创新平台"，加强会员间资讯交流，组织创投机构、企业负责人、中介机构赴先发地区学习考察，参加相关培训，重点解决本土企业家思维僵化与经营理念落后问题；搭建创业企业展示平台，主动推送项目信息，实现项目路演常态化；举办有影响力的股权投资行业峰会、创业大赛等活动，营造积极进取的企业家氛围。

（参与研究人员：方洁、周文、潘娜、陈义国、万鹏博、严鹏）

关于实现我省黄鳝产业超常规发展的建议

（2024年10月21日，湖北省委副书记批示）

黄鳝是湖北省优势特色水产品，年产量连续多年位居全国第一。2021年，湖北省加快实施仙桃黄鳝品牌战略，着力打造30公里黄鳝产业示范带、张沟黄鳝全国农业产业强镇、西流河镇稻鳝省级现代农业产业园、祥宇万亩稻虾鳝综合种养基地。2023年湖北已出台了《关于支持黄鳝产业高质量发展的实施意见》，明确"仙桃黄鳝"为全省区域公用品牌，其价格指数登上"中价"平台，成为全国黄鳝价格走势的"风向标"和"晴雨表"。但是区域公用品牌覆盖面不足，与监利市、公安县、洪湖市、赤壁市、嘉鱼县、黄梅县、武汉市江夏区等区域互动还需要强化，为了切实加快湖北黄鳝产业发展，逐渐掌握技术领导权、行业定价权、品牌话语权，力争形成"苗种供全国、鳝品销全球、价格定全业"的产业态势，我们认为，现阶段要重点围绕五个方面下足功夫，实现我省黄鳝产业超常规发展。

（一）科技赋能，促进苗种供全国，开展育种技术攻关

近年来，湖北黄鳝苗种供应持续向好，已形成仙桃市、荆州市、咸宁市三大黄鳝苗种的主产区，分别占全省79.1%、8.3%、5.8%。由于黄鳝是雌雄同体，雌亲鳝与雄亲鳝发育不同步，因此黄鳝规模化全人工繁育和遗传育种的难度非常大，严重制约了黄鳝产业的可持续发展。目前人工繁育技术还没有完全成熟，存活率不高，供苗存在较大缺口。针对黄鳝良种缺乏和鱼苗短缺等产业发展瓶颈，必须坚持双向发力、协同攻关，支持忠善水产、洪渊泽水产、卫祥水产等合作社，开展稻田生态繁育和工厂化人工繁育技术攻关，不断扩大黄鳝苗种繁育规模，加快突破苗种全人工繁育和仿生态繁育技术难点，提高黄鳝高效繁养技术和精准育种技术，着力推动黄鳝亲本优化，努力提高苗种培育成活率。

充分发挥湖北省黄鳝技术创新中心在苗种技术研发与推广中的核心作用，为苗

种供全国提供技术保障。积极鼓励行业领军企业与高校、科研院所建立深度合作关系，力争成为国内唯一的黄鳝新技术研发中心，共同推进国家级和省级黄鳝良种基地在湖北遍地开花。2024年，仙桃挂牌了湖北黄鳝技术研究院，从产业端解决鳝鱼鱼苗问题，形成"1+4+N"的黄鳝苗种繁育梯队："1"代表湖北黄鳝产业集团，"4"代表忠善、宏鑫、洪胜三个合作社和问婷水产公司，"N"代表祥宇合作社和剅河镇光湾村、张沟镇朱坊村等若干中小规模繁育主体。

重点支持黄鳝养殖新模式新技术推广，提升黄鳝品质和产量。加快推行育苗工厂（温棚）转网箱、稻虾鳝绿色生态养殖、浮床设施养殖等先进模式，普及"无抗"养殖技术。支持黄鳝生产经营主体创建认定部级、省级优质农产品生产基地，建设高标准黄鳝养殖基地和养殖园区，按照规定给予生产经营主体奖励或补助。

（二）产业赋能，做强黄鳝龙头企业，启动倍增计划

湖北黄鳝产业缺乏龙头企业，企业规模偏弱，没有行业领军的加工龙头，没有耳熟能详的拳头产品，市场品牌与产业地位不匹配。以仙桃为例，其黄鳝市场主体282家，具体分布为苗种繁育4家、网箱养殖208家、生产加工6家、稻鳝共作5家、交易市场3家、冷链物流8家、饲料渔药48家，由此可见围绕黄鳝精深加工企业数量偏少，产品研发不足。因此，必须支持黄鳝经营主体，打造重点扶持龙头企业，满足市场高端需求，鼓励允泰坊食品、中合卫祥公司、嘉康饲料等黄鳝骨干企业通过兼并重组、增资扩股等方式扩规裂变，争创国家级龙头企业，重点奖励龙头企业上市，通过资本市场扩大产业影响力。

实施黄鳝经营主体壮大行动，加快品种培优、品质提升、品牌打造。以湖北中和供销集团公司为纽带，联合洪渊泽水产、卫祥水产、忠鳝水产、允泰坊等黄鳝经营主体，组建黄鳝产业化联合体，构建集"苗种—养殖—回购—加工—销售"为一体的黄鳝全产业链，形成"股份合作、服务协作、利润返还"的利益联结机制。支持黄鳝加工设备和营养健康食品研发，支持黄鳝医疗保健等新产品开发，培育壮大黄鳝产业新型农业经营主体，奖励黄鳝类国家级、省级、市级农业产业化重点龙头

企业。

快速启动湖北黄鳝产业倍增计划，形成一批可复制、可推广的区域化、标准化综合种养技术。持续推进"黄鳝+N"（水稻、小龙虾、稻菇）规模化综合种养模式研究，着力开展黄鳝产业信息化建设，大力推进黄鳝产业大数据服务中心建设，构建集水质在线监测、增氧投饵控制、网络视频监控、产品追溯、疫病远程诊断于一体的智慧渔业管理平台，提升黄鳝养殖智能化管理水平。围绕黄鳝繁育、养殖、加工、冷链物流和农业电商，开展黄鳝产业人才专项培训，培养一批懂经营、善管理、有技术的黄鳝人才队伍。

（三）平台赋能，打造黄鳝供应链体系，形成双循环

湖北黄鳝产业面临交通、海关、税务、市场监管等要素整合难题，外部数据孤岛、信息不对称等依然存在，同时还受限于信息集成能力不足、信息安全保护薄弱、服务功能不完善以及生态系统构建滞后等内部问题，目前湖北特色农产品的供应链平台较少，缺乏特色农产品参与供应链体系意识，在数据共享与整合方面存在诸多短板。因此，要聚焦黄鳝育种和养殖环节，把黄鳝价格指数作为平台的核心资源，将产业的贸易中心、流通中心、结算中心集合到黄鳝供应链平台，实现三个转变，即"变贸易为交易""变鲜货为期货""变线下为线上"。

聚焦湖北黄鳝供应链体系建设，强化全国淡水农产品品牌战略。充分利用供应链体系建设的良好契机，将湖北黄鳝供应链体系建设单独列入"十五五"规划，实现湖北黄鳝产业"走出湖北、走向世界"。湖北黄鳝主要以仙桃先锋村作为黄鳝养殖、交易最具代表性村集体。该村为"网箱养鳝"技术发源地，被称为"全国网箱养鳝第一村"，自2006年起，先锋村自筹资金设立先锋黄鳝贸易市场，吸引了仙桃、洪湖、监利、潜江等地2 000余养殖户前来市场交易，收购商户范围辐射华北、华中、华南等地。2023年，基于仙桃黄鳝批零制定中价·仙桃黄鳝价格指数（包含批发和零售价格），国家发改委确定以先锋贸易市场为采集基础，将湖北黄鳝线上线下市场建设纳入商贸流通体系中，支持引入黄鳝上下游企业入驻供应链平台，

支持打造全国黄鳝物流枢纽，整合利用仓储设施、交通网络、运力等物流资源。

实现物流、商流、资金流和信息流"四流合一"，打造安全稳定的黄鳝供应链体系。鼓励"链主企业"整合产业链各类要素，依托数字化天网、物流地网、供应链金网、服务贸易商网，助推交通、海关、税务、市场监管等数据共享。

（四）金融赋能，打造农业金融湖北新模式，提升黄鳝品牌价值

由于融资渠道有限，湖北黄鳝产业发展的金融服务不够系统，尤其是鳝农和鳝商在融资方面面临困难，缺乏足够的资金支持进行技术升级和市场扩张。传统金融主要围绕交易、结算、物流等领域，适合湖北黄鳝产业发展实际需求的金融产品较少。因此，必须定向支持湖北黄鳝养殖交易产业链发展过程中的信贷融资需求，全力支持"企业+专业合作社+农户"黄鳝养殖基地建设，打造"一地一品牌""一镇一产业""一村一特色"模式。

依托大数据、云计算等技术开发一系列全流程在线融资产品，打造符合湖北黄鳝金融创新的新模式。将审批、签约、放款、还款等环节全部在线自助式操作和自动化处理，有效提升金融服务的覆盖面。通过交易模式"电子化"改造升级及涉农信贷产品创新等手段，解决黄鳝交易中账务处理及鳝农、鳝商资金需求等关键"痛点"。完成湖北黄鳝市场交易结算系统开发及上线全流程工作，包括交易系统设计、电子秤芯片植入、pos机直连、跑批数据规划等多个环节，搭建湖北黄鳝市场交易结算系统，实现市场交易电子化，交易数据实时汇总。

结合黄鳝产业特色，有效匹配一揽子信贷产品"组合拳"。利用互联网、大数据等技术完善风控体系建设，创新在线金融产品和服务，将更多信贷资源向供应链核心企业的上下游中小微企业倾斜。在充分保障客户信息安全的前提下，鼓励金融机构将金融服务向上游供应前端和下游消费终端延伸，提供覆盖全产业链的金融服务。努力提供"捆绑式"帮"贷"服务，变"零散放贷"为"批量送贷"，持续引导金融活水培育产业、浇灌产业。

（五）创新赋能，培育黄鳝新质生产力，实现"123"产业共生

由于科技支撑相对乏力，技术升级更新速度慢，养殖方式距离自动化、数字化、智能化仍有较大距离，整体科研投入、技术应用与仙桃渔业大市地位、与产业发展需求不够匹配，因此必须加快推动黄鳝精深加工企业"智改数转"，以生产提"智"带动产业提质，加快建设一批智能黄鳝精深加工示范企业，打造一批智能工厂和数字化车间，推动相关企业智能化技改覆盖率达到15%，装备数控化率达到50%以上。

在科技赋能上下功夫，塑造湖北黄鳝政产学研新模式。联合科研院所、高校、黄鳝企业等共同合作，引进一批繁育专家、养殖工匠、鳝药大师、膳食大厨等"候鸟式专家""假日专家""周末专家"，支持建设湖北黄鳝产业发展研究院。打造湖北风格的黄鳝菜馆，利用小红书、抖音进行黄鳝烹饪直播，联合湖北楚菜产业学院，制作符合百姓口味的黄鳝烹饪工艺，让湖北黄鳝搭上互联网的春风，成就"鳝鱼+"。

积极推进技术联姻，合力推动黄鳝产业从"体量优势"向"质量优势""品牌优势"转变。以采标、制标、贯标为抓手，聚焦黄鳝苗种繁育、饲料加工、病害防治、网箱养殖，制定黄鳝产业相关标准，掌握行业话语权、技术领导权。大力实施黄鳝绿色发展行动，强化黄鳝养殖全过程监控、投入品全过程掌控，发展绿色生态养殖，塑造良好口碑。以黄鳝药用和食用价值为突破口，积极参加各类农业展会、产销对接会、产品发布会，多方位推介湖北黄鳝，讲好湖北黄鳝故事，不断提高品牌知名度和影响力。

（参与研究人员：段李杰、程凯、周子谨、邹亚帆）

湖北加快促进疫后经济发展的财政金融政策措施

（2020年4月3日，湖北省常务副省长批示）

2020年初始，湖北省作为新型冠状病毒的暴发地，为抗击疫情作出了巨大牺

性，经济发展面临极大压力。基于此，我们通过对2019年底召开的中央经济工作会议、2020年初召开的中国人民银行工作会议、全国银行业保险业监督管理工作会议、证监会系统工作会议，以及疫情发生后国务院、发改委、人民银行、银保监会、证监会、财政部、外汇管理局等有关部门发布的政策进行综合研究，以中央经济政策为依据，为促进湖北省疫后经济社会快速发展提供政策建议。

（一）对重点企业实施名单制管理

根据财政部等五部门联合印发的财金〔2020〕5号文件精神，湖北省可根据疫情防控工作需要，自主建立湖北省各地市地方性疫情防控重点保障企业名单。湖北省对疫情防控物资保障有重要作用的重点医用物资、生活必需品生产企业，未纳入名单前可按照急事急办、特事特办原则，先向相关金融机构申请信贷支持，在金融机构审核的同时，及时申请纳入名单。

（二）财政多举措减轻企业负担，集中投资重点领域

1.对疫情防控重点保障企业贷款给予财政贴息支持

经国家发展改革委、工业和信息化部等部门确定的疫情防控重点保障企业，可凭借2020年1月1日后疫情防控期内新生效的贷款合同，中央企业直接向财政部申请，地方企业向所在地财政部门申请贴息支持。对支持疫情防控工作作用突出的其他卫生防疫、医药产品、医用器材企业，可一并申请贴息支持。中央财政在人民银行专项再贷款支持金融机构提供优惠利率信贷的基础上，按人民银行再贷款利率的50%给予贴息，贴息期限不超过1年，贴息资金从普惠金融发展专项资金中安排。

2.对企业因疫情扩能技改设备给予投资补贴

应对疫情使用的医用防护服、隔离服、医用及具有防护作用的民用口罩、负压救护车、红外测温仪等重要医用物资及重要原辅材料、重要设备制造生产企业，其扩大产能或实施技术改造的，中央财政对其新增设备投资部分，给予一定比例财政

补贴。

3.落实国家减免税政策，免征部分费用和租金

支持重要原材料、关键零部件、核心装备进口。进口紧缺疫情防控物资且落实减免税政策后价格仍偏高的，经确认后，省商务发展专项资金给予一定支持；对进入医疗器械应急审批程序并与新型冠状病毒（2019-nCoV）相关的防控产品，免征医疗器械产品注册费；对进入药品特别审批程序、治疗和预防新型冠状病毒感染的药品，免征药品注册费；免征航空公司应缴纳的民航发展基金。对受影响较大的企业停征特种设备检验费、污水处理费、占道费。

4.根据疫情防控需要延长申报纳税期限

对按月申报的纳税人、扣缴义务人，适当延长法定申报纳税期限，具体时间由省税务局确定并报税务总局备案，最长不超过3个月。纳税人、扣缴义务人受疫情影响，申报纳税期限延长后，办理仍有困难的，还可依法申请进一步延期。与此同时，各地税务机关要提前采取相应措施，确保申报纳税期限延长后，纳税人的税控设备能够正常使用，增值税发票能够正常领用和开具。

5.积极拓展"非接触式"办税缴费服务

各地税务机关要按照"尽可能网上办"的原则，全面梳理网上办税缴费事项，并向纳税人、缴费人提示办理渠道和相关流程，积极引导通过电子税务局、手机App、自助办税终端等渠道办理税费业务，力争实现95%以上的企业纳税人、缴费人网上申报。大力倡导纳税人采用"网上申领、邮寄配送"或自助终端办理的方式领用和代开发票。

6.调整财政支出结构，提高重点领域投资

财政支出注重结构调整，坚决压缩一般性支出，做好重点领域保障，支持基层

保工资、保运转、保基本民生。引导财政资金投向供需共同受益、具有乘数效应的先进制造、民生建设、基础设施短板等领域，促进产业和消费"双升级"。围绕国家重大战略，精准支持对宏观经济和区域发展具有重要带动作用的项目，加强城市更新和存量住房改造，做好城镇老旧小区改造。

（三）货币信贷全方位提供资金支持，保障流动性充足

1.加大对疫情防控相关领域的信贷支持力度

加强金融机构与有关医院、医疗科研单位和相关企业的服务对接，提供足额信贷资源，全力满足相关单位和企业卫生防疫、医药用品制造及采购、公共卫生基础设施建设、科研攻关、技术改造等方面的合理融资需求。加大对市场化融资有困难的防疫单位和企业的生产研发、医药用品进口采购，以及重要生活物资供应企业的生产、运输和销售的资金支持力度。

2.对疫情防控重点保障企业提供专项再贷款

人民银行向相关全国性银行和疫情防控重点地区地方法人银行发放专项再贷款，向名单内企业提供优惠贷款。国有大型银行重点向全国性名单内的企业发放贷款，地方法人银行向本地区地方性名单内企业发放贷款。每月专项再贷款发放利率为上月一年期贷款市场报价利率（LPR）减250基点，再贷款期限为1年。金融机构向相关企业提供优惠利率的信贷支持，贷款利率上限为贷款发放时最近一次公布的一年期LPR减100基点。

3.加大对制造业、小微企业、民营企业等重点领域信贷支持

加大对小微企业、民营企业支持力度，保持贷款增速，切实落实综合融资成本压降要求。增加制造业中长期贷款投放，国有大型银行普惠型小微企业贷款增速不低于20%，小微企业无还本续贷占比提升20%以上。推动2020年普惠型小微企业贷款综合融资成本较2019年再下降0.5%。建设基于区块链的供应链债权债务平台，

为中小微企业提供确权融资服务。

4.积极帮扶遇困小微企业、个体工商户

做好辖内小微企业和个体工商户的服务对接和需求调查,对受疫情影响暂时遇到困难、仍有良好发展前景的小微客户,积极通过调整还款付息安排、适度降低贷款利率、完善展期续贷衔接等措施进行纾困帮扶。加大对普惠金融领域的内部资源倾斜,提高小微企业"首贷率"和信用贷款占比,进一步降低小微企业综合融资成本。加大企业财产保险、安全生产责任保险、出口信用保险等业务拓展力度,为小微企业生产经营提供更多保障。

5.优先安排受疫情影响个人和企业的创业担保贷款

对已发放的个人创业担保贷款,借款人患新型冠状病毒感染肺炎的,可向贷款银行申请展期还款,展期期限原则上不超过1年,财政部门继续给予贴息支持,不适用《普惠金融发展专项资金管理办法》(财金〔2019〕96号)关于"对展期、逾期的创业担保贷款,财政部门不予贴息"的规定。

6.进一步发挥政策性银行的支持作用

国家开发银行对制造业企业以及企业复工复产要加大专项信贷支持。进出口银行要专项支持受中美经贸摩擦影响较大或受疫情影响较重的进出口企业。中国农业发展银行要专项支持生猪全产业链发展,补齐商业性金融的融资缺口,满足疫情防控期间生猪生产资金需求。加大政策性银行对市场化融资有困难的防疫单位和企业的生产研发、医药用品进口采购,以及重要生活物资供应企业的生产、运输和销售的资金支持力度,合理满足疫情防控的需要。

7.对受疫情影响企业及个人信贷采取适当展期

对受疫情影响未能及时还款的企业贷款不作逾期记录报送,并在贷款风险分类

方面给予优惠政策。对受疫情影响较大的批发零售、住宿餐饮、物流运输、文化旅游等行业，以及有发展前景但受疫情影响暂遇困难的企业，特别是小微企业，不得盲目抽贷、断贷、压贷。对受疫情影响严重的企业到期还款困难的，可予以展期或续贷。通过适当下调贷款利率、增加信用贷款和中长期贷款等方式，支持相关企业战胜疫情灾害影响。

8.保障春耕备耕农资供应信贷资金需求

针对农村地区疫情防控新特点，积极通过线上线下多种方式有效满足农村地区基础金融服务需求。加大涉农贷款投放力度，全力保障农副产品生产和春耕备耕农资供应信贷资金需求。鼓励地方银行机构建立农产品应急生产资金需求快速响应机制，支持疫情期间农产品保供稳价。支持保险机构稳步拓展农业保险品种，扩大农业保险覆盖面，稳定农业种养殖户和农民生产经营预期。

（四）金融市场开设绿色通道，积极稳妥开展相关业务

1.发挥金融租赁特色优势

对于在金融租赁公司办理疫情防控相关医疗设备金融租赁业务的企业，鼓励予以缓收或减收相关租金和利息，提供医疗设备租赁优惠金融服务。

2.优化对受疫情影响企业的融资担保服务

鼓励金融机构对疫情防控重点保障企业和受疫情影响较大的小微企业提供信用贷款支持，各级政府性融资担保、再担保机构应当提高业务办理效率，取消反担保要求，降低担保和再担保费率。国家融资担保基金对受疫情影响严重地区的政府性融资担保、再担保机构，减半收取再担保费。对确无还款能力的小微企业，为其提供融资担保服务的各级政府性融资担保机构应及时履行代偿义务，视疫情影响情况适当延长追偿时限，符合核销条件的按规定核销代偿损失。

3.建立债券发行绿色通道

优化公司信用类债券发行工作流程，鼓励金融机构线上提交公司信用类债券的发行申报材料，远程办理备案、注册等，减少疫情传播风险。对募集资金主要用于疫情防控以及疫情较重地区金融机构和企业发行的金融债券、资产支持证券、公司信用类债券建立注册发行"绿色通道"，证券市场自律组织对拟投资于防疫相关医疗设备、疫苗药品生产研发企业的私募股权投资基金，建立登记备案"绿色通道"，切实提高服务效率。

4.稳妥开展资本市场相关业务

科学合理保持IPO常态化发行，推动再融资改革落地。稳妥推动基础设施REITs试点，加大商品和金融期货期权产品供给，有序推进私募基金市场风险出清和行业重整。开展区域性股权市场制度和业务创新试点，更好服务中小微企业发展。合理引导投资者预期，确保金融市场各项业务平稳有序开展。对受疫情影响较大地区的金融机构，要保持正常业务往来，加大支持力度。

5.减免公司上市等部分费用

免收湖北省上市公司、挂牌公司应向证券交易所、全国中小企业股份转让系统缴纳的2020年度上市年费和挂牌年费。免除湖北省期货公司应向期货交易所缴纳的2020年度会费和席位费。

6.灵活妥善调整企业信息披露等监管事项

上市公司、挂牌公司、公司债券发行人受疫情影响，在法定期限内披露2019年年报或2020年第一季度季报有困难的，可向证监会、证券交易所、全国中小企业股份转让系统申请依法妥善安排。省内上市公司受疫情影响，难以按期披露业绩预告或业绩快报的，可向证券交易所申请延期办理；难以在原预约日期披露2019

年年报的，可向证券交易所申请延期至2020年4月30日前披露。

7.适当放宽资本市场相关业务办理时限

适当延长上市公司并购重组行政许可财务资料有效期，以及重组预案披露后发布召开股东大会通知的时限。如因受疫情影响确实不能按期更新财务资料或发出股东大会通知的，公司可在充分披露疫情对本次重组的具体影响后，申请财务资料有效期延长或股东大会通知时间延期1个月，最多可申请延期3次。

8.切实提高外汇及跨境人民币业务办理效率

为疫情防控相关物资进口、捐赠等跨境人民币业务开辟"绿色通道"。对有关部门和地方政府所需的疫情防控物资进口，外汇管理局各分支机构要指导辖区内银行简化进口购付汇业务流程与材料。对境内外因支援疫情防控汇入的外汇捐赠资金业务，银行可直接通过受赠单位已有的经常项目外汇结算账户办理，暂停实施需开立捐赠外汇账户的要求。企业办理与疫情防控相关的资本项目收入结汇支付时，无须事前、逐笔提交单证材料，由银行加强对企业资金使用真实性的事后检查。

9.鼓励保险机构减费让利，回归保障功能

鼓励保险机构通过减费让利、适度延后保费缴纳时间等方式，支持受疫情影响较重企业渡过暂时难关。引导保险公司回归保障功能，引导银行理财和信托业稳妥转型，建立完善养老保障第三支柱，制定负债质量监管办法。

（五）落实金融科技发展规划，加强金融科技研发应用

1.落实金融科技发展规则

贯彻落实金融科技发展规划，建立健全金融科技监管基本规则体系，做好金融科技创新监管试点工作。进一步扩大全球法人机构识别编码（LEI）在我国的应用领域。强化金融统计监测分析，打造符合大数据发展方向的金融统计平台和金融基

础数据库。深化科创金融，推动移动支付便民工程继续向纵深发展。推进监管科技基础能力建设，加快构建新型监管模式，加强对证券期货行业科技的监管，推动提升行业科技发展水平。

2.加强金融科技应用，提高线上金融服务效率

积极推广银行保险线上业务，强化网络银行、手机银行、小程序等电子渠道服务管理和保障，优化丰富"非接触式服务"渠道，提供安全便捷的"在家"金融服务。在有效防控风险的前提下，探索运用视频连线、远程认证等科技手段，探索发展非现场核查、核保、核签等方式，切实做到应贷尽贷快贷、应赔尽赔快赔。

（参与研究人员：温兴生、王怡、原惠群、黎桦）

加快激活民间投资　促进疫后湖北经济重振

（2020年4月22日，湖北省常务副省长批示）

2020年一场突如其来的新型冠状病毒感染极大挫伤了民营企业家信心，导致民间投资急剧下滑。2020年1月至2月，全国民间投资总额18 938亿元，同比下降26.4%。湖北省作为此次疫情的重灾区，民间投资更有可能出现断崖式下跌，造成对经济发展不可估量的伤害。认真学习2020年4月17日习近平总书记的重要讲话精神，加快激活民间投资，调动民间投资积极性，落实好湖北省促进经济社会加快发展若干政策措施，对促进疫后湖北经济重振意义重大。

（一）疫情对湖北民间投资的冲击

此次疫情对湖北民间投资的冲击集中表现在：第一，打击了民营经济的投资信心。疫情极大地降低了民间投资的预期回报，强化了人们现金持有动机，少投资甚至不投资成为人们普遍的投资心态。第二，压缩了对民营经济的需求。疫情不仅降低了内需，导致民间投资动力不足，而且国外疫情的持续扩散与加深，导致外需下

降，民间投资动力进一步减弱。第三，疫情进一步恶化了民营经济本已十分困难的融资环境，收入锐减但支出并不能相应减少，带来现金流断裂风险，维持已然不易。第四，受海外疫情影响，部分高端供应链存在中断风险。第五，失业增加与民营经济用工难叠加，结构性就业矛盾凸显，导致民间投资下滑。

（二）疫后湖北经济亟须激活民间投资

疫后湖北经济重振，激活民间投资十分重要。第一，较长时间以来，在拉动经济增长的"三驾马车"中，投资最有效，最便捷，也是我国政府最为青睐的拉动经济增长的方式。第二，疫后经济复苏需要政府投资和民间投资携手共进，优势互补。政府投资示范效应显著、带动能力强，是疫后湖北经济重振的领先力量，民间投资效率高、覆盖面广，是疫后湖北经济重振的主力军。当前，湖北省财政收入大幅下降，而财政支出繁巨，协调好政府投资与民间投资之间的关系、把握好两者的投资节奏尤为重要。第三，湖北民间投资发展势头良好，即使在2016年以来全国民间投资增速下滑的情况下，湖北的民间投资仍然保持了高于全国平均水平的增长，2019年湖北民间投资增速为11.6%，远高于全国平均水平，民间投资的总量也居全国前列，民间投资是促进湖北GDP增长的关键有生力量。

（三）加快激活湖北民间投资的五点对策

激活民间投资至少需要在增强民营企业家投资信心、解决民间投资资金来源、拓宽民间资本投资渠道等三方面发力。具体实施可以从五大缓解对策入手，即"增信""导向""通渠""融汇""共赢"。

1. "增信"——增强民营企业的投资信心

应急之举：第一，省市各级政府筹集、设立民间投资"纾困"基金，通过财政扶持的方式，直接帮扶民营经济主体渡过目前的难关。在当前的巨大困难面前，进一步减税降费，尤其要降低非税负担，提高企业的利润；通过无息贷款、直接拨款等方式对民营经济主体进行普惠扶持，让其留得住员工、交得起房租、进得起原材料、付得起水电费。第二，加大清理拖欠民营企业、中小企业账款工作力度，切实发挥好清欠在缓解企业资金压力方面的促进作用。第三，继续实施全面降准和定向降准结合的复合型降准，定向加大对小微民营企业的扶持；继续调降LPR，对特定行业阶段性加大减税降费力度。第四，减少项目审批环节，优化审批流程，动员机关干部在抗疫新阶段转向下沉到民营企业，及时、实地解决企业遇到的各类问题。第五，政府应强化诚信建设。疫情对我省很多企业造成较大影响，可能造成大量合同履约困难。愈是这个时候，愈要强调诚信互惠。政府要带头讲诚信，不能随意改变约定。

谋远之策：一方面，积极优化营商环境。进一步放宽市场准入限制，着力清理各领域投资存在的"玻璃门""弹簧门""旋转门"等隐形门槛，确保民间投资能够更顺畅地在各领域顺利落地。另一方面，落实《中共中央 国务院关于构建更加完善的要素市场化配置体制机制的意见》的要求。厘清政府与市场的关系，更好地发挥市场在土地、资本和劳动力等生产要素上的基础性配置作用，在资源获取方面，尤其是资本、土地、劳动力、技术等，要赋予民营企业更加平等的地位。

2. "导向"——引导民间投资领域和方向

引导民间投资重点投向几个领域：第一，补短板领域，包括应急医疗救治能力、疾病预防控制体系、县级医疗诊治能力、以县城为主要载体的新型城镇化基础设施、医废危废和污水垃圾处理设施、应急物资储备体系建设等短板弱项。第二，基建特别是新基建领域，如5G基建、特高压、城际高速铁路和城市轨道交通、新能源汽车、充电桩、大数据中心、人工智能、工业互联网等新型基础设施建设项目及"芯屏端网"项目。第三，聚焦疫情催生的"宅经济"、在线教育、无人零售、智能配送、智慧医疗等新技术、新产业、新业态、新模式，谋划一批新经济项目。第四，改造提升传统产业，培育壮大新兴产业，从疫情危机中找到发展新契机。围绕推进三个国家级创新中心、四大国家级产业基地建设和十大重点产业高质量发展，谋深谋实先导产业项目、强基工程项目，谋求国家重大产业项目布局湖北、落户湖北。第五，谋划更多科技创新项目。大力推进科技创新，推动我省科教资源优势加快转化为创新优势，确保湖北在区域发展和国家战略乃至国际产业板块具有战略势差。积极争创综合性国家科学中心、综合性国家产业创新中心，加快建设光谷科技创新大走廊。

3.“通渠”——疏通民间投、融资渠道

疏通投资渠道，让民间投资有优质项目可投。充分发挥政府部门数据资源集中和权威的优势，有效释放产业政策导向和行业发展信息，在环保、交通能源、社会事业等方向，向民间资本集中推荐一大批商业潜力大、投资回报机制明确的项目，引导民营企业通过PPP模式规范参与基础设施等补短板建设，解决好“不知道往哪投”的问题。重点以“市场化、专业化、效益化”为导向，持续推动财政专项资金基金化运作，对战略性产业领域突出“引导”，对中早期创新型企业突出“让利”，对成熟期企业突出“增信”，对项目管理突出“让贤”。

4.“融汇”——汇聚力量推动金融供给侧结构性改革

激活民间投资需要汇聚金融力量，让民间投资有充裕、低成本、灵活的资金可用，这要求湖北省在金融供给侧加大改革力度。

（1）鼓励金融机构加快创新，扎实服务民间投资

鼓励新设政策性银行、科技银行、民营银行、村镇银行，主要服务民间投资融资需求；鼓励地方城商行、村镇银行、融资担保公司和小额贷款公司等民营金融机构加快发展，错位满足民间投资融资需求。鼓励国有大中型商业银行、股份制银行和地区性银行改变信贷业务惯常思维，发展投贷联动等新型金融业务，加大对民间投资贷款和股权融资服务力度。大力推进创投机构的新设与业务开展，全力支持各证券公司服务湖北民间投资。协调动员中国人民银行武汉分行、省银保监局、省证监局等部门将湖北当前的金融困局如实向上反映，提出应急性的解决方案，争取中央支持。

（2）推动建立多层次资本市场，拓宽民间资本的融资渠道

加快湖北较为成熟的民营企业在主板、创业板、中小板发行新股、上市融资，获得支持企业长期发展的低成本资金。鼓励湖北发展迅速的中小民营企业在新三板、地方股权交易中心（四板）挂牌，争取股权融资机会。鼓励湖北小微民营企业积极参与证券公司柜台交易（五板）和股权众筹业务（新五板），进行股权融资或项目融资。鼓励湖北民营企业充分利用各类市场进行债券融资，创新发展中小企业集合债、私募债、可转债、绿色债、中期票据等融资工具。鼓励湖北民营企业积极参与各类产权交易业务，特别是无形资产权利的交易，如专利权、商标权等，开拓权利类融资新途径。

（3）充分发挥地方政府作用，为民间资本融资创造更优环境

建立分层次的项目投融资对接机制，建立民营企业贷款风险补偿机制，鼓励地方设立基础设施民间投资基金，鼓励金融机构运用大数据为民营企业贷款提供支撑，引导金融资源流向民营企业，解决好"融资难融资贵"的问题。发挥创新创业基金、产业发展基金等政府资金的引导作用，在各类财政资金申报安排中，实现对民营企业的同等对待。加快省、市、县级政策性担保机构建设，设立抗疫专项担保基金，及时为民间投资项目提供融资担保服务。

5."共赢"——国企与民企合作共赢

民间投资与国家投资并非相互排斥的关系，也有可能形成合作共赢的关系，否则很可能在政府努力扩大有效投资的同时，产生国有资本投资对民间投资的"挤出效应"。可以想办法让民间资本与国有资本相互配合，协调运转，将民企导入国企产业链，变可能的"挤出效应"为"挤入效应"。民企和国企各有优势，国企规模大，评级高，融资利息低，民企就可以利用这个资源优势与国企合作投资重资产项目。当前阶段，应大力提倡国企帮扶民企，缓解民企在资金、技术等方面的劣势，同时发挥民企在成本控制、市场敏感方面的优势，彼此扶持，抱团取暖。

（参与研究人员：温兴生、王国红、周文、黎桦）

深化对口支援合作　推动湖北三峡库区高质量发展

（2020年8月4日，湖北省副省长批示）

党中央、国务院高度重视对口支援工作，建立了由国家部委、相关省市、企事业单位和其他社会力量组成的湖北三峡库区对口支援体系。援受双方在国家"开发性移民"理念的指导下，建立了对口支援长效工作机制，科学谋划对口支援工作，利用无偿援助、经济合作等形式，推动了库区经济社会发展。1992—2019年，湖北三峡库区和移民安置区共落实对口支援资金1 464.8亿元，其中，经济合作和支持项目3 560项，资金1 432.2亿元；社会公益类项目2 801项，无偿援助资金32.6亿元。

（一）湖北三峡库区对口支援工作的成效突出

进入新时代，对口支援省市贯彻中央政府关于推动高质量发展的政策精神，将工作重心转换到推动库区高质量发展上，在库区基础设施建设、城乡公共服务、移民培训就业、生态环境保护等方面取得了显著成效。

1.极大促进了移民安稳致富

三峡工程建设期间，湖北三峡库区先后完成迁建3座县城、12个集镇、272家工矿企业，复建房屋面积762.7万平方米，搬迁安置移民21.6万人。对口支援提供的无偿援助资金和经济合作投资有力支持了移民搬迁安置工作。同时，对口支援省市通过劳务输出等方式帮助库区移民就业创业，直接吸收的安置移民达1.8万人，解决移民就业3.5万人以上。

2.明显改善了库区基础设施状况

对口支援提升了库区公路、港口、桥梁、农田灌溉、防洪、居民饮水、污水处理、网络基站、电力生产输送等基础设施水平，建设了一批有特色、有实效的基础设施，为库区长远发展奠定了坚实的基础。

3.经济发展质量持续提升

在对口支援帮扶下，湖北三峡库区的地区生产总值高速增长，形成了以柑橘、茶叶、高山蔬菜、中药材等为主的特色农业，以食品加工、纺织服装、精细化工、电子信息为支柱产业的工业体系，以绿色旅游为主的第三产业。居民收入大幅增长，脱贫攻坚成效显著。

4.生态环境保护初见成效

通过技术支持与资金援助，实施水污染防治、库区水土保持和植被恢复、水库库容和消落区管理等工程，库区自然生态环境显著改善，森林覆盖率达70%以上，断面水质稳定达标，优良空气天数常年在300天以上。

5.提升了库区人力资源开发水平

对口支援单位坚持扶资与扶智相结合，通过人才培训、干部交流挂职等方式，提升库区人力资源水平。

（二）湖北三峡库区对口支援工作存在的主要问题

自2019年以来，湖北经济学院许传华教授率队多次深入宜昌市三峡工委，以及宜昌市、恩施州、神农架林区水利和湖泊局等地进行深入调研。通过观察，发现湖北三峡库区对口支援工作还存在以下值得关注的问题。

1.三峡库区对口支援工作的认识需要巩固

随着国务院《全国对口支援三峡库区合作规划（2014—2020年）》实施到期，部分对口支援地区和单位认为库区移民任务顺利完成，移民安稳致富成效初显，库区基础设施复建基本到位，在对口支援方面的认识和力度都有所减弱，表现为受援双方互联互通频率有所降低、对口支援资金难以到位、对口支援项目难以落地等问题。

2.三峡库区绿色发展的精准支持需要加强

面对库区生态问题突出、绿色产业人才短缺的现状，对口支援在加强库区生态文明建设、产业绿色转型和环保产业人才培养等方面的工作创新不足，对引导支援方所在地区的高校、科研院所与库区科研机构协同开展绿色技术研发与应用的重视度不够。对口支援对协助库区绿色金融发展的重视度也不够，表现为双方金融人才互动交流较少、支援库区构建绿色金融体系的力度不足，从而制约了库区绿色金融推动绿色发展的作用发挥。

3.三峡库区移民就业创业的帮扶效果需要提升

在库区经济新常态阶段，对口支援不能完全适应库区高质量发展要求。针对库区优势产业的就业培训不足，难以满足库区优势产业的进一步发展和转型要求；对已就业移民的持续性培训缺乏，不能满足移民进一步提高收入和致富的需求；对接用人企业实施订单式培训的不多，创新创业培训缺乏。特别是就业创业帮扶效果还不稳固，表现为对口支援对库区移民就业状态、培训需求、就业创业意愿等信息掌握不充分，缺乏对已就业移民掌握更高工作技能需求的关注，缺少对库区关停企业职工的再就业培训的针对性措施。

4.三峡库区技术创新能力的培育需要发力

对口支援在推动库区技术创新方面还存在着不足：一是对推动受援双方产学研机构协同开展技术开发与应用的重视程度不够。二是对技术创新的政策激励不足，技术创新具有显著的正外部性，对口支援工作在库区创新环境培育、专利技术保护、创新补贴等方面可以发挥更加积极的作用。三是库区技术人才数量难以满足市场需求，合作培养技术人才、帮助库区创办优势产业的相关技术专业、新兴产业就业技能培训等方面的工作有待加强。

5.三峡库区民生短板需要补齐

近几年来，库区城镇移民小区综合帮扶、农村移民精准帮扶工作取得巨大成绩，小区的基础设施、公共服务设施和居住环境得到极大改善，小区面貌焕然一新，受到移民群众的欢迎和拥护。但是移民小区与美丽家园建设还有一定差距，移民就业创业能力弱、收入偏低问题仍然存在，交通、教育、医疗等方面的民生短板还不少，需要继续共同努力，各方关心支持，迅速补齐各种短板。

（三）推动湖北三峡库区高质量发展的政策建议

根据对口支援工作形势及库区发展实际，新时期对口支援工作要抢抓"长江经济带"等国家重大发展战略机遇，从融入长江经济带建设的层面、从统筹区域协作的高度、从巩固三峡库区脱贫成果上进一步完善和深化，争取实现对口支援工作常态化、长期化。

1.对接国家战略，积极融入长江经济带

一是打造长江经济带绿色发展示范城市。系统修复长江生态环境，加强水环境治理和水生态修复，加强水灾害防治，通过建设人水和谐城市，实现水资源保护、开发、利用的有机统一。二是发展新型城镇化。湖北三峡库区可以依托长江三角洲城市群、长江中游城市群、成渝城市群三大城市群，以宜昌作为中心城市，通过承接沿海沿江产业转移实现卫星城市和特色城镇发展，加大城市宜居环境建设，实现"特色产业引人、宜居环境留人"的新型城镇化发展。三是积极承接产业转移。湖北三峡库区可以结合本地资源禀赋特点，统筹发挥"黄金水道"交通优势、劳动力成本优势，选择适合自己的产业承接模式。

2.加强规划引领，促进双方合作共赢

一是做好对口支援工作规划。对口支援工作的顺利开展需要以规划为引领，保持对口支援关系不变、政策不改、力度不减，将东西部扶贫协作和对口支援纳入"十四五"统一规划。二是完善对口支援工作评价机制。为确保后续工作规划目标的实现，需要延续行之有效的政策措施，不断完善省级统筹、部门协作、地市落实、社会参与的对口支援工作机制，进一步落实强有力的政策争取、环境建设和后勤保障的服务机制，形成上下联动、各方配合的联动机制，建立和完善对口支援工作实绩考评机制。三是强化组织领导，加强队伍建设。切实加强各级领导的组织协调作用，坚持以政治建设为统领，完善考核评价及激励约束机制，努力锻造政治过硬、本领高强的干部人才队伍，为对口支援工作的深入开展提供坚实的组织保障。

3.坚持生态优先，助力库区绿色发展

一是协助库区"产业生态化、生态产业化"示范区建设。三峡库区要实现绿色发展，需要自上而下地践行"两山论"，加大环境治理力度，提高资源利用效率，加强湿地保护和修复，实现绿色与发展的共生双赢。二是促进绿色产业发展。在生态农业方面，推进绿色产业示范建设，将茶叶、柑橘作为湖北三峡库区绿色产业的示范建设产业，打造以柑橘、茶叶、高山蔬菜、中药材等为主的特色农业体系；在生态工业方面，重点发展以食品加工、纺织服装、精细化工、电子信息为支柱产业，以生物、医药、新材料等新兴产业为主导的工业体系；在特色优势产业方面，利用库区丰富的绿色生态资源，引导库区发展绿色旅游业。三是打造绿色村镇。以农村人居环境整治为主线，统筹生产生活生态，针对库区不同规模不同特点的村镇，以建设绿色宜居村镇为导向，重点突破乡村清洁、村镇规划、宜居住宅、绿色建材、清洁能源等方面关键技术，促进绿色宜居村镇建设与发展。

4.推进开放共享，拓展库区发展空间

一是深化受援双方互访交流。进一步建立健全受援双方合作机制，建立和完善两地定期沟通与互访交流机制、受援地区定期汇报机制、支援地区定期调研回访机制等工作制度，加强双方需求对接和协同配合，推进对口支援工作行稳致远。二是出台优惠政策，鼓励到库区投资项目。采取对固定资产投资部分进行财政补贴或投资奖励等政策，引导更多发达地区的优质企业和优势产业到库区投资兴业；加大对库区茶叶、烟叶、柑橘、脐橙等特色产业发展资金和项目扶持力度，引导库区移民发展产业、增加收入；充分利用各类招商引资平台，创新联合引资、互荐引资、发布招商信息方式，建立招商服务网络，共同办好库区各类招商推介活动。三是发挥禀赋优势，探索创新工作模式。发挥支援省市技术、人才等资源优势，探索建立远程教育、远程医疗、远程技术等优质资源共享模式，进一步深化对口支援合作；发挥库区山水人文禀赋，围绕"旅游+"创新旅游发展举措，深度开发旅游新业态，提升重点文旅项目的经济增长效应。

5.实施精准帮扶，着力补齐民生短板

一是加大精准帮扶工作力度。充分开展智力帮扶，针对库区贫困移民组织开展各类培训，培养一批懂技术、善经营、会管理的技术人才，增强库区发展后劲。二是补齐公共服务短板。掌握2020年疫情下库区发展真实情况，作出合理规划，调动对口支援资源，用好对口支援资金，加快补足公共卫生、疾病防控、就业创业、城乡教育、养老保障等公共服务短板。三是加大农村基础设施建设投入。充分发挥无偿援助资金的效益，助力解决库区搬迁、饮水安全、移民危房改造以及贫困村学校、卫生室、村镇公路建设等方面的突出问题。

6.加快安稳致富，促进库区和谐稳定

一是完善移民安置社会保障。补助库区城镇移民和生态屏障区农村转移人口的

养老保险和医疗保险个人缴费，使其能够享受安置地养老保险和医疗保险，提高基本生活保障程度。二是提升内生增长能力。支持库区开展多种形式的职业技能培训，提升库区移民就业创业能力；加强库区公共就业和人才服务机构建设，提高就业培训机构服务能力；开展劳务输出合作，为库区民众精准提供就业岗位信息。三是加强库区美丽新家园建设。打造库区生态宜居示范区，形成"生态留人、文化引人"的城市竞争力；强化小区综合帮扶，加强移民小区配套设施建设，不断改善移民生活环境、提升生活质量，让民众共享发展红利。

（参与研究人员：罗鹏、陈义国、童藤、杨申燕、王婧）

加强产业融合　推动湖北县域经济高质量发展

（2022年11月30日，湖北省人大常委会副主任批示）

2022年许传华教授参加了湖北省社会科学界联合会组织的以"松滋与宜都产业融合发展"为主题的"2022年社科专家市县行"，作为此次调研组组长，带领武汉大学、华中科技大学、武汉理工大学等多名专家学者深入松滋市和宜都市开展调研，旨在加快推进松滋与宜都产业融合发展示范区建设，联手打造"宜荆荆"都市圈协同发展先行区，从而为推动湖北县域经济高质量发展提供决策参考。

（一）松滋与宜都产业融合发展的推进状况

松滋与宜都地理相邻、山水相连、产业相似、人文相亲、交通互联，彼此之间是友好城市、兄弟城市，相互之间有着广泛的历史基础、工作基础、群众基础和情感基础，经济社会发展具有高度相近性和互补性。去年以来，两地深入贯彻落实湖北省区域发展布局，先行先试、大胆探索，联手打造"宜荆荆"都市圈协同发展先行区。

1.全面建立合作机制，机制联建已见成效

松滋与宜都建立了联席会议机制，两地党政主要领导联席会议作为决策层，联席会议办公室为协调层，专项协调小组为执行层，形成会商决策、协调推动、执行落实三级联动机制。2022年3月11日，"当枝松宜"百强县市聚集区协同发展联盟成立暨第一次联席会议在宜都举行，四地共同签订《"当枝松宜"百强县市聚集区协同发展战略合作协议》，并建立了联席会议制度。

2.全面明确合作纲要，园区联动势头良好

宜都与松滋以宜都化工园和松滋临港工业园为合作平台，以"1161"为合作纲要，即园区统一规划、统一布局，围绕"飞地经济、用地指标、交通合作、招商共享、能源互补、征地协同"6个方面，先期启动1 000亩"飞地实验区"，明确了合作路径，签订了"合作共建松宜协同发展示范园协议书"。松滋充分授权宜都，对入园企业实行统一管理，企业的行政审批事项由宜都办理，松滋予以支持。

3.全面推进合作项目，产业联合有序开展

2021年7月31日，松滋与宜都联合举办了"宜荆荆恩"城市群宜都·松滋协同发展先行区重大项目集中开工活动，集中开工项目47个，总投资达340亿元。其中，投资18.4亿元的宜都枝城港与松滋车阳河港共用疏港铁路，投资10.5亿元的宜昌港宜都港区洋溪临港物流园综合码头项目，投资6亿元的254省道宜都市枝城段绕镇公路工程已开工建设。

（二）松滋与宜都产业融合发展的堵点、痛点、难点

在"长江经济带发展战略""长江中游城市群发展规划"和湖北建设全国构建新发展格局先行区战略规划推动下，松滋与宜都产业融合发展迎来了重要机遇期，取得了一定的成绩。通过调研发现，作为全国百强县的宜都市与冲刺全国百强县的

松滋市在产业融合发展方面没有现成模式，不仅跨县市，而且跨市州，要推进两地在总体发展规划、产业布局、基础设施、人才培养、要素配置等方面的相互协同，还面临诸多堵点、痛点、难点。

1.松滋与宜都产业融合发展的堵点：制度供给不足

（1）权威平台缺乏，不易突破行政壁垒。

受条块分割和不同行政区地方政府追求各自利益最大化的影响，松滋与宜都产业融合发展中容易出现人为的体制障碍，导致负协同效应。在现行体制下，各个县域的产业发展往往自成体系，缺乏合理有效的分工协作与整合，形成封闭下的小而全；地方利益壁垒还会阻碍诸多生产要素的自由流动，人为制造两地融合发展的资源合理配置的障碍。

（2）利益联结不够，相关机制有待完善。

一般而言，松滋与宜都产业融合发展牵涉的利益主体众多，只有结成紧密产业共同体和利益共同体，产业融合发展才能落到实处。自2021年确定建设"宜荆荆恩"城市群宜都·松滋协同发展先行区以来，两地产业融合发展只是处于初始阶段，各主体的利益联结并不紧密。

（3）审批手续复杂，用地指标争取较难。

松滋与宜都边界地块犬牙交错，状况复杂，两地在不改变行政区划的基础上，只能开展交叉地、插花地使用权置换。在土地规划中，90%为限制建设区，暂未落实报批指标和规划调整，导致宜都化工园以及松滋临港工业园"飞地实验区"的基础设施建设滞后，产业项目落地困难。

2.松滋与宜都产业融合发展的痛点：产业发展短板

（1）缺乏产业链条，亟须强链延链补链。

松滋与宜都产业链条不完整，除白酒酿造形成了完整产业链，其他基本上是有企业无产业，企业规模小、产业层次低、产品质量差；纺织服装产业面辅料、印染、烫化、纽扣、拉链、洗水等上下游配套缺失；真正的大项目、好项目，不是某种特殊关联，选择松滋与宜都投资发展可能性不大。

（2）同质竞争激烈，削弱产业融合动力。

松滋与宜都在产业同质竞争方面造成的危害主要有：一是会加剧两地企业间的竞争。在市场容量有限的情况下，大量同质化的产品涌向市场会让各区域产生恶性竞争，不利于社会资源的优化配置。二是影响企业的利润。同质企业之间往往会降低生产成本来获取竞争优势，引发恶性的价格战，制造一片"红海"。三是严重影响行业的良性化发展。企业利润降低会减少用于产品开发和技术进步的资金投入，导致同类行业的整体技术水平和产品质量很难有较大提升，从而阻碍行业发展与技术进步。

（3）增幅总体趋缓，进规潜质企业偏少。

松滋与宜都有进规潜质的市场主体数量偏少，进规存量不足。接待考察洽谈的客商多，实际签约的项目少，真正投资过亿元的项目不多。在建项目周期过长，投产达效缓慢。通过招商引进的部分项目短期难以形成新的经济增长点，也出现了一些问题项目、僵尸企业，存在较多闲置土地、低效用地。有些项目投产达效速度缓慢，导致新增长乏力。

（4）"双碳"目标约束，提升融合发展成本。

在实现"双碳"目标背景下，两地在推进产业融合的过程中需同时保障生态环境容量，原有以低要素成本价格和牺牲环境为代价的发展方式已不可持续。随着碳交易将"绿色成本"显性化，以及纳入碳交易的行业扩大、碳价格的市场化，两地相关企业成本会有较大幅度的上升，这也给两地产业融合带来较大挑战。

（5）市场瓶颈制约，难以达到预期效果。

在高科技产业与传统产业的融合过程中，由于技术刚性的存在，传统产业旧的生产技术对外来的新技术具有一定的排斥性，影响了新技术扩散，降低了技术的扩散效应和溢出效应。同时很多企业技术创新能力不强，没有强大的技术基础作为支持，使得融合后的新产品、新业务不能满足新需求，缺乏市场活力。

3.松滋与宜都产业融合发展的难点：要素支撑薄弱

（1）缺乏创新动能，科技创新层级不高。

松滋与宜都的产业格局缺乏战略性新兴产业支撑，现有产业总体上处于产业链的中低端，以传统资源加工型、劳动密集型企业为主，高端环节创新基本空白，产品附加值不高。财政对科技创新投入力度不够，园区高新技术企业不到20%，多数企业经营理念没有与时俱进，没有把创新摆在突出位置，惧怕承担风险，向往短期获益，从而影响科技创新层级提升，制约了企业做大做强。

（2）金融支持乏力，阻碍产业融合步伐。

县域产业融合发展离不开金融的有效支持，两地在资产累积上较为薄弱，导致信贷抵押障碍突出。金融信贷难度较大且主要以小额短期贷款为主，在两地供应链、产业链不断延伸及对金融需求日益增加的背景下，小额短期贷款难以满足产业规模扩张的基本诉求，对其未来的发展形成了阻碍和制约。

（3）人力资源短缺，掣肘发展整体进程。

松滋与宜都人口流失严重：2021年宜都市城镇化率为60.14%，低于宜昌市平均水平；2021年松滋市城镇化率为48.4%，低于荆州市平均水平，两地城市人口集聚度和吸引力不足，人口"半城镇化"现象比较突出。由于北上广深、武汉等中心城市"人才虹吸"效应，导致人才流动加快，缺少高技能人才的状况越来越显现。

（三）松滋与宜都产业融合发展的政策建议

中国共产党湖北省第十二次代表大会报告明确提出要构建"宜荆荆"都市圈，宜都和松滋作为两地高质量发展的"先行区"和"桥头堡"，有责任、有义务在协同发展方面当好"领头雁"，种好"责任田"。

1.做好整体谋划和顶层设计，明确产业融合发展思路和指引

（1）加强产业互补，支撑区域协同发展。

围绕绿色经济和战略性新兴产业定位，以重点行业转型升级、重点领域创新发展为导向，合作共建跨行政区的功能性合作平台，形成松滋与宜都共占利益的产业园、产业带等发展平台和廊道，从而实现双方在重点领域的合作与共赢。

（2）推动交通互通，促进区域协同发展。

强化松滋与宜都城市及沿线城镇的快速连接，打造"1小时交通圈"，推动跨江、毗邻地区交通成网成环，打造"半小时通勤圈"。推进跨区域重大交通项目，改造、加密松滋与宜都干线路网联通，构建一体衔接的城际交通网。

（3）重视人文互联，融入区域协同发展。

依据《首批跨区域协同发展项目"飞地经济"园合作协议》，松滋与宜都在产业互补、政策互通、设施共联、人才互荐等方面加大合作力度，打通两地人才信息库，加大公共就业服务力度。对外整体推介松滋与宜都旅游资源，推进区域文旅产业提档升级。

2. 推动转型升级，增强产业融合发展的稳定性和持续性

（1）实施创新驱动，做大做强传统特色优势产业。

立足产业基础，顺应未来需求，突出"带动和引领"，实施制造业产业基础再造工程、产业链提升工程和供应链提升工程，推动规模达到新量级、整体层次再提升、集聚增长新动能，为松滋与宜都产业加快做大做强提供新的动力支撑，打造产值百亿元级产业集群。

（2）加强品牌锻造，积极培育战略性新兴产业。

集成高效地将潜在优势转化为产业竞争力，突出"成长和支撑"，大力发展生态型生物医药产业、新能源新材料产业、电子信息技术产业，形成具有后发动力、体现"港产城"融合方向的接续产业，扶持松滋与宜都培育未来产值超百亿元的接续性产业。

（3）开展集群培育，大力发展现代服务业。

以生产性服务业为主，加速推进技术、人才、装备资源整合集聚，统筹推进磷化工产业重要衍生产品磷石膏的综合利用，加快食品饮料产业便捷化、社交化、功能化发展，为松滋和宜都制造业发展提供支撑。

3.加强数字化建设，以数字经济赋能产业融合发展

（1）统一规划数字基础设施建设。

推进5G网络基础设施与交通、能源、市政等的规划衔接、建设连接、综合利用等，实现数据交流共享和互动融合发展，构建创新协同、错位互补、供需联动的区域数字化发展生态，为松滋与宜都产业融合发展奠定坚实基础。

（2）全面释放工业互联网赋能促融作用。

通过工业互联网应用助推相关企业跨越地域限制融入产业链，增强企业之间的产业链关联，为上下游搭建起供需对接与要素配置的高效平台。加快工业互联网的规模化应用，综合运用财政补贴、税收返还、产业基金、采购支持等手段，鼓励企业分阶段、分步骤、分范围对"智改数转"进行投资，加快构建持续健康投资的长效机制，促进松滋与宜都工业互联网的规模化应用。

（3）协同推进智慧城市和数字乡村建设。

加强城乡统筹，形成智慧城市、数字乡村一体化运行格局。尽快打通政务云平台、共享发展数据，协调一体化网上政务服务供给、健全一网通办的"互联网+政务服务"平台，实现政务服务事项全流程再造并构建高效统一的公共服务体系，不断提升松滋与宜都数字化服务能力。

（四）推动湖北县域经济高质量发展的几点启示

（1）顺应协同趋势，因势利导，推动县域经济高质量发展。

积极发挥有为政府作用，着力破除县域之间利益藩篱和政策壁垒，聚焦微观尺度，因势利导，以"绣花"的功夫疏通县域协同发展"经脉"，推动县域之间要素顺畅流动、"无缝对接"。

（2）加强整体谋划，科学论证，增强县域协同发展实操性。

率先探索"统一规划、统一政策、统一标准、统一管控"的县域协同发展新机制，聚焦现实痛点和突出短板，破解县域协同发展中的突出问题，形成可复制、可推广的协同发展经验，形成示范效应。

（3）强化政企联动，多方参与，实现协同发展共推共建共享。

推动县域协同发展需要政府助力、企业发力、社会聚力，要坚持政府引导、企业主导、社会响应、多方参与，凝聚和发挥多方力量，共同推动县域协同发展。

（参与研究人员：张全红、刘迅、何云、何利华、孙育德）

加快都市圈经济发展 助力全省区域协同

——以提升襄阳都市圈经济总量为例

（2023年5月16日，湖北省委常委、襄阳市委书记批示）

（一）同类城市提升经济总量的发展规律

2023年3月湖北省印发《襄阳都市圈发展规划》，提出2025年襄阳都市圈经济总量超过7 000亿元的发展目标。围绕这一目标，课题组对资源禀赋相近城市经济总量跨越7 000亿元的发展路径进行了研究，对比襄阳发展的差距，从中探寻加快发展的思路和措施。

襄阳都市圈范围为襄阳市全域，2022年实现GDP5 827.81亿元，常住人口527.6万人。目前，国内共有39个城市生产总值突破7 000亿元，人口规模一般在700万人以上。其中，常住人口在500万人左右的城市有4个，除厦门为服务业主导的计划单列市外，常州、绍兴、扬州三地为工业城市，与襄阳类型相近。综合分析三地经济发展态势，呈现以下四个方面的规律：

1.从增长速度看，GDP年均增速在5%以上，不同价格水平下实现总量有所不同

常州、绍兴、扬州GDP从5 800亿元左右到跨越7 000亿元用时均为3年，剔除价格变动影响，年均增速分别为7.3%、5.4%、5.1%。增速存在差异是由于跨越7 000亿元时实现的GDP总量不同，常州跨越时总量最高，达到7 400亿元，年均增速也最快。同时，由于GDP总量使用当年价格计算，在增速相同时，总量受到物价波动的影响。

2.从产业结构看，第二产业贡献突出，第三产业稳定支撑

从三次产业结构看，第一产业增加值占GDP比重普遍在5%以下，呈现稳步下降态势，显示出农业经济平稳发展，增长幅度相对有限；第二产业增加值由2 700多亿元提高到3 500亿元左右，占GDP比重为48%左右，其中工业占比保持在40%左右的较高水平；第三产业增加值由2 800亿元左右提高到3 300亿元~3 700亿元，占GDP比重超过46%，其中金融业占比有不同程度提升。绍兴、扬州在"十四五"规划前期实现跨越，第三产业受疫情影响增长趋缓，而第二产业年均增速分别达到6.0%、6.1%，占GDP比重反超第三产业，是拉动总量跨越提升的主要力量。

3.从核心竞争力看，产业集群优势显著，先进制造业引领发展

三地坚持工业立市、制造强市，产业竞争力不断增强。常州锚定"新能源之都"，大力发展新能源汽车、动力电池、光伏等新能源产业，"十三五"期间先后引进了北汽新能源、宁德时代、理想汽车、比亚迪等重点企业，规上汽车制造业企业由2016年的201家增加到2019年的265家，2022年动力电池产销量居全国第一，新能源整车产量突破34万辆，约占江苏省的一半。扬州形成了汽车及零部件、高端装备、新型电力装备等产业集群，拥有上汽大众、亚星汽车、潍柴专用车等整车企业19家，年产（销）近50万辆，另有250多家规上零部件企业和苏中规模最大的汽车4S店集聚区。绍兴以纺织、精细化工、机械为主导产业，拥有全球最大的纺织品集散中心中国轻纺城，规上纺织企业1 855家，2022年实现产值2 276亿元。

4.从发展要素看，交通区位优势明显，资源集聚能力相对较强

三地均属于长三角城市群，城镇化水平高，机场、高铁、高速、港口、地铁等基础设施较为完备，常住人口稳步增加，均多于当地户籍人口。开放程度相对较高，进出口总额均达到百亿美元以上，与GDP之比在15%~50%。特别是在近年来国内需求不振的大环境下，绍兴、扬州外贸出口年均增速接近15%，有力促进了经济总量跨越。金融业较为发达，金融机构贷款余额由5 000亿元以上增加到8 000亿元以上，年均增长15%左右。

（二）襄阳都市圈提升经济总量的主要支撑

1.产业发展基础扎实

襄阳产业门类齐全、基础厚实是全国汽车产业聚集区、国家新型工业化（新能源汽车）产业基地、整市建设的国家农业产业化示范基地、国家"城市矿产"示范基地和国家产业转型升级示范区。从工业看，规上工业企业覆盖41个工业行业大类中的37个，汽车、纺织服装、现代化工、电子信息、医药、航空航天、轨道交通等13条先进制造业产业链稳步壮大，汽车产业集群优势明显，拥有东风汽车、风神襄阳、神龙汽车、东风德纳车桥、东风康明斯、骆驼股份等整车和零部件优势企业，比亚迪刀片电池基地、吉利硅谷等新能源项目于2022年投产，汽车产业产值达2 400多亿元。从农业看，襄阳是国家20个大型商品粮基地之一，猪牛羊出栏量保持全省首位，农业产业化省级龙头企业居全省第一。从服务业看，新建成华侨城奇幻度假区、唐城、汉城、关圣古镇等一批带动力强劲的文旅项目，消费吸引力持续提升。

2.交通枢纽地位突出

二广、福银、麻竹、保宜等高速构成了襄阳"三纵二横一环"高速路网，每个县通两条高速，高速里程达816公里。铁路拥有"三纵三横"客货运网络，襄阳东站是国家"八纵八横"高铁网的重要枢纽节点，衔接武西高铁、郑渝高铁、呼南高铁三条高速铁路，襄阳北编组站地处襄渝、汉丹、焦柳、浩吉四条铁路干线交会处，编组量居全国第二。襄阳港是全国内河主要港口之一，小河港区航线通达红海。襄阳刘集机场1989年通航，2022年旅客吞吐量超过百万人次。

3.城市功能不断完善

襄阳具有2 800年的建城史，城市自然山水条件优越，公共交通、城市公园、学校、医院、标准化菜市场等设施完善配套，成为国家公交都市建设示范城市、全国城市数字公共基础设施建设试点和全国水生态文明试点考核优秀城市，初步形成城区环洲四城"山水江州城"的空间格局，测算可容纳300万~500万人。湖北隆中实验室建设运行，高新区隆中创客空间入选国家级众创空间，对外开放已形成综合保税区、自贸试验区、跨境电子商务综合试验区叠加优势，建成9条外向物流通道，襄阳菜鸟跨境中心仓对十堰、随州等周边城市可实现当日下单、次日送达。

4.营商环境相对较优

襄阳把优化营商环境作为推动高质量发展的"一号工程"，率先在全省组建城市运行管理平台，全面深化"无申请兑现"改革，完善工程建设项目全生命周期政务服务，是全国法治政府建设示范市和全国首批公共资源交易主体信用评价标准化试点城市，拥有全国数字政府基础设施水平评估先进级认证，被评为中国优化营商环境50强、湖北省营商环境评价标杆城市。作为国家确定的湖北省域副中心城市、汉江流域中心城市和中部地区重点城市，襄阳发展得到了国家和湖北省的重视、支持，在争取政策和项目等方面具有比较优势。

（三）襄阳都市圈提升经济总量的差距不足

1.产业发展新旧动能转换不够快

从经济结构看，襄阳经济对工业依赖较大，服务业发展滞后，2022年服务业增加值不到2 500亿元，仅占全省服务业总量的9.0%，比同类城市同时期少约300亿元。从产业结构看，产业体系"全而不新"、支柱产业"大而不强"，燃油汽车、农产品加工等传统产业占比高、增长慢，新能源汽车、新能源新材料等新兴产业占比低，拉动力有限。

2.交通拉动经济发展的力度不够大

货运物流"有枢无纽"，布局分散，协同联动能力不足。铁路运输量大，但本地转化率低，襄阳北编组站运量中仅有6.6%为本地货物，公路物流园区"小散弱"，汉江航道通航能力较低，机场物流园区建设滞后。铁、公、水、空货运量比例为5.3∶93.2∶1.5∶0.001，差距悬殊。客运交通"外快内慢"，效率不高，枢纽带动能力不足。快速路尚未成网，骨干道路、重要节点立交化程度不高。以刘集机场、襄阳东站为中心，半小时可达范围仅能覆盖中心城区现有建设用地的40%，中心城区居民日均通勤时间约为30分钟，与同等规模城市相比不具优势。龙头骨干企业发展不足，规上交通运输仓储物流企业仅有27家营业收入过亿元、2家营业收入过5亿元。

3.城市发展格局不够优

中心城区多片无中心，"散、同、弱"问题突出。目前，中心城区形成了人民广场商圈、诸葛亮广场商圈、民发沃尔玛商圈等11个大型商圈，但缺少集中的城市级商业中心以及面向区域服务的高端商务服务功能集聚区，公共服务资源相对不足，没有高铁、轻轨等交通设施。县域发展实力不强，在2022年赛迪版百强县榜单中，襄阳所辖的枣阳市排名84位，远低于常州所辖的溧阳市（30位）、绍兴所辖的诸暨市（12位）和扬州所辖的仪征市（46位）、高邮市（63位）。2022年，全市常住人口城镇化率为63.2%，低于全国（65.2%）、全省（64.7%），常州、绍兴、扬州GDP处于5 800亿元左右时的城镇化率均在68%以上。

4. 要素集聚能力不够强

从人口集聚能力看，常州、绍兴、扬州均为人口流入城市，2022年末襄阳常住人口527.6万人，比上年增加0.5万人，但比户籍人口少57.8万人，为湖北"一主两副"城市中唯一的人口流出市。从区域科技创新实力看，2021年襄阳投入R&D经费96.81亿元，仅占全省的8.3%，R&D经费投入占GDP比重为1.82%，低于全省（2.32%），也低于常州（3.28%）、绍兴（2.87%）、扬州（2.26%）。从财政金融活力看，2022年襄阳地方一般公共预算收入为220.9亿元，占GDP的比重为3.8%，远低于常州（8.3%）、绍兴（9.1%）、扬州（5.7%）同时期水平；金融机构贷款余额为3 576亿元，仅相当于常州、扬州同时期贷款总量的60%和绍兴的42%，贷存比为69.4%，低于绍兴、扬州贷存比80%以上的水平。

（四）提升襄阳都市圈经济总量的路径建议

1. 以做强产业为根本，夯实发展硬支撑

壮大现代产业体系是推动经济跨越提升的根本支撑。根据当前经济结构和产业发展预期测算，2025年一、二、三产业增加值分别达到700亿元、3 200亿元、3 150亿元左右，可较为合理地支撑经济总量突破7 000亿元、达到7 050亿元左右，三次产业结构由10.4∶46.9∶42.7调整为9.9∶45.4∶44.7。一是加快推动工业转型升级。锚定万亿工业强市目标，大力发展"144"产业集群，加快汽车产业升级步伐，支持传统汽车向高端化、智能化、节能化发展，培育智能网联汽车产业生态，壮大新能源整车和零部件产业规模，构建"汉孝随襄十"万亿级汽车产业走廊。二是大力发展现代服务业。实施服务业市场主体培育工程，将市场主体培育责任压实到各行业主管部门，大力发展总部经济和法人企业；加快推动仓储物流、金融保

险、电子商务、科技服务、会展中介、法律咨询等生产性服务业与工业优势产业融合发展，积极发展休闲旅游、医疗养老、家政服务等新兴服务业，因地制宜发展品牌店、奥特莱斯折扣店、夜经济等新兴业态，建成一批可以带动周边区域的消费聚居区。三是做深做精现代农业。高标准建设国家现代农业示范区，依托中国有机谷等品牌，打造全国性农产品交易集散中心；推进生猪、粮食等10条重点农业产业链延链补链强链，培育壮大一批50亿元以上的农业产业化龙头企业；大力实施品牌培育提升工程，抢抓预制菜产业发展政策机遇，打响襄阳牛肉面、宜城大虾等"襄"字号特色品牌，提高市场占有率。

2. 以做大交通为突破口，畅通国内国际循环

加快推进全国性综合交通枢纽城市建设，全面提升服务能力，促进"交产城"融合发展。一是配套完善枢纽建设。优化铁路物流基地功能，配套建设公路物流园区，加快推进汉江梯级开发，健全码头功能，谋划发展空港经济，提升枢纽无缝衔接效率。二是大力发展多式联运。完善集疏运体系，加快发展公铁联运、水铁联运、滚装运输等物流组织模式，构建"通道+枢纽+网络"多式联运物流体系，推动运输结构调整、物流降本增效。三是畅通消费循环通道。强化中心城区道路网建设，形成襄阳都市圈"半小时通勤圈"，衔接好商圈、景区和滨河沿山公路，助力消费和文旅产业发展；围绕襄阳都市圈辐射带动区和联结协作区，发挥铁路、公路优势开行城际列车、市域（郊）列车，完善直连直通快速化公路网络，加快推动水上航线通达，与南阳共同推动唐白河航运开发；拓展提升对外开放通道，强化与重庆、西安等中欧班列枢纽城市衔接，深度对接上海、宁波、深圳、钦州等沿海港口，助力外贸结构优化升级。

3. 以做优城市为先导，促进区域协同发展

围绕中心城区功能不优、县域发展实力不强等短板，加快提高新型城镇化建设水平，更好发挥"引领、辐射、联结、带动"作用。一是推进中心城区发展扩容提质。统筹"环洲四城"各片区功能分工，形成中心突出、分级明确、服务均衡的城市空间布局，强力推进东津城市新中心建设，加快建设会展中心、金融中心等重大项目，推进诸葛亮广场、庞公两个副中心建设，打造汉江流域综合性服务中心。二是提升县域功能品质。在扩大县域规模上狠下功夫，实施县域经济发展"三百"战略，对纳入省"百强进位"的枣阳市和纳入省"百强储备"的谷城县、宜城市、老河口市给予倾斜支持，支持南漳县、保康县建设绿色发展示范区；实施县域城市更新工程，加快县域道路、能源、教育、医疗、文化、信息、污废处理等基础设施建设，提升县域公共服务水平和综合承载能力。三是实施《湖北省流域综合治理和统筹发展规划纲要》。深入打好蓝天碧水净土保卫战，实施南襄荆重污染天气协同治理；加强"一江九河"保护治理，统筹推进"三水"协同共治；强化土壤污染风险源头防控、分类管理和治理修复，深入推进绿满襄阳再提升行动，打造汉江流域和南襄盆地的人口宜居地。

4.以做多要素为目标，提升资源集聚能力

与同类城市相比，襄阳聚人、聚财、聚物功能不强，制约了经济量级和城市能级的跨越提升。一是建设高水平区域创新平台。建好湖北隆中实验室，打造国内领先的前沿新材料创新中心；推动襄阳（高新）科技城、襄阳（东津）科学城、襄阳（尹集）大学城建成运行，构建高水平科技创新与成果转化基地；促进襄阳华中科技大学先进制造工程研究院、襄阳武汉理工大学技术转移中心、襄阳北航研究院等科技创新平台与区域产业发展深度融合，提升湖北文理学院、襄阳市农业科学院、航天42所等本地高校院所创新水平。二是建设区域性人才中心。实施隆中人才支持计划，强化人才引进激励，提升公共服务水平，吸引人才来襄、留襄；支持武汉理工大学、华中农业大学在襄阳建设专业学位研究生培养模式改革示范区和现代农业研究院，发挥襄阳职业技术学院、襄阳汽车职业技术学院等职业技能教育优势特色，培养多层次专业技能人才。三是建设一流营商环境标杆地区。深化涉企审批制度改革，推进政务服务标准化、规范化、便利化，加

大政策支持力度，降低制度性交易成本和用能、物流、融资等要素成本，打造行政效率、投资环境、企业获得感、群众满意度全国一流的营商环境标杆地区。

（参与研究人员：王皖君、许红洲、李正宏、李津燕、章丽珊）

推动互促共进　打造四化同步发展的湖北样板
——基于仙桃建设四化同步发展示范区的调研分析

（2024年4月3日，湖北省政协副主席批示）

党的二十大擘画了以中国式现代化全面推进中华民族伟大复兴的宏伟蓝图，提出到2035年基本实现新型工业化、信息化、城镇化、农业现代化。中国共产党湖北省第十二次代表大会作出了加快建设全国构建新发展格局先行区的战略部署，明确提出支持仙桃等地建设四化同步发展示范区。近年来，仙桃市聚焦"建设四化同步发展示范区"发展定位，以新型工业化为引领，以信息化为动能，以城镇化为载体，以农业农村现代化为突破，全面对标对表，坚持快谋快动，践行具有仙桃特色的"四化同步发展"之路。

（一）推动四化同步发展示范区建设成势见效

1. 以新型工业化为引领，推动经济高质量发展

重点依托仙桃华纺链公司高效整合全产业链资源，持续做大做强以彭场为核心的非织造布产业集聚区和以毛嘴镇为核心的仙西服装产业集聚区。主动对接武汉300万辆整车产能，大力发展汽车零部件产业，重点支持摩擦一号、富士和机械、六和天轮等龙头企业，突破高端装备制造关键技术，建设武汉车谷配套生产加工基地。重点支持容百年产40万吨锂电正极材料、海容年产10万吨锂电负极材料等重点项目投产发力，加快形成新能源汽车动力系统集成优势。

2. 以信息化为动能，在强化数字赋能增效上蓄势突破

以城市数字公共基础设施建设为切入点，全面推进5G网络和千兆光网建设，优先推进工业园区等重点区域信息基础设施建设，加快智能管网、智能电网、新能源汽车充电桩等布局。以"数字产业化、产业数字化"为主线，在城西布局数字经济产业园，大力实施数字经济核心产业培育工程，与省联投东湖高新集团签订托管协议，在园区开发运营、数字产业导入、科技人才培育等方面开展深度合作。

3. 以新型城镇化为载体，加快推进城乡融合发展

坚持走好"中心城区+特色产业镇"的新型城镇化之路，大力实施城市更新行动，提升城镇功能品质，更高质量促进城乡融合发展，建设宜居韧性智慧城市。立足资源禀赋、区位条件、产业基础、功能定位等，因地制宜、分类引导，建设各美其美的精致城镇。做大做强彭场镇、毛嘴镇、张沟镇等中心镇，推动布局集中、产业集聚、功能集成、要素集约，构建承载农村人口就地城镇化的核心区域。

4. 以农业农村现代化为突破，加快建设农业强市

坚持规模化、标准化、现代化的发展思路，依托3个国家农业产业强镇和6个省市级现代农业产业园，按照仙东百里"双水双菜"产业圈、仙西百里三产融合示范圈、30公里黄鳝产业示范带、G318现代农业示范带"双圈双带"的乡村产业发展布局，聚焦黄鳝产业、富硒农产品、特色水产品、畜禽蛋制品、现代种业等特色农业产业，做好"土特产"文章，推进延链补链强链，整体提升农业产业化发展水平。

（二）以融合发展为路径，推动四化互促共进

仙桃在工业、农业、信息、城镇化等方面取得了较大的成绩，但因为多种原因，四化同步发展还存在一定不足：农业现代化呈稳步增长的趋势，但增长幅度相

对较低；城镇化发展只关注到了量的累加，而忽视了质的飞跃；新型工业化存在产业规模不大、产业主体不强、产业层次不高的问题；信息化建设相对滞后，现有的数据能力平台、云平台和网络平台难以支撑数字化建设需要。基于此，必须坚持以融合发展为基本路径，加快形成工农互促、城乡互补、全面融合、共同繁荣的新型工农城乡关系，激发四化同步发展的乘数效应。

1.推进工业化和城镇化良性互动

根据城镇化率、人均GDP、三次产业结构等数据综合判断，目前仙桃城镇化处于中期阶段、工业化处于中期到后期转变阶段，城镇化发展进程落后于工业化发展阶段。现阶段要坚持把以工带城、产城融合作为推进四化同步发展的关键路径，统筹城乡区域资源要素和产业布局，促进城市和产业集中高质量发展，增强发展的整体性、系统性、生长性。

2.推进城镇化和农业现代化相互协调

按照"城市发展都市农业、农村发展庭院经济"的思路，充分利用城区和城郊闲置土地，规划发展都市农业，重点打造"花卉市场""都市菜园""农夫庄园"等一批新业态。按照"跳出农业抓农业，减少农民富农民"的思路，大力发展城镇二、三产业，创造更多的就业机会，引导农民进城进镇，促进农业适度规模经营。按照"农产品进城、工业品下乡"的双向互动思路，推行"超市+基地+农户""超市+农产品加工龙头企业"模式，深化农超对接，促进农产品进城，以国家电子商务进农村综合示范市建设为契机，加快补齐市镇村三级物流设施短板，合理优化商贸流通设施布局，带动工业品下乡，实现农民保收、城市保供。

3.推进信息化和工业化、城镇化、农业现代化深度融合

着眼信息化和工业化深度融合，搭建仙桃产业经济大脑，运用大数据助力项目招商、企业培育、产业升级，为产业延链、补链、强链提供信息支撑。着眼信息化

和城镇化深度融合，以"城市大脑"为中枢，依托"城市驾驶舱+三网贯通"的城市治理架构，建设集城市管理、城市应急、基层治理、防洪排涝等城市运行多场景应用为试点的智慧化平台，推进城市治理和服务体系智能化、人性化。着眼信息化和农业现代化深度融合，加快推进农业生产智慧转型、农产品加工智能转型、农产品流通数字转型"三个转型"，重点以数字乡村建设为突破口，全域建设融合的乡村振兴数字服务站，打通数字服务"三农""最后一公里"。

（三）以体制机制创新释放四化同步发展动能

仙桃市要全面建成流域安澜、人水和谐的美丽示范区，产业发达、数字赋能的实力示范区，城乡一体、产城融合的活力示范区，共同缔造、共同富裕的幸福示范区，必须持续深化体制机制创新，解决深层次矛盾、障碍，为示范区建设增添新动能、增创新优势。

1.推进城乡融合发展体制机制创新

完善农业转移人口市民化机制，对农村进城居民，保持农村土地承包经营权、集体收益分配权、宅基地使用权等权能不变，按建筑面积500元/平方米给予购房补贴，同时享受建缴公积金和契税优惠等政策。健全城乡基本公共服务普惠共享机制，巩固城乡环卫"一把扫帚"、污水处理"一张管网"等制度成果，深入推进教联体、医联体等建设，推进城乡公共服务均等化。探索利用农用地、宅基地、农村集体建设用地和闲置农房"三地一房"机制，加快探索组建"强村富民公司"，推进农村闲置土地和农民宅基地入股专业合作社，推动村集体和农民群众"双增收"。

2.深化共建共治共享体制机制创新

在农村把村民小组作为基本单元，建立镇、村、组、户四级组织架构；在城市把居民小区作为基本单元，健全街道、社区、小区、楼栋、中心户五级组织架构，加快推进做实居民小区、完善党员干部下沉社区机制，全力提升基层治理效能。在

"做实居民小区"方面，重点聚焦解决居民小区边界不清、规模不均、力量不足等问题；在"完善党员干部下沉社区机制"方面，探索推行"户户走到"全覆盖包联机制，解决群众急难愁盼问题。

3. 推动共同富裕体制机制创新

在缩小收入差距上，推行"股份+积分"利益联结机制，村集体以集体土地、公共建筑物、村项目资金等作为"集体股"，村民以房屋、土地及投入资金作为"个人股"，乡贤以资本和技术作为"基金股"，村民既享有股份分红收益又享有志愿服务积分兑换激励，以利益共同体打造命运共同体。在缩小区域差距上，打破地域限制和单一组织壁垒，以党建基础扎实、经济成效显著、产业带动能力强的村为中心村，吸纳周边村组建片区联合党委，形成农旅融合示范带大党委、村企互助联合党委、产业共富体联合党委等共富模式，引领村级经济组织抱团发展、共创共富。

4. 探索激励干部担当作为工作机制

探索"首创制"激励，鼓励和支持干部敢为、地方敢闯、企业敢干、群众敢首创，对创富带富的企业和群众给予资金激励，对创新创优的公职人员给予相应奖励。擦亮"仙办好"品牌，坚持以控制成本为核心优化营商环境，常态开展"市场主体评部门""局长科长走流程""专员代办服务"活动，以评促改、以办促优，持续压降制度性交易成本，控制生产经营成本、物流成本、人力成本、融资成本，打响擦亮"仙办好"营商环境品牌。

5. 健全四化同步发展工作推进机制

创新人才培养制度，全面谋划，积极应对，努力将每年可能转移到城镇的人口培养成专门化人才，提升其理论基础知识，训练其专业技能，以契合工业化、农业现代化与城镇化深度融合对产业人才的新要求。完善组织保障机制，建立健全"市领导+责任部门+专业团队"的组织架构，统筹推进四化同步发展各项工作。制定清单落实制度，按照"工作项目化、项目清单化、清单责任化"要求，制订示范区建设3年行动计划和年度任务清单、项目清单，按年度、分步骤、有计划实施，确保重点工作进度有指标、效果可量化、任务快落实。

（四）分层次推进湖北四化同步发展的相关建议

1.必须抓住重点，农业现代化是其他"三化"的基础

湖北作为农业大省，农业现代化相对滞后，这是"四化"之中的最短板。湖北必须狠抓农业现代化建设，形成其他"三化"支持农业现代化的长效机制。湖北要发挥其1+1+1+1＞4的整体效力，关键是要促进信息化与其他"三化"的深度融合，形成"一化"带"三化"的运行模式。

2.必须找准突破口、切入点、关键和抓手

以制度创新为突破口，切实在土地制度改革和政府职能转变上实现新突破。以产业融合为切入点，以园区建设引领集群经济发展，以引进战略投资者引领开放经济发展，以科技知识创新市场建设引领高科技产业知识经济发展。以信息化融合为关键，实施倾斜性的组织保障和政策措施，加快推进信息化与工业化深度融合建设智能工业、信息化与城镇化融合建设智慧城市、信息化与农业现代化融合建设精细农业，以信息化融合引领智慧湖北建设；以规划、标准、示范区建设为抓手，分层次推进。

3.必须走具有本地特色的低成本融合发展之路

走以政府为引导、充分发挥市场决定性作用的发展之路，各地在推动"四化"同步发展中，必须把市场的决定性作用与政府的有效调控作用统筹好。走改革创新、先局部试点后全省推广发展之路，打破现有的行政分割主导性管理体制机制，形成"四化"同步发展的管理体制机制，从而为"四化"同步发展注入"制度

红利"。

4.必须采取切实有效的政策措施

实施支持性"四化"产业融合发展政策,着力用信息化改造升级传统产业,稳步淘汰不符合"四化"同步发展的落后产能。优化财政功能结构,构建促进"四化"同步发展的财政体制。加强金融创新,建立以多元化社会投资为支撑的"四化"同步发展投融资体制,建立"四化"同步发展企业项目信用担保体系,大力发展合作金融组织,整合各方面的闲散资金投入"四化"同步发展。建议省政府出台相关政策法规培育和完善资本市场,支持有利于"四化"同步发展的企业采用售后回租,抵押担保贷款,发行企业债券、股票等多种方式扩大资本规模。

5.必须夯实基本保障

强化高层推动的组织保障,建议省政府成立"四化"同步发展协调领导小组,构建省里统筹、市县为主、市场起决定性作用的"四化"同步发展推进机制。加快户籍制度、社会保障制度、土地制度改革,健全城乡资源要素平等交换机制。实行城乡一体化管理,使农民变市民到城里就业,使市民"农民化"到农村去投资,加快城乡劳动力一体化就业,激发市场活力。夯实人才基础,完善人才管理机制,创造条件既能让人才流进来还要保证人才留得下,特别是应加大有利于"四化"同步发展的高精尖人才的引进培养力度。

(参与研究人员:童藤、何云、苏国兵、王婧、罗鹏、赵晖)

加快金融科技创新　做好数字金融这篇大文章
——基于武汉市江汉区的调查与思考

(2024年6月8日,湖北省政协副主席批示)

2024年中央政府工作报告提出,要大力发展数字金融,积极推进数字产业化、产业数字化，促进数字技术和实体经济深度融合，对数字金融高质量发展提出了新要求。加快发展与数字经济相适应的数字金融，着力提升金融服务实体经济质效，成为促进新质生产力发展、建设金融强国的关键布局。

金融业是江汉区的支柱产业，2023年全区共有各类金融机构600多家，其中，全国性总部8家，省市级区域总部型金融机构78家，占全市32%，金融业集聚度居武汉市之首；金融业增加值超过400亿元，占全区生产总值比重为25.4%。近年来，江汉区贯彻落实党中央决策部署，加快金融业从"金融大区"向"金融强区"转型，高度重视金融科技创新和数字金融发展，持续推进数字金融与数字经济的融合发展，加快金融服务实体经济质效，使数字金融成为服务新质生产力发展的广阔"试验田"，助力江汉区实现经济高质量发展。

（一）武汉市江汉区数字金融发展的现状

近年来，武汉市江汉区抢抓机遇，全力打造数字经济新引擎，激发数字时代新动能，培育数字经济新优势，推动数字经济和实体经济深度融合。发挥数字基金"投资+产业+招商"优势，投资、培育一批优质的数字经济企业，构建了科技门槛、推动转型升级，培育数字经济新引擎。

1.金融政策为金融科技创新提供坚实基础

"十四五"期间，武汉市委、市政府提出"打造五个中心，建设现代化大武汉"的工作目标，先后出台了《武汉市打造区域金融中心实施方案（2021—2025年）》《武汉市加快区域金融中心建设若干支持政策》《市人民政府关于进一步深化科技金融改革创新的实施意见》等支持政策，为江汉区金融创新提供了巨大的政策红利。江汉区重点打造标杆型金融创新体系，支持金融机构做大做强，建设金融科技产业集聚地，依托"金融+"探索金融创新模式。江汉区发布金融支持政策"金二十二条"，引导支持金融科技企业、股权投资基金等加快集聚，提升金融业核心竞争力。

2.金融科技为产业转型升级提供发展动力

江汉区积极推动金融科技要素集聚，鼓励银行、证券、保险等传统金融机构并购入股金融科技企业，推动云计算、大数据等技术深入应用；积极引入金融科技机构，众邦银行、中国银行集约运营中心（湖北）、中银金科武汉基地、恒生电子（武汉）有限公司、同行无忧（湖北）数字科技有限公司等一批金融科技机构在江汉区正式营业。江汉区对金融科技前沿领域进行前瞻性布局，规划了包括圈外数字创意产业园、太和大厦在内的2.6万平方米的区块链产业发展空间，并联合武汉市区块链协会、武汉大学、区块链头部企业组建区块链产业研究院，以此推动区块链技术创新。2023年5月，江汉区圈外数字创意产业园入选武汉首批数字经济产业新建示范楼宇。目前，华中区块链科技融合创新中心、区块链服务网络（BSN）武汉节点、智度汉链、中国通服湖北公司区块链研究院、武汉市区块链协会、黎曼科技等一批区块链企业与组织在江汉区集聚，区块链上下游生态逐步完善，助推江汉区成为武汉市区块链创新发展示范区。

3.金融集聚为数字金融发展提供要素支撑

金融集聚能够为数字金融发展提供人才与资金支持，目前江汉区已经形成由南向北三大金融集聚区：南部的武汉新兴金融街，中部的建设大道"金十字"金融集聚区、北部的武汉CBD金融总部集聚区，能够实现传统金融与新兴金融创新的协同发展。银行、保险、证券、基金等300多家金融机构汇聚于江汉区，在推动传统金融机构进行银行理财、资金结算、绿色金融、普惠金融、保险资管、公募基金等领域的金融创新方面具有更多的优势。江汉区重视高素质金融人才集聚，2021年武汉金融城给予金融高管人才奖励、金融人才技能补贴，实施股权激励以及住房、教育、疗养等生活补贴。此外还组织知名金融企业精准招才，汇聚金融人才近3万名，为数字金融发展提供了坚实的人才智力支撑。

4.数字金融为经济高质量发提供技术支持

随着数字经济的发展，新的金融生态、金融服务与金融产品层出不穷，金融业进入了一个变革的新时代。江汉区传统金融正积极转型，新金融正起步发展，金融科技、区块链等的集聚发展正在形成，将成为金融发展的新增长点。2022年武汉获批建设国家区块链发展先导区以来，正呈现蓬勃发展之势，华中区块链科技融合创新中心、区块链服务网络（BSN）武汉节点、智度汉链、中国通服湖北公司区块链研究院、武汉市区块链协会、黎曼科技等一批区块链企业与组织，聚集江汉。江汉区可充分发挥现代服务业资源富集的优势，围绕数字经济发展带来的金融科技创新、区块链技术与产业创新进行前瞻性布局。

5.金融市场改革为金融创新提供重要机遇

以创业板注册制改革为引领，我国金融市场正在掀起新一轮金融改革热潮。金融市场的改革有利于江汉区数字金融基础性配套网络设备和平台建设力度，促进云计算、云存储功能在数字金融领域的应用，为数字金融的发展提供技术支持。武汉长江数字经济产业基金和恒生电子武汉总部相继落户江汉，这将有利于提升金融业态，延伸金融产业链条，赋能武汉金融机构数字化转型，助力实体经济高质量发展。

（二）武汉市江汉区数字金融发展面临的挑战

通过调研，我们发现武汉市江汉区金融集聚发展势头良好，区域影响力不断增强，但金融业要向更高发展阶段跨越提升，也面临着一定挑战。

1.金融市场区域影响力亟待提升

江汉区金融业发展存在着可供开发的土地资源有限、传统金融业亟待转型升级、多层次资本市场发展尚不成熟等问题，一定程度上制约了金融集聚功能。江汉区金融市场还没有形成"科技创新、制度创新、开放创新、产业集聚、金融赋能"一体化发展格局，表现为江汉区金融街尚未形成品牌效应，区域金融集聚功能还不完善，对外的金融开放与合作不够深入，金融服务实体经济高质量发展的能力需要进一步提升。

2.科技创新能力有待进一步加强

目前，江汉区金融市场仍以传统金融机构为主，对大数据、区块链等金融科技手段使用不足，缺乏科技赋能金融的创新动力。江汉区在大数据中心、区块链实验室、金融科技孵化器等方面的投入不足，制约了金融科技企业的发展和创新。"科技+金融+产业"的深度融合还不足，无法引导金融资源更多投向科创企业，进而以科技创新推动产业创新。金融机构在科技应用和创新方面步伐较慢，创新性金融产品较少，对新技术的接受和应用程度不足，难以高效满足市场和客户日益变化的需求。

3.数字金融环境需要进一步完善

相较于杭州、深圳等具有先发优势的城市，江汉区在金融科技领域起步相对较晚。根据2022年中关村互联网金融研究院发布的《中国金融科技竞争力100强榜单》，金融科技企业主要集中在长三角、粤港澳大湾区和京津冀三个区域，呈"三强鼎立"态势，金融科技企业数量均在1万家以上，而武汉市金融科技企业总体上数量较少、实力较弱。江汉区金融科技企业和传统金融机构的融合度不高，还存在着传统金融机构偏向于在内部设立金融科技部门的问题，导致金融科技业务部门效率不高，金融科技企业难以实现融合发展。

4.数字金融高端复合型人才稀缺

随着金融业竞争日益激烈，数字金融人才匮乏的问题更加突出。随着科技金融、绿色金融等新兴金融领域的快速发展，金融市场需要大量的"金融+IT""金融+环境科学""金融+科技"类的复合型人才，但目前相关人才较为稀缺，无法满足新兴金融发展中的人才需求。中央银行在《金融科技发展规划（2022—2025年）》中明确指出要加快金融科技人才梯队建设，培养德才兼备的金融科技人才。人瑞人才联合德勤中国发布的《产业数字人才研究与发展报告（2023）》显示，数字金融人才总体供给不足，近45%的企业面临供不应求矛盾，只有约22%的企业达到了人才供求平衡，32%左右的企业人才过剩。相较于杭州和深圳等地的人才政策，江汉区的金融人才引进和培养政策还有待进一步完善。

（三）加快武汉市江汉区数字金融发展的政策建议

1.完善数字金融发展政策体系

出台数字金融产业政策，重点围绕数字资产定价与交易、金融人工智能开发应用、区块链产业链建设、金融机构数字化转型等领域出台政策文件，为数字金融创新发展提供政策保障。加强数字金融融合发展措施，鼓励金融机构积极探索数字金融与绿色金融、普惠金融、科技金融、供应链金融的融合发展。重视数字技术在金融监管中的应用，完善金融风险防控监测大数据平台，构建金融风险监测"雷达网"，强化数据归集、信息抓取、研判分析、跟踪预警，对各类金融活动实行全量化、全周期、全过程"无感监测"。

2.准确把握数字金融发展新赛道

金融科技本质上是由信息技术与金融业深度融合所形成，大数据、人工智能等信息技术能够显著提升金融市场效率，并催生丰富的金融创新。因此，江汉区相关部门需要密切关注金融科技领域的新动向，建立由政府、金融机构、高校等领域专家组成的金融科技发展智库，通过专家研讨、课题研究等形式，判研金融科技领域的新技术和新应用场景，实时加大对金融科技新技术和新应用场景的扶持力度。建议利用数字人民币应用试点的契机，重点关注数字人民币推广使用带来的金融创新，包括金融反欺诈、基于Web3.0的网络资产和私募基金份额交易；重点关注人工智能在金融领域的新应用、新场景，包括基于 AI 的智能投顾、自动化交易、金融风险控制。重点扶持"物联网+区块链"在供应链金融、食品安全和产品质量溯源等应用领域的新领域和新赛道。面对已经到来的老龄化社会，鼓励金融机构开展养老金融的产品和模式创新，推动金融科技企业开展养老金融数据安全、金融风险控制等方面的技术创新。

3.加快金融科技产业集聚

推动在武汉金融城成立金融科技发展园区，加强财税激励力度，重点关注并适时引入慧安金科、同盾科技、达观数据、新致软件、华锐金融技术、宇信科技、中科闻歌、栈略数据等一批符合江汉区金融科技发展定位的实力型企业。充分利用专家智库资源，关注并有选择地引入技术领先、应用场景丰富、符合市场需求的中小型金融科技企业。利用产业基金和孵化机构鼓励金融科技企业创新创业，支持符合条件的中小微企业在新三板、股权交易中心、科创板等金融市场上市挂牌，拓宽融资渠道，形成有区域影响力的金融科技集聚区。推动金融科技企业与传统金融业合作，开拓金融科技在银证保等传统金融领域产生新的应用场景。

4.重视数字金融业态特色发展

引入技术领先、符合市场需求的数字金融机构，推动数字技术在科技金融、绿色金融、普惠金融领域的应用。重点探索数字技术在担保公司、产业基金、融资租赁、典当行等类金融机构的应用，形成数字金融的特色发展。建立由政府、金融机构、高校等领域专家组成的数字金融业态发展智库，准确研判数字金融业态的发展趋势和应用场景，加大对数字金融业态技术研发和应用场景的扶持力度。

5.推进金融机构的数字化转型

运用大数据、云计算等数字技术降低金融机构与科技企业的信息不对称，利用数字金融构建"资金链、人才链、创新链"三链融合的创新生态服务体系。重视数字人民币的创新应用，将数字人民币引入低碳出行、绿色消费等各类应用场景，在碳排放权、绿色金融产品交易、绿色项目贴息等场景中，将数字人民币作为智能化的计价工具和支付工具。利用数字技术完善金融基础设施，降低银企间的信息不对称，增强金融服务实体经济高质量发展的能力。鼓励辖内金融机构设立金融科技事业部、金融科技子公司、金融科技研发应用中心等实体机构，加快实现传统金融机构的数字化转型。

6.加快复合型数字金融人才建设

鼓励相关高校试点增设面向数字金融的相关课程，培养"金融+IT""金融+环境科学""金融+科技"类的金融复合型人才，满足数字金融业态发展对专业人才的需求。推动金融机构、高校、行业协会合作制定数字金融业态发展的行业标准，开展数字金融业务的职业培训。定期举办数字金融人才的学术与业务交流相关会议，提升湖北数字金融业态的全国影响力。

（参与研究人员：童藤、罗鹏、何云、苏国兵、王婧、万鹏博）

大力发展绿色金融　助推湖北长江经济带绿色发展

（2019年3月27日，湖北省政协副主席批示）

2018年4月26日，习近平总书记视察湖北、考察长江，为长江经济带发展把脉定向、掌舵领航，明确了推动长江经济带高质量发展，必须坚持"生态优先、绿色发展"。我们认为，绿色发展时代的到来充满机遇与挑战，能否抓住机遇，关键在对策，当务之急是大力发展绿色金融，并以此为抓手，切实增强绿色发展的"含金量"。

（一）绿色金融助推湖北长江经济带绿色发展的功能和意义

1.绿色金融助推湖北长江经济带绿色发展的功能

2016年8月31日，中国人民银行等七部委联合印发《关于构建绿色金融体系的指导意见》，将"绿色金融"定义为支持环境改善、应对气候变化和资源节约高效利用的经济活动，即对环保、节能、清洁能源、绿色交通、绿色建筑等领域的项目投融资、项目运营、风险管理等所提供的金融服务。相比追求机构效益最大化的传统金融，绿色金融是兼顾社会效益最大化的金融。绿色金融在助推湖北长江经济带绿色发展的功能上，集中体现为资金引导、成本内化、潜力挖掘等三个方面。

2.绿色金融助推湖北长江经济带绿色发展的重大意义

（1）绿色发展理念是湖北长江经济带绿色发展的"金钥匙"。

2013年底，湖北成为党的十八大召开后首个被批复为全国生态省建设试点的省份。2018年以来，湖北各地积极落实习近平总书记重要讲话精神，抢抓绿色金融发展窗口机遇期，有效协调金融机构与所支持企业社会责任和利益，为推动环境治理、促进社会生态文明建设提供了"金钥匙"。

（2）以绿色金融为杠杆撬动湖北长江经济带绿色发展。

湖北利用绿色金融的杠杆调节功能，调整产业结构，集中金融资源，支持高科技产业、新兴产业、环保产业发展，减少对高耗能产业、产能过剩产业、高污染产业的信贷支持，为打造绿色生态廊道提供了有力支撑，积极发挥湖北在长江经济带发展中的"支点"地位和"脊梁"作用。

（3）把握"绿色机遇"积聚湖北长江经济带"绿色动力"。

2019年，全球生态环境危机更加紧迫，我国生态文明建设任务更为艰巨。绿色金融是实现生态环境保护和经济增长共赢的必要手段。随着绿色金融不断推进，生态文明建设各项政策举措的进一步落地实施，青山绿水等自然资本将成为投资热点，有力拉动湖北长江经济带绿色发展。

（二）绿色金融助推湖北长江经济带绿色发展的现状和困境

1.绿色金融助推湖北长江经济带绿色发展的现状

（1）绿色信贷发放规模站上新台阶。

截至2018年末，湖北省绿色信贷余额3 571.19亿元，比年初增长783.06亿元，增幅28%，高于各项贷款增速。

（2）绿色证券发行规模创新高。

截至2018年末，湖北省发行绿色债券及中期票据94.3亿元。全年股权融资规模51.74亿元，共有锐科激光、长飞光纤、天风证券等5家绿色企业成功上市。

（3）绿色保险规模增长提速。

2018年湖北省环境污染责任险的保费收入超过1 000万元，相比2008—2017年总计4 421.54万元的保费收入有了大幅提升。

（4）碳金融发展全国领先。

湖北作为最早开展碳排放交易试点的七个省市之一，已经确立全国领先地位，并牵头承建全国碳排放权注册登记系统。湖北碳排放交易中心还在全国率先开发了碳排放权质押贷款、碳资产托管协议、碳众筹、碳保险、碳排放权现货远期交易等产品。

2.绿色金融助推湖北长江经济带绿色发展的主要困境

（1）绿色金融框架不完善。

绿色金融助推湖北长江经济带绿色发展缺乏良好的政策体系和市场环境，现有的绿色金融立法层级较低，可操作性不强，部门规章缺乏较强的约束力和执行力，制度与制度之间缺乏协调性。

（2）绿色金融认定标准不统一。

从全国范围来看，尚未形成统一的绿色金融标准体系，绿色证券在产品标准和环境披露标准中对应多个标准体系，既存在交叉指标，又存在相互不兼容指标。目前绿色信贷和绿色债券业务方面发展迅速，由于相关产品的项目标准界定模糊、披露信息不足等，容易导致绿色金融"漂绿"现象，影响国内绿色业务的稳定。

（3）绿色金融有效供求不足。

在需求方面，主要表现为企业部门对绿色金融的需求不足，绿色金融工具与普通金融工具相比，成本优势不明显，地方政府在担保增信、财政奖补、风险补偿等方面的支持力度有限，企业参与绿色金融的意愿不强。在供给方面，主要表现为绿色金融产品种类少、绿色金融机构模式单一、绿色金融专业人才缺乏等问题，从而形成绿色金融的有效供给不足。

（4）绿色金融激励约束机制薄弱。

目前，尚未建立绿色金融风险补偿机制、绿色金融担保、贴息等相关配套政策措施，环评信息与信贷投放联动机制不通畅。金融机构与环保部门虽然建立了环境信息共享机制，但由于信息共享时滞问题，且部分企业仅为应对环保检查而购买环保设备，金融机构难以甄别企业环保信息真实性，增大了绿色金融管理成本和风险，制约了绿色金融的发展。

（5）绿色金融跨区域合作机制不完善。

长江流域上中下游以及各省市之间，没有建立有效的协调合作机制，交易平台相对割据，跨区域绿色金融互动联合程度有待提高。行政区划和金融监管的设置与区域经济一体化的不匹配，各自为政与垂直管理的问题也严重影响了金融资源的自由流动。

（三）绿色金融助推湖北长江经济带绿色发展的相关对策

1.统筹战略规划，加强绿色金融制度建设

（1）抓规划引领。

抓紧落实《湖北长江经济带生态保护和绿色发展总体规划》，在绿色金融发展方面，抓紧制定《湖北长江经济带绿色发展融资规划》，完善绿色融资规划细则、

绿色融资项目库，推广编制自然资源资产负债表，探索建立政银企合作对接机制。

（2）加大激励力度。

充分发挥地方政府财政资金的引导作用，提高财政贴息方式的占比，吸引更多社会资本参与绿色投资，对绿色企业和绿色项目投资产生的社会正外部性给予财政补贴和税收优惠。金融监管部门可在风险权重、不良率容忍度等方面给予银行绿色信贷资本监管优惠政策，并将绿色信贷纳入宏观审慎评估框架，建立银行绿色评价机制，形成绿色金融业务激励机制。

（3）强化约束机制。

严格实施《中华人民共和国环境保护税法》，坚决贯彻"谁污染谁买单"的环保原则，严格执行绿色融资"一票否决"，充分调动企业降低污染物排放的主动性。推动企业积极履行污染治理、环境修复、清洁生产等生态环境社会责任，扩大环保投资规模，保证绿色金融的市场需求，推动产业绿色转型。

2.凝聚发展共识，加快推进绿色金融联动机制

（1）组建绿色金融专业委员会。

在现有的绿色金融专项举措指挥部的基础上，组建更高层次的湖北绿色金融专业委员会，履行协调资源、引进智库、推动创新，承担学术研究、教育培训、咨询顾问、信息交流、会议论坛等职责。

（2）加强多方协同合作。

省政府相关部门应加强与企业的沟通联系，梳理绿色工业、绿色农业、绿色建筑和绿色交通等方面的认证标准，推动开展"银企对接"系列活动，加强绿色金融现场宣传与合作。

（3）打造绿色金融中心。

在湖北打造国内首个以绿色金融需求端建设为主体特征的绿色金融中心，集聚大型绿色项目与金融机构对接所、绿色金融资源交易所、农业产权交易所、绿色股权交易所、绿色银行、绿色保险、绿色基金、绿色中介机构等，成为引领长江经济带绿色金融发展的"领头羊"。

3.推进产品创新，发展多层次绿色金融体系

（1）创新绿色信贷业务模式。

积极发展以排污权、环保项目特许经营权、绿色项目收益权等为抵押或质押的新融资模式。探索金融机构开展绿色投贷联动的可行性，发展"贷款+普通股权"、"贷款+有限股权"和"委托贷款"等绿色投贷联动模式。

（2）创新发展绿色股权市场。

对于期限长、风险高的绿色项目，应通过发展绿色股权交易市场加以解决，积极探索构建环境资源交易、碳排放权交易与绿色股权交易的优势互补机制。绿色股权交易可以实现风险由众多投资者共担，同时为绿色风险股权投资的顺利退出提供途径，提升绿色投融资的流动性。

（3）创新绿色保险产品和服务。

鼓励保险机构为节能环保、清洁能源、新能源等绿色产业提供保险产品和服务。推动在环境风险较高、环境污染事件较为集中的领域率先实施环境污染强制责任险和长江水质安全险，逐步从沿江化工企业推广至省内重点湖库和山区。

4.制定绿色评价标准，构建绿色金融信息共享平台

（1）培育绿色认证机构。

加强绿色金融产品的强制性认证，匹配"赤道原则"，积极扩大绿色认证机构在长江经济带的市场影响力。制定绿色评价标准，建立统一的绿色金融项目目录，形成对绿色企业"绿"与"非绿"、"深绿"与"浅绿"的评判标准，构建具有国际水平的绿色金融评价机制。

（2）完善信息共享平台。

建立权威的绿色金融征信机构，提供企业征信调研、保险和资产评估、信用增进等服务。除了传统的环境信息统计手段，还应通过大数据、云计算、区块链技术

等高新科技方式获取绿色企业和绿色项目相关信息并上传至共享平台。

5.推动试点建设，加强绿色金融合作交流

（1）积极争取中央支持。

湖北作为长江经济带承东启西的枢纽，应积极争取国务院把湖北作为长江经济带绿色金融改革创新试验区，借鉴浙江等五省市经验，激发制度红利，打造湖北长江经济带绿色发展新模式。

（2）强化试点示范。

先行先试、积极打造省内绿色金融改革创新试验区，选择资源枯竭型以及资源丰富型城市作为示范，鼓励试点城市结合当地社会经济发展状况，推动绿色金融的特色发展，并在探索的基础上全面推广试点城市经验，形成可供省内城市推广复制的成功经验。

（3）加强跨区域合作交流。

加强长江经济带沿线各地政府间的信息互通，打破行政壁垒，强化由湖北牵头的省际协商合作机制。组建"长江经济带绿色金融联盟"，促进人才、机构、资金等绿色金融要素的流动，实现优势互补，推动跨区域、跨领域、多层次的绿色金融一体化合作。

6.重视人才培养，完善社会参与机制

（1）重视人才培养。

充分利用湖北高校人才培养和智库优势，建立绿色金融标准化培训体系，推行绿色金融从业资格认证。金融机构应加强对员工绿色业务能力的培训，培养一批具有国际视野的高素质绿色金融复合型人才。

（2）完善社会参与机制。

加强与湖北经济学院等高校合作，推动建立长江经济带智库联盟。鼓励科研机构、绿色金融专业事务机构和第三方服务平台，积极为绿色产业、环保行业、绿色

金融领域提供调研、规划、咨询、顾问、IT系统建设等服务。

（参与研究人员：张攀红、罗鹏、王婧、黎桦）

农业供应链金融支持铜川乡村振兴的实践与思考

（2024年11月21日，中国人民银行副行长批示）

2024年6月，为深入贯彻习近平总书记关于"三农"工作的重要论述，按照《中共中央 国务院关于学习运用"千村示范、万村整治"工程经验有力有效推进乡村全面振兴的意见》的要求，根据人民银行定点帮扶工作安排，发挥中国金融教育发展基金会（以下简称基金会）自身优势，做好帮扶资金管理，持续提升金融教育服务乡村振兴的能力和实效，基金会组织部分理事单位和捐赠单位相关人员赴人民银行定点帮扶地区——铜川宜君县、印台区进行实地调研，深入了解帮扶项目取得的成效、捐赠资金发挥的作用，为扎实协助做好定点帮扶工作提供决策参考，更好地助力帮扶地区实现乡村振兴。

（一）实地走访调研情况

铜川是陕西省第二个省辖市，地处西安都市圈，是通往人文初祖黄帝陵及革命圣地延安的必经之地，区位优势明显。铜川文化积淀厚重，红色基因鲜明，生态环境优美，获评"中国最具幸福感城市"。2022年9月，经国务院同意，铜川市获批创建国家级普惠金融改革试验区，乡村振兴成为试验区普惠金融改革支持的重要目标。本次调研走访的宜君县、印台区是铜川普惠金融改革的重点地区，人民银行帮扶资助的项目为推进当地普惠金融服务和乡村振兴提供了有力支持。

1.宜君中医药产业链服务基地

宜君中医药产业链服务基地围绕"一个中心（宜君中医药产业链数字中心）、五个平台（中药材科研技术服务平台、中药材检测服务平台、中药材供应链服务平台、中医药产业金融服务平台、中药产品代工平台）"，通过研发、育苗、种植、溯源、加工、流通、金融服务等要素保障，提供检测、烘干、加工、收储、金融、交易等一体化服务，有效衔接中医药产业链的上下游环节，加快中药材产业从一产向二产高价值转移的步伐，全面提升中药材全产业链服务水平。中国人民银行资助的彭祖养生院、彭祖书院等项目是中医药产业链的有益延伸和补充，对提升产业链价值与影响力意义较大。

2.哭泉镇智慧乡村建设示范区

中国人民银行捐资在哭泉镇整治人居环境，推广玉米秸秆还田，建设智慧乡村平台。智慧乡村建设开启党群服务"智能模式"，全力推进政务、党务办公一体化，开通上线"哭泉发布"微信公众号小程序及村级接口，开展新闻发布、便民服务、基层党建、乡村振兴、乡村治理、文旅服务等线上服务内容，打造线上线下一体化、云上资源共享的"智慧乡村"新模式。

3.印台区"信用+数字化治理"社区

印台区将社会信用体系建设与基层社会治理相结合，探索将信用理念、信用手段融入基层社会治理的各个环节，突出打造"信用社区"。中国人民银行捐资开发的"信用+社区数字化治理"信用共享云平台及"信用印台"掌上小程序，通过构建信用赋分、金融助力、多元激励三大体系，在印台街道顺金社区探索实施"信用+社区数字化治理"新模式。通过大力整合公共信用信息，在金融信贷、文化旅游、志愿服务、社会保障等领域，开展"信用+"守信激励创新应用场景，重点围绕信用贷款、绿色通道、邻里互助、法律援助、信用消费等方面推进落实，让更多的诚实守信居民感受到信用带来的实惠，增强居民对社区信用建设的认知度和参与率，不断提升居民的幸福感和获得感。

4.西固村乡村产业振兴示范区

西固村以苹果种植为主要产业，中国人民银行先后向该村捐资用于支持产业发展、基层党建、基础设施建设等，努力将该村打造为乡村振兴的示范村。结合苹果优生区自然条件，百亩示范园茁壮成长，果树已初挂果。中国人民银行参与捐资的千吨果库、农产品集散中心已建成投入使用，提升了苹果的储存、销售和附加值，村集体经济收入逐步由单一转化为多元化。

（二）农业供应链金融支持乡村振兴的铜川实践

农业供应链金融是普惠金融改革的重要创新，具有闭合的交易结构、垂直的管理模式和自偿性的资金链等特质，为突破传统金融对农村排斥的困境开辟了新的解决路径。在走访调研中，调研组一致认为，人民银行铜川市分行推动辖区内金融机构积极探索农业供应链金融应用场景创新，围绕优势农产品供应链和农村重点产业链的融资需求，定制专属的供应链金融服务方案，为铜川乡村振兴提供了智力与财力。

1.以特色农业为核心，打造"四全"农业供应链金融模式

深化现代农业供应链"链长"制度，运用央行政策工具和财政贴息政策，引导信贷资源积极参与，以铜川重点农业产业香菇产业链为试点，创新"全链条+全周期+全流程+全参与"的"四全"农业供应链金融模式。一是金融服务全链条。金融机构积极发挥金融顾问制度作用，围绕香菇产业基地建设、技术研发、生产种植、加工、收购、销售等产业链各个环节，对依托产业链的农业龙头企业、农民专业合作社、家庭农场、农户、村集体经济组织等经营主体分类施策，提供"融资融智"支持。二是产品覆盖全周期。金融机构紧密结合香菇产业链发展周期和香菇生产周期特点，创新信贷产品和服务模式，对香菇产业链的信贷支持覆盖农业生产全周期和产业链发展全周期，资金实现了从"银行—农户—企业—农户—银行"的闭

环。三是减费让利全流程。充分发挥货币政策与财政政策合力，强化信贷引导和杠杆撬动作用，构建了以央行结构性货币政策工具为核心的"人民银行+地方政府+银行+经营主体"联结机制，由央行再贷款提供低成本资金，财政奖补资金覆盖银行和经营主体，实现了减费让利全流程覆盖。四是金融机构全参与。推动形成以主办行为主，多个金融机构共同参与的金融支持农业产业链发展格局，满足各类型经营主体和项目建设的资金需求，形成全方位、立体式信贷支持机制，助推香菇产业链壮大发展。

2. 以电商平台为依托，创新农产品供应链融资模式

为破解苹果、核桃等特色农产品产购销难题，解决涉农电商企业融资服务的可得性与便捷性，按照构建"一行一链一品"思路，搭建数字化农产品供应链，匹配一定额度内的循环授信，为涉农小微电商提供定制化金融服务。一是以天猫（淘宝）、京东、抖音、快手等电商平台的订单为交易背景，通过数据模块采集电商实时的订单信息及发货情况，确定贷款期限；二是单笔贷款期限为电商账期+支付确认期+宽限期，按日计息，可提前还款；三是还款方式为到期一次性还本付息，贷款性质为流动资金贷款，贷款利率按照普惠涉农优惠利率执行，解决了农产品电商轻资产、无担保、无抵押的融资痛点。

（三）以金融科技企业为助力，赋能农业供应链金融风险防范

借助阿里巴巴引入"大山雀"卫星遥感信息技术资源，在宜君县建成全国首个玉米产业监测平台，针对宜君山区地形进行算法优化，利用卫星遥感和人工智能图像识别，实现40余万亩玉米面积、长势和产量的数字化实时监测。根据监测信息预估的玉米收成，网商银行为农户提供信用贷款，探索运用"保险+期货"创新模式，让农户在目标价格保险的基础保护下，购买可自由选择保障水平的农产品期货价格保险，为其提供双重保护，实现由保成本向保收益、保收入更高层次跨越，锁定了有效收益，极大地规避了农业供应链金融风险。

（四）创新数智化农业供应链金融，激发铜川乡村振兴新动能

虽然农业供应链金融在铜川乡村振兴实践中发挥了良好效能，但也要看到，农业供应链主体地理位置较为分散，部分核心企业实力还不够强大，对供应链的整合能力和带动效应还需增强。部分农村地区信息化程度相对较低，供应链主体间信息传递至金融机构还不够便捷，授信风险精准管控尚不能完全实现。数字经济时代背景下，数智化创新无疑为农业供应链金融克服以上局限提供了"新质生产力"。农业供应链金融数智化变革的核心在于将农业供应链运行的各主要环节在线完成，打破物理阻隔与壁垒，形成供应链主体间的数据流，实现供应链组织网络、价值网络、物流网络、资金网络线上有机整合与协调发展。

1.实现供需信息平台化

苹果、香菇、核桃等铜川地区特色农产品季节性较强，供需信息不对称、中间环节多等因素极易造成这些农产品价格大幅起落，严重损害农户收益，进而造成供应链金融违约风险激增。依托互联网构建"三农"信息平台、农产品B2B供求信息发布平台，以及金融、物流、政务等配套服务云平台，实现农产品供需信息、市场行情、气象预警、政策解读、金融物流服务供给等综合信息跨地域、跨企业协同共享，指导农户科学合理地生产与销售，逐步实现错峰上市，实现增产且增收。

2.实现销售方式电商化

大力发展农产品直播电商、货架式电商、社群电商等多元化电商模式，打造铜川原产地知名农产品电商品牌，在产地与市场之间搭起桥梁和纽带，将农产品通过最短路径送达消费者，高效实现无障碍跨地域农产品流通。通过销售方式的电商化积累农产品生产和销售过程中沉淀的物流、资金流、信息流等数字足迹，构建农业大数据共享平台，为农业供应链金融征信与信贷决策提供充足数据支持。

3.实现支付方式线上化

相对城市而言，铜川农村地区网络支付的使用率还有一定的提升空间。进一步完善农村结算支付体系，健全农村电子交易网络，普及便捷的线上支付方式，推进银行、电商与第三方支付的密切合作，实现整个农业供应链上各参与主体的在线支付与多方共赢。

4.实现生产与物流监管实时化

农业生产受气候和自然环境的影响很大，如洪涝、干旱、病虫害等不可抗力事件发生会对农作物产量造成巨大影响，容易引发中小农业企业和农户的违约风险与道德风险，进而沿着供应链传染扩散至所有关联企业，演化为系统信贷风险。借助卫星遥感技术、物联网与大数据等信息技术，实现对农产品生产和物流全过程的实时监管和远程控制，更好地预警、防范农业生产风险。金融机构以农业供应链生产与物流实时监管大数据为基础开展对供应链主体农产品资产价值评估、授信决策和风险控制；供应链主体根据农业生产与物流监管的大数据预警信息，选择"期货+保险"的农产品期货与农业保险配套模式，规避农产品价格波动风险带来的损失。

5.实现信贷服务风控智能化

逐步实现农业供应链金融服务的线上化，依托供应链沉淀的大数据足迹开展供应链主体信用评级和智能风控。综合考量农业供应链主体的互联网信贷数据以及贸易往来数据，立体构建客户信用画像，通过AI大模型、云计算等技术实现企业和农户信贷的特定化授信，改善银企间的信息不对称，降低中小农业企业及农户的融资成本。金融机构基于农业供应链大数据构建风险预测模型，将农业供应链全流程数字足迹转化的数据用于供应链金融风险的精准预测与监管。

（参与研究人员：杨申燕、杨子强、王微微）

金融科技助推乡村振兴的几点思考

（2020年7月23日，中国人民银行副行长批示）

乡村振兴是解决我国"三农"问题、实现农村快速发展、补齐我国经济社会短板的重大战略决策。乡村振兴对农村的产业化发展提出了要求，而农村产业的现代化更离不开金融科技的渗透。然而，我国农村地区却存在着金融供给缺乏、体制不健全、金融风险化解机制缺失、金融供给机制不足、金融资源配置不均衡等问题，面临着市场需求变化、土地流转、农村金融风险特质带来的新挑战。随着互联网、大数据、云计算、人工智能以及区块链等技术的快速发展及广泛应用，金融科技异军突起，有力补齐了乡村振兴的金融短板。

（一）金融科技助推乡村振兴的实践

商业银行、政策性银行、电商巨头、农业服务企业和小微金融机构积极利用金融科技，共享"三农"大数据，共筑信用体系，在网上衍生主业的同时提供个性化的金融服务，为乡村振兴提供了有力的金融支持。

以中国农业银行、中国邮政储蓄银行和地方农村商业银行为代表的商业银行，不仅积极在农村拓展在线办理融资和支付结算等传统业务，还积极适应农村电商发展趋势，探索推出了集信息发布与撮合、资金结算、进销存管理、资金融通为一体的电商综合金融服务。

以中国农业发展银行和国家开发银行为代表的政策性银行，通过金融科技构建智慧化服务平台，服务农村粮食产供销及粮油企业的投融资业务，保障粮食安全；通过数据监控，精准扶贫，助力打赢脱贫攻坚战。

以阿里、京东和苏宁为代表的电商巨头，通过与农村政府和金融机构合作，挖掘农村大数据，构建农村征信系统和风险防控系统，提供包括消费金融、保险、信用担保、供应链金融、理财、众筹和移动支付在内的全产业链、全产品链的农村金融服务。

以新希望为代表的农业服务企业，以供应链为切入口，为"三农"小微企业及优质农户提供金融服务的同时，还通过科技平台提供农牧行业方面的专业知识。

以农分期、沐农金、理财农场等为代表的小微金融机构与银行、基金等资本企业合作，获取社会资本，通过提供农资/农机购买服务、农产品销售、农业信息服务等方式为农户提供全方位的服务场景，增加客户吸引力与凝聚力，获取全产业链信息。

（二）金融科技助推乡村振兴存在的主要问题

金融科技在农村的发展，不但有力补齐了农村金融短板，也是金融科技实施企业在竞争中创新的一片蓝海，但是金融科技助推乡村振兴方面仍然存在一些问题。

1.农村基础设施条件落后

一是农村地区网络基础设施落后，3G和4G信号尚未完全覆盖，网络通信质量差，智能手机的覆盖面较小，在一定程度上限制了金融科技的应用推广。二是由于农村地区金融机构相对较少，金融机构对农村金融科技基础设施和设备建设意愿不强，投入不足，限制了金融科技的更新应用。

2.居民金融素养相对较低

一是农村居民现金交易习惯难以改变，金融科技产品难以接受、难以掌握应用。二是农村居民难以深入理解复杂的金融条款，接受金融产品主要通过他人推荐和广告推广，这又容易被非法金融产品吸引，难以正确认识金融科技产品。

3.数据治理体系不完善

一是金融科技企业之间以及其与政府部门之间，由于数据安全或商业利益，数据共享不完善，数据孤岛现象严重。二是农户数据类型复杂多样，消费行为相对分散，使得数据结构不统一，数据获取难度大、成本高。三是金融机构内外部存在多套系统，系统标准不统一，往往限制了金融机构的数据融合和共享。

4.农村金融科技创新力度不够

一是部分金融机构只是将传统的信贷融资和结算业务网络化，金融产品科技含量低，同质化竞争严重。二是农村金融机构只是简单将城市金融产品在农村推广，缺乏与农村经济发展特色相结合的产品。部分中小金融机构利用金融科技等概念从事"伪创新"，创新脱离农业生产经营场景，缺乏实用性。

5.农村金融科技监管难度大

金融科技在提高金融资源利用效率的同时，也提高了金融风险复杂性，加大了金融监管难度。一是农村金融监管人员能力有限，难以满足金融科技监管要求。二是金融科技使得金融产品和运营模式创新的步伐越来越快，监管体系很难快速识别这些创新型金融产品的潜在风险，监管具有滞后性，在农村地区尤为突出。

6.农村金融科技保障体系不完善

一是根据现有法律，金融科技与非法融资业务有模糊交错的地方，影响其推广应用。二是农村土地、房屋等主要可抵押物产权问题较为复杂，不利于基于农村产权抵押的金融科技产品创新。三是政府对农村金融科技发展的规划相对滞后，引导不足，使得金融机构业务同质化，资源整合效率低，秩序混乱，不利于金融科技在农村的可持续发展。

7.农村金融科技人才匮乏

一方面，金融科技人才集中在城市，农村地区缺乏金融科技人才，使得针对农村地区金融业务的金融产品缺乏；另一方面，"三农"主体对金融的认知能力普遍不足，金融资源利用效率低，使用技能较差。

（三）金融科技助推乡村振兴的对策建议

农村经济的发展，尤其是农村电商等新兴商业模式的发展，为金融科技发展提供了广阔的市场和新的应用场景。金融科技也成为促进乡村振兴战略有效实施的重要保障。因此，必须加快构建农村金融科技发展的创新环境，大力助推乡村振兴。

1. 加大基建投入，提升金融服务水平

完善网络设施建设，为农村地区智能移动终端服务提供稳定的网络支持，为便利农村居民使用网络了解金融信息、办理金融业务提供畅通的信息交流渠道。鼓励金融科技企业在农村地区投放智能终端设备，建立乡村服务站，延伸金融服务触角，提高金融科技渗透性。

2. 实施金融教育，提高居民金融素养

充分利用现代信息技术，构建完善的农村金融教育体系，将国家政策方针与惠农金融业务相结合，有针对性地开展金融教育服务，提高农村居民金融素养，为金融科技在农村推广、应用营造良好的市场环境。

3. 信息搜集共享，构建农村信用体系

利用信息技术，统一信息采集标准，做好线上线下数据搜集。强化金融机构与政府部门、电商巨头、行业协会、农业企业等机构的信息共享，建立失信惩戒制度和信用示范引领机制，完善农村信用体系，降低交易成本，提升金融科技服务质量。

4. 强化产品创新，提升金融供给质量

紧扣乡村振兴"产业兴旺、生态宜居、乡风文明、治理有效、生活富裕"五个目标，提供绿色金融等政策性金融产品。根据不同地区"三农"客户群体的资产特

性和生产特性，创新融资担保方式和还贷方式，提供富有地方特色的融资产品。依托大数据和人工智能等技术获取农村长尾客户的综合数据，围绕农村居民日常生活需求和农业生产经营需要，为客户提供定制化的金融产品。

5.完善风险管理，保障行业健康发展

借鉴P2P行业发展的前车之鉴，鼓励金融科技发展的同时，积极做好风险防范工作。一是预研金融科技发展趋势，借鉴"监管沙盒"等国际先进监管经验，构建主动型监管体系。二是根据业务属性厘清监管职责范围，纳入现有监管框架。三是积极推动金融监管科技创新和运用，通过数据收集，实时监控资金使用情况，提高监管的风险覆盖范围和防控效率。四是注重发挥行业自律组织的管理作用，提升行业内部治理水平。

6.健全引导保障，优化金融生态环境

在政策引导方面，增强农村金融科技发展规划的前瞻性，建立机构准入制度促进行业有序发展。综合运用金融财税政策，引导金融机构业务向农村地区倾斜，推动农村金融良性发展。在法律保障方面，明确农村地区非法集资范围，为金融科技确立合法地位。完善农村各种产权确权流转制度，为金融科技发展提供底层资产支持。

7.做好人才引进培育，支撑金融科技发展

金融科技人才短缺是农村金融科技发展的最重要制约因素。农村金融科技机构要引导金融人才下沉到农村，设计更接近地方特色、更便于"三农"客户使用的金融科技产品。地方政府部门应积极培训干部，提升使用金融科技能力，服务农村电商等新农产业。积极开展对乡村居民的金融科技培训，增强其辨识、使用正规金融科技产品的能力，服务乡村居民的消费、创业就业，推动乡村振兴。

（参与研究人员：杨子强、李正旺、陈义国）

附录　科研成果与学术贡献

在《金融研究》《国外社会科学》《光明日报》《财贸经济》《经济学动态》《中国教育报》《管理评论》《管理学报》《金融评论》《金融论坛》《江汉论坛》《经济问题》《中州学刊》《中国社会科学报》《中国经济时报》《社会科学报》《金融时报》等核心报刊发表了百余篇学术论文，多篇论文被《中国社会科学文摘》、中国人民大学书报资料中心《金融与保险》转载。出版了《开放条件下金融风险预警指标体系研究》《21世纪区域金融安全问题研究》《金融稳定协调机制研究》《武汉区域金融中心建设创新路径研究》《新常态下地方金融发展问题研究》《湖北绿色金融创新发展问题研究》等10多部著作。主编了《货币金融学》《货币金融学概论》《金融学课程教学案例选编》《金融学专业综合改革的探索与实践》《金融理财师培养路径的探索与实践》《金融学科创新与教学改革研究》《金融人才培养与教学改革研究》等教材和教研成果，以及《百姓金融安全小卫士》《诚信伴我行》《社区居民金融知识手册》等普惠金融知识系列读本。主持完成了国家社科基金项目、教育部产学合作协同育人项目、中国高等教育学会研究项目、湖北省社科基金项目、湖北省软科学研究项目、湖北省教学改革研究项目、湖北省教育改革发展专项课题等省部级项目30多项。荣获国家级教学成果奖1项，第十二届金融图书"金羊奖"1项，湖北省优秀教学成果奖3项，湖北省社科优秀成果奖5项，武汉市社科优秀成果奖4项，中共湖北省委宣传部优秀成果奖3项，10多项成果获省部级领导的重要批示。

一、论文著述

许传华，张瀚月．交叉融合赋能学科建设高质量发展［N］．中国教育报，2024-12-31．

许传华，段李杰．以高质量供应链平台助力建设四化同步发展示范区［N］．湖北日报，2024-09-26．

许传华，张瀚月．用好学科交叉"催化剂"推动"新财经"学科战略转型升级［N］．湖北日报，2024-05-07．

许传华，张瀚月．抓重点 强优势 创特色 推动学科建设提质增效［N］．光明日报，2023-04-06．

许传华．加强产业融合 打造"宜荆荆"都市圈协同发展先行区——基于对湖北省松滋市、宜都市的调研分析［J］．党政干部论坛，2022（12）．

许传华，张全红．以区域产业融合推动县域经济高质量发展［N］．湖北日报，2022-08-30．

许传华．总结新时代中国金融发展成就［N］．中国新闻出版广电报，2022-07-29．

许传华，王凯，陈卉．金融科技助推乡村振兴的实践与创新［J］．社会科学动态，2021（7）．

戴静，刘贯春，许传华，等．金融部门人力资本配置与实体企业金融资产投资［J］．财贸经济，2020（4）．

许传华，左盼．浅析资产证券化业务中的税务问题［J］．财会通讯，2019（9）．

罗鹏，陈义国，许传华．百度搜索、风险感知与金融风险预测——基于行为金融学的视角［J］．金融论坛，2018（1）．

舒平，许传华，叶小媛．多因素耦合下中小银行社区金融风险管理研究——以

H银行为例〔J〕. 福建金融，2017（8）.

许传华，许达. 对新常态下我国商业银行面临若干问题的探讨〔J〕. 武汉金融，2017（7）.

许传华，漆腊应，刘宁，等. 多元分层协同培养应用型金融本科人才的宏观思考——基于湖北经济学院的探索与实践〔J〕. 金融理论与教学，2017（5）.

许传华，叶小媛，吕晓彤. 地方政府投融资平台的债务分析〔J〕. 武汉金融，2016（1）.

戴静，张建华，许传华. 众筹融资促科技金融创新发展〔N〕. 中国社会科学报，2015-06-10.

许传华，张雪松. 试论我国上市证券公司综合绩效评估——基于主成分分析方法〔J〕. 武汉金融，2015（5）.

戴静，张建华，许传华. 中国区域工业全要素R&D效率不平等研究〔J〕. 管理学报，2014（9）.

周文，许传华. 互联网金融规范：发展重于简单取缔〔N〕. 中国社会科学报，2014-07-23.

许传华，郭金录. 地方本科高校订单式人才培养特色范式的宏观思考〔J〕. 金融理论与教学，2014（6）.

许传华，周文. 区域金融中心建设热的冷思考〔J〕. 江汉大学学报（社会科学版），2014（6）.

许传华，周文. 量力而行建设区域金融中心〔N〕. 中国社会科学报，2014-01-15.

许传华，陶珍生，段小玲. 我国金融发展对收入不平等的影响分析：基于VAR模型的实证研究〔J〕. 武汉金融，2013（6）.

许传华，杨雪莱. 我国金融风险预警指标及其相关性分析〔J〕. 科技创业月刊，2012（8）.

杨雪莱，许传华. 中国金融风险预警指标的最优阈值及预测绩效分析〔J〕. 广东金融学院学报，2012（2）.

许传华，徐慧玲，杨雪莱. 我国金融风险预警模型的建立与实证研究［J］. 经济问题，2012（2）.

林江鹏，许传华. 我国农村信用体系建设制度创新研究［J］. 江西社会科学，2011（6）.

许传华. 我国金融风险预警的制度性障碍及其改进对策［J］. 湖北社会科学，2011（6）.

许传华，杨雪莱. 通货膨胀与中国金融风险预警［J］. 武汉金融，2011（2）.

许传华，戴敏. 对湖北村镇银行发展的若干思考［J］. 学习与实践，2010（11）.

徐慧玲，许传华. 金融风险预警模型述评［J］. 经济学动态，2010（11）.

许传华. 构建我国金融风险预警机制的宏观思考［J］. 中州学刊，2010（5）.

许传华，杨雪莱. 金融风险预警的国外实践与理论框架设计［J］. 国外社会科学，2010（5）.

余小高，许传华. 基于Web服务和Agent的P2P金融风险预警系统技术架构研究［J］. 科技创业月刊，2010（4）.

杨雪莱，许传华，徐慧玲. 美国货币冲击与中国资产价格波动［J］. 中南财经政法大学学报，2010（3）.

许传华. 社区性中小银行发展的供求分析与策略探讨［J］. 金融与保险，2010（2）.

吴少新，李建华，许传华. 基于DEA超效率模型的村镇银行经营效率研究［J］. 财贸经济，2009（12）.

许传华. 社区性中小银行发展模式与策略研究［J］. 浙江金融，2009（10）.

许传华. 武汉城市圈金融协调机制建设存在的问题及对策［J］. 武汉金融，2009（8）.

许传华，徐慧玲. 武汉城市圈金融协调：目标思路与实施路径［J］. 学习与实践，2009（7）.

许传华. 美国金融危机下金融监管模式的缺陷及对我国的启示［J］. 经济问题，2009（7）.

许传华，徐慧玲. 美国新金融危机的历史、演进及探源［J］. 国外社会科学，2009（2）.

许传华，徐慧玲. 美国新金融危机中的救援及启示［J］. 中州学刊，2009（1）.

许传华，边智群. 在新农村建设中提升湖北农村信用社的竞争力［J］. 学习与实践，2008年（5）.

徐慧玲，许传华. 试论非完全信息下债权人和股东的博弈均衡［J］. 数理统计与管理，2008（4）.

徐慧玲，许传华. 武汉城市圈金融协调的路径选择［N］. 湖北日报，2008-04-25.

李建华，许传华. 约束与深化：我国村镇银行建设研究［J］. 中州学刊，2008（3）.

许传华，郑艺. 如何破解涉农中小企业融资难的问题［J］. 金融博览，2008（3）.

许传华. 拓宽涉农中小企业融资渠道［N］. 湖北日报，2008-01-11.

许传华. 打造需求导向型金融服务体系［N］. 湖北日报，2008-01-10.

许传华，徐慧玲. 充分发挥金融工具在新农村建设中的作用［J］. 武汉金融，2007（12）.

许传华. 对社区性中小银行发展的理性探讨［J］. 湖北农村金融研究，2007（8）.

许传华，徐慧玲. 涉农中小企业融资难的成因及其对策［J］. 湖北社会科学，2007（10）.

张治武，许传华. 入主流 求质量 办特色，着力培养应用型金融人才［N］. 光明日报，2007-07-21.

杨雪莱，许传华，吴少新. 基于NK模型的金融生态优化解析 ［J］. 中州学刊，2007（4）.

许传华，郑艺，邱利军. 从货币容纳弹性的视角看我国货币政策的取向 ［J］. 中州学刊，2007（3）.

许传华. 中小企业融资难的症结、成因与对策 ［J］. 财贸经济，2007（2）.

李刚，许传华. 基于BP神经网络的个人信用评估体系研究 ［J］. 广东金融学院学报，2007（1）.

许传华. 中小企业如何走出融资难的怪圈 ［N］.湖北日报，2006-10-26.

李正旺，许传华. 湖北新农村建设与有效金融支持研究 ［J］. 湖北社会科学，2006（9）.

吴少新，许传华. 建立金融安全协调机制的路径选择 ［J］. 管理评论，2006（6）.

许传华. 开展研讨式教学 培养学生创新能力 ［J］. 金融教学与研究，2006（3）.

许传华，郑艺. 金融全球化对我国银行业的挑战及其应对措施 ［J］. 金融与经济，2005（12）.

许传华. 金融机构市场退出的运行性法律机制研究 ［J］. 经济问题，2005（7）.

许传华. 城市商业银行公司治理结构及其运作 ［J］. 江汉论坛，2005（3）.

许传华. 我国金融机构市场退出机制研究 ［J］. 财贸经济，2004（9）.

张国亮，许传华. 通胀的预警与调控 ［J］. 统计与决策，2004（8）.

许传华. 建立我国社会信用体系的意义与紧迫性 ［J］. 湖北社会科学，2004（6）.

许传华，边智群. 信用缺失的制度性障碍与环境分析 ［J］. 经济问题，2004（5）.

许传华. 金融监管职能分离后中国货币政策传导机制分析 [J]. 武汉金融, 2004（3）.

许传华. 加强现场检查工作 提升金融监管实效 [J]. 经济工作导刊, 2003（12）.

许传华. 货币政策传导不畅与制度性障碍 [N]. 中国经济时报, 2003-11-27.

许传华. 从金融监管分离看货币政策传导 [N]. 上海金融报, 2003-11-15.

许传华. 加入 WTO 对我国金融监管的影响及应对措施 [J]. 湖北社会科学, 2003（7）.

许传华. 走出金融法治误区的理性思考 [N]. 中国经济时报, 2003-07-07.

许传华, 祝弼雄. 开拓商业承兑汇票业务：风险问题与防范对策 [J]. 经济工作导刊, 2002（24）.

许传华. 对建立我国存款保险制度的若干思考 [J]. 财会通讯, 2002（8）.

许传华, 卢芸, 张国亮. 加强金融监管 维护区域金融安全 [J]. 金融与保险, 2002（5）.

许传华, 余丹. 建立货币政策与金融监管协调运行机制 [J]. 湖北社会科学, 2002（4）.

许传华. 金融机构市场退出的法律比较与分析 [J]. 金融论坛, 2002（1）.

杨丽萍, 许传华. 试论我国商业银行中间业务的拓展 [J]. 经济师, 2001（9）.

许传华. 有问题金融机构的救助误区 [N]. 社会科学报, 2001-06-21.

许传华. 怎样建立家庭金融档案 [J]. 财会通讯, 2001（6）.

许传华. 我国金融机构市场退出的原则及救助措施 [J]. 广西社会科学, 2001（4）.

许传华. 我国商业银行市场营销存在的难点与对策 [J]. 吉林农村金融, 2001（4）.

许传华, 支州. 建立金融安全区的宏观思考 [J]. 武汉金融, 2001（2）.

许传华. 中国金融发展呼唤全能银行 [N]. 湖北经济报, 2000-08-29.

许传华. 工薪族应如何炒股 [N]. 武汉科技报, 2000-08-19.

许传华. 警惕"私款公存 [N]. 上海金融报, 2000-05-20.

许传华. 借鉴国际经验, 建立我国存款保险制度 [J]. 理论与改革, 2000 (2).

许传华. 金融机构业务经营中作弊的成因及其防范措施 [J]. 吉林农村金融, 2000 (2).

许传华. 金融机构市场退出应坚持的原则 [N]. 上海金融报, 2000-01-29.

许传华. 国外金融机构处理不良资产的主要方式及其启示 [J]. 银行与企业, 1999 (9).

许传华. 东南亚金融危机中的政府作用与政策研究 [J]. 中国金融教育, 1998 (8).

许传华. 香港国际金融中心地位的崛起、维护与提高 [J]. 金融与保险, 1998 (2).

许传华. 香港国际金融中心地位及相关问题 [J]. 中国金融教育, 1997 (6).

许传华. 对我国金融科学体系及学科建设的探讨 [J]. 金融教学与研究, 1997 (5).

卢芸, 许传华. 资金紧张问题的理论研究和实证分析 [J]. 银行与企业, 1996 (8).

许传华. 货币市场与资本市场若干问题的探讨 [J]. 湖北农村金融研究, 1996 (6).

王先斌, 许传华. 关于我国金融创新及其相关问题的探讨 [J]. 福建国际金融, 1996 (4).

许传华. 金融监管: 规范现代金融业的关键所在 [J]. 投资文苑, 1996 (3).

许传华. 认识游资 引导游资 [N]. 上海金融报, 1996-02-29.

许传华. 谈对证券从业人员的管理 [N]. 湖北法制报, 1996-02-02.

许传华. 对组建特种信贷银行的几点思考 [J]. 调研与信息, 1995 (12).

许传华. 票据行为的法律规范 [N]. 上海金融报, 1995-08-03.

许传华. 对国家银行不良债权转化的几点思考 [J]. 计划与市场, 1995 (5).

许传华. 通货膨胀与国债市场 [J]. 山西金融, 1995 (3).

许传华. 优先发展我国货币市场的若干思考 [J]. 武汉投资研究, 1995 (3).

许传华. 中国国债市场1995：市场发展初探 [N]. 武汉证券报, 1995-02-06.

许传华. 发展投资基金的八大难点 [J]. 投资纵横, 1995 (1).

许传华. 我国投资基金发展中的几个问题 [J]. 投资文苑, 1995 (1).

许传华. 证券机构投资国际化与开放中国证券市场 [J]. 银行与企业, 1994 (12).

许传华. 债权变股权绝非唯一选择 [N]. 中国股份经济报, 1994-12-08.

许传华. 我国证券事业的问题及其矫正 [J]. 湖北法制报, 1994-11-23.

许传华. 深化国债市场改革 拓展央行公开市场业务 [J]. 吉林金融研究, 1994 (11).

许传华. 建立地方财政投融资体系的几点思考 [J]. 财会通讯, 1994 (10).

许传华. 从股价趋势论的失灵看股价随机漫步理论的形成 [N]. 武汉证券报, 1994-09-26.

许传华. 建立分税制下的地方财政投融资体系 [J]. 财会研究, 1994 (7).

许传华. 金融权力商品化的诱导因素及对策研究 [N]. 湖北法制报, 1994-06-11.

许传华. 有关中央银行开展公开市场业务的不同观点 [J]. 经济学情报, 1994 (5).

许传华. "假人民币"现象透视 [N]. 湖北法制报, 1994-01-01.

许传华. 信用卡业务发展迟缓的难点 [J]. 金融时报, 1993-12-17.

许传华. 投资股票应选择"成长股" [N]. 武汉证券报, 1993-11-22.

许传华. 返关对我国金融业的冲击及相关对策 [J]. 陕西金融, 1993 (6).

许传华. 有关国债管理研究的不同观点 [J]. 经济学情报, 1993 (1).

许传华. 发展我国股票市场有关问题的研究综述 [J]. 学术研究动态, 1992 (4).

许传华. 加强国债管理的方案设想 [J]. 西藏财政研究, 1992 (3).

许传华. 加强国债管理和监督的方案设想 [J]. 陕西审计, 1992 (2).

许传华. 发展我国证券市场问题浅析及发展方略初探 [J]. 武汉投资研究, 1992 (1).

许传华. 对国库券黑市交易的透视 [J]. 武汉投资研究, 1991 (2).

许传华. 社区居民金融知识手册 [M]. 北京: 中国金融出版社, 2024.

许传华, 杨学东. 货币金融学 [M]. 3版. 北京: 高等教育出版社, 2024.

许传华, 于敏. 武汉区域金融中心建设创新路径研究 [M]. 北京: 中国金融出版社, 2022.

许传华. 诚信伴我行 [M]. 2版. 北京: 中国金融出版社, 2022.

许传华. 金融理财师培养路径的探索与实践 [M]. 武汉: 湖北人民出版社, 2022.

许传华. 百姓金融安全小卫士 [M]. 北京: 中国金融出版社, 2021.

边智群, 李正旺, 许传华. 金融学课程教学案例选编 [M]. 武汉: 湖北人民出版社, 2019.

许传华, 陈玥, 戴静, 等. 湖北绿色金融创新发展问题研究 [M]. 北京: 中国金融出版社, 2018.

许传华, 杨学东. 货币金融学 [M]. 2版. 北京: 高等教育出版社, 2018.

许传华. 诚信伴我行 [M]. 北京: 中国金融出版社, 2018.

许传华, 戴静, 陈义国. 新常态下区域金融风险防范研究 [M]. 北京: 中国金融出版社, 2017.

许传华. 新常态下地方金融发展问题研究 [M]. 武汉: 湖北人民出版社, 2016.

许传华，林江鹏，徐慧玲．碳金融产品设计与创新研究［M］．北京：中国金融出版社，2016．

漆腊应，许传华．金融学专业综合改革的探索与实践［M］．武汉：湖北人民出版社，2015．

许传华，徐慧玲，周文．互联网金融发展与金融监管问题研究［M］．北京：中国金融出版社，2015．

吴少新，许传华．货币金融学［M］．北京：高等教育出版社，2014．

许传华．开放条件下金融风险预警指标体系研究［M］．武汉：湖北人民出版社，2012．

吴少新，许传华，张国亮，等．中国村镇银行发展的长效机制研究［M］．武汉：湖北人民出版社，2010．

许传华．湖北金融发展理论变迁与实证研究［M］．武汉：湖北人民出版社，2009．

许传华，杨学东．货币金融学［M］．武汉：湖北人民出版社，2009．

许传华．湖北经济与金融和谐发展研究［M］．武汉：湖北人民出版社，2008．

吴少新，许传华．武汉城市圈金融生态环境研究［M］．武汉：湖北人民出版社，2008．

许传华，边智群，李正旺．金融稳定协调机制研究［M］．北京：中国财政经济出版社，2008．

吴少新，许传华．中南协作区经济金融生态圈研究［M］．武汉：湖北人民出版社，2007．

许传华．湖北金融发展与制度创新研究［M］．武汉：湖北人民出版社，2007．

吴少新，许传华．区域性股份制中小银行发展研究［M］．北京：中国财政经济出版社，2006．

卢芸，许传华．货币金融学［M］．北京：中国财政经济出版社，2004．

许传华．21世纪区域金融安全问题研究［M］．北京：中国财政经济出版社，2004．

二、研究项目

2024年，中国人民政治协商会议武汉市江汉区委员会委托项目：加快金融科技创新，做好数字金融大文章

2024年，湖北省社会科学界联合会中国调查项目：聚焦供应链平台建设兴产业，助推仙桃建设四化同步发展示范区研究

2024年，教育部供需对接就业育人项目：湖北经济学院-湖北今天律师事务所共建专业对口就业实习基地

2024年，教育部产学合作协同育人项目：数智时代研究生导师指导能力提升培训项目

2023年，武汉金融街管理委员会委托项目：关于加快江汉区金融业创新发展的对策与思考

2023年，中国金融教育发展基金会金融财经院校合作发展项目：地方财经类高校优势特色学科建设研究

2022年，武汉金融街管理委员会委托项目：江汉区绿色金融创新发展研究

2022年，黄石市融资担保集团有限公司委托项目：金融有效支持黄石实体经济高质量发展研究

2022年，湖北省社会科学界联合会中国调查项目：松滋与宜都产业融合发展研究

2022年，武汉研究院开放性课题重点项目：武汉区域金融中心建设的创新路径研究

2022年，中国金融教育发展基金会重点项目：我国部分地区绿色普惠金融情况调研

2021年，湖北省教育改革发展重点项目：地方本科高校金融投资人才培养的特色范式研究

2021年，武汉金融街管理委员会委托项目：江汉区打造区域金融中心核心区的实施方案

2020年，武汉金融街管理委员会委托项目：江汉区金融发展"十四五"规划

2020年，武汉金融街管理委员会委托项目：江汉区金融发展示范区研究

2020年，"产业升级与区域金融"湖北省协同创新中心重点项目：湖北绿色发展的金融支持体系与政策研究

2019年，中国金融教育发展基金会重点项目：金融科技助推乡村振兴的创新机制研究

2019年，湖北省水利厅竞争性谈判采购项目：湖北三峡库区对口支援总结性研究

2019年，"产业升级与区域金融"湖北省协同创新中心重点项目：长江大保护的金融政策研究

2018年，武汉金融街管理委员会委托项目：防范化解金融风险 推进江汉区实体经济高质量发展

2018年，武汉金融街管理委员会委托项目：江汉区区域性金融风险识别与防范研究

2018年，中国县镇经济交流促进会重大调研项目：湖北绿色金融改革创新的探索与实践

2017年，湖北省科技计划项目：湖北碳金融风险及防控对策研究

2017年，"产业升级与区域金融"湖北省协同创新中心重点项目：湖北省绿色金融体系研究

2015年，武汉市金融工作局研究项目：武汉市金融业"十三五"发展规划

2015年，武汉市江汉区人民政府研究项目：武汉市江汉区金融业"十三五"发展规划

2013年，湖北省教学改革研究项目：金融学国家级特色专业点综合性改革的探索与实践

2013年，湖北省教育科学规划项目：金融学重点培养本科专业综合改革的探索与实践

2013年，武汉市社会科学基金项目：武汉区域金融中心建设研究

2012年，湖北省社会科学基金项目：全球化背景下金融风险预警问题研究

2012年，湖北省高等学校优秀中青年科技创新团队项目：金融风险与土地集约化利用研究

2010年，湖北省社会科学基金项目：金融预警制度的国外实践与中国对策研究

2010年，湖北省高校产学研合作项目：湖北村镇银行发展的长效机制研究

2009年，国家社会科学基金项目：开放条件下金融风险预警指标体系研究

2009年，武汉市社会科学基金项目：社区性中小银行发展模式与策略研究

2009年，湖北省教育厅人文社会科学研究项目：武汉城市圈金融创新问题研究

2009年，湖北省教育厅科学技术研究重点项目：武汉城市圈建设中的金融协调机制研究

2007年，湖北省社会科学院研究项目：金融工具在新农村建设中的作用研究

2007年，湖北省教育厅科学技术研究中青年项目：涉农中小企业融资模式与策略研究

2006年，湖北省教育厅人文社会科学研究项目：地方金融稳定及其协调机制研究

2006年，中国高等教育学会教育科学研究规划项目：金融高等教育省级精品课程建设研究

2005年，湖北省教育科学规划项目：研讨式教学与大学生科研能力培养

2005年，湖北省教育厅科学技术研究重点项目：地方性城市商业银行公司治理机制研究

2004年，湖北省教育科学规划项目：金融专业教育教学改革与发展问题研究

2001年，湖北省教育厅人文社会科学研究项目：21世纪区域金融安全问题研究

1999年，中国人民银行总行研究项目：我国金融机构市场退出规范化问题研究

三、获奖情况

2024年，《诚信伴我行（第二版）》荣获第十二届金融图书"金羊奖"

2023年，《双核驱动、五维协同的金融类一流课程群闭环式建设与探索》荣获国家级教学成果奖二等奖

2023年，《协同培养"强基础、实验化、实践化"应用型经济金融人才的创新与实践》荣获第九届湖北省高等学校教学成果奖一等奖

2022年，《银行业竞争、创新资源配置与企业创新》荣获第十三届湖北省社会科学优秀成果奖三等奖

2020年，《湖北绿色金融创新发展问题研究》荣获第十二届湖北省社会科学优秀成果奖三等奖

2018年，《多元分层协同培养应用型金融本科人才的探索与实践》荣获第八届湖北省高等学校教学成果奖一等奖

2014年，《开放条件下金融风险预警指标体系研究》荣获第九届湖北省社会科学优秀成果奖三等奖

2013年，《中国村镇银行发展的长效机制研究》荣获第八届湖北省社会科学优秀成果奖二等奖

2013年，《金融风险预警的国外实践与理论框架设计》荣获武汉市第十三次社会科学优秀成果奖优秀奖

2011年，《中小企业融资难的症结、成因与对策》荣获第七届湖北省社会科学优秀成果奖三等奖

2010年,《美国新金融危机的历史、演进及探源》荣获武汉市第十二次社会科学优秀成果奖三等奖

2009年,《"复合型"金融人才培养的探索与实践》荣获第五届湖北省高等学校教学成果奖二等奖

2008年,《中小企业融资难的症结、成因与对策》荣获武汉市第十一次社会科学优秀成果奖三等奖

2007年,《新农村建设需要完善农村金融服务体系》荣获中共湖北省委宣传部第十一届专题优秀文章三等奖

2007年,《21世纪区域金融安全问题研究》荣获武汉市第十次社会科学优秀成果奖优秀奖

2006年,《中小企业如何走出融资难的怪圈》荣获湖北日报《理论》版经典作品

2005年,《建立现代商业银行内控评价体系的探讨》荣获中共湖北省委宣传部第十届专题优秀文章三等奖

2004年,《建立我国社会信用管理体系的宏观思考》荣获中国人民大学书报资料中心百篇优秀论文

2003年,《加强金融监管,维护区域金融安全》荣获中共湖北省委宣传部2001—2002年度专题优秀文章二等奖

2001年,《金融机构市场退出的法律比较与分析》荣获《金融研究》优秀论文三等奖

2000年,《东南亚金融危机中的政府作用与政策研究》荣获《财会研究》优秀论文一等奖

1997年,《资金紧张问题的理论研究与实证分析》荣获湖北省第四届金融科研成果三等奖

1993年,《返关对我国金融业的冲击及相关对策》荣获中国社会经济决策咨询中心最高决策咨询奖二等奖

后记

　　青青子衿，悠悠我心。1988年，仙桃小镇青年变成了中南财经大学的一名新生，就此跨进了"财经"这座大门。转眼间，离开家乡三十余载，那份乡情乡愁一刻也没淡去。无论故乡怎样，是秀美还是萧瑟，是热烈还是悲壮，是喜还是忧，是爱还是怨，都只剩下那滤清一切尘埃后的乡爱，仍然是我梦萦热恋的净土。在故乡，偶尔会想起自己志存登高望远的梦想，那年高考冲刺，寒窗求知，从来夙兴自励。曾经坚强的我，不管经历多少辗转反侧的夜晚，总是咬着牙走了过来；曾经努力的我，不管遇到多少心力交瘁的事情，也都没有放弃过。因为坚韧不拔地磨炼，我有了永不言败、勇往直前的勇气，因为锲而不舍地锻炼，我多了困难面前不改色、挑战来临意气风发的良好心态。

　　不悔初心，不负遇见。大学毕业后，缘于对学术领域的痴迷，放弃了回家乡事业单位的工作机会，也放弃了下海经商的机会，在大学班主任的引荐下，毅然走进高校，矢志不渝，执着追寻，这是一种选择，更是一种机缘。人的一生会有很多的选择，我最后选择的是坚守，借用诗人艾青的一句话——"为什么我的眼中常含着泪水？因为我对这片土地爱得深沉"。许多年前，我听着一首歌跃上征途："好像初次的舞台，听到第一声喝彩，我的眼泪忍不住掉下来，经过多少失败，经过多少等待，告诉自己要忍耐。"今天依然在路上，只为伴着我的人，只为温暖我的人。无论大学课堂、经济学殿堂，还是人生大舞台，总是抱着真诚的心。很多时候，真的会觉得很累，但一觉醒来又义无反顾地上路了。为什么要上路？我也不知道。也许在路上已经变成了一个习惯，就像候鸟总会向着温暖的方向飞行，总会不自觉地向着新的方向前进。

一半人文，一半天赐。《荀子·修身》中有一句话："道虽迩，不行不至；事虽小，不为不成。"回望求索征程，有跋涉的艰辛，有挥洒的汗水，有收获的喜悦：难忘求学征途上，穿梭学府，于中南财经大学、武汉大学、华中科技大学攻读经济学学士学位、硕士学位和博士学位的寒窗岁月；难忘学术航程上，接力攻克，顺利结项国家社科基金项目、荣获国家教学成果奖和金融图书"金羊奖"的拼搏时光；难忘晋级道路上，执着追求，攀登晋级金融学四级教授、三级教授和二级教授的青春年华；难忘平凡岗位上，披荆斩棘，接连获得享受省政府专项津贴专家、全国金融教育先进工作者和湖北名师的流光岁月。感恩我本科、硕士和博士的母校财大、武大和华科，赋予我海纳百川的气度，优雅美丽的风骨，赐予我一辈子值得拥有的良师和同窗，让我成为一个"博文明理、厚德济世"的人，成为一个"自强弘毅、求是拓新"的人，成为一个"明德厚学、求是创新"的人。感谢这个随时变化而充满活力的新时代，让我走出"象牙塔"变成了能够悠游江湖的通达之人，始终用坚持收获成长，用成长修炼韧性，用自我的确定性抵抗外界的不确定，永远不停步，不退缩，坚定而执着。

不能则学，不知则问。缘于执着的追求与梦想，缘于深深的情怀和勇敢的力量，成长于斯，也成就于斯：百余篇论文著作、30 多个研究项目、20 多项获奖成果和近百篇媒体报道……从文章标题、发表时间到发表平台，从获奖时间、获奖作品到颁奖机构，这些字符一行行整齐地排列组合，清晰见证着为学从教科研之路。翻阅当年泛黄的文稿，字里行间，历经岁月打磨，依然体会良多：那曾经一晃而逝的忙碌岁月，好比一条清澈明净的河流，静静地流淌过，又清清地流淌着，滋润着一路葱郁的学术之林，收获着无数坚实而甜美的心血之果。回眸来时路，或许从来没有想过做学生时的星夜奔波，做学者时的星光赶路，做学术时的风雨兼程。成长的每一步，哪来轻轻松松、风平浪静，都充满了波折和困难。应该说，压力和阻力来自方方面面，风险和未知蕴含在时时刻刻，奋斗的过程充满着对意志的考验和对身心的历练，好在自己意志坚定、信念坚定，能够始终坚持努力而不轻言放弃。

未来已来，远方不远。记得作家韩寒曾说："一个人能走多远，要看他有谁同行；一个人有多优秀，要看他有谁指点；一个人有多成功，要看他与谁相伴。"潜心深耕的路上苦乐自知，只有真的享受其中，才会初见心动，再见亦怦然：真的，能用自己的文字、自己的思想给人些许启迪，特别是去影响青年学子，难道还有什么能比这更让人感到幸福和欣慰的吗？或许骨子里这份对校园的喜爱、对学生的喜欢和对那种相对来说无拘无束生活状态的喜好；或许缘于这份坚守与执着，才使我有幸能在学府度过与无数优秀学生相伴的岁月，让我有一份宁静和独立对专业问题的思考，由此为自己的人生带来许多感动与感悟。2025年伊始，听到一首悦耳的歌："世界赠予我拥有，也赠予我回敬；赠我小小一扇窗，也赠予我屋顶；赠我一个名，又渐渐长大的年龄；赠我一首诗，又悄悄读得很安静。"听着听着，忽地想起最难忘记的还是课堂上教导过、专业上指导过的有思想有能力有担当而驰骋四海的优秀学子，曾经相逢一笑，如今了然一笑，留下的都是彼此之间给予过的温暖和关心。

来日方长，大步向前。我们要成为的，不是任何别的优秀的人，而是更加优秀的自己。知乎上有一个提问：什么样的人活得幸福？其中一个高赞回答为："牌好、技术高且懂得悲天悯人的人。"摆在我们眼前的人生，永远无法预料下一刻命运会发给你什么牌，唯一能做的便是，不管拿到什么牌，都要努力、尽力打到最好。路上风光正好，天上太阳正晴，前方柔光万丈，身后温暖一方，深深植根于财经这片"沃土"，愿我们都能活成一粒希望的种子，即使被埋在泥沙之下，依旧能破土而出，尽情享受生活所赐予我们的一切。

追光而行，终身无悔。时光如沙漏，缓而不停歇，不管岁月多长、日子多忙，依旧愿意去学习、去探索、去拥抱新知。在《德卡先生的信箱》里读到："要把所有的夜归还给星河，把所有的春光归还给疏疏篱落，把所有的慵懒沉迷与不前，归还给过去的我。明日之我，胸中有丘壑，立马振山河。"今天，在通往春天的路上，有诗有酒也有坦荡荡的远方，深深祝福所有致敬的人们永葆青春，永沐春风，乘风好去，长空万里，勇敢去爱，勇敢去追梦。

许传华

2025年春于藏龙岛汤逊湖畔